# 筑梦辉煌

## 解码深圳腾飞的奇迹

李罗力 著

# Building a Brilliant Dream

## Decoding the Miracle of Shenzhen's Rapid Development

SPM 南方传媒 | 广东经济出版社
·广州·

图书在版编目（CIP）数据

筑梦辉煌：解码深圳腾飞的奇迹 / 李罗力著. —广州：广东经济出版社，2023. 10
ISBN 978-7-5454-8931-6

Ⅰ. ①筑…　Ⅱ. ①李…　Ⅲ. ①区域经济发展—研究—深圳　Ⅳ. ①F127. 653

中国国家版本馆CIP数据核字（2023）第135943号

**策划编辑：** 张晓兰
**责任编辑：** 赵　娜　冯　颖　陈　晔
**责任校对：** 李玉娴　杨　蕾
**责任技编：** 陆俊帆
**封面设计：** 集力書裝 Design　彭　力

**筑梦辉煌：解码深圳腾飞的奇迹**
ZHUMENG HUIHUANG：JIEMA SHENZHEN TENGFEI DE QIJI
**出版发行：** 广东经济出版社（广州市水荫路11号11～12楼）
**印　　刷：** 佛山市迎高彩印有限公司
（佛山市顺德区陈村镇广隆工业区兴业七路9号）

**开　　本：** 787mm×1092mm　1/16　　**印　　张：** 23
**版　　次：** 2023年10月第1版　　**印　　次：** 2023年10月第1次
**书　　号：** ISBN 978-7-5454-8931-6　　**字　　数：** 406千字
**定　　价：** 68. 00元

发行电话：（020）87393830
广东经济出版社常年法律顾问：胡志海律师
如发现印装质量问题，请与本社联系，本社负责调换

谨以此书

献给我 104 岁的老母亲

# 推荐语一

老友李罗力很早就把书稿《筑梦辉煌：解码深圳腾飞的奇迹》电邮给我了，并要我提点意见。最近他问我书稿看得如何了，我说书稿早就看完了，但不知道如何提点意见。这部书稿近400页，40万余字，厚重，但很快且轻松地阅读完了，使人有愉悦感。这不仅仅因为李罗力先生的文字功底深厚，更因为故事本身的精彩。但如果要对这本大作做些评论则有些困难。读的时候轻松愉快，但读完后感觉心情变得异常沉重。当代中国的改革开放创造了世界历史上一个又一个奇迹，而深圳无疑是"奇迹中的奇迹"。李罗力先生是以当代深圳历史深度参与者的身份来写这本书的。在书中，读者不仅可以看到创造深圳奇迹的十大要素、深圳艰难的崛起过程、围绕深圳经济特区的历次争论，而且可以看到深圳奇迹创造者的感人故事。李罗力先生很谦虚，把这本书定位为对深圳奇迹的解码。实际上，本书远远超越了解码。我想读者也和我一样，读完本书之后会得到至少四种感觉：历史感、时代感、现实感和未来感。也就是说，本书面向的是深圳的未来。

郑永年

郑永年，教授，中国问题研究专家。现任香港中文大学（深圳）校长讲座教授、前海国际事务研究院院长、华南理工大学公共政策研究院学术委员会主席、广州粤港澳大湾区研究院理事长、上海交通大学政治经济研究院名誉院长，博士生导师。

# 推荐语二

深圳引领了中国过去40多年的发展，认识深圳，理解深圳，在深圳这个奇迹中说清楚体制改革、对外开放、市场竞争和科技进步所起的作用及它们之间的相互关系，不仅可以创新理论，而且可以为全中国的发展，为全中国今后多年的持续发展，提供有益的启示。

李罗力的这部著作，主题鲜明，以问题为导向，用亲历实践和数据、案例对“深圳为什么创造了经济社会发展的奇迹”这一问题作出了全面探讨和解释。他不拘泥于以往“深圳经验”和“深圳模式”的概括与描述，而是站在中国发展乃至世界发展的角度来分析深圳、研究深圳、破解深圳发展奇迹之谜，是对深圳为什么能创造经济发展奇迹这一主题的十分有价值的新研究成果。

全书从解放思想、体制改革、对外开放、市场经济、有为政府等十个维度，探究了深圳在这些方面作出的努力与成绩，论述资料翔实，有一手资料佐证，角度客观。书中特别注重对深圳创新发展之路的研究，尤其对深圳以企业为主体的创新格局和创新生态作出深入分析，论述中肯，为读者了解深圳发展奇迹的来龙去脉解疑释惑，对借鉴深圳发展的成功经验具有积极意义。

全书记录了历史，探讨了理论，分析了政策，审视了过程，以亲历人的视角，为“解码”深圳，添加了新的成果，值得一读！特此郑重推荐！

樊纲

樊纲，教授，著名经济学家。现任中国经济体制改革研究会副会长、中国改革研究基金会理事长、国民经济研究所所长、综合开发研究院（中国·深圳）院长，博士生导师。

# 推荐语三

年轻时，你特推崇英雄主义的《钢铁是怎样炼成的》，
现如今，你奉献了一部中国版的“深圳是怎样炼成的”。
一部莲花山风云变幻的历史画卷，
几代“拓荒牛”艰苦奋斗的筑梦辉煌。

常修泽

常修泽，教授，著名经济学家。现为国家发展和改革委员会宏观经济研究院教授、博士生导师，清华大学中国经济研究中心研究员，兼任中国经济学术基金（香港）学术委员会副秘书长、香港亚太法律协会产权顾问等。

# 推荐语四

过去40多年，实事求是，改革开放成就了中国的崛起，是当代世界史最重大的事件。每个中国人，每座中国城市，都置身于这一重大转型过程。融入一座因改革开放而兴的伟大城市，并亲历这座城市影响了国家命运走向的瞬间是何其有幸！一路走来，深圳在探索中前行，历经坎坷磨难筑梦辉煌。本书是每一位希望了解深圳历史与未来的研究者和筑梦者开卷有益的著作。

唐杰

唐杰，博士，著名经济学家。曾任深圳市人民政府副市长、南开大学特聘教授、哈尔滨工业大学（深圳）经济管理学院教授。现任香港中文大学（深圳）理事、国家发展和改革委员会“十三五”“十四五”国家规划委员会委员，博士生导师。

# 序　言

## 解析深圳“奇迹中的奇迹”的力作

### 一、本书的宗旨：完成对深圳“奇迹中的奇迹”的解码

本书开宗明义提出在过去的40多年，深圳创造了“奇迹中的奇迹”：“中国改革开放40多年来，全世界都公认中国是世界经济发展史甚至是人类经济发展史上的奇迹。那么毫无疑问，深圳在过去40多年时间里从一个边陲小镇发展成为今天在中国乃至世界都居于领先地位的、拥有将近1800万人口的现代化特大城市，其发展就是‘奇迹中的奇迹’。”数据也证明了为什么深圳创造了“奇迹中的奇迹”：“1979—2021年的42年里，深圳生产总值年均增长率为26.31%，远远高于全国平均9.47%的增长率，是全国平均水平的将近3倍，也是全国42年来发展最快、增长率最高的城市。”其间，深圳完成了对国内一线城市北京、上海、广州的追赶和超越。

“2021年，深圳按1756万常住人口计算，人均地区生产总值已达到17.37万元人民币；按现行汇率计算，约合2.69万美元。这个水平已经超过了世界大部分国家的人均GDP”，“如果按2020年全球各国/地区GDP排名来看，深圳的经济总量应该位于以色列之后，在全球204个国家中排名第29位”。或者说，“深圳这样一个城市的经济总量已经超过了全球175个国家/地区的GDP。而且这样一个城市的经济总量占整个世界经济的比重已经达到0.48%左右”。

所以，怎样“站在中国发展的角度乃至世界发展的角度来分析深圳、研究深圳、破解深圳发展奇迹之谜，已不仅是中国的话题，也成为世界的话题”。李罗力希望通过本书超越“深圳经验”和“深圳模式”的概括与描述，完成深圳“奇迹中的奇迹”的解码。

## 二、本书的核心内容：解码深圳“奇迹中的奇迹”

本书对三个部分进行解码：解码一，深圳腾飞的十大直接性要素：解放思想、体制改革、对外开放、市场经济、有为政府、民营经济、企业研发、金融资本、营商环境和创新环境；解码二，造就深圳腾飞的奠基者，或者核心团队；解码三，深圳腾飞的创新发展之路。

在解码一的十大直接性要素中，有三个要素特别值得深入思考：

第一，解放思想。在李罗力看来，通过解放思想，深圳拥有了“灵魂”。这是深圳创造发展奇迹的“最大秘诀”。在深圳，“解放思想”40多年来的践行不止，还形成了“特区精神”，包括“大胆探索、敢想敢干、敢为天下先”的精神，“拓荒牛”的精神，“来了就是深圳人”的精神。如果加以提炼，深圳是以“思想解放”为原动力，形成丰满的“特区精神”，最终凝集了特有的“深圳灵魂”。所以，深圳在几乎一无所有的土地上，建立了由“移民群体”和“移民政府”[①]组合的“移民城市”。而“移民群体”曾经都是“寻梦者”，这在中国改革开放史上是唯一的案例。

“解放思想”仍旧具有重大现实意义，是“中国继续前行的起点”，更是“人类发展过程中永恒的生存状态”。

第二，对外开放。“对外开放”本身就是中央设立深圳经济特区的初心，是“深圳经济特区”的题中之义。因为实施对外开放，深圳从1979年至1999年这20年里，“累计引进66个国家和地区的外商投资项目23608个，协议外商投资金额298.39亿美元，实际使用外商投资金额200.45亿美元。投资总额1000万美元以上的项目有763个，其中3000万美元以上的有109个、1亿美元以上的有18个。世界较大的500家跨国公司有超过1/10在深圳投资。外商投资规模仅次于上海居全国第二。在外商投资整体规模中，外商直接投资占75%”。此外，外商投资还创造了大量的就业机会。“根据1999年对7590家外商投资企业的年检统计，外商投资企业从业人员约为110万人。”进入21世纪，中国加入WTO（世界贸易组织），深圳不断展现对外开放的新格局。

① “移民政府”是本书提出的概念，是对改革开放早期深圳市政府的公职人员来源构成广泛的一种形象的表述。

在深圳对外开放的历史进程中，“香港对深圳经济特区的建立和发展厥功至伟’”：香港不仅是中国引进外资的第一来源地，是整个中国20世纪八九十年代与国际投资接轨的媒介，也是打造深圳经济特区“一枝独秀”的重要因素，香港成熟的市场经济体制，为深圳大规模引入外资提供了成功示范。

因为对外开放是深圳经济特区的生命线，是所谓的“牛鼻子”，所以，深圳必须实施持续的经济体制改革，构建市场经济，发展民营经济，改善营商环境。所有这些，说到底都是为了适应对外开放的要求。现在，中国对外开放的前沿需要打造新的“深圳样本”。

深圳的奇迹证明：改革、开放和发展，是中国过去40多年实现经济高速发展的三个支点。其中，开放是前提，改革是手段，发展是结果。1992年，邓小平南方谈话，反复讲的就是这个道理和逻辑关系。“不坚持社会主义，不改革开放，不发展经济，不改善人民生活，只能是死路一条。”李罗力在书中写道：“邓小平南方视察的根本意义，就是要打破当时笼罩全国的沉闷、困惑、僵化、压抑和‘左’的思潮，用这些地区通过对外开放所取得的巨大成就事实，呼唤和推动中国改革开放的继续前行。”

第三，金融资本。本书第八章的题目是《金融资本：创造深圳奇迹的血脉》，从某种意义上说，没有深圳的金融资本，就没有深圳奇迹。自20世纪80年代开始，深圳就创造了中国金融史上的多个“中国第一”，包括外资银行准入、外汇调剂中心、公开发行股票、证券管理条例和法规、楼宇按揭贷款、股份制保险企业、全国范围办理离岸业务、期货交易所、中外合资银行、资金公开买卖的货币市场、外汇经纪中心、地方性股份制商业银行、与国际金融标准接轨的深圳金融结算中心、证券公司、银团贷款。总之，深圳扮演了中国金融领域改革开放、创新和发展的全方位先行者角色。

2019年，深圳金融业增加值占同期地区生产总值的比重为13.6%。在2019年“全球金融中心指数”（GFCI）中，深圳进入全球十大金融中心行列。

2020年，深圳已发展成世界级的金融科技之城：形成包括银行业、保险业、股市、基金和资本市场的完整金融产业体系和多层次资本市场体系。在这期间，深圳实现了金融科技化、科技金融化的转型。其中，风险投资发展迅速。资本市场的成熟驱动深圳产业体系的持续升级。

## 三、本书主线：深圳创新的环境、路径和模式

创新是本书的主线。在解码一中，除了第十章专门讲创新环境之外，第七章、第八章都有相当篇幅讨论创新。之后，解码三再次转换角度讲创新的历史和未来。全书所涉及的创新，可以归纳为以下四个方面。

第一，创新环境。李罗力称创新环境是创造深圳奇迹的“腾飞之翼”，并从七个方面描述了创新环境的形成和构成：

（1）引进人才。这是创造深圳奇迹的“成功之本”。从20世纪90年代开始，深圳出台了一系列吸引人才的重大举措，使得1995年后每年进入深圳的人才数量几乎都出现爆发式的增长。

（2）发挥高等院校的作用。1983年经教育部批准，深圳大学成立。1993年深圳建立深圳高等职业技术学院。2010年后，深圳缺少大学特别是没有名牌大学的局面以令人难以想象的速度彻底被改变，出现“疯狂”建立新大学现象[①]。与此同时，深圳还建立了深圳虚拟大学园、深港产学研基地，以“一园多校、市校共建”模式，走出了一条多元主体协同创新发展的道路。

（3）举办中国国际高新技术成果交易会。中国国际高新技术成果交易会是深圳高科技发展的里程碑。

（4）构建深圳高科技产业园区。深圳按照国家级高新技术开发区的标准，坚持“统一规划、统一政策、统一开发、统一管理”的原则建设深圳市高新区。

（5）知识产权保护。深圳的知识产权创造了多项国家第一。

（6）打造“创客之都”。深圳为年轻人创新提供了创客空间。“一方面，深圳以独特的创新环境和政策优势，吸引着大量的创客来此进行创业；另一方面，大量创客的集聚所产生的创意碰撞、共鸣和‘裂变效应’，将使深圳这个‘创新之都’闪耀出更加迷人和灿烂的光芒”。

（7）推动“文化+创意”产业发展。文创产业是深圳创新发展永不枯竭的

① 2011年，南方科技大学正式开学；2014年，香港中文大学（深圳）成立，成为深圳与境外著名高校合作的第一所大学。至2021年，深圳市已开办15所高校，全日制在校生已达11.32万人。目前，深圳还在筹建中国科学院深圳理工大学、深圳海洋大学、深圳创新创意设计学院、深圳音乐学院、深圳师范大学等新高校。

动力。

第二，创新主体。在国家范围内，民营企业是中国科技创新的主力军。在深圳，民营企业是产品和产业创新的主体。早在1987年，深圳市人民政府就率先出台了《关于鼓励科技人员兴办民间科技企业的暂行规定》和《深圳经济特区民间科技企业登记注册暂行办法》，在全国第一次定义“民间科技企业”：“科技人员自愿联合投资，从事科技开发及其有关的生产、销售、咨询服务等经营活动的企业。”而且在全国第一次规定“技术入股”：“科技人员可以以现金、实物及个人所拥有的专利、专有技术、商标权等工业产权作为投资入股，并分取应得的股息和红利。”

正是深圳市人民政府这些重要的政策文件，使得深圳的民间科技企业井喷式地发展起来。民营企业成为研发投入、吸引研发人员、承担重大科技项目的主力军。2020年，在深圳的民营企业中，国家高新技术企业超过1.4万家，全市73%的授权发明专利、80%以上的创新载体和国家高新技术企业均来自民营企业。“深圳不仅涌现出腾讯、华为、比亚迪、大族激光等一批行业龙头民营企业，还孕育出一大批细分领域的行业冠军。”“企业研发机构建设的跨越式增长，夯实了企业乃至全市自主创新能力进一步提升的基础。”在战略性新兴产业方面，民营经济对经济增长贡献率超过50%，成为名副其实的“主引擎”。2018年，深圳前10家大企业获得的国际专利是上海全部专利的10倍。在深圳，有发展的动力、有竞争的压力，企业在自主创新的链条上成了“驱动器”。“深圳民营经济与整个特区一道，生于改革，源于开放，成于创新。”

为什么民营企业存在无穷无尽的创新动力？根本原因在于民营企业的产权清晰、权责明确，民营企业家有着追求创新和资本增值的巨大动力[①]。

所以，在20世纪80年代中期，深圳就有了民营的深圳市先科技术开发公司和中兴通讯股份有限公司，或者说后来在世界上有影响力的高科技企业。

第三，创新模式。深圳的创新模式可以概括为：构建以市场为导向，以企业为主体，以全国高校和科研院所为依托的技术开发体系，实现科技与经济融合，形成

① 书中引用并赞同张思平的观点：“在深圳1.12万家的高科技企业中，我相邻几乎95%以上都是民营企业、外资企业，国有企业比重很小，为什么？是深圳不重视国有企业高科技的发展吗？是国有企业不想发展高科技吗？绝对不是的！我认为，民营企业作为深圳高科技的主体是深圳发展过程中历史的选择和民营企业的优势所决定的。”

新型研发机构。2015年7月，中国质量新闻网发表了关注深圳诞生新型研发机构的文章：这些新型研发机构指的就是由华为、腾讯、中兴、迈瑞、比亚迪等一大批蜚声中外的明星企业创办的民办非企业类科研机构。进而解析了“新型研发机构”：既是大学又不完全像大学，文化不同；既是科研机构又不完全像科研机构，内容不同；既是企业又不完全像企业，目标不同；既是事业单位又不完全像事业单位，机制不同[①]。按照李罗力的说法，新型研发机构是指以多主体的方式投资，采取院校与政府、企业共建，或者企业自建等多样化的模式组建，企业化的机制运作，以市场需求为导向，主要从事研发及其相关活动，投管分离、独立核算、自主经营、自负盈亏的新型法人组织，在运作方式上，打破了传统科研机构的“铁饭碗”。

第四，创新目标。深圳一路走来，经历了1979—1985年的初加工阶段，1985—1993年的科技兴市阶段，1993—2003年的高新技术产业突飞猛进阶段，2003年后的推动自主创新阶段。

纵观深圳经济发展奇迹，就是从20世纪80年代初期以初级加工为基本产业，至1984年初步形成包括电子、石油化工、食品轻纺、建筑材料和精密机械的工业体系，再到2002年成为门类齐全的“世界工厂”，之后，开始进入以高新技术产业为主体，进而以自主创新产业为主体的发展道路。在这期间，1992年邓小平南方视察，成为深圳发展高新技术产业的历史性拐点。自此，深圳开始调整优化产业结构，特别是把发展高新技术产业作为经济发展新的突破口，高新技术发展成为深圳产业发展的重点，高新科技园区在政府的强力主导下快速发展扩大。深圳形成在现代金融、现代服务业和现代物流业支持下的，以计算机和通信、电子、生物技术产业为重点的高新技术产业体系。电子信息产业是深圳高新技术产业的第一大产业。

进入2015年后，深圳从“世界工厂”走向世界创新中心，开始成为全国乃至世界的创新资源集聚中心。一方面，深圳已拥有国家、省、市级重点实验室、工程实验室、工程（技术）研究中心、企业技术中心等创新载体累计超过2000家，有力支撑深圳科技创新体系；另一方面，国际创新资源也涌入深圳，将会对深圳的创新发展发挥更加出色的引领作用。

---

① 《深圳208家新型研发机构促进产业转型发展》，http://www.cqn.com.cn/zgzlb/content/2015-07/13/content_2516310.htm，2005年7月13日。

简而言之，深圳已形成以企业为主体的创新格局和创新生态，进入科学引领的创新复合型精密高迭代产品时代。深圳创新和高科技的互动模式，产生了持续和巨量的溢出效应，推动涌现新的产业带、新的增长极，传统产业转型升级和附加值提升，全要素生产率显著提高，从外延式向内涵式转变，实现从经济高增长走向经济高质量发展，完成从“速度深圳”向“效益深圳”的跨越。

**四、本书的历史正名：关系深圳命运的几次争论**

本书的解码二——为深圳腾飞的奠基者正名，涉及关系深圳命运的几次争论的真实历史。

为什么要为深圳经济特区的早期发展正名？李罗力写道：虽然很多著作都提到深圳作为经济特区的设立过程，但是，对于深圳早期（主要是1979—1985年）发展几乎都是一带而过或轻描淡写，很少有比较详细、系统和深入的论述，甚至很多学者认为这一时期是深圳“走错路”的一段发展过程。特别是，几乎没有著作对深圳经济特区成立后最重要的一个群体、深圳经济特区最重要的建立者和开拓者——早期（特别是1979—1985年）深圳市委和市政府的主要领导——进行应有的分析和评价。“所以在这本书中，我将对深圳早期的发展（主要是1979—1985年的工业发展）画上浓重的一笔。重要的是，我要为长时间以来理论界许多人都认为深圳最初几年的发展是‘走错路’的过程正名，还其清白。”

为什么要纠正深圳1979—1985年的发展是“走错路”的看法呢？因为这不符合深圳早期发展工业的真实历程。1981年以前，深圳人才、资金奇缺，没有工业基础，基本不具备投资环境，引进的外资企业大部分是“三来一补”企业，其次就是县办为本地农业生产和生活服务的市属企业，然后就是内地早期进来自办和与深圳联合创办的企业。要在这样的基础上大办工业，十分不易。所以，当时深圳市领导班子为了尽快打开局面，要先绘制一份近期工业发展路线图。1982年5月，深圳经济特区发布《深圳经济特区近期工业发展纲要（1982—1985）》。之后，深圳市领导班子决定集中统一开发通路、通电、通水、通信，各种设施配套齐全的工业区，建设一批一般工业都适用的标准厂房，为工业生产提供基本的条件[①]。进入1985年，深圳工业由内向型向外向型爬坡，为工业持续高速发展孕育了后劲，创造了“外引内联”模式。至1984年，深圳已形成初步的工业体系，包括电子工业、石油化工工业、食品工业、纺织工业、新兴建筑材料工业和精密机械工业。

但是，“深圳市委主要领导对发展先进工业可以说有一种很深的情结”，主张学习美国硅谷和我国台湾科学园。1985年，深圳高新技术产业起步，并召开了第一次科技工作会议。

可以肯定的是，深圳经济特区应该办成什么样子，在当时，谁都不知道，也没有任何先例可循。1981—1985年，是深圳最艰难的5年，也是深圳承受上下压力最大的5年，更是深圳积累了一个城市发展基础的5年。在深圳不知将往何处时，深圳市主要领导人用行动回答了经济特区的发展方向问题，在深圳建立了市场经济的框架，对深圳经济发展提出了“三个为主”，即产业以工业为主、资金以外资为主、产品以外销为主。

1984年邓小平给深圳题词：“深圳的发展和经验证明，我们建立经济特区的政策是正确的。”之后，人们开始比较客观和正确地认识深圳。1985年新加坡总理对深圳的发展表示肯定。1986年，从中央决策层到国家主要部门对深圳经济特区的态度发生根本性转变。在这样的背景下，1987年后邓小平为深圳“平反”。

在深圳发展历史上有过三次大争论。第一次大争论发生在1981年，争论焦点是“经济特区到底是不是租界”。第二次大争论发生在1985年，争论焦点是“经济特区发展是不是靠内地输血”。第三次大争论发生在1994年，争论焦点是所谓的“经济特区寻租论”。为什么要重提“关于深圳经济特区的三次大争论”？因为这三次大争论关乎深圳发展的方向，在当时影响甚大，势必记载于史册。所以，本书不仅回顾了三次大争论的来龙去脉，而且做了深入剖析。

在第一次大争论中，许多内地主流媒体指责经济特区引进港商成片开发就是

① “当时深圳市领导班子发展工业的心情十分迫切，决心很大，魄力很大，信心也很足，经常白天下基层搞调研，晚上开会或批阅文件，加班至深夜，有时一天工作24个小时，当时市委规定机关干部不午休，他们几乎没有休过星期天。”“在今天看来，如果没有当初不眠不休的坚持，没有当初筚路蓝缕的努力，在那种恶劣的条件下，经济特区首个统一规划建设的工业区——上步工业区——绝不可能在短短的一年多时间内就横空出世。”

“租土地给国外资本家”，就是提供土地剥削我国劳动人民，就是搞变相“租界”。甚至说，深圳除了罗湖桥头还挂着五星红旗，其他都是资本主义。1984年1月邓小平视察深圳并为深圳题词，肯定了深圳的发展方向，平息了有关深圳是不是“租界”的怀疑和斥责，结束了第一次大争论。

第二次大争论规模更大、影响更广、程度更激烈。1985年5月，香港大学亚洲研究中心学者陈文鸿在香港《广角镜》第152期发表文章《深圳的问题在哪里？》，主要论述深圳经济特区发展“走错路”，是不成功的，没有达到中央办经济特区的目的，走向了一条必然要失败的道路。这样的舆论给深圳经济特区的建设和发展带来了巨大的负面效应，1984年被邓小平推上肯定“高峰”的深圳经济特区，重新陷入被质疑、被非议、被责难的境地，影响了中央决策层对深圳经济特区的看法和相关政策的出台。直到1986年，这场大争论才悄然平息。“从1986年经济特区工作会议开始，对深圳经济特区的基调就有了很大的改变，再也不提1985年那次对深圳严厉的批评和指责了。”①

关于第三次大争论，源于1994年3月学者胡鞍钢经由新华社以内参形式上呈中央的一份报告。报告罗列了深圳自20世纪80年代以来的各种优惠政策，认为“特区是特权”，是“国中之国”，是靠“剥削内地”“经济寻租”“政治寻租”发展起来的。时任深圳市委书记厉有为，首先以接受专访的形式做出回应，之后引发轰动全国的“厉胡之争”。至1995年秋天，《深圳特区报》先后发表了三篇评论，针锋相对地辩驳胡鞍钢。最后一篇是厉有为亲笔所写，名为《棍子向谁打来？》。在人们看来，第三次大争论的核心为如何认识经济特区的优惠政策、是否要取消特区特殊优惠政策。李罗力的观点是，“取消经济特区优惠政策”是个伪命题。这是因为深圳经济特区从一个一穷二白的边陲小镇开始，赤手空拳“杀出一条血路来”，成为与国外经济相连接的桥梁和窗口，只有依赖经济特区的优惠政策。或者说，初期的深圳经济特区唯有凭着经济特区的优惠政策，才能吸引国内外资金、国内外优秀企业、国内外技术、国内外各方面人才，以及国内外各种发展资源汇聚深圳。如果没有当年的优惠政策，就不可能有今天深圳成功的一切。

① 李罗力说：“我认为这是一个到现在都还没有破解的谜。”

最后，李罗力希望读者注意："第一次大争论是彻底地平息了，今天不会再有人说深圳是'变相的租界'，是'搞资本主义而不是搞社会主义'了。但是第二次和第三次大争论的阴影（主要是第二次大争论）却如本章（第十二章）第二节所说，实际上已长期存在于理论界和相当一部分人的脑海中。"

**五、本书的方法：实现经验和理论的结合**

20世纪的后20年，世界大变局——美苏冷战结束、全球化兴起、中国开始改革开放。进入21世纪，全球经济格局和政治秩序发生持续改变。深圳作为中国最成功的经济特区，处于改革开放前沿，其40多年的发展历史，折射出世界与中国过去40多年的演变过程。所以，解读深圳，其实是一项复杂工程。或者说，深圳就是最典型的"复杂经济学"案例，包含了太多的维度、视角和拐点，太多的内生变量和外生变量的交换关系，太多的思想、政治和经济的交集。所以，没有可能通过有限的学术著作完成对深圳如此复杂的经济体和历史的解读。

本书做了非常有意义的尝试，那就是将李罗力30多年在深圳发展和演变过程中的直接经验，近距离的观察和亲身的感受，与经济学训练所学到的理论加以结合，最终形成其独特的分析框架。在这个框架中，可以容纳深圳40多年的经济演变历史、宏观经济政策和企业微观运行、市场经济的自由本性和有为政府的作为，特别是，经济与政治的互动关系、执政党的作用。此次我刚好在深圳，李罗力专门将他2014年出版的著作《历史的沉思——中国改革开放与中国共产党》送给了我。在某种程度上，本书是前者核心思想的延伸。

李罗力于1988年春节落户深圳，至今已经30多年。在本书中，李罗力常常以第一人称插入自己与深圳的故事、经验和感受，以及当时和现在的评论，形成与读者直接、真实的交流。李罗力对深圳的情感和为深圳所做的一切是值得尊敬的。

李罗力与我成为朋友是在20世纪80年代早期，那时李罗力还在南开大学。之后他到国家物价局工作，我在国务院技术经济研究中心，一度都在北京月坛北小街3号楼办公。自1984年莫干山会议之后，交流增加，从未间断。2000—2003年，我在联合国工业发展组织，与李罗力和综合开发研究院（中国·深圳）开启了"世界最有创新活力城市的全球网络"项目，向中国引入"创新集群"概念。此外，李罗力创立了深圳市马洪经济研究发展基金会（简称"马洪基金会"），与我又有了新的交集。如今，我们都已经过了“随心所欲，不逾矩”之年，彼此更是珍惜如此漫长的情谊，“君子之交淡如水”的情谊。

我可以为李罗力这本书作序，实在荣幸，学习甚多。感谢李罗力给我这样的机会。理解中国需要谦卑，即使对于我们这代人，也是一个毕生的课程。

在本书的开篇，李罗力写道：“谨以此书献给我104岁的老母亲。”两年前，李罗力母亲已经102岁，还关心什么是区块链。为此，李罗力安排我去解释，老人认真听，还问了一个问题。在此，为李罗力母亲祝福。

朱嘉明

朱嘉明，经济学博士，著名经济学家。曾参与创建原国务院技术经济研究中心，并任河南省经济体制改革委员会副主任；曾任教于维也纳大学，并任联合国工业发展组织经济学家。现致力推进中国的数字经济发展，系国内该领域的领军人物。

# 目录

## 绪论



## 解码一　深圳腾飞的十大要素

## 解码二　为深圳腾飞的奠基者正名



## 解码三　深圳腾飞的创新发展之路

# 绪 论

## 第一节　深圳腾飞创造“奇迹中的奇迹”

中国改革开放40多年来，全世界都公认中国是世界经济发展史甚至是人类经济发展史上的奇迹。那么毫无疑问，深圳在过去40多年时间里从一个边陲小镇发展成为今天在中国乃至世界都居于领先地位的、拥有将近1800万人口的现代化特大城市，其发展就是“奇迹中的奇迹”。

### 深圳何以是“奇迹中的奇迹”

深圳之所以能够成为“奇迹中的奇迹”，最重要的有两点：

第一，40多年前的深圳只是一个几乎没有任何经济基础、工业基础和发展资源的边陲小镇和穷乡僻壤，而今天，它已经发展成为中国乃至世界的高科技产业发展中心、经济高质量发展的样板和国际创新中心。它的发展速度和水平不但超过了中国几乎所有的其他城市，也超过了很多重要的国际大都市，创造了世界工业化发展史、城市化发展史和现代化发展史上令人难以想象的奇迹。完全可以这样说，在人类历史上，还没有哪座城市能在如此一穷二白的基础上和如此短的时间里，取得如此巨大和辉煌的成就。即使就中国来说，现在能够拿出亮眼成就的一线、二线城市，至少40多年前它们都已作为一定规模的城市存在着，而且都已具有一定的经济、工业和资源基础。从这点来说，毫无疑问，深圳是中国发展“奇迹中的奇迹”。

第二，同样是在中国改革开放的大格局下，同样是每个地方都在大搞改革开放，都在大搞引进外资，都在大搞基础设施建设，都在大搞项目投资，都在大搞高新技术产业发展，然而，深圳能“独树一帜”：在发展速度、经济质量、产业转型、自主创新方面走在全中国所有城市的前列，成为排头兵、先行者和引领者。且不说边远地区和内陆地区，即使与长三角和珠三角地区的众多城市相比，甚至与北京、上海、广州这些早已在中国经济发展中具有悠久历史和重大影响的特大城市相比，深圳的发展同样堪称“楷模”和“标兵”。现在，它不仅成为与北京、上海、广州比肩的中国一线特大城市，而且大有以惊人的速度继续赶超它们的亮眼趋势。从这点来说，毫无疑问，它同样是中国发展“奇迹中的奇迹”。

### 深圳自身发展变化的惊人数据

根据深圳市统计局历年统计公报，我们不难算出，2020年，深圳生产总值与经济特区成立之前的1979年相比，增长了1.41万倍——由1979年的1.96亿元增长到2020年的2.77万亿元，创造了世界城市发展史上的奇迹。

2020年，深圳进出口总额与1979年相比，增长了2.60万倍——由1979年的0.17亿美元增长到2020年的4420.66亿美元（3.05万亿元人民币），其中出口总额连续25年居内地城市首位。

2020年，深圳财政收入与1979年相比，增长了2.27万倍——由1979年的0.17亿元增长到2020年的3857.39亿元。

### 2021年最新主要数据

深圳经济在疫情冲击和外部环境的封锁、打压下，2021年仍在大踏步前进，地区生产总值已突破3万亿元大关，达到3.07万亿元；与1979年的1.96亿元相比，增长了惊人的1.57万倍，仅次于上海和北京，稳居全国大中城市第三位。

1979—2021年的42年里，深圳生产总值年均增长率为26.31%，远远高于全国平均9.47%的增长率[①]，是全国平均水平的将近3倍，也是全国42年来发展最快、增长率最高的城市。

另外，2021年，深圳按1756万常住人口计算，人均地区生产总值已达到17.37万元人民币；按当年平均汇率计算，约合2.69万美元。这个水平已经超过了世界上大部分国家的人均GDP（国内生产总值）。

### 与国内一线城市北京、上海、广州相比

根据深圳和有关各地统计局统计公报，1979年，上海生产总值为286.43亿元，

① 深圳从1979年到2021年，42年的地区生产总值增长率总计为407.4%，平均每年增长26.31%；中国从1979年到2021年，42年的国内生产总值增长率累计为398%，平均每年增长约9.5%。

是当年深圳生产总值1.96亿元的146.14倍；到2020年，深圳生产总值已达2.77万亿元，而上海的3.87万亿元仅为深圳经济总量的1.4倍，41年的时间里深圳与上海经济总量的差距缩小了140多倍，创下了经济发展速度的惊人奇迹。

1979年，北京生产总值为120.11亿元，是当年深圳生产总值的61.28倍；到2020年，北京的3.61万亿元仅为深圳的1.3倍，同样，41年的时间里深圳与北京经济总量的差距缩小了59.98倍。

1979年，广州生产总值为48亿元，是当年深圳生产总值的24.49倍；到2020年，广州生产总值为2.50万亿元，深圳经济总量在41年的时间里不但追赶上了广州，而且反超广州0.27万亿元，已是广州经济总量的1.1倍。

中国从1978年至今已长达43年GDP年均增长9.5%，从而创造了前所未有的世界经济发展奇迹，其中，上海、北京、广州是公认的中国发展最快最好的三个城市，然而，深圳的经济总量与它们相比，竟然仍能以不可思议的速度进行追赶和超越。

### 与“亚洲四小龙”相比

1978年，当中国内地开始改革开放的进程时，韩国、中国台湾、中国香港和新加坡已经是享誉世界的“亚洲四小龙”，它们成为全球除发达国家外最引人注目的新兴经济体，也使得东亚地区成为当时全球经济最活跃和发展最快的地区。也就是在那时，国际经济学界提出了所谓东亚的“雁阵理论”，日本作为“领头雁”，带领“亚洲四小龙”开创了发展中国家以“出口导向”模式走出“中等收入陷阱”的新模式。那时，中国内地只能以“亚洲四小龙”为学习的榜样和外来投资、技术引进的主要来源地，根本无法想象把它们作为追赶的目标，因为它们在国人的眼里太遥不可及了[①]。

当然，现在中国内地的发展早已把当年的“亚洲四小龙”远远抛在后面，深圳现在已经成为中国各个省市所追赶的目标。

现在我们就看看深圳是如何赶超“亚洲四小龙”的。表1和表2是“亚洲四小龙”1979年和2020年的经济总量。

① 我常常在想，当年中英就香港回归进行谈判时，邓小平提出要“保持香港现行的资本主义制度50年不变”，其实可能还有一层很深刻的含义，那就是他认为，内地50年之内也未必能够赶上香港。

表1　“亚洲四小龙”1979年和2020年的经济总量（以美元计算）

| 国家或地区 | 1979年的经济总量/亿美元 | 2020年的经济总量/万亿美元 |
|---|---|---|
| 韩国 | 669.5 | 1.64 |
| 中国台湾 | 338.7 | 0.57 |
| 中国香港 | 225.3 | 0.35 |
| 新加坡 | 93.0 | 0.34 |

数据来源：快易理财网。

按1979年美元与人民币平均汇率1：1.5和2020年美元与人民币平均汇率1：6.9分别计算，则可得出“亚洲四小龙”以人民币计算的经济总量。

表2　“亚洲四小龙”1979年和2020年的经济总量（以人民币计算）

| 国家或地区 | 1979年的经济总量/亿元人民币 | 2020年的经济总量/万亿元人民币 |
|---|---|---|
| 韩国 | 1004.25 | 11.32 |
| 中国台湾 | 508.05 | 3.93 |
| 中国香港 | 337.95 | 2.41 |
| 新加坡 | 139.50 | 2.35 |

数据来源：快易理财网。

根据表2数据计算，1979年韩国的经济总量是深圳的512.37倍，到2020年仅为深圳的4.09倍，41年的时间里深圳经济总量与韩国经济总量的差距缩小了508.28倍。

1979年台湾的经济总量是深圳的259.21倍，到2020年仅为深圳的1.42倍，41年的时间里深圳经济总量与台湾经济总量的差距缩小了257.79倍。

1979年香港的经济总量是深圳的172.42倍[①]，到2020年深圳经济总量在41年的时间里不但追赶上了香港，而且反超香港0.36万亿元人民币，已是香港经济总量的1.15倍。

1979年新加坡的经济总量是深圳的71.17倍，到2020年深圳经济总量在41年的时

① 在2018年4月2日搜狐网推出的《深圳崛起之谜 38年GDP增长1.1万倍 香港增长18倍》一文中，说1979年香港的生产总值约合1117亿元人民币（实际为337.95亿元人民币），应该是用错了汇率数据。后来发表的很多文章，都采用了这个错误的数据。

间里不但追赶上了新加坡，而且反超新加坡0.42万亿元人民币，已是新加坡经济总量的1.18倍。

当然，现在中国内地的很多省市都已与当年的“亚洲四小龙”大大缩小了经济总量的差距，上海和北京甚至早已超过了香港地区和新加坡，但是，毕竟深圳是以一个几乎为零的起点作为追赶的起跑线，因而，它所取得的这个成就无疑是令人惊叹的，可以被称为“奇迹中的奇迹”。就好像一位跑马拉松的长跑运动员，别人已经跑了半程甚至半程多他才起跑，结果仍能赶上甚至超过跑在前面的运动员，这是多么惊人的速度啊！

### 2020年经济总量超过全球175个国家/地区

2020年，深圳2.77万亿元人民币的经济总量，如果按2020年美元与人民币平均汇率（1：6.9）折算，应为0.4万亿美元。

如果按2020年全球各国/地区GDP排名来看，深圳的经济总量应该位于以色列之后，在全球204个国家/地区中排名第29位。

如果我们看看排在全球29名之后的国家/地区，那我们可能就会不“淡定”了，因为可以列出一长串大家都非常熟悉的国家/地区。

真是无法想象，深圳这样一个城市的经济总量已经超过了全球175个国家/地区的GDP。而且这样一个城市的经济总量占整个世界经济的比重已经达到0.48%左右。

## 第二节　我们为何要研究深圳

### 全世界都对深圳的崛起感兴趣

现在不仅在中国，世界上许多国家的人们都极其关注这个神话般的“一夜之城”（日本媒体评价之语）的崛起之路。

从某种意义上来说，深圳不仅是中国奇迹的缩影，更已成为中国未来的缩影。

站在中国发展的角度乃至世界发展的角度来分析深圳、研究深圳、破解深圳发展奇迹之谜，已不仅是中国的话题，也是世界的话题。

正如我们前面所说，同样是在中国改革开放的大格局下，为何深圳的发展成就与其他地区有如此巨大的差别？为何深圳就能“独树一帜”？为何深圳就能比别的城市走得快、干得好，成为中国改革开放和经济发展的典范？

站在世界发展角度来看，一个40多年前几乎没有任何经济基础、工业基础和发展资源的边陲小镇，为何能够在不到两代人[①]的时间里，一跃成为今天中国乃至世界的高科技产业发展中心和国际创新中心？完全可以这样说，在人类历史上，还没有哪座城市能在如此一穷二白的基础上和如此短的时间里，取得如此巨大和辉煌的成就。那么，它的发展秘诀是什么？

总而言之，现在大家都非常关心为什么深圳能够创造自己独特的发展奇迹，都非常想了解深圳发展奇迹的诀窍。在这种情况下，解码深圳腾飞的奇迹就成为大家非常关注的一个话题。

## 第三节　本书要突出什么

本书就是要通过深圳发展历史的大量事实资料和认真的研究分析，解码深圳腾飞的奇迹，让读者能够知晓和深刻理解深圳在中国改革开放和国家现代化进程中，如何从一个堪称中国最落后的穷乡僻壤，一步一步地发展成为一个现代化的特大城市，如何从一个比拼廉价劳动力和以“山寨”模仿制造著称的加工装配制造业基地，发展成为如今拥有世界一流的高科技制造产业、世界一流的企业研发水平和具有全球影响力的国际创新中心，从而了解深圳走了怎样的路径，采取了怎样的措施和做法，取得了怎样的经验，这些都将为中国各个地区的发展，甚至为整个中国的发展，提供“深圳经验”“深圳道路”和“深圳模式”。

① 过去都以20年为计算一代人的时间，现在人均寿命大幅度提高，因此计算一代人的时间是25年甚至以上。

为此，本书将紧紧扣住“解码”这条中心红线，从结构上安排“三解码”。

解码一：深圳腾飞的十大要素。主要研究、分析和论述包括解放思想、体制改革、对外开放、市场经济、有为政府、民营经济、企业研发、金融资本、营商环境和创新环境在内使深圳得以创造腾飞奇迹的十大关键要素。

解码二：为深圳腾飞的奠基者正名。主要是纠正长期以来部分理论界人士持有的一种偏见——认为深圳经济特区初建的1979—1985年是产业发展“走错路”的时期。通过分析和论述深圳经济特区初期在极其艰苦和备受各种不公批评责难的条件下为经济特区工业和高科技产业奠基的过程，为深圳经济特区早期的奠基者正名，向深圳经济特区早期的奠基者致敬。并通过对深圳经济特区成立初期的三次大争论的分析和论述，说明为何理论界长期以来会对深圳经济特区早期发展有种种偏见。

解码三：深圳腾飞的创新发展之路。主要是通过分析和论述深圳从加工贸易生产基地转型成为世界创新之都的发展过程，揭示其中的客观经济规律和必然依循的路径，为读者解惑，也为其他地区乃至整个中国提供产业发展的“深圳经验”和“深圳模式”。

此外，从我写这本书的特殊角度来说，本书还有三大特点，也需要在这篇绪论中向读者交代清楚。

第一，本书主要是讲深圳的历史发展过程，而不是深圳的现在，也不是深圳的未来。

第二，本书主要是分析研究深圳的成功经验、成功路径和成功模式，而不是深圳存在的问题。现在的深圳仍然存在很多需要通过继续改革开放以及进一步解放思想和科学发展才能解决的问题。

第三，本书不是理论研究的学术著作，而是通过对历史发展过程的分析和论述，通过对更多事实和案例的解读，让读者了解深圳是怎样一步一步发展起来的。

# 解码一

# 深圳腾飞的十大要素

# 〔第一章〕

# 解放思想：创造深圳奇迹的灵魂

## 第一节 “解放思想”是创造深圳奇迹的最大秘诀

我注意到，现在很多研究深圳的著述，在提到深圳崛起的原因时都没有提到深圳的“解放思想”。殊不知，“解放思想”才是深圳能够崛起、能够发展到今天、能够创造“奇迹中的奇迹”的最大秘诀。

深圳的“解放思想”应该源于深圳经济特区的三大特性。

第一，那些最早响应党的号召和听从党的指挥到深圳来组建特区的人，尤其是当时特区的主要领导，心中都充满着一种要为改革冲锋陷阵、敢打敢拼的责任感和使命感。我们在本书后面的很多章节中都会看到，在这些人的心中，只有一个想法，那就是中央让我们来搞特区，就是让我们在搞市场经济方面先行先试。正是由于没有任何先例可循，所以他们的思想没有束缚，没有框框，更没有理论教条。大家都是在学中干、干中学，通过探索和实践来摸索如何冲破原有的计划经济体制、如何建立起中国改革开放后新的市场经济体制，在他们的心目中，实践才是检验真理的唯一标准。尤其是在特区早期的探索过程中，特区主要领导人甘受各种批评、指责甚至诬陷，不计较得失、不计较名利，不怕丢官，大胆往前闯，真正做到了敢为天下先。因此，深圳经济特区从建立那天起，“解放思想”就成为一条贯穿始终的主线。这种思想解放、敢想敢干的风格，实际上已经潜移默化成为深圳特有的一种思想和精神的精髓及传统，被深圳人所继承和代际相传。在本书的后面，我们还会多次从各个层面、各个领域的改革和发展的过程中看到这一点。

第二，我还注意到，这种思想解放、敢想敢干的精神传统几乎为深圳所独有。不要说内地的城市，即使是其他的特区，如珠海、厦门、汕头和海南，实际上都没有真正形成。这就使我想到了深圳的第二个特性，那就是“一穷二白”。在所有的特区中，只有深圳特区是建立在一个几乎没有任何经济基础和城市基础的边陲小镇上，这是“一张白纸”，几乎没有原来计划经济的任何烙印和痕迹，大家到这里来都是从头开始干。所以，现在看来，深圳当时一无所有，既是一件坏事——当时参与深圳特区建设的人异常困难、异常艰苦，所冒的风险最大；又是一件好事——没有任何原有的官僚体系、经济体制和思想观念的羁绊和束缚，可以放手大胆地干，可以画最好的图画，可以写最好的文字。想明白这一点，就可以理解为何深圳可以做出那么多有中国特色的社会主义市场经济改革的试验，有那么多的“率先”和“第一”，而其他城市（包括其他特区和沿海开放城市）要想做到这一点是很难的，它们冲破各种体制、思想观念甚至人际关系的阻力和困难要比深圳大得多、多得多。

第三，深圳是现代中国发展过程中最特殊、最完全、最彻底的一座移民城市，移民城市的一个最大特性就是“移民精神”，而“移民精神”本身就具有“解放思想”的精髓和本原。

总之，“解放思想”是贯穿于深圳建立经济特区、大规模引进外资、构建市场经济体制、推进政府体制改革和构建服务型政府、大力发展民营经济、大力发展高科技产业、全力推进产业转型升级、全力推进自主创新和努力走出一条经济高质量发展新路子等全部发展过程的一条生命线。所以说，“解放思想”是深圳发展奇迹的灵魂。

如果有人让我用最简单的一句话来概括深圳发展奇迹的秘诀，那我一定会说：无论是深圳的政府，还是深圳的企业，抑或是深圳的各类机构、社会组织，甚至是居民百姓，或多或少，或大或小，始终都在用“解放思想”的态度对待一切、处理一切。

换言之，“解放思想”以各种形式贯穿和渗透于整个深圳，包括经济、社会、政治、文化、教育乃至百姓生活在内的各个方面。

这，就是深圳从改革开放伊始直到今天，仍然能够不断创新、不断前进、不断领先的根源所在。

这，也正是深圳与其他很多地区的根本不同之处。

所以，如果一个人能够真正了解深圳是如何“解放思想”的，那么他也就对深圳成功的秘诀破解了一半。

## 第二节 “解放思想”过时了吗

很多人认为，目前在中国，“解放思想”的问题已经不存在了，因为改革开放到今天，随着中国向全世界的大开放和社会主义市场经济的建立，整个中国的思想早已都“解放”了。

其实并不尽然。

### 人类发展过程中必须不断“解放思想”

“解放思想”就是人类在自己生存的发展阶段中，由于生产力的发展和进步，由于生存环境的发展和进步，也由于人类在生存的每个阶段都会遇到新的变化和挑战，因此，他们对自己原有的生存智慧和原有的知识积累，必须能够不断地有所突破、有所创新、有所前进，要能够根据新的客观实际的变化，采取与其相适应的新的思想和观念形态，并以此指导自己建构新的生存形态、新的生产活动和社会管理的秩序。而那些不断有所突破、有所创新、有所前进的过程，就是人类“思想解放”的过程。

从这个意义上说，“解放思想”对于整个人类发展是一个永远存在的过程，人类发展的每个革命性的重大突破和成就，都可以说是“解放思想”的结果。所以“解放思想”是人类发展过程中永恒的生存状态，是一个永远没有止境的认识变革和发展的过程。

第一个把“解放思想”提升到整个国家和民族的高度，并且赋予其真正丰富含义的，正是邓小平。在1978年全军政治工作会议上，邓小平第一次提出要“拨乱反正，打破精神枷锁，使我们的思想来个大解放”[①]。

① 邓小平：《邓小平文选》第二卷，人民出版社，1994，第119页。

从此，“解放思想”就成为中国改革开放的灵魂，成为中国共产党领导中国人民冲破一切原有僵化的本本主义理论体系和计划经济体制的理论和思想桎梏，勇于改革，大胆前进，无往而不胜的利器。中国改革开放以来所取得的伟大成就、所创造的世界奇迹，从根本上来说，就是中国人民解放思想的伟大胜利。

那么，现在中国的“解放思想”已经完成了吗？“解放思想”在中国已经过时了吗？显然不是。

因为“解放思想”，就是要“实事求是”。而“实事求是”最核心的要义就是反对思想僵化，反对教条主义和本本主义，要以客观实际情况作为自己思考和行动的根本准则。从这个意义上讲，“解放思想”绝不是一时一事或一个行动口号，而是我们永远的科学准则。这就是说，无论什么时候，我们都要打破习惯势力和主观偏见的束缚，研究新情况，解决新问题；都要使思想和实际相符合，使主观和客观相符合。

所以，那种认为“解放思想”只是改革开放之初的思想和行动准则，现在已经完结了的想法，显然是非常不正确的。

正因如此，习近平总书记2013年11月9日在《关于〈中共中央关于全面深化改革若干重大问题的决定〉的说明》中说：“冲破思想观念的障碍、突破利益固化的藩篱，解放思想是首要的。在深化改革问题上，一些思想观念障碍往往不是来自体制外而是来自体制内。思想不解放，我们就很难看清各种利益固化的症结所在，很难找准突破的方向和着力点，很难拿出创造性的改革举措。因此，一定要有自我革新的勇气和胸怀，跳出条条框框限制，克服部门利益掣肘，以积极主动精神研究和提出改革举措。”2018年4月13日，习近平总书记在庆祝海南建省办经济特区30周年大会上的讲话中再次指出：“没有思想大解放，就不会有改革大突破。”“解放思想的目的在于更好实事求是。”要“敢闯敢干，大胆实践，多出可复制可推广的经验，带动全国改革步伐”。

### “解放思想”仍是中国继续前行的起点

习近平总书记仍然在各种重要的场合号召全党和全国人民要继续“解放思想”，这显然说明，现在“解放思想”不但没有过时，而且仍然需要用它来解决当前阻碍我们前进的严重问题。

当前，在我国的经济体制和社会发展中，还存在很多原有传统观念和计划经济所造成的“思维惯性”和“行为惯性”，它们成为我们继续改革开放和创新发展的严重障碍。

为什么现在东部沿海地区与一些中西部内陆地区的发展差距那么大？为什么大家一直关注和热烈讨论的南北差距那么大？说到底，就是这些相对落后地区的思想解放程度远远低于相对发达地区，前者的发展阻力也远远大于后者。

第一，在勇于改革和敢闯敢干方面，这些相对落后地区的政府及有关部门，往往存在三类阻碍深化改革和解放思想的人。第一种是思想僵化的人，他们囿于旧有的观念，不愿越雷池一步，没有一点创新和突破的意识，大搞形式主义、本本主义、教条主义，反对观念和体制的突破创新；第二种是只考虑个人利益的人，他们为了保住乌纱帽，同样是上面让做什么才敢做什么，不敢越雷池一步，谨小慎微，唯唯诺诺，渎职懒政，无所作为；第三种是由于利益固化而反对改革的人，他们嘴上说拥护改革和思想解放，一旦涉及自己或自己部门的利益，则会想方设法抵制改革和反对思想解放。正如前面习近平总书记所说，在深化改革问题上，一些思想观念障碍往往不是来自体制外而是来自体制内，所以，要冲破思想观念的障碍，要突破利益固化的藩篱，解放思想是首要的。

第二，在建立市场经济方面，这些相对落后地区都存在着比较浓厚的原有计划经济体制的阴影和痕迹，不能很好地解决既要发挥政府“有形之手”的宏观调控作用又要发挥市场在资源配置中的决定性作用的问题，往往还是由政府说了算，始终没有真正建立社会主义市场经济体系。

第三，在政府的管理体制和执政方式方面，这些相对落后地区还是政府的权力过大和过于集中，政府仍然是什么都要管、什么都要说了算的管治型政府，同时，仍然是“官大一级压死人”，主要领导人说了算，且很多主要决策都不公开、不透明，还远远没有建立起一个公开、透明、法治的服务型政府。

第四，在政府与企业尤其是民营企业关系方面，仍然是以政府意志为主导，在企业发展的很多领域和很多事务方面，政府都直接用行政手段予以干预。比如搞产业政策，是由政府主导决定支持哪类产业，保护哪类产业，而不是由企业在市场竞争中自发形成；还有些地方，表面上讲的是大力扶持民营企业，实际上层层、处处都在为民营企业的发展设卡；在政策扶持上，更多地倾向于国有经济，而对民营经济的支持大多流于表面和形式；尤其是一旦出现外部环境危机，首先也是解决国有经济的困难，使得民营经济发展更加举步维艰。

第五，在社会环境方面，这些相对落后地区到现在仍然存在着浓厚的以人情关系为重的风气，做任何事情都要找关系、走后门，整个社会治理网络主要由人脉关系组成，法治、秩序、规则都形同虚设。这些传统落后的社会风气，严重破坏了市场经济发展所必需的以法治、规则、公平和效率为主的营商环境，形成了在招商引资方面所谓“开门迎客，关门打狗”的恶劣局面。尽管这些地区的政府做了很好的产业发展规划，给外资设定了很好的优惠条件，也为招商引资做了大量的工作，但是由于没有一个好的社会风气，没有一个好的营商环境，最终功亏一篑，浪费了大量的资金、人力和社会资源。

直到今天，我们国家不少地区，还或多或少地存在着深化改革和创新发展的障碍，有些甚至是很严重的障碍，仍然需要大力倡导并切实推进思想解放。所以，我们说，对于中国的改革开放和经济发展而言，“解放思想”永远没有也不会有终点，“解放思想”永远是中国改革开放和社会发展继续前行的起点。

## 第三节　深圳的“移民城市”与“解放思想”

正如我在前面已经讲到的，深圳是一座移民城市，而移民城市所形成的“移民精神”本身就具有“解放思想”的精髓和本原。

所以在这一节里，我们就来展开这个非常有意思的话题。

### 深圳是中国最典型的移民城市

深圳是一个中国各大城市中绝无仅有的本地人口与外来人口严重倒挂的城市。在40多年时间里，深圳从1979年的30多万人猛增到2021年的将近1800万人，可以说，绝大多数人口都是从外地通过各种方式迁移过来的。因此，深圳是中国最典型的移民城市。

正是由于深圳是移民城市，因而就有了上面我所说的“‘解放思想’以各种形式贯穿和渗透于整个深圳，包括经济、社会、政治、文化、教育乃至百姓生活在内的各个方面”这样一种特殊的现象。

### 移民城市就是“寻梦者”的城市

深圳著名媒体人、民间智者金心异曾发表文章《你是否还有一个“深圳梦”》，文中提到：这些从全国各地移民到深圳来的人，没有多少人是为了推动中国的改革开放伟大事业、建设中国特色社会主义示范市而来的。那些无论是雄心勃勃还是仅有十分卑微人生目标的人，那些无论是想要投机致富还是做着创业“淘金梦”的人，那些无论是想要换个活法还是逃开原来失意环境寻求改变人生计划的人，当他们怀着忐忑不安的心情来到深圳时，他们心中其实还是有着坚定的信念的，那就是相信深圳能够给自己一个机会，相信深圳能够与自己原来的环境不同，会有另外一种可能性，也相信能够通过自己的打拼出人头地。他们怀着这样的梦想而来，每一个人都努力奋斗，寻找任何可能的机会。其实，这过程本身也是在为别人提供着机会。而所有人的奋斗总和，就是深圳这个城市的机会。所以，我们可以把“深圳梦”定义为：所有来深圳的人的梦想的总和。我们所提的“深圳梦”，其实是模仿“美国梦”而来的。而所谓的“美国梦”，是一种相信只要在美国经过努力不懈的奋斗便能获致更好生活的理想，亦即人们必须通过自己的勤奋、勇气、创意和决心迈向繁荣。

2022年热播的电视剧《人世间》，就是金心异这篇文章所讲状况的真实历史写照：那个年代凡是想改变命运和发家致富的人，都往深圳跑。那时的“深漂”不亚于现在的“北漂”。

### 移民城市是造就“思想解放”的热土

正是因为绝大多数来到深圳这座移民城市的人都是为了“寻梦”，都是为了通过自己的努力奋斗而获致更好的生活，因此，这样一片为“寻梦者”打造的热土，也成为来自全国各地的人们各种思想、认识、观念和文化不断交汇、碰撞和融合的热土。

由于深圳是新兴起的移民城市，所以没有像其他老城市那样有一种对人的思想、观念、行为习惯形成较大约束力的浓厚本土风气和传统习俗（即使深圳原住民有岭南文化的传统习俗，但相对于极其庞大的外来人口，它的影响几乎可以忽略不计），同时也没有像北京、上海、天津、广州以及内地各大传统中心城市那样，有一种说不出来的“排外”风气。

再者，由于人人都是为“寻梦”打拼而到深圳来，因而在他们不同的思想、观念和文化的碰撞交汇中，是平等和相互尊重的，没有对别人的排斥，也没有将别人“拒之门外”的固定成见。在这种不同思想和文化相互包容的风气中，人们都在不断学习和融会自己所不知道、不了解的知识、文化、习俗和观念，久而久之，自然就形成了深圳的各个社会阶层都能不拘一格地接受新思想、新观念的社会风气。

不但如此，还由于到深圳这座城市的人都是“寻梦”而来的，都是希望通过自己的打拼闯出一片“新天地”的人（换言之，没有这种精神的人也不会跑来“闯深圳”），因而他们不惧怕冒险，具有喜欢尝试新鲜事物的精神，同时，他们也具有创造新鲜事物的本能渴望、本能冲动和本能勇气。久而久之，自然形成深圳与其他城市相比具有较大差异的比较普遍的社会风气。

而上述这些，难道不就是“解放思想”的精髓吗？尽管这些听上去并不“高大上”，并没有我们的领导人所提出的那种理论高度，但是说实在，这不就是“解放思想”最原始也是最接地气的表现吗？正因如此，我才会说，实际上深圳作为一个典型的移民城市，“解放思想”已经以各种形式贯穿和渗透于其经济、社会、政治、文化、教育乃至百姓生活等各个方面。

### “移民城市”与“移民政府”

早期的深圳不仅是一个“移民社会”，而且政府也是一个“移民政府”。这恐怕是一个完全创新的概念，因为在此之前我从来没有听到任何人讲过这个概念。

这个概念起源于我弟弟的话。我为写这本书与我弟弟探讨深圳的创新动力为何能够保持长盛不衰，他提出一个很新鲜的观点，他说连早期深圳市的政府都是由从全国各地（当然也包括广东省其他地区）政府和各种机关、院校调过来的人组成的。这些人会带来全国各地政府或部门的不同治理理念、方法和经验，同时也会以各种形式代表那些新迁入深圳的移民的利益。这话让我大受启发。确实如此。

以我自己来说，我就是1988年初从位于北京的国家物价局调过来的。那时深圳市的主要领导——市委书记兼市长李灏同志——也是1985年从国务院副秘书长调任的，而我则是他从北京调过来的干部之一。据我所知，从特区建立伊始，深圳政府就从全国各地调聘政府的各级干部，同时也从当时来到深圳的大学生以上的高级人才中招聘和选拔各级干部。我后来在市政府和市委工作时的很多同事、很多局级干部，都是从当时到深圳来打拼的人中通过考试选聘和提拔起来的。

而就是这些干部，他们中的绝大多数之所以心甘情愿到这个当时还是一片工地和前途未卜的新建“特区”来工作，其实也与前面金心异所说的一样，是“寻梦”而来的。当然，这些干部到这里来，并不是要寻“赚钱发财”的“淘金梦”，而是实现自我价值和自我理想的“雄心梦”。

我本人就是如此。南开大学毕业后不久，1983年，我就在我导师的带领下来到刚刚成立的深圳经济特区，那次来是要完成国务院特区办公室（国务院特区办）委托的一个课题。虽然深圳当时还是一片大工地，几乎一无所有，但我已经被深圳那种热火朝天的建设局面所吸引，特别是体会到当时内地绝对没有的一种新鲜活力感和朝气蓬勃感，一种“天高任鸟飞、海阔凭鱼跃”和到这里来可以大有作为的跃跃欲试的冲动和渴求。此后，我虽然于1986年从南开大学经济研究所调入国家物价局，并且做了国家物价局物价研究所副所长，但是深圳对我的吸引力从来没有减弱过。所以，当1987年李灏同志要调我到深圳时，我没有任何犹豫，毅然舍弃了我在当时人们眼里所羡慕的条件（已是国家机关的中层干部，前途无量；已从天津调入北京工作，全家都已是很多人梦寐以求的北京户口；住房等生活条件都已是副厅级待遇；等等），于1988年春节后带领全家来到深圳生活和工作。而像我这种情况的人，在当时的深圳并不罕见。

我为什么要在这里强调“移民政府”这个新概念呢？就是由此我恍然大悟：为何我们一直都说深圳市政府比任何内地政府都更能够解放思想，更能够接受新鲜事物，更有闯劲和斗志，更能够接受政府只做好自己的事不插手企业发展的观念，更愿意建立法治社会和诚信社会，更讲究公平、透明、规则和效率呢？

过去在解释这个现象时，往往要说这是由于深圳作为特区，是“小政府、大社会”。但是显然这个说法并不准确，因为这个概念也可以用于海南和其他一些特区。也有人说这是因为深圳毗邻香港，但是这个说法也不准确，因为毗邻香港的并不只有深圳这一个城市，这点也解释不了这个现象。

现在，有了“移民政府”这个概念，一切就都说得通了，一切就都顺理成章了。正因为是“移民政府”，所以上面所讲的“移民城市”所具有的一切特点，主要由这些“移民”组成的政府当然也都有，用老百姓的话来说，深圳政府是一个开明的政府。于是，早期的深圳经济特区就是在这样一群“特殊移民”的领导下，解放思想，实事求是，大胆闯，大胆干，敢为天下先，开创了改革开放的一片新天地，并被邓小平同志树立为全国学习的样板和标兵。

而当初“移民政府”的主要特性，或多或少都绵延至今。尽管现在深圳的政府早已不再是“移民政府”，但是当初“移民政府”的许多观念准则、思想准则和行为准则，已经成为深圳政府的“传统”，成为深圳政府的“递延资产”，成为深圳政府积累下来的宝贵精神财富。此后历届的深圳政府都是按照这样的观念准则、思想准则和行为准则来进行改革和创新，来发展经济和治理社会，直到今天都是如此。

这个概念也解释了另外一个长期令人困惑的现象：很多当年在深圳能够干得风生水起的主要领导干部，到了其他地方同样是一把手，而且在级别上也提升了很多，但是却无法像在深圳一样施展才华，大展拳脚，无法做出像深圳一样的亮丽政绩。从根本上说，还是由于发挥作用的政府基础和干部队伍基础有了很大的不同，毕竟还是“时势造英雄”。当然也不可否认，他们每个人在深圳政府这个“舞台”上时，也同样发挥了“英雄造时势”的重要作用。

## 第四节 特区精神

在我阅查的有关研究和总结深圳40多年来发展过程的资料文献中，发现不少著述都着重强调“特区精神”，并把它们看作深圳能够创造今天奇迹的根本原因。其实，这正是我在本章中所讲到的要点——这是深圳能够创造奇迹的灵魂。

我认为，40多年来，深圳凝聚了四种特有的精神，最好地体现了深圳经济特区的特色，已经成为深圳的宝贵财富。

第一，深圳各级政府官员所具有的“大胆探索、敢想敢干、敢为天下先”的精神。

这种精神在深圳经济特区的初建时期尤其明显和突出，并且成为深圳经济特区得以创建及成功的“定海神针”和制胜法宝。这一点在本书后面会有大量的阐述和体现，这里不再赘述。尽管这种精神随着中国改革开放的进程已在全国“遍地开花”，且随着时间的推移和时局的变迁在深圳也不再那么明显和突出，但它作为深圳传统的精神财富，已经深深地植根于深圳的社会沃土之中，深深地植根于深圳人的脑海、习惯与言行之中。

第二，众所周知的“拓荒牛”的精神。

这种精神来源于20世纪70年代末和80年代初最早为创建深圳经济特区而舍身忘我、苦干实干、流血流汗、拼搏奋斗的人们。它既体现在最早来到深圳特区的成千上万基建工程兵和外来务工者身上，也体现在最早为创建深圳经济特区呕心沥血、忘我奉献的成千上万各级领导干部、政府公务员、教师医生和各个领域专业技术人员的身上。随着时间的推移，尽管深圳早已从当年的荒郊野岭、农田牛舍“改天换地”成为现代化的大都市，但是，这种“拓荒牛”的精神已成为深圳的宝贵精神财富。它已成为一种为改革开放埋头苦干、无私奉献的模范精神，成为一种充分体现新时代社会主义核心价值观的艰苦奋斗精神。这种精神一直以来就是深圳的象征，也为全国树立了榜样。

第三，“来了就是深圳人”的精神。

这种精神最鲜明地体现了深圳这座移民城市的特点。这种精神的深刻含义就是，无论你从哪里来，无论你来之前是什么学历、什么身份、什么背景，只要你到深圳来创业、来打拼、来奋斗，你就会受到深圳的欢迎和拥抱，你就可以成为一个深圳人，你就可以在深圳追逐和实现自己的梦想，深圳也有足够的机会让你获得成功。

第四，深圳所特有的一种在市场经济的大潮中“勇站潮头、敢拼敢搏、险中求胜”的企业家精神。

深圳是全国市场经济发展最好的城市，是全国民营经济发展最好的城市，也是全国企业和产业创新发展最好的城市。在深圳，聚集了全国各地非常有想法、有闯劲的人尤其是年轻人，拥有着富集的创新创业群体、创业资金以及成熟的产业集群。追逐梦想、好奇好胜、敢于冒险、富有创意、勇于竞争、不怕失败，成为这个群体特有的精神，也就是最鲜明的深圳“企业家精神”。深圳经济所独具的动力和活力来源于这种精神，深圳在全国乃至世界领先的自主创新靠的也是这种精神。

深圳的经济发展固然有赖于成千上万成功的企业，每个成功的企业都是拼搏、冒险、竞争、创新的企业家精神的结晶；同时也归功于成千上万失败的企业和企业家，他们同样有着为企业发展和创新不断拼搏、努力奋进、不甘失败、生生不息的精神，他们失败的经验和教训，成为越来越多后人的“成功之母”。

总之，说到底，“特区精神”就是深圳人思想解放、实事求是、敢想敢干的精神；就是深圳人敢于追求自己的梦想、为实现自己的梦想勇于拼搏献身的精神；就是深圳人不图虚名、脚踏实地和埋头苦干的精神；就是深圳人“时间就是金钱，效率就是生命”、大干快上创造“深圳速度”的精神；就是深圳人讲求诚信、讲求规则，以德立身、以法治事，“做老实人办老实事”的精神；就是深圳人追求完美、讲求质量，以精为上、以质取胜的精神。

## 第五节 我在深圳解放思想：“贱卖”国有资产

说到当年深圳的各级领导干部解放思想，我的一段经历很具有典型性和说服力。

1990年10月我被市委调任深圳市信息中心主任。到任不久，我就发现了一个重要的问题，那就是当时的深圳市信息中心面临着巨型电脑所引发的困惑，这巨型电脑就是当时风靡一时的美国IBM4381处理机。

为了更好地了解这个背景，这里我要多说几句。

众所周知，现在中国已经成为世界最大且发展最好的互联网国家。互联网在中国可谓无处不在，已经与中国的政治、经济、社会、文化甚至老百姓的衣食住行紧密联系在一起，互联网在中国的发展已经超过了西方发达国家。这与中国互联网起源发展时间和世界互联网起源发展几乎同步有关，不像中国的其他产业起源发展时间落后于西方发达国家几十年甚至几百年。

互联网发端于1969年的美国，仅仅于17年后的1986年就进入了中国。1986年8月25日，中国科学院高能物理研究所在北京710所的一台IBM-PC机上，通过卫星链接，远程登录到日内瓦CERN一台机器的账户上，向位于日内瓦的斯坦伯格发出了第一封电子邮件。1987年9月，北京计算机应用技术研究所（ICA）建成第一个电子邮件节点，并于9月20日向德国成功发出了一封电子邮件，邮件内容为“越过长城，走向世界”。1988年3月，中国计算机科技网（CANET）项目启动，旨在组织中国众多大学、研究机构的计算机与世界范围内的计算机网络相连。1988年初，中国第一个X.25分组交换网CNPAC建成，当时覆盖北京、上海、广州、沈阳、西安、武汉、成都、南京、深圳等城市。

1989年，国家计划委员会组织实施世界银行贷款项目“中国国家计算机与网络设施”，购进一批由美国IBM公司于1983年9月推出的IBM4381处理机，为每个省和计划单列市的信息中心都配置了一台，这距离我调入深圳市信息中心也只有一年左右的时间。

IBM4381处理机是当时世界上最先进的处理机，但是当时这台处理机的体积却十分庞大。我调到深圳市信息中心工作时发现，只是这台处理机的主机就占了最上面的一层楼。深圳市信息中心的大楼是类似于南美秘鲁金字塔的形状，是梯形结构，从一楼到顶楼的楼层面积逐步缩小，到顶楼实际上只有一个大房间，这台处理机的主机就占据了这个大房间；不仅如此，这台处理机有几十个终端机，通过连线分别占据了下一层楼的所有房间；不仅如此，为了维护这台处理机，当时的信息中心居然设置了一个有十几个人（每个人都是本科以上学历）的专门部门；不仅如此，为了对这台处理机的主机实施日常维护，每个月无论这台机器是否有用，都必须启动一次，而每次启动就要大量耗电达几万元（如果我没记错的话）；不仅如此，由于每过一段时间这台处理机的软件都要更新，因此不但购买新软件需要支付一大笔美元费用，还必须派人到美国去学习和掌握新软件相关知识。这台占用和耗费如此大量资源的电脑处理机，自购进后直至我调入信息中心工作为止，竟然只在做深圳市人口统计时用过一次，其他时候一次也没用过。这也不奇怪，当时中国的经济还十分落后，需要这么大型计算机处理的信息几乎没有。

最关键的是，计算机这种高科技产品的更新换代非常快，就在我调入深圳市信息中心工作不久就得知，IBM公司1990年已经推出小型机，其功能不但超过IBM 4381处理机，而且这种小型机从主机到几十个终端机的摆放只用信息中心顶楼的一个大房间就完全足够了。另外，相比于那台大机器，它的维护简单得太多了，只需要一两个人就可以维护，既不需要每个月进行启动维护（即使启动维护也耗电极少），同时，软件也不需要频繁更新，更不需要专门派人到美国去学习。如此一来用小型机代替这个“大家伙”的好处就不言自明了：既可以节省大量的人力、财力、物力，也可以节省大量的办公室空间。

为此，我提出卖掉IBM4381处理机，购入小型机，并召开信息中心党组会和主任办公会进行慎重研究和讨论，信息中心的领导都同意我的意见。此后我们写了专题报告呈报主管的市领导，并很快被批准。于是，我们非常艰难地寻找买家（由于IBM小型机的出现，国内需要IBM4381处理机的客户已经极其少见了），最终以20万元人民币卖给了沈阳飞机制造公司。

整件事十分顺利，除了在寻找买家方面出现一些困难外，谁也没有把这当作一件多大的事情。不但党组会和主任办公会上大家都同意，而且包括业务部门、财务部门等在内的各个部门也没有任何人提出异议，主管副市长也批准得特别痛快。我们都把它当作一件小事情就这样过去了。

没想到我后来到国家信息中心汇报工作时，在国家信息中心和各省市信息中心，此事却成了大新闻。很多地方的信息中心主任说，“你们的胆子也太大了。要在其他地方，你们这就是严重违反财经纪律，贱卖国有资产”。因这台机器购入价是150万美元，按当时1美元合3.8元左右人民币算，约合570万元人民币。这是已经登记入账的国有资产，而我们以20万元人民币就卖掉了。从财务账面上看，我们此举导致了国有资产的“严重流失”①。

但是，从内心里来说，他们实际上又是非常赞同我们的做法，因为这台IBM4381处理机在深圳市信息中心所引发的问题，实际上在各个省市信息中心都普遍存在。其实他们也都想用功能更好的小型机来代替这个既笨重又没用且浪费大量资源的“大家伙”，但是没有人敢想到或提出要去卖它。有个外省的信息中心主任跟我讲，即使他有这个想法，信息中心的其他领导也不敢同意；即使他们领导班子有这个想法，财务部门和业务部门的主管同志也会提出异议；即使他们信息中心都同意这样做，主管信息中心的省市领导也不敢批准同意，因为如果有人追究，他们要承担的责任太大。

① 由于已经过去了30多年，所以对于这台大型机的当时购进价格和卖出价格我自己也记不清了。写此书时我问了一些当年的同事，他们也记不清了。也有当事人说购进价格是130万美元，卖出价格是80万元人民币。总之，此计算机在固定资产账上登记的价格是“天价”，而我们则是以与其相比极其低廉的价格卖出了。

所以，当时包括国家信息中心和各省市信息中心在内的全国几十个信息中心，只有深圳市信息中心卖出了IBM4381处理机换成了IBM小型机，而且卖出大型机所得款项在购买小型机后还有不少节余。深圳的这个做法在当时的国家信息中心和全国几十个信息中心引起了很大的震动，大家都认为深圳的做法完全符合当时的实际，是完全正确的。后来国家信息中心的一位领导跟我讲，一年后很多省市信息中心都想卖掉这个没用的“大家伙”，连出价2万元人民币都找不到买家。再后来，由于小型机甚至微型机的大量推广和使用，各省市信息中心的IBM4381处理机就成了一堆废铁，由于体积庞大，甚至如何处理都成了麻烦事。

由这样一件似乎并不大的事情，我们就可以看出深圳当时思想解放的程度。我作为信息中心的领导，包括我们所有领导班子的人在内，在做这件事时考虑的只有一个方面，即这件事做得对不对，是否符合实际，是否有利于信息中心的工作，是否有利于信息中心的发展，完全没有任何条条框框束缚，也没有任何顾虑，更没有任何怕犯错误的思想负担。同样，我们单位各个部门的工作人员也是如此，主管我们的副市长也是如此。这就是当时深圳各个部门乃至全市上下普遍的状况。

所以，当我们现在说起深圳当年那种解放思想、大胆改革、敢想敢干、敢为天下先的精神和风气时，绝不是夸张和渲染。其实说简单点就是，那时的市主要领导也好，部门主要领导也好，只要认为一件事是对的，就马上去做，而且想方设法把它做好，没有任何思想顾虑和思想束缚，更没有因考虑自己的得失而畏首畏尾。我在深圳市信息中心的这个小故事，就是生动的写照。

# 〔第二章〕

# 体制改革：创造深圳奇迹的关键

在我们解码深圳腾飞奇迹时，毫无疑问要把“改革”放在首要位置。深圳经济特区成立本身就是对整个中国改革开放起到关键作用的第一步，尤其是20世纪80年代和90年代初邓小平同志南方谈话前，在全国还没有大开放大改革时期，几乎所有的从计划经济体制转向市场经济体制的重大改革，都是从深圳这里开始突破，取得成功经验后，再向全国推广，这已经成为大家公认的不争的事实。因此，从某种意义上说，深圳经济特区已成为中国改革开放的标志和里程碑。

更重要的是，在中国改革开放40多年的时间里，深圳始终没有辜负党中央的重托和全国人民的期望：无论中国社会主义市场经济推进到哪一个发展阶段，深圳都始终冲在改革开放的第一线；无论在什么重大的体制改革方面，深圳都始终走在全国前列。据统计，改革开放40多年来，深圳率先进行的体制改革大大小小有1000多项。这就更加证明了邓小平同志的英明论断：“深圳的发展和经验证明，我们建立经济特区的政策是正确的。”

对于我写的这本书来说，这段话还有另外一层含义，那就是本书后面所有章节的内容中，实际上首先都会涉及深圳在某一领域中所进行的改革。换言之，我们在解码深圳腾飞奇迹的每一个要素时，都会看到，它们无一例外都是深圳在该领域深化体制改革所取得的重大成果。也正因为如此，我在这一章中不能一一列举深圳在各个领域进行的体制改革，那会与后面章节中的内容出现大量的重复。因此在本章中，我主要突出四个方面。

第一是深圳在中国改革开放初期为建立社会主义市场经济方面所做出的重大历史贡献，为整个深圳在后几十年里创造腾飞奇迹奠定了别的任何地区所不能具备的基础和前提。

第二是我本人在深圳如何以改革的精神来完成自己的各项使命，用我自己的行动事例来诠释深圳所具有的无处不在的改革精神。

第三是深圳在党的十八大后新的重大领域——社会体制改革和社会治理创新领域——继续发挥排头兵作用所取得的重大成就，这其实也是深圳现在仍然领先国内其他地区的关键。

第四是深圳经济特区成立40周年之际，又被中央确定为“中国特色社会主义先行示范区”，深圳已经再担负起新的历史使命，向着更高的改革开放目标再出发，这同样是深圳仍然领先于国内其他地区的关键。

## 第一节　最早进行建立市场经济的尝试和突破

2013年，深圳政协网发表了一篇题为《深圳经济特区初期经济体制改革的回顾》的文章，作者为已经去世的政协深圳市第一届委员会主席、1981年深圳经济特区刚刚建立就调任深圳市常务副市长的周溪舞同志。他用非常朴实的语言和非常生动的事实，对深圳经济特区初期的经济体制改革做了一个十分重要和深刻的回顾[①]。

### 建立市场经济的先行尝试和突破

周溪舞同志在文章中说：“当年全国没有推行市场经济，也没有说经济特区可以推行市场经济。但是深圳经济特区初期的经济体制改革就是以市场经济为取向的。这是因为：第一，中央说过经济特区要按国际惯例办事，要和国际市场接轨；

① 周溪舞：《深圳经济特区初期经济体制改革的回顾》，http://www.szzx.gov.cn/content/ 2013-04/23/content_8987001_2.htm，2013年4月23日。

说过市场调节的范围和幅度在全国要小一些，在经济特区可以大一些，我们的理解是特区基本上就是搞市场经济。第二，中央赋予经济特区的使命是做中国改革开放先行一步的排头兵和改革开放的试验场，当然要在市场经济方面先行先试。第三，深圳原来没有什么经济基础，初期我们搞大量的‘三来一补’、搞外商投资企业，这本身就是市场经济，不可能给外商制定指令性的生产计划。内联企业看准的就是要从深圳奔向国际市场、赚外汇，也要靠市场经济，这是一个客观存在的事实。”周溪舞同志用非常朴实的语言讲出了一个非常了不起的事实，那就是深圳当时的主要领导，已经从实际行动上开始了突破计划经济的禁锢、大胆进行市场经济改革的尝试。他们没有任何高深的理论，也没有缩手缩脚，在他们看来，既然是经济特区，那么本来就是要搞市场经济，就是要在市场经济方面先行先试。而且他说出了一个最重要的事实：深圳原来就没有什么计划经济的基础，上来就只能是搞“三来一补”和外商投资，那当然就只能搞市场经济，因为对“三来一补”企业和外商投资企业怎么可能按计划经济的办法来呢?

在这里我们看到了，当时还在全国被很多人视为理论和思想的“禁区”，还在从中央到地方、从政界到学界吵得一塌糊涂的有关市场经济的争论，在全国各地还存在重重困难和层层干扰、很难迈出实质性步伐的市场经济体制改革，在深圳就这样波澜不惊地拉开了中国改革开放的序幕。

### 深圳经济体制改革是从“急需先改”开始的

特区实行“对外开放、对内搞活”的方针，“开放”和“搞活”是同时进行的。要“开放”——引进外资，开展对外经济技术合作，就要进行经济体制改革，不改革，外资企业就发展不起来。

深圳经济体制改革是从哪里开始的呢？可以用“急需先改”这句话来形容它。就是从引进外资最需要的地方开始，然后按照与国际市场接轨的要求，形成从局部改革到全面改革，从单项改革到配套改革，从初步改革到深化改革这样一个发展过程。

为什么要“急需先改”？举例来说，外资进来了，首先碰到的是怎么招工人、怎么发工资的问题，因此就从工资制度改革开始。

工资制度改革后，外资有经营期限，在特区不能搞“铁饭碗”制度，于是便制定了“合同工”制度，就是企业根据需要招工人，工人自愿签合同，工资、待遇都在合同中写明，于是用工制度改革也开始了。

另外，大量外资进来以后还碰到一个问题，就是要取得建厂房的土地，这就需要在土地使用制度方面进行改革：经过政府批准的土地，收取土地使用费。“土地使用费”这个名词明确表明：土地的所有权是国家的，使用权是企业的，还规定了使用年限。这也就是说，土地制度改革开始了，后来正是在这个基础上才形成了以土地使用权转让为内容的土地市场。

周溪舞同志在文章中还提到，他1981年到深圳来的时候，这些方面已经进行了改革，当时市政府制定出了劳动用工、工资报酬和土地使用制度。他认为这些制度是深圳最早突破计划经济，以市场经济为取向的改革成果。我们一定要注意周溪舞同志讲到的这个时间点——1981年。

1981年，整个中国才刚刚结束“实践是检验真理的唯一标准”的解放思想大讨论；1981年，从中央高层到理论界还刚刚明确中国的社会主义经济是“计划经济为主、市场调节为辅”的经济体制。而在深圳，却已经取得了突破计划经济和以市场经济为取向的初步改革成果。千万不要小看这个“初步成果”，也许当时并没有觉得这有什么了不起。但是，如果站在整个中国改革开放历史的角度看，这个“初步成果”就是一个伟大的起点：它是中国市场经济改革历史性的突破点，是中国经济从计划体制走向市场体制的“第一声春雷”。

### 由局部改革到全面改革，从单项改革到配套改革

周溪舞同志任深圳市常务副市长期间，还担任了深圳第一个体制改革领导小组组长，在此期间深圳在经济体制改革中全面推动物价、财政、外贸、劳动、工资、人事等改革，冲破了商贸系统、劳动系统、人事系统在计划经济时代的束缚。

对此，周溪舞同志在文章中这样写道：

“第一，由局部改革到全面改革。开始根据对外开放的需要，‘急需先改’，首先改革了劳动、工资、土地使用制度，很快就碰到了其他问题，比如工业发展、人口急剧增长等，为了解决商品短缺，就需要进行流通体制和价格体制的改革。就这样，经济改革的面越来越宽，到1987年的时候，在全市经济体制改革经验交流会上，我们概括为在十二个方面进行了改革，这就是，在计划体制、企业体制、价格

体制、流通体制、财政体制、信贷体制、外贸外经管理制度、外汇管理体制、劳动人事制度、工资制度、基建管理制度以及政府管理机构等方面进行了改革。

“第二，从单项改革到配套改革。为了逐步形成市场经济机制，我们从开始的单项改革逐步地注意了配套改革。1986年上半年，市政府成立了投资规划、企业、物价和住房制度、劳动工资和社会保险、财税、金融、外贸管理、基建管理、行政机构等九个专题小组，拟订了九个改革方案，这是一个大的配套。这些专题改革方案，后来区别不同情况，有计划有步骤地组织施行。

“在单个专题改革中，也从配套出发，采取改革措施。比如企业改革，就针对增强企业活力问题，在财政、税收、金融等方面采取六项措施，配套起来，帮助企业减轻债务负担，增强企业自我发展能力。又如在劳动用工制度上，由于固定工、合同工和临时工三种用工形式同时并存，社会劳动保险制度的改革就相应建立了固定工保险制度、合同工保险制度和临时工保险制度。这也是一个小的配套改革。实践证明，只有搞好配套改革，才能保证改革的系统性，使改革不断向前推进。”

在这里，我们要注意周溪舞同志讲的两个时间点——1986年、1987年。

在这两个时间点上，整个国家的改革处在什么阶段呢？是处于“建立在公有制基础上的有计划的商品经济”阶段。而在深圳，则已经对市场经济体制改革“从局部改革到全面改革”“从单项改革到配套改革”。换言之，当1992年江泽民同志在党的十四大报告中提出“建立社会主义市场经济体制”时，深圳早在5年前就已经驶入市场经济体制改革的快车道了。只有看到这一点，我们才会深刻理解为什么邓小平视察南方时把深圳作为中国改革开放的窗口、试验地和排头兵，也才能真正理解为什么深圳的市场经济体系直至今天，与中国其他地区相比，都是最成熟、最完善、发展得最好的。

### 从初步改革到深化改革

周溪舞同志还在文章中以金融体制改革为例说明深圳当年是如何深入改革的。

改革开放初期，国家开始实行“拨改贷”政策，即计划经济时代的由国家拨款向企业进行投资，开始改为由企业向银行贷款，这就需要对金融体制进行根本的改革。因为在计划经济时代，银行实际上是各级财政部门的大会计、大出纳，根本不具备这样的功能，更谈不上什么金融市场功能了。

深圳的金融体制改革首先做了三件事：一是要求中央给深圳划出一个贷款额度，在这个额度内由深圳市的银行掌握，按照深圳市的经济发展方针，根据企业的信用程度给予贷款；二是改革利率管理；三是改变各个银行的专业分工为交叉经营。当时中国的银行分工是很细的：中国人民银行起中央银行的作用，中国银行是专门经营外汇的，中国建设银行是专门负责基建项目的，中国农业银行是负责农村和农村的信用合作社的。改革以后，各个银行都可以根据自身的力量开展信贷业务。这就建立了以块为主的信贷资金管理体制，为形成金融市场提供了条件。

在此基础上进行深化改革，当时主要是逐步批准外资银行进来开业。第一个进来的是南洋商业银行。它虽然是中资在香港的银行，但进到深圳也要按照外资银行的手续来报批，开始时的经营范围也和外资银行一样。后来又批准法国国家巴黎银行、法国东方汇理银行、日本北海道拓殖银行、香港汇丰银行、美国花旗银行等进入。有的开始是驻深办事处，后来都升格为深圳分行。后来又由中国银行深圳分行与日本的金融机构合作建立了我国第一个跨国的财务公司。银行还开展了拆借和商业信用票据承兑贴现业务。在这段时间，一些地方银行和民营银行——如深圳发展银行、招商银行——也相继开业。

1986年，一个多层次、开放型的特区金融体系已在深圳初步形成。

深圳改革开放初期，港币在市场上大量流通，这种流通无法用行政命令禁止。如果禁止，对深圳经济发展是不利的。为了加强外币的市场管理，在李灏书记的推动下，1985年11月，深圳成立了外汇调剂中心。当时按照“管住两头、放开中间”的原则进行管理，即到外汇调剂中心来调剂的外汇，一头是看它来源是否正当，另一头是看它的用途是否正当。调剂的价格可以由双方议定。现在回过头来看，当时在深圳事实上是形成了一个汇率自由浮动、货币自由兑换的外汇市场。

1988年，深圳成立了股票证券交易所，股票上市，深圳市的金融改革更加向国际惯例和市场经济靠近了。此后，金融体制改革进一步深化，提出了国家银行要企业化、股份化的思路。

到1986年的时候，深圳市已经初步形成了资本、劳动、土地、技术、信息等生产要素市场。

## 第二节　破天荒率先解决价格改革难题

对于深圳在价格改革领域所做出的了不起的贡献，我是非常有发言权的。

### 20世纪80年代物价改革是中国改革初期最难过的一关

1984年在浙江莫干山上召开了第一次中青年经济科学工作者学术讨论会，史称“莫干山会议”——今天已被作为中国改革开放的里程碑之一载入史册。那次会议最重要的成果，就是向中央提出了价格改革的思路——“价格双轨制”。

我是莫干山会议的参加者，在这次会议上讨论了许多改革的议题，其中包括农村改革、城市改革、企业改革、对外开放等，但是，为何只有价格改革的报告才得到中央那么重视，并且将这次会议上讨论的结果——“价格双轨制”上升为整个国家价格改革的主要思路呢？就是因为当时中央最着急的就是价格改革。产品价格是建立市场经济（那时叫“商品经济”）的决定性因素。如果产品价格不能由市场决定，还要由国家来统一定价，那还有什么市场经济可言呢？但是，要按市场确定产品的价格又是何其难，主要是全国从上到下的还是计划经济的工资体系，人们的收入水平极低，根本就不能承受由供求关系决定的市场价格波动。

这种不改革价格市场经济体制改革就寸步难行，但要改革价格老百姓又承受不起的矛盾成了当时改革无法深入进行的“死结”。于是只好用“双轨制”来作为价格改革的过渡性措施，即：涉及国计民生的产品，仍然实行“计划价格”；非国计民生的产品，可以由市场定价，实行“计划外价格”。

然而，这种“价格双轨制”的改革又引发了另外一种尖锐的社会矛盾，那就是一部分有权有势的人（主要是当时某些“以权谋私”的官员、“高干子弟”和社会上善于钻营投机的人），利用手中的权力以“计划价格”拿到计划内的产品，然后到社会上按照比“计划价格”高出好几倍的“计划外价格”出售，从中牟取暴利，使得这种“价格双轨制”一时间成为腐败的“温床”，引起了社会极大的不满。这也使吴敬琏等当时一些颇有影响的重要学者在各种会议和主流媒体上大声疾呼，要求取消“价格双轨制”，实行“一步到位”的价格体制改革，即要进行“价格冲关”。

这样一种形势使得当时的价格改革难上加难。于是1988年，中央决定采纳“物价冲关”的改革措施，准备取消“价格双轨制”，实行“一步到位”的市场价格体系改革。没想到主要领导人这样一种改革的思路传出后引起了社会上的极大恐慌，老百姓因为担心物价上涨，都冲到市场上去抢购各种生活用品，同时又到银行去提钱以进行生活用品抢购，从而形成了遍及全国的“抢购潮”和“挤兑潮”。这种剧烈的社会动荡，不仅导致这次“物价冲关”改革“流产”，而且成为第二年中国社会出现更大动荡的根源之一。

1986年我从南开大学经济研究所副所长调到国家物价局物价研究所做副所长，还参与了中央要进行“物价冲关”的可行性研究报告的撰写，同时，由于我们的报告认为“物价冲关”不可行，我还受到了当时国家物价局领导的批评，所以我非常了解当时物价改革的困境，非常担忧如何才能够顺利解决价格改革的问题，当时似乎看不到出路。

然而奇怪的是，这个在20世纪80年代看上去极为艰难的改革，到1992年邓小平南方谈话和全国大开放后，竟然不声不响、波澜不惊，在国家没有采取任何重大的引人注目的改革举措情况下，似乎是“自然而然”地完成了。后来才知道，实际上深圳乃至整个珠三角当时率先进行的物价改革，已经为全国的物价改革从实际上（而不是理论上和顶层设计上）闯出一条成功之路。在全国大开放后，国家有关部门只是将深圳等地的实际做法放大，扩展到全国而已。

正是在这样的背景下，我们在本节中着重看深圳是如何进行物价改革的，这个在20世纪80年代全国看来似乎都“无解”的改革“死结”，在深圳是如何率先解决的。

### 深圳率先成功进行的物价改革比全国提前了10年

周溪舞同志在文章中写道：“中国当时在改革开放中遇到一个很大问题，就是物价并轨，并不好就出问题。东欧很多国家就是在物价上处理不好，导致人民造反，这个问题搞不好是一个很危险的问题。而在深圳，物价并轨没有出问题，主要原因就是通过物价改革，发挥了价值规律的作用，促进了经济的发展，建立了一个良性的经济循环，使得社会生产、群众收入和物价水平三者协调均衡发展。”[①]

深圳建市初期，常住人口由于受到户籍管理控制，增长不快，但暂住人口和流动人口增长飞快。在原有的计划经济环境下，商品基本上都是按常住人口的数量来分配的，而且生活必需品基本上都是凭票供应。人口急剧增长必然导致商品严重短缺，尤其是蔬菜供需失衡，导致深圳菜价大幅上涨。普通市民一个月的工资只有几十元，但一斤蔬菜就要好几角。而且由于国营市场货源不足，导致自由市场价格飞涨，一般工薪阶层根本难以负担。1980年7月，深圳市委根据群众来信，派人到一些工厂、学校、街道，找工人、教师、居民调查座谈，发现人们对社会生活状况很不满意，有的人甚至牢骚满腹：物资供应匮乏、物价高昂，日子越过越心寒，领的是国家的低工资，买的是国际市场上的“高物价”。

为了解决当时特区的蔬菜供应问题，深圳还从汕头组织了5000多人到深圳种菜。但由于种菜不如卖菜，不到几个月，菜农便都走了。实际上那时宝安本地也有很多农民在种菜，不过他们与香港的菜商签订了合同，每天都把新鲜蔬菜源源不断地运往香港。而深圳市副食品总公司下属的果菜公司却因为收购的价格太低，很难收购到蔬菜。这也是深圳蔬菜紧张的原因之一。

因此，问题已经很明显了，要解决蔬菜供应问题，必须提高蔬菜的收购价格，而收购价格提高后蔬菜的零售价格也必须相应提高，否则就会造成很大亏损。但是当时人们的工资水平太低，零售价格提高老百姓根本承受不起。

为解决这一难题，当时的市委书记召集市主要领导人一起商量对策。副市长周溪舞建议，可以对果菜公司实行承包制，即市政府不再向果菜公司下达利润计划，有利润不用上交，亏损也不给补贴。当时的果菜公司既经营出口蔬菜，又经营内销蔬菜，蔬菜出口是赚钱的，内销是赔钱的，果菜公司实行承包制后，就可以用出口补内销；果菜公司经营水果是赚钱的，经营蔬菜是赔钱的，实行承包制后，也可以靠水果的盈余来补蔬菜的亏损；果菜公司旺季经营蔬菜亏得不多，淡季则亏得多，实行承包制后，也可以旺季补淡季；还可以将普通菜价定为4分钱

① 周溪舞：《深圳经济特区初期经济体制改革的回顾》，http://www.szzx.gov.cn/content/ 2013-04/23/content_8987001_2.htm，2013年4月23日。

至8分钱一斤，而好点的青菜1角钱一斤，拉开不同档次，果菜公司承包后，也可以高档菜价补普通菜价。归纳起来就是“以出口补内销，以水果补蔬菜，以旺季补淡季，以高档补低档”二十四字承包方法。大家都同意这样的做法，于是采取了这样的政策措施。由于这个政策使果菜公司有了积极性，因而起到了明显的效果，很快稳定了市场。

但大家都认为这只是权宜之计。长久之计必须在体制改革中去找，也就是尽快实行价格体制改革。市领导认识到，深圳作为特区，要想彻底解决商品短缺问题，必须依靠国家给特区的特殊政策和灵活措施。这就触及改革计划价格体制的问题，需要彻底改变统得过多过死的现象，解决主要农副各种物资造成人民生活所需匮乏产品价格倒挂的矛盾，改变原来商品价格几十年如一日的状况，使商品价格真正体现市场供求变化。

然而，物价改革被认为是风险最大的改革，牵一发而动全身，涉及千家万户的切身利益，稍微处理不当就会引起抢购风潮，造成社会不稳定。但是，不解决市民最基本的生活需求问题、不改变物资严重匮乏的被动局面，就谈不上搞特区建设和发展经济。

经过深入调查研究和充分准备后，1982年，深圳市政府大胆提出了“以调为主，调放结合，分步理顺价格体系和价格体制”的物价改革方针，提高主要农副产品收购价格，放开部分商品价格，实行随行就市，鼓励市场竞争，拉开价格档次，允许一定幅度的浮动。之后，市政府又根据具体情况，分别主次缓急（先小商品，后重要物资；先一般农副产品，后日用工业品；先日用消费品，后凭证定量供应的商品；先市场紧缺商品，后供求平衡商品），逐步扩大物价改革的范围。

不久，市委、市政府开始酝酿对粮、油、猪肉等主要生活资料的价格进行改革。但是，价格一旦放开，极有可能引起物价的全面上涨。市政府经过长时间的调查和反复研究，按照“政府负担一点，企业消化一点，个人承受一点”的设想，于1984年8月1日推出了与物价改革相配套的工资改革方案，使物价与工资直接挂钩，从根本上改变了“低工资、高补贴”的状况，取消了对粮油及副食品的补贴，变暗补为明补。这样做既减轻了政府的财政负担，又提高了市民对物价放开的承受能力。这大胆的一步为市政府下一步取消粮油凭票供应做了坚实的铺垫。

1984年11月，市委书记主持召开会议，研究在深圳市取消粮食凭票供应问题。

会上大家一致认为，要取消粮食凭票供应，首先就要提高粮价，否则就会造成四面八方来抢购。而提高粮价，不提高工资，就会造成干部职工生活水平下降。大家一致同意，提高粮食价格以后，把提高价格这部分钱用临时粮食补贴的方法，在发工资的时候一起发给干部职工。此外，大家也谈到，全国农村进行改革后粮食已经出现了恢复性的增长，粮食供应已经没那么紧张，因此深圳物价改革的条件已经初步具备。另外，特区创办初期，由市政府物价部门管理的农副产品有110多种，到1983年改革后只剩下9种。1984年，调整变化的商品比重已占社会商品零售总额的80%左右。这些也为市政府即将走出的下一步棋打下了基础。

11月1日，深圳国营粮店纷纷贴出告示：即日起，买粮不需凭粮本，三号大米由每斤0.146元调到0.29元。与此同时，对食油、猪肉、煤气等主要生活资料的价格也放开，由凭证定量供应改为议价购销，允许其价格自由涨跌，顺应市场的供求关系。这一举措推出的同时，为了及时掌握市场动态，市政府派出了大批调查组深入各单位，一批批观察员来到各粮店，发现深圳市面十分平静，购销正常，市场上商品琳琅满目。生活资料紧缺和商品单调已经成为历史，价格体制改革取得了突破性进展。

深圳的价格体制改革解决了粮食两个市场、两种价格和因此带来的问题；解决了购销倒挂问题，不用财政补贴，有利于发挥价格机制的作用；初步理顺了物价提高和职工收入的关系。实践证明，深圳的这项改革是成功的。直到1994年全国各省市才全部取消粮票，深圳取消粮票的时间比全国提前了10年。

周溪舞同志在总结这段时写道：其实现在看来，深圳率先完成价格改革的逻辑很简单，那就是通过改革解放生产力，通过建立市场经济发展生产力，当人们的收入提高程度远远超过物价上涨给他们带来的影响时，价格由市场需求决定就自然而然成为他们能够接受的现实了，价格改革的目标也就完成了。

同时他又写道：在物价改革方面，深圳是一个成功的试验场。那几年（1979—1989年），每年物价平均增长11%，很多年超过10%……10年间物价增长了2倍。当时的工业生产总值，从原来的8000多万元增加到116亿元。尽管农民的农副产品价格提高了，但“三来一补”使乡镇工业发展很快，农民人均纯收入从152元增加到1450元，职工的工资从原来的平均一年769元增加到3852元。就是说，10年内，虽然物价增长了2倍，但生产增长了100倍以上，职工和农民收入分别增长4倍和8倍以上。在这样一个良性循环的情况下，市场经济和物价也形成了良性循环[①]。

### 深圳价格改革成功后所引起的风波

这一段的内容，很少史料提及。

现在大家一提到深圳最早进行的物价改革，就知道它是全国物价改革的样板，却不知道当年深圳价格改革成功后，又经历了多少新的艰难和波折，承受了多大的压力。

邹旭东（曾任深圳市委书记秘书）曾写道，一开始，因为深圳市率先放开了市场价格，物价不断上涨，引起了上级物价部门的不安，准备处分一些干部。后来由于深圳放开价格后，市场商品价格的上涨吸引了国内外商品纷纷流入，内地一些省市又向中央告状，说深圳赚了内地的钱。

譬如1982年深圳高价收购荔枝就曾引起一场不大不小的风波。当年由于深圳对荔枝的收购价太低，农民纷纷将荔枝运到香港去销售，导致深圳两年时间里都收不到荔枝，赚不到外汇。而当时深圳正在试行物价改革，希望通过出口水果来补贴蔬菜。时任深圳市政府副秘书长兼财贸办主任的李定（1988年我调到深圳时，李定同志任市政府秘书长兼办公厅主任）就向分管副市长周溪舞申请，由自己带队到荔枝市场去向种荔枝的果农直接收购，收购价格由深圳自己来定。而按规定，荔枝实行全国统购统销价，私自定价是有可能被撤职的，但周溪舞副市长表示同意他去试试。

于是，李定以“优质优价”的条件，将深圳果农种的好荔枝以0.8～1.2元的价格进行收购，这样一来连深圳周边的果农都被吸引来了。当年，深圳共收购了几百吨荔枝，出口到香港后赚了几十万元外汇。

这件事引来了接二连三的严厉批评和斥责，先是广东省有关部门严厉谴责深圳市财贸办违反国家政策，然后发文件给深圳市委，最后又在广东从化专门开会要解决“深圳收购荔枝闯祸”问题。工作组先找到周溪舞副市长，没想到他一个人把责任揽了过去：“这个事情我知道，如果有责任的话，责任是我的；如果要撤职的

① 周溪舞：《深圳经济特区初期经济体制改革的回顾》，http://www.szzx.gov.cn/content/ 2013-04/23/content_8987001_2.htm，2013年4月23日。

话，就撤我的。”这样一来，收购荔枝的事才没有被追究下去。

此外，当时市里还专门成立了进出口公司到内地采购国家不统一收购出口的农副产品，以解决深圳的商品短缺问题。这一举措也遇到很大的麻烦，经常被外省投诉。一些省市纷纷把告状信寄到了北京。一次，时任广东省特区管委会副主任秦文俊（后调任深圳市委副书记）到北京开会，中央领导让他捎回口信：河北告深圳抢购了他们的雪花梨，山东告深圳抢购了他们的大蒜，四川告深圳抢购了他们的红辣椒干。不仅如此，因为深圳进出口公司经中央同意用外汇到广交会上采购商品，对外经济贸易部一位主管外贸的领导竟然也说深圳赚了他们的钱。广东邻省一位主要负责人说，深圳办特区，他们省成了“灾区”，因为深圳的采购人员收购了他们计划外的农副产品。

由此可见，在当时，深圳改革是多么艰难，受到了多少批评和责难，顶住了多大的压力。

### 为何1992年后中国的价格改革得以顺利完成

由于20世纪80年代中国内地绝大多数企业还是国营企业，中国的整个经济体系还是国有经济体系，中国当时的企业职工和公职人员绝大多数都还拿着计划经济体制下水平极低且多年不变的“死工资”，这样一种状况不可能承受市场价格波动变化的后果。但是，如果价格不改革，则不能打破国营经济“一统天下”的局面，且不能通过建立起市场经济而大大解放生产力和大大提高人们的收入水平。因此，就陷入了一种“鸡生蛋还是蛋生鸡”的逻辑悖论“怪圈”。

那么，为何1992年邓小平视察南方后，20世纪80年代中国改革“最难迈过的坎”又能那样顺利地迈过呢？就是我曾在自己的著作和论文中多次提到的，邓小平视察南方是中国改革开放的真正转折点，是从“改革带动开放”向“开放推动改革”转变的重大历史转折点。由于全国各地争相向深圳学习实行大开放，而大开放的主要内容就是“大引资”，而要大量引进和成立“三来一补”企业和三资企业就必然像深圳当年那样不能按计划经济那套办法行事，必然要与国际接轨，要按市场经济那套办法行事，于是在20世纪80年代千难万难、苦苦挣扎都无法突破的计划经济体制桎梏，就这样在引进外资势不可挡的洪流下“轰然倒塌”。

由于各地都成功地大量引进外资和初步建立起市场经济体系，大量开办了“三来一补”企业和三资企业，因此成千上万的农民“洗脚上田”，进城务工，和成千上万的城市居民进入这些合资、外资企业“打工”（当然包括许多公职人员和国有企业职工“下海”[①]）；另外，随着国有企业“承包制”和“股份制”改革的迅速推进，中国的生产力一下子得到了大解放，中国居民的普遍收入一下子成倍地提高，中国多年计划经济工资体系的“一潭死水”被打破，这时的中国百姓对市场价格变化的承受能力大大提升。正如周溪舞讲到深圳当年时所说，“在这样一个良性循环的情况下，市场经济和物价也形成了良性循环”。

当中国社会大多数民众的普遍收入提高程度远远超过市场供求所决定的物价波动给他们带来的影响时，价格由市场需求决定就成为他们能够接受的现实，因而国家再实行市场经济的价格体系改革也就没有任何阻力了，20世纪80年代曾经闹得“死去活来”的价格改革，到1992年后就这样平平稳稳地顺利完成了。

## 第三节　勇做无愧时代精神的深圳经济特区改革者

如上所述，这一节我要讲我本人在深圳是如何以改革的精神来完成自己的使命，用我自己的行动事例来诠释深圳所具有的无处不在的改革精神的，同时也证明深圳在这些领域是如何发挥领先全国、敢闯敢干、敢为天下先的排头兵作用的。

我于1988年初调至深圳工作，在2007年退休前主要承担了四项工作职务。一是任深圳市政府办公厅副主任，二是任深圳市信息中心主任，三是任深圳市委副秘书长兼深圳市接待办公室主任，四是离开政府部门后担任中国改革开放后建立的第一个国家级社会智库的“掌门人”。

对于我在政府工作期间的改革和创新，我将在后面有关深圳政府作为的章节中进行专门阐述。在这里主要讲讲我在离开政府部门后是如何以改革开放的勇气、魄力和能力来当好中国第一家社会智库“掌门人”的。

① 香港《亚洲周刊》曾报道，1992年前后，辽宁省有3.5万名公职人员“下海”。

### 做中国社会智库改革创新的“弄潮儿”

到2022年，我在深圳工作和生活已经34年了，我认为自己退休前在深圳所做的最有意义的工作不是“当官”，而是在将近13年时间里领导综合开发研究院（中国·深圳）（简称“综发院”）从小到大、从弱到强，从极端困难到成熟完善，从一个默默无闻的普通新型研究机构发展成为享誉国内外的著名智库机构。至今，我甚至认为这是我一生中最重要的成就。

这里要稍为讲一下综发院。这是20世纪80年代末任国务院发展研究中心主任的马洪同志和深圳市委书记李灏同志于1989年2月共同发起成立的我国第一家官助民办的国家级政策研究咨询机构。用现在的语言来说，这就是中国第一家国家级官助民办的社会智库。成立综合开发研究院（中国·深圳）成为中国改革开放史上社会智库建设具有里程碑意义的重大创举。

但是到了1993年，由于这个在中国改革开放大潮中第一个成立的新型研究机构没有任何可供借鉴的先例和经验，在探索过程中又遇到了各种难题，因此建院5年左右，就陷入前所未有的严重困难和严峻挑战之中：既缺乏年富力强有经验的一线直接领导者（“掌门人”），又存在领导体制不顺和机制不健全的严重管理问题，再加上资金极度匮乏，不但没有经费完成政府已经划拨的基地建设，连工作人员的工资都发不出来，而且还欠了2000多万元的债务。说实话，就是处在崩溃瓦解的边缘。

面对如此困局，应马洪同志要求，1993年底深圳市委常委会开会决定调我过来任综发院的副理事长兼秘书长，做了综发院的“掌门人”。

在这里有一点我要特别提一下，由于我事先已对综发院所面临的困难和问题有比较深刻的了解，因此在同意接受这项艰巨的任务之前，我先到北京中南海与马洪理事长进行了一次长谈，并提出完善综发院管理体制和实现高效执行力的三点建议，我称之为“约法三章”。一是我这个“掌门人”在理事会领导下必须要有“人财物产供销”的实权，不能说了不算。二是我的领导班子由我自己选人，经理事会批准后由我“组阁”——“我的班子我负责”。这个道理也很清楚，要想做事领导班子里就不能搞“人事斗争”和“内耗”，否则将一事无成。三是尚未开发的综发院基地建设必须由我全权负责，不能再乱找人开发了。前期就是由于谁都插手，乱签合同，结果上当受骗，基础建设没搞起来，反而惹了一身官司还欠了上千万元的债务。我的“约法三章”得到了马洪同志的完全赞同，这也为我今后领导综发院打“翻身仗”奠定了根本的领导体制基础。

在理顺了综发院大的领导体制后，1993年12月我走马上任面临的第一个挑战，就是如何在政府已划拨的土地上完成综发院基地建设的问题。在既没有一分钱财政拨款，也没有一分钱银行贷款，且政府划拨土地5年期限已满，再不开发就要被政府收回的困难和紧急情况下，我采取了大胆果断的措施，解放思想，勇于创新，完全用市场化方式找开发商“合作共建”，即我们拿出一半土地让开发商建他们的商品别墅楼，同时他们为我们提供基地建设的资金。此方案经理事会讨论同意后，从1994年初开始到2002年，陆续成功筹款7000多万元，不但补缴了政府地价，归还了外单位欠款，还建立起直到现在仍然不失为国内外一流硬件设施的综发院基地。据我所知，在中国现有的著名的国家高端智库中，只有综发院的基础设施建设是没有一分钱财政拨款和没有一分钱银行贷款，完全靠自己的市场化运作完成的。

在综发院基本摆脱了最困难阶段和最严峻挑战后，我于1994年下半年开始大胆锐意改革，全力整顿队伍，严格建规立制，建立了从业务、行政、财务、人事、文秘、档案到考勤、考核、奖惩、项目管理等一整套完善的规章制度。至此，综发院开始真正走上了正规发展的轨道，并踏上了探索新型民办社会智库发展模式和发展路径的征程。

此后，在我做“掌门人”的十多年时间里，综发院全体同志勇于改革，克服困难，大胆创新，坚持市场化的办院宗旨，面向市场、面向社会寻求自己新的正确定位，从1995年起就不断进行着适应市场要求的制度创新：建立人才聘任及人员退出机制；建立绩效优先的人才评价机制；参照企业的成本核算建立综发院内部的核算机制；建设营造学习型组织的机制和氛围；在积极开拓市场的过程中逐渐建立起自己的信誉和品牌；通过在实践中摸爬滚打，锻炼队伍，付出了艰苦劳动和大量心血，摸索出一整套为政府和企业提供决策咨询服务的业务体系，包括为政府和企业制定发展战略规划、园区建设规划、项目策划、项目可行性论证、企业改制改组、投资咨询、质量管理体系认证咨询等，并以此彻底摆脱了之前的生存和发展困境，走出了一条主要靠自己咨询和服务（而且完全是靠自己的市场竞争力）来进行创收、从而实现可持续发展的良性循环发展道路。据我所知，在目前所有国家高端智库中，只有我们综发院走出了一条不依靠政府财政而主要依靠市场竞争求得生存发展壮大的新型智库之路，建立起这样一整套内部企业化管理靠市场竞争取胜的成功机制。

1993年底我做“掌门人”之前，综发院每年的有偿课题收入几乎是空白，最多一年只有几十万元，甚至有两三年为零；从1995年咨询创收开始实现大幅增长，到1997年已达到近550万元，到了2003年就超过了千万元，2006年我离开综发院领导岗位时达到创纪录的1400多万元。此后，综发院继续沿着这条成功之路不断发展，在院长樊纲的带领下，2021年咨询合同收入总额已达近1.3亿元。这种创收水平，即使与同等规模（200人左右）的专业化市场咨询公司相比，也是十分罕见的，更不要说综发院的主要功能还是一个为政府和企业提供政策和决策咨询的智库机构。

以上所说是我如何带领综发院走出一条靠市场竞争求得生存发展壮大的新型智库之路，至于在我作为“掌门人”的这十几年中，综发院为深圳市、为广东省、为国家所做的许多重大课题研究，向各级政府及相关部门所提交的众多研究咨询报告，所召开的各类大型会议和论坛，更是不计其数。在研究国家宏观经济方面、在研究探讨国家一些重大战略方针政策方面、在推动深圳经济特区改革开放方面、在推动深港合作方面、在推动粤港澳台合作方面、在推动国内许多省市的改革开放和经济发展方面、在推动国际区域经济合作方面，都发挥了极为重要的作用，做出了十分突出的贡献。

2006年7月我离开了综发院的领导岗位，此后十几年里，樊纲院长带领综发院取得了更大的成就。正因综发院在成立后的30多年里为国家各方面发展都做出了十分杰出的贡献，因此2015年综发院被选定为第一批25家国家高端智库之一。

对于我到深圳以来领导综发院工作的这段历程，我最后想说的是，尽管综发院不像一家企业那样如果做得好能够创造出多少显赫的成就，例如能够创造出多少产值、创造出什么名牌产品、提高多少科技研发水平等，但是，它提高的是一个国家和一个城市的软实力，提高的是企业、地区乃至国家的科学决策能力和政策制定水平，帮助企业、地区乃至国家得以选择正确的发展方向、发展路径和发展模式。因此，搞好智库建设与发展好一家企业、一个产业同等重要。关于这点，如果说10多年前人们还没有清楚认识的话，那么现在大家应该越来越重视智库的建设、发展和作用了。从这个意义上说，我在综发院所做的工作，也是对深圳经济特区发展所做出的一份特殊的贡献，为深圳经济特区打造了一张享誉国内外闪亮的软实力名片。

为此，在特区成立40周年之际，深圳创新发展研究院在评选为特区建设做出杰出贡献的100人中，我也十分光荣地名列其中。

## 第四节　勇做社会改革和社会治理创新的排头兵

自1978年开始，直到2012年党的十八大之前，中国经济取得了令世人惊叹的伟大奇迹：从一个十分贫穷落后的人口大国，在不到35年的时间里，一跃成为世界第二大经济体，成为世界最大的制造业生产国和世界最大的进出口贸易国，也成为世界最大的引资国和世界最大的单一市场。同时，中国人均GDP增长了39.6倍，在国家富强的同时，人民的生活水平也得到了明显和普遍的提高。

在国家经济不断飞跃发展的同时，也出现了新的严峻的社会矛盾：由于地方政府把抓GDP增长、招商引资、基础设施建设和城市改造放在首位，因而大大忽略了社会改革和社会治理的重任；同时，在改革过程中对于最贴近老百姓切身利益的民生问题（如住房、医疗、教育等），采取过度市场化的解决办法，忽视了政府对普通百姓和弱势群体的公共政策服务，造成了广大民众买房难、就医难和入学难；此外，由改革开放带来的巨大经济发展成果，并没有完全真正惠及普通百姓，造成了贫富差距不断扩大，社会矛盾日益尖锐；当时普遍严重的腐败风气和权钱交易，使得社会的公平正义受到严重挑战，引起了广大群众的强烈反感和不满，仇富仇官心理日益盛行。

### 党的十八大后中国改革不断深入的一个重大标志

党的十八大后，党中央高度重视当时所面临的形势，不但反复强调“人民对美好生活的向往就是我们的奋斗目标”，要“始终把人民放在心中最高的位置”，要“坚持以人民为中心的发展思想”，“民心是最大的政治”，而且把“为民理念”转化为党的路线方针和政策，融入各项治国理政活动之中，推出一系列重大方针政策，大力推进社会改革和社会治理创新，将改善人民生活、增进人民福祉作为一切工作的出发点和落脚点，把中国的改革开放推进到最直接围绕广大群众利益的社会领域和民生领域，不断增强人民群众的获得感和幸福感。从这点上也可以看出，中国的改革开放已经站到了一个新的历史起点上，中国特色社会主义进入了新的发展阶段。

党的十八大以来，中国的深化改革一个鲜明的特点是，特别强调促进社会公平正义。习近平总书记在2015年2月举行的省部级主要领导干部学习贯彻十八届四中全会精神全面推进依法治国专题研讨班开班式上强调："公平正义是我们党追求的一个非常崇高的价值，全心全意为人民服务的宗旨决定了我们必须追求公平正义，保护人民权益、伸张正义。"促进社会公平正义，就是把增进人民福祉作为出发点和落脚点；促进社会公平正义，就是要坚决根除党内和社会严重的腐败风气，根除权钱交易所造成的机会不平等和贫富两极分化；促进社会公平正义，就是要通过深化社会改革和社会治理创新，使国家改革开放和经济发展的成果更多更公平地惠及全体人民。

此外，党中央还把全面建成小康社会作为2020年我国要实现的伟大战略目标。全面小康，就意味着改革开放和经济发展的成果必须惠及全体人民，要使经济、政治、文化、社会、生态文明得到全面发展。因此，实现这个战略目标就必须全面深化社会改革和社会治理创新。非如此，就不可能让改革成果惠及全体人民；非如此，社会的发展就缺少动力，社会就没有改革和创新活力；非如此，就不可能实现全面依法治国，也难以实现社会的和谐和稳定。

中国特色社会主义进入新阶段的一个重要特色，就是大力推动依法行政，用法治思维和法治方式履行职责，运用法治思维和法治方式化解社会矛盾、解决社会问题，加强和创新社会治理。一大批基层矛盾纠纷被纳入法治轨道并加以妥善解决，"办事依法、解决问题用法、化解矛盾靠法"的氛围进一步形成。

### 民政部在全国首推"社区治理和服务创新实验区"

正是在党中央的高度重视和强力推进下，中国的社会改革和社会治理创新迅速迈入一个新的发展阶段。

2014年1月，民政部首次在全国推广"社区治理和服务创新实验区"。实验的内容则完全从切近老百姓的根本利益出发、从社区实际出发来探索如何实现社区治理的现代化、民主化和法治化。众所周知，在整个中国改革开放的进程中，在党的十八大之前，由中央政府确定和推广的我们国家所有的实验区，全都是经济体制改革和经济发展类型的实验区，如经济特区、开发区、保税区、综合配套改革试验区、自由贸易区等，只有党的十八大后，才开始出现了以社会改革和社会治理创新为主题的实验区，这不能不说是党的十八大后中国社会经济发展的一个新亮点，也是党的十八大后中国改革开放的一个新的里程碑。

民政部推出“社区治理和服务创新实验区”的政策措施果然很快收到了明显的效果，各地政府都在党中央和习近平总书记有关推进社会改革和社会治理创新的大政方针下，积极行动起来。民政部自2015年开始，在全国评选“中国社区治理十大创新成果”，对各地在社会改革和社会治理创新方面的优秀典型进行表彰和鼓励。

由此可见，党的十八大后，党中央所推行的社会改革和社会治理创新理念，以及国家有关部门所制定的重要实施政策，开创了全国各地在社会改革和社会治理创新方面百花齐放、蓬蓬勃勃的发展局面，为中国的改革带来了新的发展气象，带来了新的发展活力，带来了新的突破和深化，也带来了新的改革硕果。

### 深圳的社会体制改革和社会治理创新走在全国前列

正如我们所看到，中国改革开放40多年来深圳始终作为排头兵冲在经济体制改革最前列一样，进入新时代后，深圳同样成为排头兵冲在社会体制改革和社会治理创新领域的最前列。

最明显的例证是，自2014年民政部开始在全国推广“社区治理和服务创新实验区”，深圳市每个区委、区政府都像抓GDP一样高度重视社会体制改革和社区治理，积极努力，你争我赶，甚至相互攀比，争相创新。近年来，深圳市10个区中每个区都创造出自己独特的社会体制改革和社会治理创新经验，受到国家和广东省的表彰，成为全国学习的典范，这在全国是十分罕见的。

2014年，深圳市罗湖区以“社区多元融合新机制”获评首届“中国社区治理十大创新成果”，并被命名为“全国社区治理和服务创新实验区”。

深圳市福田区莲花街道等4个街道2014年被民政部评为“全国和谐社区建设示范街道”，2015年福田区又创造了 “民生微实事”社会体制改革和社会治理创新项目，引起了全国的高度关注，成为全国学习的典范。

深圳市南山区2014年创建了“一核多元”的社区治理模式，逐步实现了政府依法治理、社会自我管理、居民自主自治的良性互动。由此构建了“定位清晰、各司其职、功能互补、和谐共生、共治共享”的现代社区治理结构，被中国社科院“地方政府治理与社会治理现代化”项目研究组评价为“非常有价值的全国基层治理生动实践”，成为全国的典范。

2014年11月，深圳市盐田区盐田街道永安社区等12个社区就被民政部评为“全国和谐社区建设示范社区”，此后盐田区开始创建一种携手社会组织创新社会治理的新模式。2016年，盐田区“构建政社合作伙伴关系”入选“全国创新社会治理十佳案例”。2017年，盐田区又先后获得“全国平安建设先进区”和“全国首批国家生态文明建设示范区”两项国家荣誉。

深圳市宝安区同样围绕更好解决群众最关心的问题、满足群众利益诉求，积极创新社区治理体制机制。宝安区不但在深圳率先成立了全国第一家以培育社区社会组织为目的的社区发展基金会，而且探索形成了指导社区治理实践的党的领导、群众主体和依法自治“三位一体”多元共治的新治理模式，并于2017年9月18日被《人民日报》以《从居民需求出发创新社区治理》为题刊出，在全国产生了广泛的影响。2018年，宝安区松岗街道的“一格多元”网格化基层治理模式获得了“2018年度中国十大社会治理创新奖”。2019年，宝安区的创新治水新模式再度荣获“2019年度中国十大社会治理创新奖”。

深圳市龙岗区在2015年推出了“民生大盆菜”项目，建立了“居民点菜、政府买单”的民生实事工作机制，实现了居民“我的实事我做主”，并在构建以问题和需求为导向、民主自治、精准施策的基层治理体系方面做了有益的探索。2016年，龙岗区的“社区民生大盆菜”社区治理创新项目入选“2015年度中国社区治理十大创新成果”；2018年，龙岗区的宝龙街道“忠哥调解室”再度获得“2018年度中国十大社会治理创新奖”。

深圳市龙华区在全部36个社区100%推行“社区综合党委+兼职委员”组织架构，建成社区党群服务中心89个、党代表工作室36个，全区基层综合党委组织多达621个，由此龙华区获评首届“中国治理党建创新十佳”，受到中组部肯定。同时，龙华区还积极探索社会组织培育发展新模式，在全市成立第一家区级社会组织孵化服务中心，实施社会组织直接登记改革，并在全国率先推出社会组织孵化培育与前置监管相结合的监管方式，从而构建了社会组织登记、培育、发展、扶持、壮大的全流程体系。

深圳市坪山区2014年就被民政部先后确定为“全国社区治理和服务创新实验区”和“全国社会工作服务示范地区”，这是全国市级区域唯一同时获得这两个称号的区。2015年7月，全国社区治理创新工作会议在福建厦门召开，坪山区作为唯一代表广东省和深圳市介绍经验的单位，其将社会力量引入社区服务、社区服务中心全覆盖的社区治理创新经验，引起了与会者的广泛关注。2016年，坪山区的“枢纽型社区服务平台建设”项目再获评“2015年度中国社区治理十大创新成果”。

深圳市光明区在全国率先探索社区基金会试点改革，为基层社区治理开辟了新的资金渠道。光明区突破以往公益基金会不许社区冠名和200万元门槛的限制，在资金募集、项目运作、资金管理等方面，形成了符合基层实际的制度体系，为在全国推广设立社区基金会成功破题。2014年4月初，民政部专家组到光明区调研，对社区基金会试点改革给予了“具有重大的创新意义和示范意义”的高度评价。

上述深圳市各个区争相在社会体制和社会治理创新方面勇于改革，实际上是一件非常了不起的事情。但是，这些改革并没有引起人们广泛的注意。事实上，今天人们还只是把眼光盯在经济体制改革上，似乎认为这就是中国体制改革的全部内容。其实，今天中国的社会改革和社会治理创新已经成为推动中国社会民主法治进程的重要内容，成为中国体制改革新征程的重要内容。现在这方面的改革只是“万里长征迈出的第一步”，中国社会要实现真正的民主化和法治化，任务还十分艰巨，目标还十分遥远，道路还十分崎岖，改革还十分深重，这方面的改革今后必须引起人们的高度重视，应当像对待经济体制改革一样，倾力而为、殚精竭虑、摇旗呐喊、勇往直前。

深圳作为中国改革开放的先驱和排头兵，已经在这个新的伟大历史任务中，再次肩负起光荣使命，找到了自己拼搏努力的方向，并且敢于改革，勇于创新，大刀阔斧，埋头苦干，扎扎实实、一步一步地朝着新时代的目标不断前进，已经在为新时代中国的改革开放再立新功、再树标杆、再创奇迹。

2019年8月18日，《中共中央 国务院关于支持深圳建设中国特色社会主义先行示范区的意见》发布。其中在第三大部分“率先营造彰显公平正义的民主法治环境”中特别讲到，深圳必须进一步加强社会的基层治理，改革和创新群团组织、社会力量参与社会治理的模式。中央的这个文件，为深圳在新时代继续发挥特区的改革创新示范作用指明了方向，明确了目标，提出了更高更新的任务。因此，深圳的社会改革和社会治理创新，也必须在已经取得成绩的基础上，朝着更高的目标再出发。

## 第五节　在民间监督政府及政府接受监督方面走在全国的前列

深圳在社会体制改革和社会治理创新方面走在全国前列的一个重要表现就是，目前全国只有深圳能够大力开展民间第三方机构监督政府部门的活动，以及政府部门自觉接受监督，不断改进自己的工作，提高工作水平。

最典型的表现，就是马洪基金会及其所开展的政府工作民间评价“金秤砣奖”评议活动。

### 马洪基金会开创民间第三方机构监督政府的“金秤砣奖”评议活动

说到马洪基金会，我在这里可能需要多说几句。马洪基金会是由我在深圳倡导创办和领导建立的一个公益性基金会。2010年5月，我退休后作为综发院的副理事长，在院理事会上提出了一个重要的倡议：把原来综发院内设的一个以马洪同志的名字命名的“马洪基金”，进行社会注册，由综发院发起成立一个面向社会的公益性基金会。此建议得到了综发院理事会的一致通过和批准。经过一系列的准备工作，深圳市民政局于2011年底正式批准了马洪基金会的成立。

马洪基金会成立以后，我被选为第一任理事长，经与理事会认真研究和反复思考，最后决定遵照马洪同志紧密联系实际、开展调查研究、努力解决社会发展中重要实际问题的精神，把马洪基金会的方向定为“开展政府工作第三方民间评价”。因为改革开放发展到今天这样一个阶段，无论是政府的体制改革还是社会的民主法制建设，都需要对政府的转型以及对政府政策的制定、执行和实施效果实行更多的社会监督，同时，政府的立政和施政过程也需要更多的公众参与，这也是中国进入深层次改革的一个必然的要求。

马洪基金会的“金秤砣奖”评议活动是从2014年开始的，首先是选择对深圳市40余个政府部门的公共服务白皮书进行评价。当时深圳市政府各个部门每年都要以公共服务白皮书的形式向社会承诺为公众实施的公共服务项目。其实，这也是深圳市政府在全国政府改革的首创之举，但是，政府各部门向社会所承诺的公共服务项目实施了没有、实施得怎么样，并没有社会机构对其进行监督和评价，基本上都是政府“自说自话”。于是，马洪基金会将对此的评价作为自己开展政府工作民间评价的一个切入口，而且采用一种比较有意思的方式，即采用了“金秤砣奖”评议活动的方式。所谓“秤砣”，就是“天地之间一杆秤，那秤砣是老百姓”。所谓“金秤砣”，就是对做得最好的单位给予的奖励称号，依次是“银秤砣”“铜秤砣”，做得最差的单位将被评为“纸秤砣”。

为了搞好这个评议活动，马洪基金会独创了一套评估办法，从网络搜索数据到政府部门自报自评，从公众满意度调查到媒体提供专项跟踪信息，构建了一整套评估基础信息和数据，最后又动员了近百名社会专家，根据上述基础信息和数据，现场对各政府部门公共服务白皮书的完成情况进行评估打分，几十家媒体进行现场采访，并当场公布打分结果，当场公布评奖名单，第二天全部见报。

第一次对政府进行民间评价的“金秤砣奖”评议活动成功举办后，立即引起了社会上很大的轰动，不仅深圳媒体，而且广东、香港等国内许多主流媒体都对此大加报道，大加赞赏。此后马洪基金会每年都举行一次深圳市政府“金秤砣奖”评议活动。而且自第三届起，马洪基金会将评议政府的方向改为按照国务院有关条例对深圳市政府各个部门的政府信息公开（政务公开）实施“金秤砣奖”评议活动。到2020年，马洪基金会已经对深圳市政府实施了连续七届的“金秤砣奖”评议活动。

不仅如此，2017年马洪基金会还将政府信息公开“金秤砣奖”评议活动扩展到整个广东省的22个地级以上城市政府。同时，从2016年开始，马洪基金会联合综发院对我国31个省和32个中心城市政府的财政民生支出水平实施“金秤砣奖”评议活动。从2018年起，马洪基金会又将“金秤砣奖”评议活动转向对我国地方政府的政务公开水平进行第三方民间评价。

2020年初新冠疫情暴发，这对各地政府的政务信息公开、政务服务无疑是一次大考。为此，马洪基金会立即启动了我国地方政府应对新冠疫情政务公开的“金秤砣奖”评议活动，旨在通过这次特殊的政务公开的评议，推动地方政府政务信息公开和政务服务的进一步优化，推动地方政府治理体系和治理能力的进一步完善和提升。

2021年后，马洪基金会将“金秤砣”评议活动的重点转向对基层政府的治理能力和治理水平的监督、考察和评议。因为基层政府治理是政府对社会治理的“最后一公里”，基层政府治理能力和治理水平的好坏，不仅直接关系千家万户老百姓的切身利益和民生福祉，而且关乎能否为推进和完善中国社会的民主与法治奠定最重要的社会基础。为此，马洪基金会在全国开展了基层政府治理优秀案例的征集活动，并得到了不少省市政府有关部门的大力支持。2021年5月19日，马洪基金会与山东省政府办公厅在青岛共同举办了第一届全国性的基层政府政务公开研讨会，此举引起了社会广泛的关注和热烈的反响。

总之，作为迄今为止全国首创的对政府工作开展民间评价的第三方社会智库机构，马洪基金会所开展的“金秤砣奖”评议活动也成为全国迄今为止独一无二的民间第三方机构评议政府的活动，不仅更好地推动了政府信息进一步透明化、科学化和规范化，推动了政府不断向服务型政府和阳光型政府转型，而且加大了公众对政府社会监督的力度，建立了政府与社会公众良好的沟通渠道，推动了社会的民主化和法治化进程，是落实党的十八大以来中央有关社会改革和社会治理创新精神的重要行动。

马洪基金会这种锐意改革、勇于创新的创举，在全国产生了重大影响，对于全国社会体制改革和社会治理创新，同样起到了引领和示范的作用。

### 全国独一无二的“草根”民间智库——深圳市智库百人会

除了在深圳创办马洪基金会以及“金秤砣奖”评议活动外，我还开创性地建立了隶属于马洪基金会的深圳市智库百人会（智库百人会）。这也与“金秤砣奖”评议活动一样，是迄今为止国内独一无二的创举。

智库百人会最大的特点在于，它的成员全部由生活和工作在深圳第一线的社会贤达、民间智者（包括工程师、医师、教师、律师等）组成。由于这些人都是本行业的专家，同时又是本领域里现行体制和政策的直接关联者，因而他们对社会的发展和改革有很多真实的体会和深入的看法；再加之来参加智库百人会的智者，都有关心社会、关心改革，愿意为民发声、为政府献策的情怀，同时也具有一定的思考和研究水平。因此，在这样的大前提下，把这些人用一个智库平台整合起来，对于推动体制改革和改进与完善现行政策具有十分重要的意义。

马洪基金会通过智库百人会，给这些民间智者搭建了一个能够通达社会主流媒体和决策层的平台，让这些来自草根的智者能够成为来自第一线的直言谏议的改革者和社会专家，把他们的意见变成能够让社会公众、媒体及决策者知晓的直接来自基层的改革和决策建议，把他们的智慧集中起来，变成推动社会改革、丰富决策思维的一股重要的正能量。这样，就使我们的改革实现了“上接天线，下接地气”的一种新格局，使我们的改革有了新的动力，呈现出更加有活力有生命力的新形式。

马洪基金会建立智库百人会还有另外一个重要的意义，那就是推动和提高了社会改革和社会治理的公众参与度，让更多的社会公众和民间智者参与到改革和政府的决策中，从而推动我们国家社会民主法治建设的更大进步。

自2003年智库百人会成立以来，已成为马洪基金会开展“金秤砣奖”评议活动的基本专家队伍。每年向政府提出依申请信息公开，讨论和研究政府的政务公开应怎样改进和加强，最后现场为各个政府部门的政务公开考核情况进行评判和打分。

除此之外，智库百人会每年都针对深圳市改革和社会发展中的各种重点和难点问题，开展各种调研活动，开展各种形式的沙龙、研讨会，通过马洪基金会的专刊等渠道，向深圳市有关领导部门提交他们的政策建议报告。此外，还积极参与马洪基金会组织的各项重大活动，成为马洪基金会不断发展壮大的骨干力量。

我在智库百人会的论坛和沙龙上，经常讲到自己的一个重要观点理念，那就是改革开放到了新的发展阶段，必须是顶层设计与“摸着石头过河”的基层实践相结合，两者皆不可偏废。顶层设计固然重要，但是，如果都搞成千篇一律的只是自上而下制定方针政策，完全靠上面做好“设计”下面来执行，那就会出现问题和失误。因为体制和政策正确与否，主要体现在下面；改革后的体制和政策措施是否有效，也主要体现在下面。中国这么大，每个地方的情况都不同，不可能用“一刀切”的顶层设计的方式解决所有问题。因此，要真正搞好改革，还需要从基层做起，还需要在基层做试点，还需要用“摸着石头过河”“解剖麻雀”的方式进行尝试和探索，还需要自下而上地总结基层的经验，然后再自上而下地进行顶层设计，进行正确路径和方法的推广。

马洪基金会和智库百人会现在的工作，就是要在基层改革尝试和探索等方面尽可能地发挥一些更好的作用，就是要点点滴滴地推动改革，点点滴滴地推动社会的进步。虽然做不了那些改变国家政策和社会体制的大事，但只要能够做点实事，一步一个脚印地推动改革的深入，一步一个脚印地推动政府转型和政务信息公开化透明化，一步一个脚印地推动公众参与社会治理，一步一个脚印地推动社会的民主法治建设，那么马洪基金会和智库百人会的作用和贡献就足以令人欣慰了。

很多人都跟我讲，只有在深圳这片改革开放和创新的"热土"上，我才能开创创办马洪基金会的"金秤砣奖"评议活动和建立智库百人会这样全国独一无二的"壮举"。在国内其他任何地区，这些举措和行为都是不可想象的。

### ✎ 深圳市政府部门自觉接受社会监督，努力改进工作

在这里我还要特别称道的是，深圳市政府在自觉接受社会监督、努力改进政府工作方面同样走在全国的前列。

在马洪基金会刚开展"金秤砣奖"评议活动时，由基金会秘书处向深圳市各政府部门提出依申请信息公开，要求它们将本部门完成白皮书的信息进行公开。不少政府部门的工作人员不理解，说马洪基金会算什么机构，怎么会让他们向它"汇报"白皮书的完成情况。当时，深圳市43个部门只有26个部门回复了马洪基金会的依申请公开函。但是，尽管如此，给马洪基金会回复依申请公开函的部门也占到市政府所有部门总数的60.5%。这说明了深圳市大多数政府部门对于社会第三方机构第一次开展民间评议活动，就给予了相当的理解、响应和支持。

等到第一次"金秤砣奖"评议活动结果公布并经媒体广泛报道后，此次评议活动的效果立即显现出来。获得"金秤砣"称号的几个政府部门都在自己官网上头条位置冠以横栏标题，喜称本单位"被社会评为最佳公共服务单位"，是本单位的极大荣誉。而被评为"纸秤砣"的单位领导，则受到很大震动，高度重视，立即开始部署整改工作。

随着"金秤砣奖"评议活动的不断深入，影响不断扩大，现在深圳市政府各个部门已经对这项民间评议活动给予了高度的重视和大力的支持。

以2018年开展的第五届深圳市政府信息公开"金秤砣奖"评议活动为例，作为

被评议对象的40个政府部门（10个区和30个政府职能部门），不但有39个在法定时限内回复了基金会秘书处的依申请公开函，还全部都在法定时限内回复了20位社会智者通过线上发出的115份依申请公开函。并且为了更好地向社会智者回函，许多政府部门与马洪基金会项目组进行了100多次的电话沟通。待到评议活动的结果公布后，获得"金秤砣奖""银秤砣奖"的政府部门都在马洪基金会举办的颁奖仪式上领奖，并且由区委常委或职能局副局长等代表到台上发表获奖感言。他们感谢马洪基金会所实施的这项督促和鞭策政府部门改进工作和提高工作水平的举措，纷纷表示要在社会各方面的支持下，更好地开展工作，更好地实现政府转型。

深圳市政府这种自觉接受群众监督的观念和行动，在国内各省市实属罕见，因此在这方面同样走在了全国政府转型和改革的前列。

## 第六节　深圳经济特区新的历史使命

率先进行体制改革是深圳经济特区固有的历史使命，从中央决定建立特区伊始，它就担负着先行先试，大胆改革，冲破原有的计划经济体制，为整个国家探索一条成功的发展社会主义市场经济的可行路径、可行方法和可行模式的历史使命。40多年过去了，深圳不但不辱使命，而且创造了"奇迹中的奇迹"；不但成为中国改革开放的楷模，而且正在成为世界创新发展的楷模。而深圳之所以能够做到这一点，归根结底还是体制改革。我们在本书前面章节的内容中，应该对此已经有了深刻的体会，而在本书后面章节中，将会更多地看到深圳所有领域的成长和发展过程，无一不是体制改革成功后方才取得的。因此，我们说，体制改革是深圳创造奇迹的关键。

那么，今天，深圳作为经济特区的历史使命完成了吗？为国家进行体制改革的历史任务完成了吗？

答案是，不但没有完成，还要继续肩负新的更高的历史使命。

2019年8月18日，《中共中央 国务院关于支持深圳建设中国特色社会主义先行示范区的意见》正式出台，标志着深圳经济特区迎来了新的重大历史使命，那就是深圳要建设成为“中国特色社会主义先行示范区”。毫无疑问，“先行示范区”就是“经济特区”的升级版，是中央在新时期赋予深圳的又一新的重大历史使命。

### 深圳先行示范区所具有的新的伟大历史意义

第一，中央提出要建设深圳先行示范区，与当年邓小平提出建设深圳经济特区，具有同样重要的历史意义。可以说，从“深圳经济特区”到“深圳先行示范区”，是一个伟大的历史跨越，“深圳先行示范区”是“深圳经济特区”在新时代的升级版，标志着中国的改革开放已经进入全新的历史阶段，也标志着深圳所肩负的历史任务已经有了全新的内容和全新的意义。深圳要在中国改革开放的新的历史征程中，继续成为排头兵、先行地和试验区。

第二，深圳先行示范区与深圳经济特区在根本指导思想上有重大区别。当年中国对如何建立社会主义市场经济、如何使封闭的中国走向对外开放、如何实现原有计划经济的成功转型，完全没有实践的经验，更没有理论上的指导。因此，邓小平提出建设深圳经济特区的根本指导思想，就是“摸着石头过河”，就是要把深圳作为窗口和实验地，在大家所完全不了解的前进征程中，通过实践进行探索和创新，“摸着石头过河”，“杀出一条血路来”。

今天，经过40多年的改革开放，中国已经进入了一个新的时代，已经成功地形成了全面深化改革的总目标和顶层设计，形成了中国特色社会主义理论体系以及国家治理的一系列制度体系。因此，现在中央提出建设深圳先行示范区的根本指导思想，就是“摸着石头过河和加强顶层设计相结合”。这就意味着，深圳先行示范区已经不再像40多年前那样，在没有理论体系和明确方向的情况下进行摸索，而是要在我们已经具备的成功经验和理论体系的指导下，去进行新的探索，去解决中国进一步改革开放和进一步完善社会主义市场经济过程中所遇到的新问题和难点问题。

第三，深圳先行示范区与深圳经济特区所肩负的主要任务已经有了根本的不同。正如大家所熟知的那样，深圳经济特区所肩负的历史任务，主要就是通过“摸着石头过河”，在实践中为中国的改革开放，为中国建立社会主义市场经济体系、制度体系和理论体系“杀出一条血路来”。但是，深圳先行示范区则与之有了根本的不同。深圳先行示范区是要在中国的进一步市场化改革和进一步对外开放方面继续做先行者和排头兵。在这方面，中央对深圳寄予更高希望的主要表现，就是明确提出希望深圳能够尽快为全国提供更多可复制可推广的经验。同时，建设“社会主义先行示范区”，也意味着深圳不但要一如既往地在经济体制改革方面不断创新发展，而且要在社会治理体系和治理能力现代化方面作为先行者进行探索，为全国做出示范和榜样；并且，现在深圳居民人均可支配收入已远超全国平均水平，所以深圳完全有必要先行一步探索和研究中国在实现经济进一步发展的同时，如何实现社会的民主法治和公平正义，如何实现共建、共治、共享和共同富裕的新发展格局。不仅如此，党的十八大以来中国特色社会主义发展中出现了一个不同于前几十年的重大变化，那就是中国的改革开放已经从“以经济建设为中心”进入“以人民为中心”的历史阶段，因此，深圳先行示范区还有一项重要历史任务，就是进一步全面改善民生，从而让改革开放成果更好地惠及广大人民群众，使中国不但在国力方面要居于世界前列，而且在广大民众富裕幸福方面也要居于世界前列。

### 先行示范区与经济特区的历史担当已根本不同

众所周知，深圳经济特区虽然是邓小平亲自划定由中央正式决策成立的，但是在当时的历史条件下，对于它的责任和担当却并没有也不可能有十分明确的规定。它的主要任务只是进行改革开放的探索和试验，并没有十分明确的任务指标，更没有完成任务指标的时间限制。然而，深圳先行示范区在责任和担当上则与深圳经济特区有了根本的不同。

第一，深圳先行示范区已经有了十分明确的任务指标，而且在完成任务指标的时间上也有了明确的规定。2020年10月11日，党中央、国务院发布的《深圳建设中国特色社会主义先行示范区综合改革试点实施方案（2020—2025年）》（简称《综合改革试点实施方案》）指出：“2020年，在要素市场化配置、营商环境优化、城市空间统筹利用等重要领域推出一批重大改革措施，制定实施首批综合授权事项清单，推动试点开好局、起好步。2022年，各方面制度建设取得重要进展，形成一批可复制可推广的重大制度成果，试点取得阶段性成效。2025年，重要领域和关键环节改革取得标志性成果，基本完成试点改革任务，为全国制度建设作出重要示范”。

第二，深圳先行示范区的任务在性质上也有了根本的不同。我在前面已经指出，中央这次明确提出希望深圳能够尽快为全国提供更多可复制可推广的经验。众所周知，从改革开放40多年的实际情况来看，至今深圳所创造的很多经验和做法都具有一定的特殊性，并不一定能够复制和推广到内地去。但这次中央把深圳的制度改革成果提升到必须要可复制可推广的战略高度，就使得深圳作为先行示范区所担负的历史任务出现了性质上的根本变化，不再是只要自己做好就行了，而是必须让别人也能学得到，也能做得好。由此可见，先行示范区所承担任务的艰巨性和复杂性比经济特区大大增加了。

### ✎ 综合授权是《综合改革试点实施方案》的核心和最大亮点

很多人可能没有注意到《综合改革试点实施方案》中所讲到的这样一句话："在中央改革顶层设计和战略部署下，支持深圳实施综合授权改革试点，是新时代推动深圳改革开放再出发的又一重大举措，是建设中国特色社会主义先行示范区的关键一招，也是创新改革方式方法的全新探索。"其实这句话的深层次含意，即深圳先行示范区已经承担起通过综合授权方式来进行新时期全方位改革探索的重大历史任务。换言之，"授权改革试点"是建设先行示范区的关键一招，也是创新改革方式方法的全新探索。因此，毫无疑问，综合授权是这次中央提出《综合改革试点实施方案》的核心，也是其最大的亮点。

什么是综合授权改革呢？就是习近平总书记在深圳经济特区建立40周年庆祝大会上的讲话中所强调的："党中央经过深入研究，决定以经济特区建立40周年为契机，支持深圳实施综合改革试点，以清单批量授权方式赋予深圳在重要领域和关键环节改革上更多自主权，一揽子推出27条改革举措和40条首批授权事项。"[①]也就是说，所谓综合授权改革，就是清单式、批量式地给深圳列出改革事项，并对深圳给予这些改革事项的综合配套改革政策和改革权力。

我们注意到，党中央、国务院在发布《综合改革试点实施方案》的同时，还以附件（《深圳建设中国特色社会主义先行示范区综合改革试点首批授权事项清单》）形式，印发了对深圳先行示范区的首批授权事项清单。首批授权事项清单在

① 《习近平：在深圳经济特区建立40周年庆祝大会上的讲话》，http://www.gov.cn/xinwen/2020-10/14/content_5551299.htm，2020年10月14日。

要素市场化配置、营商环境、科技创新体制、对外开放、公共服务体制以及生态环境和城市空间治理等六大方面，提出了40项十分具体明确的改革任务。在这点上，确实与以往任何一次有关改革的党中央和国务院文件都不同。

对此，中国经济体制改革研究会会长彭森指出，中央既然明确深圳先行示范区要完成的改革开放目标（而且有明确的时间限制），那就要给予深圳充分配套的政策和权力。通过这种清单式、批量式的申请和授权，在重要领域和关键环节，把解决一些重大体制机制问题需要的权力真正交给深圳。这样的话，深圳全面推进市场化改革和更高水平对外开放，就将具有全面的责任和全面的改革自主权。

彭森还指出，此次中央批准的实施方案讲的是2020—2025年的首批综合授权事项清单。随着工作进一步开展，可能还会有第二批、第三批。只要是改革中遇到的体制机制障碍，遇到的现行法律法规束缚，需要进一步解决上层建筑、生产关系的一些问题来为生产力解放开辟道路的，就可以通过清单方式向中央报告。经过适当程序，涉及法律的，经过全国人大进行审批授权；涉及国务院一些权责或国务院规章制度的，由国务院进行授权。这对于进一步完善中央和地方关系，给予地方差别化的改革积极性，是一种重要的、全面的尝试[①]。

### 深圳应如何完成新的重大历史使命

在《综合改革试点实施方案》中，实际上已经提出了深圳完成新的重大历史使命的若干原则：坚持解放思想、守正创新；坚持市场化、法治化、国际化，充分发挥市场在资源配置中的决定性作用，更好发挥政府作用，推进改革与法治双轮驱动，实施更大范围、更宽领域、更深层次的全面开放；突出改革系统性、整体性、协同性；坚持先行先试、引领示范，给予充分改革探索空间，允许深圳立足改革创新实践需要，根据授权开展相关试点试验示范，鼓励大胆创新，真抓实干，注重经验总结，及时规范提升，为全国提供示范，分期分步、稳妥有序推进改革；等等。

中央的上述要求，已经为我们如何完成新的重大历史使命指引了根本方向。我

① 《彭森解读深圳综合授权改革试点：将具有全面改革自主权》，https://baijiahao.baidu.com/s?id=1680859192026745995&wfr=spider&for=pc，2020年10月18日。

认为，从深圳本身来说，还要强调以下至关重要的三点：

第一，要充分认识建设深圳先行示范区是一项十分艰巨的历史任务，深圳人要有更大的责任、压力和担当。中央此次不但对深圳赋予了重大的历史使命，而且明确了深圳先行示范区六大方面40项改革任务，同时又提出了从2020年到2025年严格的实现时间表。这就表明，深圳面临着更大的压力，有更大的担当。如果说20世纪80年代深圳经济特区的改革开放是一个艰难的过程，需要40多年几乎两代人探索，那么现在深圳先行示范区的建设也面临着同样艰巨的挑战，也需要经过艰苦奋斗、大胆创新，才能够使中国特色社会主义制度更加成熟更加完善。因此，深圳人要完成这一历史任务，一定要头脑清晰，这不是喊几句口号、提出一些目标就能够完成的。深圳的干部群众要有危机感，在充分肯定40多年来我们取得的成绩的同时，更要深刻认识到深圳目前面临的国内国际环境的重大变化，要正视当前深圳社会经济发展中存在的一些重要问题，包括经济增长、科技发展、产业转移、外资外贸、现代物流、民营企业发展等方面存在的困难和挑战。只有正视这些困难和挑战，适应这些新变化、克服这些问题，才能完成中央提出的建设先行示范区的历史任务。

第二，深圳要进一步解放思想，继续大胆闯大胆试，但同时也要给深圳人的大胆创新创造更好的改革环境。如前所述，40多年来深圳经济特区之所以能够成为中国改革开放的排头兵、试验地，最关键的成功要素就是解放思想。今天，深圳先行示范区要想取得成功，还必须依靠这一条。只有解放思想，才能继续发扬敢闯敢试、敢为人先、埋头苦干的特区精神；只有解放思想，才能守正创新；只有解放思想，才能在重要领域推出一批重大改革措施；只有解放思想，才能形成一批可复制可推广的重大制度创新成果。

第三，建立健全容错纠错机制是解放思想的前提。今天的时代背景和改革环境与40多年前已经有了巨大的不同，“解放思想”说说容易，真正做到谈何容易。因此，我特别赞成党中央、国务院这次发布的《综合改革试点实施方案》的最后一条“营造改革氛围”中所讲到的那段话：建立健全容错纠错机制，宽容干部在改革创新中的失误错误，对干部的失误错误进行综合分析，该容的大胆容，不该容的坚决不容。我认为这才是新时代建设深圳先行示范区解放思想和大胆闯大胆干的根本前提。只有真正拥有这样的环境和氛围，各级领导和广大干部群众才能真正发扬敢闯敢干、敢为天下先的特区精神，才能真正在中央规定的时间内，向全国人民交出一份“社会主义先行示范区”的满意答卷。

当然，还有一条至关重要，那就是深圳市委、市政府要有勇气、有魄力、有智慧、有能力来担当起这一历史重任。从历史发展的实践来看，当年深圳经济特区之所以能够成功，这一条是不可或缺的关键因素。

# 第三章

# 对外开放：打开创造深圳奇迹的大门

正如我在第二章开头所讲的那样，我们在解码深圳腾飞奇迹时，毫无疑问要把“对外开放”同样放在首要位置。因为“对外开放”本身就是中央设立深圳经济特区的初心，是“深圳经济特区”的题中之义。40多年来，深圳经济特区已成为中国对外开放的一座历史丰碑。

## 第一节　极其艰难的对外开放

对于今天的人们来说，深圳不但是中国最早对外开放的城市，而且也是对外开放最成功的城市，这已经成为大家耳熟能详的共识。但是，深圳经济特区成立初期对外开放的筚路蓝缕却鲜为人知。

很多人认为，深圳对外开放不是很容易的事情吗？中国政府建立了经济特区，给了很多优惠的政策和条件，外商肯定会闻风而至，纷纷到经济特区来办企业，来挣大钱。而当年的现实则远不是现在人们想象的那样，特区初创时期的对外开放，确实极其艰难。

第一是外商对中国的认识和信心。中国在1949年到1979年长达30年的时间里，是坚决“消灭一切资本主义和资产阶级”的社会主义国家，又经过了“横扫一切牛鬼蛇神”的极左思潮泛滥的“文化大革命”，这些资本家怎敢轻易跑到这样的国家来投资。深圳第一家“三来一补”企业是在石岩公社上屋大队创办的，由此拉开深圳引进外资的序幕。从1978年10月到1979年，深圳的200多家“三来一补”企业，都是用农村的祠堂、公社大队食堂仓库等改作临时工业厂房而办起来的。这就是深圳最早开放引进外资艰难曲折最真实的状况。不仅如此，其实在长达10多年的时间里（1979年至1992年邓小平南方视察之前），中国引进的几乎都是港台中小企业的投资。这是因为它们与内地（大陆）“一衣带水”，比较了解国情，又有内地（大陆）的亲情人脉，企业规模不大，而且都是劳动密集型的加工贸易企业，所以才敢到内地来投资。事实上，这也促成了港台中小企业对我国改革开放的最大贡献，因为它们是第一批敢到内地（大陆）来“吃螃蟹”的投资者，它们为我国引进全世界的外资做出了最早的榜样和范例。

第二是体制问题。1979年时中国的经济体制仍然是完全排除市场经济和外商投资的计划经济体制，而且上至中央及各省市领导，下至普通干部职工群众，都是刚刚从“以阶级斗争为纲”转到“以经济建设为中心”上来，无论人们的思维定式、行为定式还是社会运行定式，都需要十分艰难地适应改革开放和引进外资后所带来的巨大变化。正如我在第二章深圳早期艰难进行体制改革中所写的那样，要想引进外资，深圳对于整个原有体制中的计划体制、企业体制、价格体制、流通体制、财政体制、金融体制、外贸体制、外汇管理体制、劳动人事制度、工资制度、土地使用制度、基建管理制度以及政府管理制度等方面都必须进行改革。这些体制问题不解决，对外开放、引进外资就不可能实现。而这些传统体制在深圳的改革突破是一个多么艰难的过程，在本书后面还要进一步详细展开。

第三是基础设施问题。谁都知道深圳在改革开放前只是一个边陲小镇，在基础设施建设上几乎一穷二白。特区成立之初连起码的水、电、路、宾馆等基本生活条件都没有，导致即使有些港商小企业想来投资建“三来一补”加工贸易企业，都望而却步。最初的那些“三来一补”企业，是在深圳的农村公社办起来的。深圳当时如此恶劣的基础设施条件，要想实现大规模引进外资，特别是想引进高质量的大资金、大企业，简直就是天方夜谭。因此，如何解决深圳的基础设施和城市建设问题，成为深圳经济特区建立后对外开放和引进外资的当务之急和必须首先解决的一大难题。

第四是资金问题。没有钱什么都办不成，这是所有人都明白的一个道理。办一家小企业首先都要有“第一桶金”，更何况要办这么大一个特区，要成为中国对外开放的第一个开放城市，没有钱怎么行。如果按现在人的想法，既然中央决定要办特区，那肯定要给一大笔建设资金啊！而当时的情况是，“文化大革命”刚刚结束，全国都是百废待兴，中央根本没有钱。广东省领导到中央去要钱，邓小平同志说：中央没有钱，可以给些政策，你们自己去搞，杀出一条血路来[①]。那么，“血路”是怎么杀出来的呢？中央只给了政策，允许外来资本投资，允许银行贷款，允许从各种渠道筹钱。深圳就是在如此困难的条件下完全靠自己的努力，一点一点地建设起来的。正如一个深圳市老领导回忆所说的那样：香港人带来了“钱能生钱”的理念，比如说，有个外商在深圳建一栋楼，规划是建五层，第三层建好了，就开始卖，一路建，一路“卖楼花”（预售制）卖房子，就是这样滚动发展。这就是深圳当年艰难解决资金问题的生动写照。

其实，上述这些还不是深圳最困难的问题。深圳经过几年的努力，大胆进行建立市场经济体制的改革，大大改善了投资环境，引进外资的数量和规模逐年大幅增加；同时，由于打破“铁饭碗”“大锅饭”，广大群众的收入随着外资引进和经济发展逐年大幅提高，积极性和创新精神也大大调动了起来，深圳经济特区最初所遇到的那些困难也逐年得到解决。然而，正是在这种情况下，深圳却遭遇国内各方面越来越多的批评。正如曾任深圳市委书记秘书的邹旭东在其文章中所写：

> 1981年至1986年的深圳，在许多书写者的笔下，是一幅气势磅礴、高歌猛进的壮丽画卷。但在我这个亲历者的眼里，它是一段关隘重重而又布满荆棘的“血路”。作为中国改革开放的“探路者”，深圳经济特区自诞生之日起就伴随着各种质疑、责难、争议负重前行。可以说，深圳市主要领导班子走出的每一步都如临深渊如履薄冰，如踩“地雷阵”，既要打破教条、本本的夹击，又要杀出既得利益的重围，可谓步履维艰，步步惊心。

这里举一个最典型的例子。1981年夏天，深圳市主要领导引进港商胡应湘来

① 武市红、高屹：《邓小平与共和国重大历史事件》，《广安日报》2017年12月27日。

深圳洽谈投资合作，很快达成了成片开发土地的意向。胡应湘看中了福田片区，双方很快就签署合作协议——30平方公里的面积、20亿港元的先期投资额和30年的合作期限。此举得到中央和广东各级领导的肯定，但却遭受许多方面前所未有的斥责和批评。事实上，早在合同签订之际，就有人把数万字的材料交给中纪委，对引进外商成片开发土地深表不满，认为这样做将会把特区变成外商向国内推销商品和走私的基地。1982年3月29日，上海《文汇报》首先发表了《旧中国租界的由来》，随后北京媒体纷纷以突出版面高规格转载。紧接着4月8日，上海《解放日报》发表文章，指责特区租土地是给国外资本家提供土地剥削我国劳动人民，是搞变相“租界”；接着又连续发表批判我国历史上的洋务运动及其失败教训等文章，影射经济特区是搞“新的租界”。有的文章作者甚至危言耸听地告诫人们要警惕中国出现新买办和李鸿章式的人物。一时之间，深圳是国际资产阶级的“飞地”，是“香港走私的通道”，“深圳搞香港化，搞资本主义”，“除了罗湖桥头还挂着五星红旗，其他都是资本主义”等类似的说法一浪接一浪。内地一位参加过红军的副省级干部到深圳参观，回到宾馆后，在房间里痛哭流涕，说：“辛辛苦苦几十年，一夜回到解放前。”

1981—1986年，是深圳最艰难的也是深圳承受上下压力最大的时期。在深圳市委、市政府带领深圳的干部群众取得一日千里的发展成就时，一系列的深圳“变天论”从未停止过。深圳经济特区建设早期，社会上曾经流传一句话：“香一年，臭一年，香香臭臭又一年。”指的就是这个时期。

这些对深圳的批评和苛责，不但让深圳当时的主要领导饱受舆论压力之苦且随时有丢掉乌纱帽的危险，同时也影响到中央决策，使深圳的发展出现许多从前没有想到过的困难。

由于包括香港在内的许多媒体都指责深圳是“走私通道”，是“利用特区政策赚内地的钱”，因而1981年7月中央下发《广东、福建两省座谈会纪要》，明确规定深圳的一切重大的经济活动，都要经过国家计划，包括外汇留成部分也具体规定了使用的范围。禁止深圳等特区到内地收购产品出口，禁止深圳等地的进口商品销往省外。随后，中央和国务院计划经贸及有关部门在关于加强宏观调控的文件中，均加上“特区也不例外”的规定。有的省市把原来供应深圳的粮食、副食品、煤炭，甚至钢材、水泥、木材等建筑材料也取消了。深圳只好舍近求远，另找出路。

有的外商投资项目只好用外汇进口钢材、木材、水泥。这些都直接给深圳增加了很大的困难，并且导致1982年深圳在经济增长和引进外资方面出现大幅度下滑。1981年深圳实际利用外资比1980年增长了245%，但1982年深圳实际利用外资比1981年下降了34.6%；1981年深圳工业总产值比1980年增长298%，但1982年比1981年只增长了47%；1981年深圳出口贸易总额比1980年增长55%，但1982年则比1981年下降了8%；1981年深圳地方财政收入比1980年增长193%，但1982年比1981年只增长4.5%。

由此可见，即使是中央对深圳经济特区的支持，也并不是像现在许多人所想象的那样，是始终不变的。事实上，在深圳早期的那些年中，中央一些领导人及相关部门对深圳的发展是有诸多质疑和批评的。当时为解决深圳存在的各种“严重问题”而召开的“经济特区工作会议”或其他类似专门会议也不在少数。由此更加证明了深圳作为第一个经济特区能够在体制改革和对外开放上取得今天的成就，是多么了不起和多么不容易。

## 第二节　深圳对外开放和引进外资所取得的巨大成就

### 深圳初期率先对外开放和引进外资取得优异成绩

如前所述，深圳最困难的时期是它的初建时期。那时的深圳不但两手空空，一无所有，在中央只给政策的条件下要赤手空拳地“杀出一条血路来”，而且还要忍辱负重，在奋力冲破原有体制的重重包围中，饱受各种批评、责难和攻击。就是在这样的条件下，深圳仍然不辱使命，率先在对外开放和引进外资方面取得了优异的成绩，超过了其他所有特区之和。

1981—1986年，深圳协议引进38亿多美元，实际投入使用资金13.8亿多美元，每年递增91%，相当于全国同期的20%；办起了1200多家三资企业，还引进了一批外资银行；同时还与美国、日本等50多个国家和地区建立了经济技术联系，到了1986年，深圳自产的产品已经出口到了16个国家和地区。

深圳这个时期的功绩不仅表现在引进外资外企方面，更重要的是发挥了窗口和桥梁作用，在引进和学习国外的先进制度和先进管理方面，在学会与国际企业和国际资本打交道的知识和方法方面，在引进先进技术和设备方面，在培养懂得先进技术和先进管理的骨干人才、技术人才和熟练工人方面，在不断提升中国企业的产品质量和劳动生产率方面，都为国家做出了重要的贡献。

### 特区第二个10年：引进外资对深圳发展的巨大贡献

从1979年到1999年，在不到一代人的时间里，深圳从一个几乎是不毛之地的边陲小镇，成长为一个奇迹般的城市，引起了人们的一片惊叹。

2000年11月，香港《大公报》发表了一篇题为《深圳经济高速增长 外商投资功不可没》的文章[①]，历数了从1979年到1999年，深圳在引进外资方面的成就以及外商投资对深圳发展的巨大贡献：

20年来，深圳以举世罕见的高速度增长，从一个地区生产总值不足2亿元人民币、只有30万人口的小城镇发展成地区生产总值173.5亿美元、人口400多万的初具规模的现代化城市，主要靠的是大规模的投资。

从经济特区设立开始，深圳就充分利用国家给予的特殊政策和灵活措施，充分利用毗邻香港的区位优势，千方百计改善投资环境，大规模引进外商投资。

从1979年至1999年，深圳累计引进66个国家和地区的外商投资项目23608个，协议外商投资金额298.39亿美元，实际使用外商投资金额200.45亿美元。投资总额1000万美元以上的项目有763个，其中3000万美元以上的有109个、1亿美元以上的有18个。世界较大的500家跨国公司有超过1/10在深圳投资。外商投资规模仅次于上海居全国第二。在外商投资整体规模中，外商直接投资占75%。

在这段时间里，外商投资为深圳经济起飞做出了巨大贡献。

在经济发展总量方面，1979年深圳市工业总产值只有0.71亿元，到1999年达到了2078亿元，增加了2900多倍。1999年在深圳生产总值14.2%的增长率中，有大约5个百分点是外商投资工业拉动的。1999年，外商投资工业总产值占全市工业总产值

① 《深圳经济高速增长 外商投资功不可没》，《大公报》2000年11月7日。本节主要数据均参见此文。

的比重为73%。

在产业结构和产业体系方面，从1979年到1999年短短的时间里，从深圳与香港“前店后厂”的合作模式到美国、日本以及欧洲跨国公司大项目的投资，从深圳制造业基础的形成到产业结构的调整，从传统制造业的成熟到高新技术产业的崛起，外商投资都起了很大的促进作用，形成了以电子信息产业为龙头的，机械、生化、轻纺、食品等门类齐全、特色鲜明的工业体系，形成了一批在国际、国内市场有竞争力的名牌产品，其中许多名牌拳头产品是外商投资企业生产的。

在财政税收方面，1979年，深圳地方预算内财政收入只有0.17亿元，到1999年，随着外商投资的大规模进入，外商投资企业相继进入盈利期，外商投资企业成为财政收入增长的主要源泉。1999年，预算内财政收入达184.8亿元，年均递增40.5%。从1991年至1999年，外商投资企业累计缴纳各种税收333亿元，为深圳经济建设积累了雄厚的资金，大大加速了深圳经济起飞的原始积累过程。

在第三产业发展方面，1980年深圳第三产业增加值只有1.22亿元，到1999年，第三产业增加值达627.98亿元，深圳的第三产业从小到大，有的从无到有，经过20年的发展，已逐步成为深圳经济的支柱之一，呈现繁荣兴旺的景象。从商贸供销到港口仓储，从娱乐旅游到医疗文化，从交通运输到银行保险，从房地产物业管理到信息咨询服务等领域，都有外商投资进入。1979年至1997年，外商投资第三产业占外商实际投资的比重达27.6%。

在商业领域，沃尔玛、家乐福等全球著名零售商及大批外商投资连锁店的进入，促使数十家大型超级市场在竞争中崛起，深圳商业整体跃上了一个新台阶。外商投资在商业领域的鲇鱼效应非常明显。

在金融领域，一批跨国大银行在20世纪80年代初就进入深圳设立分行，以它们为首的56家外资金融机构，不仅带来巨额的资金，而且带来先进的经营技术和新的金融产品，为深圳金融业注入了强大的活力。

在对外贸易方面，1999年深圳进出口总额504.28亿美元，其中出口282.08亿美元，连续七年居全国大中城市第一。

此外，外商投资还创造了大量的就业机会。根据1999年对7590家外商投资企业的年检统计，外商投资企业从业人员约为110万人，除了约1万名外籍人员外，外商投资为深圳提供了109万多个就业岗位，占深圳常住人口总数的27%。这个比例非常之大。外商投资在吸纳大量剩余劳动力的同时，也培养了大批的经营管理人才。

外商投资还带来了先进的市场观念、经营理念和管理经验，促进了深圳市场机制的发育。国有企业通过合资、合作、许可证贸易、OEM（代工）等方式，与外商投资结下了不解之缘。通过示范效应、鲇鱼效应、溢出效应，外商投资促成了深圳混合所有制为特色的多种所有制经济的形成。在体制转换和与国际接轨方面起到了引导、借鉴、推动作用，促进了现代企业制度的建立，在促进生产方式由粗放型向集约型转变等方面起到了不可忽视的作用。

### 2020年深圳对外出口和引进外资成绩斐然

2020年，是深圳经济特区建立40周年。这时的深圳在对外开放和引进外资方面又是如何呢？可以用“勇攀高峰，再创辉煌”来形容。

尽管2020年深圳与全国一样遭受了新冠疫情的严重冲击，但是全年的进出口总额仍达3.05万亿元，比上年增长2.4%，其中出口总额达1.7万亿元，比上年增长1.5%，连续28年居内地大中城市首位。

2020年，深圳贸易结构持续优化，一般贸易占比持续提升。深圳一般贸易进出口1.5万亿元，增长5.8%，占全市进出口总值的49.1%，占比较上年提升1.6个百分点，显示本地外贸自主发展能力进一步加强。此外，加工贸易进出口在2020年末实现触底反弹，达8245.9亿元。

深圳民营企业继续发挥外贸“稳定器”作用。2020年，深圳民营企业进出口规模达1.81万亿元，增长5.7%，占深圳进出口总值的59.4%，比2019年净增980.8亿元，对深圳整体外贸实现正增长起决定作用。

对主要贸易伙伴进出口普遍增长。2020年，深圳市对东盟、欧盟、韩国等贸易伙伴进出口都实现了增长。同时，深圳企业积极开拓新兴市场，对“一带一路”沿线国家（含东盟）进出口6734.7亿元，增长2.1%，年度进出口规模创下“一带一路”倡议提出以来的新高。其中，对东盟进出口增长了5.2%，规模达到4746.8亿元[①]。

① 《2020年深圳外贸进出口总值超3万亿元》，https://baijiahao.baidu.com/s?id=1690591205117803826&wfr=spider&for=pc，2021年2月2日。

2021年12月15日，由深圳市人民政府主办、市商务局牵头承办的2021深圳全球招商大会在深圳五洲宾馆举办。此次大会引发了国内外广泛关注，参会嘉宾包括世界500强、中国500强、大型央企国企、龙头骨干民营企业、上市公司、独角兽公司等重量级企业。参会企业及机构涉及新一代信息技术、高端制造、新材料、生物医药、金融、商贸流通、数字经济等领域。在这次大会上，洽谈签约项目超过260个，涉及投资总额超过8200亿元人民币。此外，深圳市商务局公布的数据显示，2021年前10个月深圳市吸收合同外资209.9亿美元，增长19.8%，实际使用外资88亿美元，增长24.8%。目前，总计有超过110个国家和地区的外商来深投资，在主要投资来源地中，香港、欧美等重点地区对深圳投资持续稳定增长[①]。

## 第三节　震惊世界的邓小平南方谈话

讲到深圳在中国改革开放中的历史地位和作用，就不能不讲邓小平同志的南方谈话。

### 最幸运的接待办主任

1992年1月邓小平同志在南方视察时，我正任深圳市委副秘书长兼市接待办公室（简称“接待办”）主任，邓小平同志视察深圳的主要接待工作的具体安排、组织、落实都是由接待办直接负责。为此，我经常对亲朋好友说，在中国各省市成千上万的接待办主任中，我可能是最幸运的一个。这不仅因为我接待了邓小平同志，而且因为在一个改变中国历史进程的非凡时刻，在一个改变中国历史进程的特殊地点，接待了一位改变中国历史进程的伟大人物，并亲身经历和参与了这个必定要永远载入中国史册的伟大历史事件。

① 《重磅！深圳市委书记宣布：2021深圳全球招商大会签约超8200亿！选择深圳，就是选择与重大国家战略同频共振！》，https://mp.weixin.qq.com/s/9Jr2YxOZmmrzZ5tspmwESQ，2021年12月15日。

因此，在我的一生中，虽然只做了短短20个月的接待办主任，但毫无疑问这是我人生中最值得回忆和纪念的一段重要经历，是我整个人生的一个耀眼亮点。

### 内忧外患：改革面临严重回潮

邓小平南方谈话之所以能够成为中国现代史最重大的历史事件之一和中国改革开放的根本转折点，还要从当时的历史背景谈起。

经历过那个时期的人们都知道，20世纪80年代末，中国发生了比较严重的社会动荡，中国的经济发展和改革开放都陷入了低谷。而几乎同时发生的苏联和整个苏东社会主义阵营的崩溃瓦解以及西方国家对中国所实行的政治经济封锁，更给中国雪上加霜，使中国陷入了一种前所未有的困境。在国际上，西方国家中的大多数政客和媒体普遍认为中国会成为“第二个苏联”；西方大多数经济学家则认为中国长达10年的高速增长肯定已经结束，中国的经济奇迹已经破灭，甚至不少经济学家断言中国经济将要崩溃。而在国内，不少原来就坚持“左”的观点的人则开始宣传，中国再继续搞市场经济的改革和对外开放很可能会出现“和平演变”，让那些“帝国主义分子和西方资产阶级”“不费一枪一弹”就在中国实现“资本主义复辟”。正是在这样一种背景下，反对进一步改革开放以及把姓“资”姓“社”摆在首位的思潮，重新占据思想和舆论的主导权。中国改革开放面临严峻的挑战，随时有放慢、停滞，甚至“走回头路”的危险。

现在回顾这段历史，可以说当时人们普遍的感觉是中国的前途茫茫，改革开放的前途茫茫，这种处于内忧外患中的沉闷，压抑了整个国家对改革开放的巨大渴望和冲动，蓄积了强烈要求改革开放的巨大能量，因此从某种意义上说，正是这样一种被压抑和积蓄起来的渴望、冲动和能量，成为邓小平南方谈话后像海啸发生一样在全国卷起改革开放大潮的根本原因。

### 振聋发聩：不搞改革开放只能死路一条

非常有意思的是，现在不少人一讲到邓小平南方谈话，往往理解为他是以国家实际最高领导人的身份来深圳视察工作，并且在视察中发表了重要讲话。其实情况并非如此。我记得很清楚，中共中央办公厅和邓小平办公室主要负责同志到深圳来布置接待准备工作时，一再向广东省和深圳市领导强调，“首长”[①]此次就是来“休息”，来“看看”；而且强调了许多“不”的要求——不听汇报、不做指示、不讲话、不合影、不题字、不吃请、不见报；除了中央媒体的随行记者外，广东省和深圳市只许一家电视媒体和报纸媒体跟随拍摄和记录；另外，所有陪同参加邓小平活动的人员（包括省市主要领导）一律不许录音、不许拍照；等等。

正因如此，当时我们在接待计划中安排邓小平同志到深圳市国贸大厦楼顶参观，纯粹是按照想请他多看看、多了解深圳发展情况的意图安排的，从没有要请他讲话、要听他指示的考虑。因为国贸大厦是当时深圳市罗湖区（甚至是深圳全市）最高的建筑，在那里不但可以看到当时最繁华的罗湖区的景象，也可以俯瞰深圳大部分市区和对面香港的很多景观。

另外还有一个情况，当时深圳市委书记李灏同志由于没有时间向邓小平同志汇报深圳工作（因事先有规定邓小平同志此次“不听汇报”），因此很希望能够趁这次邓小平同志在国贸大厦上俯瞰深圳全景的机会，给老人家汇报一下，也希望能像1984年那样再次得到邓小平同志对深圳经济特区工作的重要指示和支持。所以指示我们要在邓小平同志坐的地方摆上介绍深圳的一些图文资料，以便于他向邓小平同志汇报工作。

完全没有想到的是，当邓小平坐在52层国贸大厦楼顶的旋转餐厅看到当时深圳繁华的景象时，立即激动起来（一个88岁的老人，情绪激动是很容易看出来的，尤其我在陪同邓小平同志期间发现，他平常是一个寡言、沉默和安静的人）。在李灏同志汇报了几句有关深圳的情况后，邓小平同志就滔滔不绝地开始讲起来，间或有广东省委书记谢非同志和李灏同志的一两句插话，其余时间都是老人家自己在讲，而且讲得十分激动，不断地用手势来加强自己表达的情绪，手指都在微微发颤。有人在回忆录中说他讲了半个小时，我觉得不止，至少有四五十分钟（当时我们激动得都忘了看时间）。而且根据我在现场听到的邓小平同志的讲话并核对后来正式发表的文件，可以肯定后来正式发表的邓小平同志南方谈话中的六成以上都是在国贸大厦楼顶的旋转餐厅发表的。

邓小平同志在国贸大厦楼顶发表了这么重要的讲话，而且讲了这么长时间，真

① 指邓小平。

是大家事先谁也没想到的，因为没有任何布置和通知说邓小平同志要在这里发表讲话。这就充分证明邓小平的这次南方谈话，是他早已深藏心中、反复思考、深思熟虑的思想和观点，而且也是这次南行过程中他想说出来的。但是，他在何时何地来讲这些话，绝不是他本人或其他人刻意安排的。我的这个看法从其他同志的回忆中得到了印证。谢非同志的秘书——曾任广州市委常委、宣传部部长的陈建华——回忆说："我当时担任谢非同志的秘书，按照谢非同志的要求负责小平同志谈话的录音、整理工作。最初，没有安排这个任务，因为一开始说是来休息的，不作指示，不讲话，不听汇报，不题词，不见报。……他到深圳后的第二天，去了国贸大厦。在那里，李灏和谢非同志分别汇报了深圳和广东的改革发展情况。简单汇报后，小平同志开始讲话。当时，很多人感到措手不及，因为没想到他要讲话，事先没有准备。小平同志讲话时，我站在他的后面。"[①]

直到今天，每当我回忆起小平同志当时侃侃而谈给在场的所有人带来无比激动和无比振奋的心情时，我的感觉仍然是"振聋发聩""无法形容"。邓小平同志那些极为精辟、极为透彻和极为重要的话语至今仍然清晰地回响在我的耳边："不坚持社会主义，不改革开放，不发展经济，不改善人民生活，只能是死路一条"；"改革开放胆子要大一些，敢于试验，……看准了的，就大胆地试，大胆地闯。深圳的重要经验就是敢闯"；"姓'资'还是姓'社'的问题，判断的标准，应该主要看是否有利于发展社会主义社会的生产力，是否有利于增强社会主义国家的综合国力，是否有利于提高人民的生活水平"；"计划多一点还是市场多一点，不是社会主义与资本主义的本质区别。计划经济不等于社会主义，资本主义也有计划；市场经济不等于资本主义，社会主义也有市场。计划和市场都是经济手段"；"社会主义的本质，是解放生产力，发展生产力，消灭剥削，消除两极分化，最终达到共同富裕"；"现在，有右的东西影响我们，也有'左'的东西影响我们，但根深蒂固的还是'左'的东西。有些理论家、政治家，拿大帽子吓唬人的，不是右，而是'左'。'左'带有革命的色彩，好像越'左'越革命。'左'的东西在我们党的历史上可怕呀！一个好好的东西，一下子被他们搞掉了。'右'可以葬送社会主

① 田炳信：《备忘录五　访中共广州市委常委、宣传部部长陈建华》，载《邓小平最后一次南行》，广东旅游出版社，2004。

义，‘左’也可以葬送社会主义。中国要警惕右，但主要是防止‘左’”。

在当时全国形势十分低迷、人们思想十分困惑的情况下，邓小平同志的这些讲话真是有如“久旱逢甘露”“拨开乌云见青天”，给在场所有人以“茅塞顿开”和“豁然开朗”的巨大鼓舞和力量。

### “邓旋风”：掀起改革开放狂潮

1992年3月26日，《深圳特区报》头版头条刊出了该报副总编辑陈锡添所写的长篇通讯《东方风来满眼春》，邓小平视察南方第一次公之于众；3月30日，新华社向全世界全文播发《东方风来满眼春》；3月31日，《人民日报》等国内各主要报纸都在头版主要位置转载《深圳特区报》的这篇长篇通讯；中央电视台也在当晚《新闻联播》之后，用45分钟全文播发了这篇文章。从这时开始，在960万平方公里的神州大地上，刮起了一股惊天动地、所向披靡、摧枯拉朽、势不可挡的“邓旋风”。

邓小平视察南方，在世界上也引起了巨大的轰动和反响。国外各大通讯社和其他主要媒体，不仅纷纷全文播（刊）发了《东方风来满眼春》，而且发表了大量的有关消息和评论。英国媒体发表评论说：“外国投资者再次涌向中国。邓小平和改革家们的经济政策看来正在取胜。”德国媒体发表文章说：“这个世界上人口最多的国家，可能以两位数的经济增长率在最近这个10年就会发展成为一个充满活力的新兴工业国家。”日中经济贸易中心会长木村一三答记者问时说：“邓小平南方谈话明确了今后中国发展的方向，在中国现代史上留下光辉灿烂的一页。”日本《东洋经济》发表文章说：“中国正在迎来改革开放的第二个新高潮。”

### 邓小平视察南方：改革开放的重要历史转折点

如果认真分析1978年12月党的十一届三中全会到1992年邓小平视察南方前的这个历史阶段（我把它定义为中国改革开放的第一阶段），可以看出这一阶段有三个最主要的特点：

第一，这一阶段中国的经济体制改革，除农村改革和私营经济（多种所有制）改革外，就城市改革主体来说，主要还是体制内的自上而下的改革。而这种自上而下的改革在没有外力对传统计划经济体制给予强力的冲击和打破的前提下，遇到了顽强抵抗和重重阻力；同时，由于改革者没有可供借鉴的成功经验，也发生了改革措施的重大失误（例如“价格冲关”），使改革付出了沉重代价。因而这一阶段的城市改革异常艰难，层层受阻。

第二，这一阶段中国的改革开放主要以“改革”为主，“开放”还没有上升到主要层面。这不仅体现在对外开放当时还主要是自上而下的一种模式（例如外贸进出口体制的自上而下改革），而且体现在“开放”地域受到严格的限制（例如主要局限在经济特区、沿海开放城市、开发区、出口加工区等），同时，“开放”的性质也受到严格的限制（例如主要是在上述指定的少数地区进行试点等）。因此，可以说，在这个阶段，就“改革”与“开放”的关系来看，其主要特点是“以改革来带动开放”。由于这一阶段“改革”的步子迈得很艰难，所以这一阶段的“开放”也受到了很大的局限。

第三，这一阶段中国的改革主要还是在中国的内部进行，基本上还是一场“封闭式”的改革。虽然国家已经提出了“开放”的目标，但正如上面所提到的，国家对“开放”的政策措施还十分谨慎，仍有较多和较严格的限制。这种“封闭式”的改革，使中国的传统体制不能得到外力给予的强力而有效的冲击，不能出现“里应外合”式的大突破，这也成为体制改革总是不能迈出大步和不能取得明显成效的因素之一。

正是在这样一种情况下，邓小平进行了轰动世界的南方视察。由于珠三角尤其深圳经济特区是当时中国对外开放最成功的地区，也是思想最解放、经济发展最活跃的地区，因此邓小平南方视察的根本意义，就是要打破当时笼罩全国的沉闷、困惑、僵化、压抑和“左”的思潮，用这些地区通过对外开放所取得的巨大成就事实，呼唤和推动中国改革开放的继续前行。从这个意义上来说，邓小平南方视察是把中国的改革开放由“以改革为主”转变为“以开放为主”的一个重要的历史转折点。自此以后，中国的改革开放就进入了第二个历史阶段——“以开放促改革”的历史阶段。

在这个新的历史阶段，一方面，通过大开放及与国际全面接轨，使得中国在社会理念、政府行为、法制观念、经济管理体制、企业行为、劳动力素质水平以及各级官员的管理能力和水平等方面都实现了巨大的变革；另一方面，观念转变又使得各方面的传统行为和传统势力在潜移默化中逐步瓦解，使得再实施改革时原有理论上和意识形态上的阻力大大减少，从而促进了经济体制改革的不断突破和全面深化。同时，由于大开放带来了资金和资源供给的大量增加，因而中国的基础设施和投资软硬环境得到了根本改善；大量外资企业、港台中小加工贸易企业进入后又为亿万中国农民“洗脚进城”提供了机会，由此推动了中国工业化和城市化进程的巨大发展。总之，中国经济的飞跃发展和财政经济实力的大大提高，以及外资企业在微观层面上对国有企业的冲击和民营企业的刺激成长，都为中国的经济体制改革创造了第一阶段所不具备的空间和能力，从而实现了以增量的飞跃带动存量发展的巨大进步。

不仅如此，中国由于在全球产业转移和信息、资金全球化的最佳时机，实现了整个国家的大开放，因而成为这次全球化新浪潮中的最大赢家。在这个历史过程中，中国的经济大大发展了，国力大大增强了，各方面的管理、制度和观念大大进步了，人民的生活水平大大提高了。中国不仅由于成为“世界工厂”对世界经济的增长做出了巨大贡献，而且在全面融于世界经济的过程中，所有的历史和现实积极因素都得到了极大的调动和发挥，从而推动整个国家快速进入中华民族伟大复兴的进程，实现了中国5000年以来最伟大的辉煌。

现在回头来看，完全可以说，邓小平南方视察不仅从根本上改变了中国改革开放的历史进程，而且从根本上改变了整个世界的经济和政治格局，改变了人类历史的进程。因此，邓小平南方视察的作用和意义，无论怎样形容都不会过分。

## 第四节　香港对深圳经济特区的建立和发展厥功至伟[①]

只要提到深圳就一定要提香港，香港对深圳经济特区的建立以及很长一段时间的发展，起到了至关重要的作用，从这个意义上说，香港对深圳经济特区的建立厥功至伟。

① 陈多：《改革开放40年与香港》，三联书店（香港）有限公司，2019。该书第二章、第三章皆为本书作者李罗力执笔。本节主要内容和数据均来自以上章节。

事实上，香港不仅对深圳经济特区的建立厥功至伟，对于整个中国20世纪80—90年代的改革开放也厥功至伟。

### 香港是内地引进外资的第一来源地

香港发挥的第一个不可替代的重大作用，就是带来了中国改革开放后的第一波境外投资浪潮。从1978年一位港商在东莞开办内地第一家来料加工厂以及1980年香港企业家注册北京航空食品有限公司建立中国第一家合资企业起至整个20世纪90年代，香港在内地的投资遍及全国各地。

事实上，改革开放前20年里，香港一直是内地最大的外资来源地。据商务部统计，截至2007年底，内地累计批准香港企业直接投资项目28.58万个、实际利用港资3085.3亿美元。2008年9月底，内地实际使用港资又增加到3415.9亿美元，分别占全国累计批准外资项目数的45.2%和实际利用外资总额的40.4%[①]。

值得注意的是，在这些所谓的“港资”中，其实并非都是香港本土资本，相当一部分出自外国企业在香港的分公司，它们通过香港这个重要渠道向中国内地投资，因此香港成为内地吸收外资的最大来源地。

由此可见，在20世纪80年代，中国80%以上的境外直接投资都来自香港，那时它还受英国殖民统治。20世纪90年代后，尽管各国的直接投资大量进入中国，致使港资占内地引进外资的比重有所下降，但是在投资数目和利用外资总额上，香港仍然遥遥领先，仍然排在第一位，且绝对量不断增加。

### 香港是外资大规模进入内地的成功示范

香港不仅是内地外来投资的第一来源地，还是外资大规模进入内地的成功示范。由于中华人民共和国成立后的30余年都处于与世界隔绝的封闭状态，再加上中国多年来对资本主义采取“赶尽杀绝”的态度，而且一直都在与资本主义和资产阶级进行无休止的“阶级斗争”，因此尽管中国已经结束了“文化大革命”，进入了以经济建设为中心的新时期，提出了要搞改革开放的战略目标，提出了扩大开放、

① 陈多：《改革开放40年与香港》，三联书店（香港）有限公司，2019。该书第二章、第三章皆为本书作者李罗力执笔。本节主要内容和数据均来自以上章节。

引进外资的政策，但是，对于绝大多数外国投资者来说，他们实在是太不了解了。光凭中国提出的新政策、新说法，没有几个外国资本家敢真正到中国来投资，他们不知道在中国这样的体制下能否赚钱，更害怕一旦政策变了，他们“血本无归”。而港台中小企业在实行改革开放政策的内地（大陆）投资设厂后，成了不但可以生存发展而且可以大赚钱的成功样板和范例。从这个意义上说，没有20世纪80年代港台中小企业在内地（大陆）投资成功的榜样，就没有90年代后欧美日、中国港台地区大企业、大资本对中国内地（大陆）的大举进军，也就根本不可能有今天中国经济的腾飞和中国改革开放的伟大成就。

**香港所开创的“前店后厂”模式成为20世纪八九十年代中国与国际投资接轨的主要模式**

香港制造业向内地的转移使香港由过去的生产与管理合一的制造中心转变为离岸生产的管理服务中心。众多在内地设厂的港商都把主要的劳动密集型的生产工序和生产线配置在内地，而把在香港保留的机构功能转变成为生产的前后期管理服务、寻取订单、扩大市场、组织原材料供应、收集加工信息、开发设计产品、营销策划、品质管理、财务管理以及改进包装等工作，这就是所谓的“前店后厂”生产模式。《港澳经济》1996年第5期刊载了一份有关香港制造业发展趋势的调查报告，该报告指出，香港许许多多只有少量资本和少数员工从事制造业的小厂商，内迁后迅速发展成为在内地拥有成百上千名员工的生产基地，同时又在香港设有财会、供销和设计研究部门，这种“前店后厂”式的企业，仅在珠江三角洲就有2万到3万之多。

这种“前店后厂”的新经济合作模式，一开始主要是香港与珠三角的经济合作模式，后来这种与内地合作的模式更伸延至长三角、京津冀乃至全国各地区。

不仅如此，在20世纪八九十年代中期，韩国、日本以及许多国际大资本，为了保证与中国香港在国际市场竞争中处于同一起跑线，也为了保证自己投资的安全，都采用了“前店后厂”的模式。即以中国香港为“前店”所在，把对华投资的总部放在中国香港，负责接单、营销、策划和管理，而把“后厂”放在中国内地，即把生产厂家和具体项目放到中国内地。

因而，香港中小投资企业所创造的这种“前店后厂”的模式，成为20世纪八九十年代中国与国际投资接轨最普遍也是最重要的形式。

### 香港是打造深圳经济特区“一枝独秀”的重要因素

第一，毗邻香港使深圳经济特区拥有特殊的地缘优势。深圳经济特区能够取得巨大的成功取决于诸多因素，而毗邻香港的特殊地缘优势，则无疑是最重要的因素之一。1979年底，深圳经济特区成立后，首先就是通过地缘之便从香港引进大量中小企业，促成香港与内地经济合作的新模式。由于20世纪70年代香港是东亚最主要的出口加工基地之一，因此在深圳早期引进的外资外企中，香港的出口加工企业占到三分之二以上，此后深圳又通过香港大量吸引了欧美日的外资外企，因而香港实际上成为深圳对外开放引进外资的第一功臣。此后，不论是在深圳经济特区创办初期形成以加工贸易为主要特点的外向型经济，配合香港产业转移形成深港产业分工格局，还是在经济快速发展中逐渐确立并形成以高新科技、金融、物流及文化四大产业为支柱的产业结构，香港始终都发挥着向深圳转移产业、融通资本、经贸合作以及提供国际市场通道等重要作用，形成深圳经济发展中的“香港因素”。正是通过为香港产业提供配套服务、不断追赶香港发展步伐，深圳经济和城市建设实现了快速起飞和超常规发展。此外，借鉴香港自由港政策和出口导向型经济模式，深圳经济特区成立以来对外开放不断扩大，推动了深圳外向型经济的建立与开放型经济的发展。

第二，香港成功的发展模式成为深圳最重要的借鉴和榜样。回顾中国改革开放以来的发展历程，不论是以市场经济体制为导向的当代中国经济体制转轨进程，还是凭借比较优势、后发优势以及本土优势而实现的中国经济发展进程，基本上都是按照“摸着石头过河”的渐进模式，通过学习借鉴市场经济国家的现实做法、不断与国际规则接轨等具体路径来逐渐实现并不断推进的。对深圳经济特区而言，最为现实的参照体毫无疑问就是香港。不论是在深圳经济特区确立以市场为导向的经济体制，还是在深圳经济特区升级发展进程中率先建立并完善中国特色社会主义市场经济体制和经济运行调控体系，香港始终都发挥着十分重要的作用，成为深圳在建立市场经济和调控体系、完善政府管理等方面学习和借鉴的参照，由此成为深圳经济特区转轨中的“香港因素”。

第三，深圳学习香港成熟的市场经济体制，积极推进市场经济体制改革。由于香港在20世纪70年代是发展非常成功的市场经济的典范，因此深圳在推进建立生产资料、劳务、技术、资金、证券、房地产等市场体系和形成市场经济运行机制的过程中，都不同程度地借鉴了香港的市场经济模式及其经验。从总体来看，不论是在培育市场主体、发展市场中介组织，还是在完善市场结构与市场体系、建立经济运行与调控机制等方面，深圳都大量借鉴了香港市场经济模式的相关做法与经验启示。正是通过特区对市场体系、市场机制、市场调控等方面的改革探索，形成制度模式层面的创新，深圳才得以率先建立社会主义市场经济体制。

第四，深圳参照香港自由港政策，形成了有助于经济成长的政策支持体系。由于香港是世界上最重要和最成功的自由港之一，因此深圳经济特区在建设过程中，为了创造更为开放的社会经济运行环境，为外商提供能够按国际惯例运作的外部条件，在贸易政策、货物进出口管理、外汇管理调剂、税收政策、价格政策等方面，都在客观上不同程度地学习和借鉴了香港自由港政策。

第五，深圳借鉴香港法制体系，逐渐建立和不断完善市场经济规则与运行秩序。从深圳经济特区的发展历程来看，一方面，在经济领域参照香港做法建立法规体系，规范运作秩序，如按照国际惯例订立和执行涉外合同、在特区优惠税率下制定税收条例和完善税收征管、订立劳动条例维护外资企业正常的劳资关系、根据国际规则开展对外经贸与金融活动。另一方面，在社会服务领域特别是公共产品和准公共产品供给方面，同样也参照香港模式建立起符合深圳实际要求的相关规则和运作秩序，初步形成包括住房、医疗、教育、市政、社会服务等方面在内的公共产品和准公共产品供给体系，为特区的公共服务均等化进行了有益探索。

第六，由于香港是世界最重要的金融中心之一，因此在深圳的证券市场和金融体系的形成及发展过程中，不仅以香港为最重要的借鉴对象和榜样，同时也得到了香港金融界十分积极的关注和支持。

第七，由于香港是世界最主要的国际贸易中心之一，因此深圳利用香港遍布世界的贸易渠道和转口的有利条件向世界各地出口商品。同时，香港还是深圳最主要的进口市场。深圳通过香港这个贸易中心，学到了丰富的贸易经验，掌握了国际市场大量行情和信息；并通过香港这个基地，开展了跨国经营，开拓了世界各地市场。

第八，除了工业外，港商早期还在深圳的旅游业、酒店业、商业、物流业等第三产业进行了大量的投资，从而在促进深圳经济结构多元化、解决深圳快速增长人口的就业问题、繁荣深圳经济、提高深圳居民生活水平、保证深圳经济特区不断发展和兴旺等方面都起到了十分重要的作用。

尽管进入21世纪后尤其是近10年，香港由于各种原因，在经济、政治、社会、民生等方面发生了纷扰、困惑、混乱、停滞甚至倒退现象，加之今天深圳和内地一些主要城市已经在经济发展规模、产业发展水平、经济发展质量和基础设施水平等诸多方面超过了香港，深圳已成为“反哺”香港的主要力量。但是，深圳应当永远记住，香港曾经对深圳发展厥功至伟；应当永远记住，香港曾经是深圳发展的“老师”和“恩人”。

深圳今后最重要的任务之一，就是与香港携手创建深港国际大都会区。这是深圳在21世纪中国进入新时代最重要的历史新使命！

## 第五节　继续在中国对外开放的最前沿打造新的“深圳样本”

对外开放是深圳发展的永恒主旋律，没有对外开放就没有深圳经济特区。同时，“开放”也与“思想解放”“市场经济”“改革”一样，成为深圳浸入骨髓、溶于血液的灵魂之根和立足之本。它们共同构成了我们解码深圳腾飞奇迹最根本的要素。

今天，中国对外开放的大门不会关闭，只会越开越大。在国内国际双循环大背景和中央赋予“双区驱动”光荣使命下的深圳，要继续传承对外开放的最强大优秀基因，砥砺前行、勇往直前，要继续大胆创新探索构建经济新体制和扩大开放的新路径，要持之以恒地在开放最前沿打造新的“深圳样本”，要继续大胆试、大胆闯，继续为中国的改革开放贡献更多经典案例和样本，继续做中国对外开放最闪亮的标杆。

# 〔第四章〕

# 市场经济：创造深圳奇迹的立足之本

## 第一节　为什么深圳的市场经济比其他地方搞得更好

我们要解码深圳腾飞奇迹，就一定要知道，深圳与国内其他地区相比，最主要是胜在市场经济搞得好，率先建立起比国内其他地区相对完善的市场经济体系。

尽管大家都承认，深圳在全国率先建立起社会主义市场经济体制，为全国的改革开放和建立社会主义市场经济体制做出了不可磨灭的历史贡献，但是1992年10月党的十四大确立了社会主义市场经济体制的改革目标后，全国都在搞大改革、大开放，都在搞市场经济，而且很多地方的市场经济都搞得相当不错，百花齐放，各有特色。再加上“市场经济”“社会主义市场经济”“中国特色社会主义市场经济”这些名词几乎每天都见诸报端，见诸各种主流媒体，大家都司空见惯、耳熟能详，因而不少人认为，现在各个地方的市场经济发展并没有多大差别。那么，为什么还要说深圳的市场经济比其他地方搞得更好呢？深圳的市场经济好在哪里？

### 什么是市场经济

对于市场经济，人们现在最熟悉的一句话就是：市场是资源配置的决定性因素。但是，时至今日，许多人仍然没有理解这个概念的真正含义。他们简单地认为：在计划经济时代，所有的资源配置都是由政府制订计划来决定的，现在这一套早就取消了，难道不就是由市场来配置资源了吗？

事实上并非如此，或者说远远不仅如此。从理论认识上来说，仅仅从概念上知道市场经济是“由市场决定社会资源配置”的经济形态是远远不够的，还必须知道，市场经济还是“经济运行基础是市场竞争”的经济形态，是“强调竞争的有效性和公平性”的经济形态，是一种“为达到公平竞争的目的，政府必须从法律上创造出适宜的外部环境，并为企业提供平等竞争机会”的经济形态，因此是一种“要有明确法律规定，包括政府行为，都要以立法为依据，通过立法来贯彻执行，因而具有公开性、法治性、规范性”的经济形态。

而这点恰恰是什么是真正的市场经济的关键，也是为何说深圳相较于其他地区市场经济体系更加健全、市场经济搞得更好些的关键。由于在许多地方政府的决策者并没有真正搞明白这一点，因而才会从理论认识到决策行为都在犯错，而且是一错再错。

### 为什么必须由市场来决定资源配置

今天已经是社会化大生产的现代经济时代，它的根本特征是各种生产资料和劳动力都要集中在企业进行有组织的规模化生产，同时，生产的专业化分工不断发展，各种产品生产之间协作更加密切，并且生产过程各环节已经形成一个不可分割的整体。在这样一种经济形态下，土地、生产设施、资金、劳动力等各种社会资源的配置是否合理，是否符合社会化大生产自身的内在规律，就对经济发展的水平、质量和效率起着决定性的作用。

在以往的计划经济时代，资源配置由政府通过制订国民经济计划，通过层层行政审批和行政命令来统管和分配。这种资源配置方式的根本弊病是，配置资源主要是通过人的主观意志来完成的，另外，“层层审批”排斥选择，“事事统管”排斥竞争。尽管在经济结构比较简单、人们需求比较单一的情况下，政府配置资源有其简便的一面，还有直接功效，但是在社会化大生产阶段，随着经济规模的不断扩大，经济结构、产业结构和产品结构的不断细化和复杂化，同时人们对产品需求即市场需求的日益多样化，这种主要以政府意志配置资源的方式，根本无法把握瞬息万变的市场需求，无法做到科学准确地符合社会化大生产的内在客观规律，因而从根本上不利于资源的优化配置，也必然造成经济发展的低效率、低质量和低水平，造成社会资源的巨大浪费，还违背客观规律而带来巨大损失。改革开放前我国的经济发展之所以与西方发达市场经济国家差距那么大，而且越来越大，甚至与韩国、新加坡等以市场经济为主体的国家和地区差距也越来越大，根源就在这里。

市场之所以能够最大限度地提高资源配置效率，是通过市场机制的作用能动地实现的。市场机制的三大要素——市场供求、市场价格、市场竞争——相互联系、相互制约、相互作用：市场供求反映提供给市场的商品及劳务数量，市场价格反映市场供求变化引起的商品和劳务价格升降，市场竞争则是市场主体围绕商品质量和价格等方面进行的经济博弈。由于市场机制的这三大要素能够客观地反映瞬息万变的市场需求、能够比较科学准确地符合社会化大生产的内在客观规律，因而从根本上有利于资源在社会化大生产的各个环节上的合理和优化配置，从而实现经济发展的高效率、高质量和高水平。

## 第二节　市场经济中的“无形之手”与“有形之手”

### 政府的“有形之手”是市场经济的重要组成部分

从亚当·斯密到后来的自由经济主义、新古典经济学等学派，都强调市场机制的“天然合理性”。他们认为，市场经济是内在完满、具备自我均衡机制的完善体系；市场机制在本质上是没有缺陷的，市场本身的均衡调整机制足以保证经济长期均衡运行，并可以促成资源的最佳配置。

然而，事实已经证明，他们的这种理论是错误的。关键是西方经济学中的“市场经济理论”，其前提均为假设市场经济主体都是“理性的人”，而事实上，在社会实际的市场经济运行中，这个假设根本就不能成立。

市场经济在长期发展的实践中，已经证明它有四个“天然固有”且单靠自身力量不可克服的缺陷：一是一些市场主体“一切向钱看”，为追求自身利益而实施各种不正当的竞争行为，因而具有一定的对市场经济公平竞争造成破坏和危害的“自发性”；二是由于各个分散的市场主体无法掌握社会各方面的信息，也无法控制整个社会经济变化的趋势，只能依据市场价格信号进行经济决策，因而具有一定的“盲目性”；三是由于市场调节是一种事后的调节行为，因而具有一定的“滞后性”；四是当市场经济发展到一定阶段，极少数市场主体在市场竞争中具有相当经济优势时，为了保持自己的优势而采用非竞争的手段不允许他人再与之进行竞争，因而具有一定的“垄断性”。

正因市场经济这只“无形之手”具有自身无法克服的固有缺陷，有时会遭遇“市场失灵”，因此需要政府这只“有形之手”对经济实行一定的干预和调控。这样做的目的，一方面是通过财政政策和货币政策为经济的正常运转提供保证，特别是在由市场机制的自发性、盲目性和滞后性导致社会生产均衡被严重破坏而可能发生经济危机时，必须要由政府这只“有形之手”通过有效的政策来熨平波动，避免或走出危机；另一方面则是通过经济手段、法律手段和行政手段，建立和维护合理的市场竞争秩序，消除有碍市场机制发挥正常健康作用的因素，弥补和纠正市场机制自身不可克服的缺陷。

正因如此，我们现在所强调的“市场经济”事实上由两部分组成：一部分是对社会资源配置发挥决定性作用的市场这只“无形之手”，另一部分则是发挥适当作用弥补“市场失灵”的政府这只“有形之手”。

实际上，这并不是我们今天中国的创造，早在20世纪30年代，世界经济大危机爆发后，就诞生了由这两部分共同组成的最早的西方市场经济理论体系——凯恩斯宏观经济理论体系。

### 正确把握市场经济中“无形之手”与“有形之手”的关系

在我看来，我们现在之所以说许多地方的市场经济体系不完善、不健全，存在很多弊病，很多地方还需要进一步深化经济体制改革等，关键都在于没有正确把握市场经济中“无形之手”与“有形之手”的关系；很多地方的经济发展效率不高、发展水平和质量有问题，关键也在于此。

问题在于两个方面。首先是要更加正确和更加深入地理解市场机制在我们的市场经济运行中所发挥的作用。正如我前面所讲，只认识到“市场经济是由市场决定社会资源配置的经济形态”是远远不够的，我们还必须认识到市场经济的主体是谁——是企业。这就是计划经济与市场经济的根本不同之处。

我在前面还强调过，我们现在所处的经济发展阶段是社会化大生产的现代经济时代，它的根本特征是各种生产资料和劳动力都要集中在企业里进行有组织的规模化生产。所以我们必须牢记，只有企业，才是现代经济中社会化大生产的根本载体。换言之，在市场经济条件下，企业是最基本、最重要的市场活动的主体，是市场机制运行的微观基础。

另外，我们前面也讲到，所谓“市场经济”，从根本上说其实就是一种以市场竞争为基础的经济形态。那么，进行市场竞争的主体是谁？又是企业。事实上，在市场经济机制中，由企业这个市场主体开展的市场竞争才是最主要的要素：市场竞争渗透在生产和流通的各个环节，涉及生产的各种要素。只有市场竞争，才能使价格随供求的变化而波动；只有市场竞争，才能使价值规律得以贯彻；只有市场竞争，才能使经济充满活力。所以，市场竞争是市场机制的灵魂。这更说明，市场机制灵魂的载体是企业，而不是政府！这就是我们有些地方政府对市场经济还没有充分深刻认识的根本之处。

尤其重要的是，在市场经济中的企业，必须遵循市场经济的规则，自主经营、自负盈亏，直接从事生产、流通和服务性的经营活动，追求利益最大化，并依法纳税。这既是市场经济中企业的特征，也是市场经济对其主体的根本要求，同时也是市场经济本身根本的要求。因此，不用行政手段直接干预企业在市场经济中的自主经营、不越俎代庖直接指挥企业自主发展、不去干扰和阻碍企业的正当市场竞争，是真正建立和完善市场经济体制的最根本要求。

唯有认识到上述这些，才算真正全面地理解了市场经济在我们国家所应该具有的地位和作用，才能在经济和社会发展中真正发挥市场经济体制的作用，也才能建立起完备的市场经济体系。

说到底，深圳恰恰就是在这一点上比国内许多地方都强，深圳的企业特别是民营企业比国内其他地方都发展得好，这正是深圳能够创造“奇迹中的奇迹”的要害所在，也是解码深圳腾飞奇迹的关键所在。我在本书的后面内容中还要反复讲到这一点：深圳为何能够成为“创新之都”？原因就是深圳的企业在研发创新方面发挥着根本的作用。

由此，我们应该更加正确和更加深入地理解政府在市场经济中的作用。

政府在市场经济中要做什么？就是要保证市场竞争的有效性和公平性，而不是代替企业去实现各种经济行为，更不能用行政手段干预企业的自主经营，指挥企业的自主选择，阻碍企业的市场竞争。

政府怎样才能保证市场竞争的有效性和公平性呢？就是必须从法律上创造出适宜的外部环境，并为企业提供平等竞争机会。而这种“法律上”指政府的行为都要以立法为依据，通过立法来贯彻执行。只有这样，才能使我们的市场经济真正成为具有公开性、法治性、规范性特征的经济形态。

上面所说的道理集中在一点，就是在真正健康有效和健全的市场经济中，政府不必也不能对企业进行多余的直接干预。必须充分保证企业是市场经济的主体，是市场竞争的主体，这就是正确发挥市场机制作用，让整个经济活动能够通过市场经济实现高效健康运行的关键。做到了这一点，实际上就是政府成为“有效有限”政府的关键，就是正确把握处理好市场经济中“有形之手”与“无形之手”关系的关键。

此外，政府对市场经济宏观调控的政策手段主要是“制度政策”“稳定政策”“社会政策”。所谓“制度政策”，就是能够保证有效竞争和发展创新的政策；所谓“稳定政策”，就是财政政策、货币政策、收入政策和结构政策等稳定物价、货币、就业和经济增长的政策；所谓“社会政策”，就是包括收入再分配、社会保障、公共服务等在内的政策。

政府还要在社会资源的配置中把计划与市场有机结合起来，在发挥市场调节作用的同时，重视政府宏观调控对社会资源配置的作用。政府宏观调控的作用不是取代市场调节，而是设法强化市场机制的作用，弥补市场调节的不足。

政府对经济活动的干预应以经济计划和产业政策为主。经济计划具有全局性、长期性和战略性等特点，主要任务是提出国民经济发展的长期趋势和总目标，以及实现目标的政策措施与手段。产业政策是由政府主持制定的产业结构设想和产业组织政策，指明产业的发展目标，实行产业倾斜，并从税收、金融等方面给这些产业以一定的优惠，以推动实现产业结构、技术结构和出口结构的优化。政府的经济计划和产业政策，只能对企业的自主经营、自主发展进行引导，而不是用行政命令手段对企业进行直接指挥和直接干预。

# 第三节 社会主义市场经济是对马克思主义的重大发展

### 什么是社会主义市场经济

社会主义市场经济就是与社会主义基本制度结合在一起的市场经济，就是既体现社会主义根本性质又体现市场经济根本要求的一种经济形态。

社会主义市场经济的提出，是邓小平对马克思主义的又一重大发展，也是中国对人类社会发展模式的又一重大贡献。

众所周知，新中国成立后直至改革开放前的30年时间里，一直实行的是计划经济体制，而且把计划经济看作社会主义的基本特征，把市场经济与资本主义等同起来，完全限制和否定市场在经济发展和运行中的作用。

当然，即使到现在也不能否认计划经济体制在新中国发展的初期阶段中所发挥的重大积极作用。在中国革命刚刚胜利，中国一穷二白、百废待兴，整个国家还以小农经济为主，工业经济基础非常薄弱，老百姓生活普遍极其贫穷，对物质产品和精神产品的需求十分简单的社会状况下，实行计划经济体制，确实有利于快速动员社会资源，并集中用于关键部门（主要是工业）的重点建设，在建立中国基本工业体系和农业集体化体系、推动生产力快速发展以及满足广大群众基本生活需求方面发挥了重要的积极作用，也使中国经济在20世纪五六十年代发生了巨大的变化。

我曾经做过一个基本的统计，从1949年到1965年底（“文化大革命”发生之前），中国的经济发展水平虽然与西方发达国家不能相比，但是与那些在“二战”后独立且与我们差不多同期成立的发展中国家相比，包括那时在国际上威望很高的印度（1949年印度的经济发展水平高于中国），我们的工业和农业经济发展的水平、速度和质量都高于这些国家。

但是，随着时间的推移和条件的变化，当中国的社会主义初期建设任务已经完成，当中国的经济规模必须不断扩大，社会经济的发展水平和质量必须不断提高，老百姓不断提高的生活质量要求必须满足，中国的国力必须不断增强，中国必须要向世界强国迈进时，计划经济体制那种主要依靠政府主观意志决策、高度统一、限制地方和企业的主动性、限制企业的竞争活力、排斥市场作用、只靠行政命令配置资源、大搞平均主义、职工吃企业的“大锅饭”、企业吃国家的“大锅饭”的弊端就日益暴露出来。这种经济体制最终导致国民经济发展到一定水平后开始迟缓、落后甚至停滞不前。

随着中国的改革开放，中国开始从“以阶级斗争为纲”转向“以经济建设为中心”，在邓小平的领导下，中国经济体制改革的目标选择了市场经济。只有这样，才能彻底抛弃束缚生产力发展的计划经济体制，才能解放和发展生产力，这正是邓小平提出搞市场经济的根本出发点。

关键是，邓小平所讲的市场经济并不是一般意义上的市场经济，他创造性地提出，我们要搞的是社会主义的市场经济。这就完全打破了原来传统社会主义理论的一个基本信条，即计划经济是以公有制为基础的，是公有制的根本体现，因而是社会主义的基本特征；而市场经济则是以私有制为基础的，因而必然是资本主义的基本特征。这个理论是我国建立社会主义制度后长期遵循的基本理论，也成为“正统”马克思主义的理论教条，谁也不能违背这一条，否则就会成为反对马克思主义的“大逆不道者”。

1979年11月26日，邓小平在会见外国客人谈话时，就已明确提出社会主义也可以搞市场经济。他指出：“说市场经济只存在于资本主义社会，只有资本主义的市场经济，这肯定是不正确的。社会主义为什么不可以搞市场经济？这个不能说是资本主义。我们是计划经济为主，也结合市场经济，但这是社会主义的市场经济。”在这次讲话中，他还特别说道：“市场经济，在封建社会时期就有了萌芽。社会主义也可以搞市场经济。”

1985年10月23日，邓小平在会见美国高级企业家代表团时再次指出：“社会主义和市场经济之间不存在根本矛盾。问题是用什么方法才能更有力地发展社会生产力。我们过去一直搞计划经济，但多年的实践证明，在某种意义上说，只搞计划经济会束缚生产力的发展。把计划经济和市场经济结合起来，就更能解放生产力，加速经济发展。”

1987年2月6日，邓小平在会见捷克斯洛伐克总理什特劳加尔时再次指出：“为什么一谈市场就说是资本主义，只有计划才是社会主义呢？计划和市场都是方法嘛。只要对发展生产力有好处，就可以利用。它为社会主义服务，就是社会主义的；为资本主义服务，就是资本主义的。好像一谈计划就是社会主义，这也是不对的，日本就有一个企划厅嘛，美国也有计划嘛。我们以前是学苏联的，搞计划经济。后来又讲计划经济为主，现在不要再讲这个了。”

特别是他在1992年的南方谈话中，更是明确指出：“计划多一点还是市场多一点，不是社会主义与资本主义的本质区别。计划经济不等于社会主义，资本主义也有计划；市场经济不等于资本主义，社会主义也有市场。计划和市场都是经济手段。”这是邓小平对社会主义市场经济最深刻、最经典的概括[①]。

### 社会主义市场经济的基本特征

第一，从根本上说，社会主义市场经济同样是市场经济的一种形态。

社会主义市场经济必须同样遵循价值规律的要求，适应供求关系的变化，通过价格杠杆和竞争机制，把资源配置到效益最好的环节中去，并支持和推进企业的市场公平竞争，使企业实现优胜劣汰，并且运用市场对各种经济信号反应灵敏的特点，促进生产和需求的及时协调。社会主义市场经济作为高度社会化和市场化的商品经济，同样具有市场经济的公平性、法治性、竞争性和开放性等一般特征。

第二，社会主义市场经济是以公有制为主体的市场经济形态。

正是在这一点上，社会主义制度与市场经济结合起来，共同构成了社会主义市场经济。这里指的公有制主体不仅包括国有经济、集体经济，还包括混合经济。同时，在公有制为主体的前提下，非公有制经济也是社会主义市场经济的重要组成部分。后面我还要专门讲社会主义市场经济中公有制经济与非公有制经济的关系。

第三，社会主义市场经济是主要以计划为指导的市场经济形态。

由于过去所谓的“社会主义经济”都是实行计划经济体制，因此在社会主义体制与市场经济“合体”时，计划就成为这种新型经济形态的又一大特点。

我们前面已经指出，计划是政府这只“有形之手”克服市场这只“无形之手”天然具有的自发性和盲目性的重要手段，因此在现代的资本主义市场经济形态中，

① 《邓小平与社会主义市场经济》，http://theory.people.com.cn/BIG5/n/2014/1130/c40531-26119238.html，2014年11月30日。以上邓小平的有关论述，参见该文。

同样有计划。正如前面邓小平反复讲到的，“资本主义市场经济也有计划”，日本有企划厅，美国、英国、德国、法国和欧洲主要发达资本主义国家都有各自的发展计划。但是，只有在中国这样的社会主义市场经济形态中，计划才会占有不可缺少、不可动摇和不可分割的最重要的指导地位。我们每过一个时期，都要制定“五年发展规划”，同时还要制定十年甚至更长时间的“发展战略规划”，并且每年都要制定完成五年规划的具体目标。不同的产业和社会发展领域，也要制定相应的中长期发展规划和每年必须相应完成的规划目标。这一点是我们与实行自由市场经济的西方发达国家的根本区别之一。

在社会主义市场经济形态中，市场与计划各有其客观上的地位和作用范围：前者是微观经济活动中优化配置资源和激发竞争活力的基础，后者是宏观经济活动中全局性和方向性的指引。它们之间既不相互对立、相互否定，也不具有先后继起的次序性。这些关系，构成了社会主义市场经济形态中市场与计划关系的内涵。

第四，社会主义市场经济以共同富裕为目标。

共同富裕，是社会主义的本质要求，因而也必然成为社会主义市场经济的基本特征。这一点又与资本主义市场经济形态形成了根本的差别。资本主义市场经济形态是以私有制为经济基础的，在这种经济体制下，人人都可以自由地不受限制地追求自己的利益最大化，只要你是合法运作，公平竞争，政府和法律就对你没有任何限制。结果必然是出现贫富两极分化，而且必然出现“富者愈富，穷者愈穷”的马太效应，因为富者掌握了更多的财富，也比穷者具备更多的社会发展资源。

社会主义市场经济则不同，中国共产党以解放全人类和为人民服务为自己的根本宗旨，因此中国共产党建立社会主义的根本目标就是让全体人民都得到幸福，让全体人民都富裕起来，都能过上幸福的生活。所以邓小平说，我们实行社会主义市场经济，就是为了打破计划经济体制的束缚，解放生产力，发展生产力，消灭剥削，消除两极分化，最终达到共同富裕。因此，共同富裕就成为社会主义市场经济的终极目标。

### 新时代的中国特色社会主义市场经济

如前所述，中国创造性地建立起了社会主义市场经济形态，那么，这当然也就成了“有中国特色的”社会主义市场经济。2012年党的十八大后，中国特色社会主义市场经济进入了一个新的发展阶段。事实上，现在我们经常提到的“市场对资源配置起决定性作用”这个概念，也是中国进入新时代后的一个理论升华，是对邓小平时代所创立的社会主义市场经济理论的又一重大发展。

2013年11月18日，中央党校刊物《学习时报》刊登了一篇题为《发挥市场在资源配置中的决定性作用》的署名文章。文章指出：“回顾党的十一届三中全会召开35年来的改革历史，对于政府与市场关系的认识，经历了一个不断深化的过程。1978年党的十一届三中全会提出，‘应该坚决实行按经济规律办事，重视价值规律的作用’；1982年党的十二大提出，‘发挥市场在资源配置中的辅助性作用’；1992年党的十四大提出，‘要使市场在国家宏观调控下对资源配置起基础性作用’；2003年党的十六届三中全会提出，‘要在更大程度上发挥市场在资源配置中的基础性作用’；2012年党的十八大提出，‘要在更大程度、更广范围发挥市场在资源配置中的基础性作用’；到这次《决定》（《中共中央关于全面深化改革若干重大问题的决定》）提出，‘使市场在资源配置中起决定性作用’。这是对市场作用认识的又一次深化和飞跃，是对市场在资源配置中作用的进一步提升。”①

对于中国特色社会主义市场经济理论的建立，我认为非常重要的一点是，在社会主义市场经济中如何体现“以公有制经济为主体”。在这个极重要的问题上，习近平总书记也给了极为重要和明确的回答。那就是“如何更好体现和坚持公有制主体地位，进一步探索基本经济制度有效实现形式，是摆在我们面前的一个重大课题”，公有制经济“在关系国家安全和国民经济命脉的主要行业和关键领域占据支配地位，是国民经济的重要支柱，在我们党执政和我国社会主义国家政权的经济基础中也是起支柱作用的，必须搞好”②。

我之所以认为习近平总书记的这个指示重要，就是因为在社会主义市场经济如何体现“以公有制经济为主体”方面，其实已经成为现在人们普遍存在的一个理论和认识误区；或者可以说，这已成为迄今社会主义市场经济理论的一个概念模糊区。许多人特别是许多地方、许多部门的领导和决策层都认为，坚持“以公有制经

① 王天义：《发挥市场在资源配置中的决定性作用》，《学习时报》2013年11月18日第A4版。

② 《张宇：更好坚持和完善基本经济制度》，http://theory.people.com.cn/n/2014/0912/c40531-25647115.html，2014年9月12日。

济为主体”，就是要重点发展国有经济，重点扶持国有企业，导致在很多地区民营经济发展不起来，甚至出现民营经济“大退潮”的现象；也有很多领域出现了只大力扶持国有经济和国有企业，而对民营企业和民营经济所出现的困难和问题重视不够，解决不够，以至于困难和问题久拖不决，严重影响民营经济正常发展的现象。正因为这一点，很多人对社会主义市场经济“以公有制经济为主体”产生了理论上的怀疑，认为这是现在普遍存在的“国进民退”的理论和思想根源，同时也认为这与中央所说的毫不动摇鼓励、支持、引导非公有制经济发展，大力发展民营经济，大力支持民营企业相矛盾。

通过习近平总书记的这段重要阐述，我们应该明白一个根本的道理：实际上社会主义市场经济要坚持“以公有制经济为主体”，指的就是在“关系国家安全和国民经济命脉的主要行业和关键领域”，必须要“坚持公有制经济占据支配地位”，也就是说，在这些领域才必须要坚持国有经济、国有企业占支配的决定性地位。

在市场竞争领域则并非如此。那么，在市场竞争领域该如何呢？这就是我们在社会主义市场经济理论中经常讲的另外一段话了，那就是要大力扶持和发展非公有制经济。非公有制经济既与市场经济具有天然联系，又与多个层次的生产力水平相对接；不仅有利于充分发挥市场配置资源的决定性作用，促进经济提高效率，而且在促进创新、扩大就业、增加税收、增强经济活力等方面显示出巨大优势。

所以，真正完整准确地理解中国特色社会主义市场经济，那就是在关系国家安全和国民经济命脉的主要行业和关键领域要坚持国有经济的决定性支配地位，大力发展国有经济和国有企业；而在充满活力的市场竞争领域，则要坚持非公有经济的决定性支配地位，大力发展民营经济和民营企业。

事实也充分证明，在市场竞争领域，只有民营经济发展得好，民营企业发展得好，经济才能真正搞好，经济的效率、水平和质量才能真正提高，产业的转型升级才能真正完成。这恰恰又是深圳比其他地方发展得更好的关键，也是解码深圳腾飞奇迹的又一个关键。

## 第四节　李灏主政深圳进行重大市场经济改革

正如我在本书前面阐述的那样，深圳在全国率先建立起社会主义市场经济体制，并为全国的改革开放和建立社会主义市场经济体制做出了不可磨灭的历史贡献。这已成为众所周知和无可争议的事实。

在本节中，我将主要讲述对深圳早期改革开放做出重要贡献的李灏同志。

我是在李灏同志主政深圳时期从国家物价局调过来的。据我了解，李灏同志担任深圳市主要领导的这一时期，是整个深圳历史上改革开放的胆子最大、气魄最大、步子最大，因而改革的力度也最大的时期；也是深圳对中国的改革开放创造的范例最多、建树最多的时期。正因如此，1992年邓小平视察南方时才会把深圳树立为全国改革开放的标杆和排头兵。

### 李灏上任后首提四项重大改革措施

李灏同志是1985年从国务院副秘书长调任深圳市委书记和市长的。李灏来到深圳后，立即开展调研，经过广泛调查研究和摸清楚情况后，他觉得政府首先必须建立起一套科学的决策制度，于是中国第一个市长办公会议制度诞生了。

此后，在1985年9月底的市长办公会上，他提出了四项重大改革措施。

第一项措施是成立外汇调剂中心。

根据当时的国家外汇管理制度，外汇结算实行双轨制，1979年美元公开挂牌价是1.5元，内部结算价则是2.8元。此外，企业出口创下的外汇只能到银行去结汇，而企业要进口产品只能去银行按照牌价购买外汇。由于换汇成本不断上涨，几年涨到三四元，对进口有利，但对出口不利甚至亏损，李灏认为，如果不改变鼓励进口、压制出口的外汇政策，深圳发展外向型经济就搞不成，因此深圳要尽快建立新制度，使其合法化[①]。

经过几个月的紧张筹办，1985年11月，深圳经济特区外汇调剂中心成立，由中国人民银行深圳经济特区分行（简称“人行深圳分行”）具体操作。李灏在深圳搞的这项改革，在当时是一件很大的事情，是违反当时国家外汇管理制度的。时任人行深圳分行行长罗显荣到北京去汇报此事，总行分管外汇管理的领导苦笑说：“老罗，你怎么接这么一个任务？你知不知道这是违法的？”李灏听说此事后，劝罗显荣行长不要担心。他说，改革是会遇到阻力的，此事是市政府决定的，即使有问题也由市政府承担责任。终于，这项改革得到了中央负责同志的首肯，1987年国家外汇管理局正式下文确认合法。

由此，中国的外汇管理制度改革在深圳取得了重大的突破，为国家的外向型经济发展创造了重要的有利条件。

第二项措施是成立投资管理公司。

李灏调查发现，由于当时国家刚刚改革开放，还没有可遵循的成功案例和经验，因此深圳各级政府机构几乎都在办国企，这就导致当时国企管理相当混乱：当时全市有多少国企，有多少国有资产，国企有多少负债，谁也说不清楚，那些办国企的机构甚至连资产负债表的概念都没有。为此李灏提出，要成立深圳市的投资管理公司，所有的市属国企不再由政府机构管理，而是统归投资管理公司管理。

对这一改革，深圳市财政局首先反对，说把政府的财政权夺了，广东省相关部门也不赞同。李灏却坚定不移，坚持到底，一定要把这个改革搞成。经过一年多的努力，1987年7月全国第一家国有资产管理机构——深圳市投资管理公司——才正式挂牌成立。

由于深圳当时的情况也是全国普遍的情况，全国各地的政府部门都在办企业，因此深圳成立投资管理公司统一管理本地的国企，就成为一条重要的改革经验，很快在全国得到推广，从而大大地推动了国家的国企发展和国企改革走上健

① 其实正是这种外汇结算双轨制，造成了当时所谓“深圳经济特区利用特殊政策赚了内地人的钱”的后果，致使当时的深圳经济特区饱受批评。陈文鸿等香港学者撰文所引发的针对深圳的第二次大争论，其症结也在于此。在本书后面将会讲到，我在1983年对这种双重汇率制在深圳造成的货币流通混乱及其后果所做的调查报告，全面系统地对此问题进行了深刻分析。然而，绝大多数研究深圳历史的人，到现在都没有搞明白这一点，所以到现在还认为出现这种情况是深圳当时的主要领导人“走错路”导致的。

康发展的道路。

第三项措施是成立监察局。

这在全国也是首例。李灏为什么要力主成立监察局？目的就是把政府的干部队伍管好。李灏刚到深圳不久，就接待了新加坡总理李光耀。李光耀问李灏："你们这里有没有贪污？"李灏回答："深圳也是整个社会的一部分，怎么可能完全没有！再完善的社会也有，不过深圳不严重就是。"李光耀又问："你们怎么对付？"李灏说："我们准备参考你们的做法，成立监察局，新加坡有反贪局，香港有廉政公署，但我们不一样，不能照搬。我们的监察局有三个方面的职能：第一，监督执行党的路线、方针和政策的水平，这是政治性；第二，监督党风和政风，监督党和政府与人民群众的关系，是不是实行民主集中制；第三，监督党政官员的操守，这才是监督的重点。纪委应该站在更高的位置上，制定政策，使用干部，监督执行，应该超脱些。"

在李灏的指示下，监察局的筹备工作开始紧锣密鼓地进行，但是几个月后却没有消息了。开市委常委会时李灏就问：监察局的筹备简报怎么不发了？怎么近来无声无息了？追问到最后，有在座的领导同志说，人家不赞同搞这个东西，说是胡闹。李灏说：谁说是胡闹？得说出个道理来，这是认真地做改革，怎么是胡闹！就这样，尽管这项工作停顿了一阵子，但李灏始终坚持、抓住不放，一直到1987年5月，深圳市监察局才正式成立。

深圳市政府建立监察局，是中国改革开放后第一个对政府机制、干部队伍、官员操守建立监督制度和监督机构的重大举措，此后在全国推广，全国各省市政府都建立了监察制度和监察机构，大大提高了各级政府部门在改革开放中执行党的路线、方针和政策的水平，推动了政府部门党风、政风的不断改进，加强了政府官员和干部队伍的廉洁自律，从而为中国改革开放的成功进行提供了重要的保证。

第四项措施是成立规划委员会。

那时深圳还没有国土局，李灏认为，规划作为城市发展的龙头，一个城市的市长必须把城市规划权抓在手里，否则就会乱套。

李灏后来回忆说，这个机构成立最顺利，第二年1月，也就是1986年1月，市规划委员会就成立了，聘请建设部副部长周干峙做首席顾问，另外还有来自英国皇家规划学会、日本东京大学、澳大利亚堪培拉规划局等的30位中外规划设计权威人士担任规划委员会顾问。规划委员会每年都要召开一次大型的工作会议，审议和批准涉及土地开发、城市规划的重大事项。当时深圳正在搞旧城改造，规划委员会开会时，英国专家提出意见，说旧城改造把什么都拆掉，就等于一个人失掉记忆一样，他反对把旧城什么都拆掉。市政府采纳了他的建议，停止了不必要的拆迁。

李灏成立市规划委员会的这一重大举措，为日后深圳城市现代化建设的大发展奠定了根本的基础[①]。

### 深圳的产权制度改革

产权制度改革是中国市场经济改革中最核心的改革之一，也是建立中国社会主义市场经济的最关键举措之一。这项重大的改革也是在李灏主政深圳时期完成的。

当时许多人认为股份制就是资本主义，股份化就是私有化，无人敢碰。1984年李灏在国务院工作时，曾看过一份世界银行关于中国问题的调查报告。这个调查报告很委婉地提出了中国国企改变现状的思路，那就是应该在不触动公有制的前提下对中国的国企实行股份制改革。李灏深受启发，认为这些观点很新鲜，为此他还专门请教国家体改委的有关同志，但并没能得到令人满意的答复。那些同志不愿触碰这样敏感的问题，他们推托说对这些问题没有太多的研究。但是李灏却认为这个思路很有道理，很值得成为国企改革的重要思路。

李灏调到深圳工作后，认为要解决国企的问题，必须走股份制改革道路。1986年10月，经反复调研、征求意见和修改，深圳市政府出台了《深圳经济特区国营企业股份化试点暂行规定》。这是国内最早的关于国企股份制改革的政府文件，从此，深圳打响了国企改革战。此后国内第一家股份制企业、第一家股份制银行，都在深圳诞生。

1987年2月，深圳市政府又颁布了《关于鼓励科技人员兴办民间科技企业的暂行规定》，这是我国最早允许私营企业成立的政府规定。可以这样说，这是新中国最早的一部私营企业法规，是中国改革开放史上的又一项重大突破，新中国改革开放后的民营经济由此发端。

① 《李灏：主持深圳工作的八年》，https://baijiahao.baidu.com/s?id=1638464042014765986&wfr=spiden&for=pc，2019年7月8日。

我在本书后面还要专门讲到，由于在这个文件中明确规定现金、实物、商标、专利、技术等都可以投资入股分红，因此大大调动了当时以各种方式来“闯深圳”或“下海”的科技人员的积极性，深圳大批的科技型民营企业就是在此政策推动下发展起来的。

华为也是在那时诞生的，后来不少中央、省里领导慕名到华为公司参观考察，有人向华为老总任正非提出疑问：没有中央和地方的投资，华为是怎么搞起来的？任正非回答说：我们是靠一份红头文件起家的。这份红头文件，就是深圳市政府鼓励科技人员兴办民间科技企业的文件，它点燃了无数怀揣梦想的科技人员的创业激情。

### 深圳证券交易所的诞生

深圳成功地进行企业股份制改革之后，深圳的一些企业进行股份制改造后向社会公众发行了股票。1988年4月1日，深圳发展银行的股票开始实行柜台交易。这时，探索建立资本市场，特别是创办一个股票集中交易的市场，历史性地摆在李灏的面前。然而，建立深圳证券交易所谈何容易？李灏回忆说：“当时对许多人来说，股票是很陌生的东西，甚至有人认为股份制就是资本主义的代名词，股票交易就意味着投机和风险，与社会主义格格不入。”

1988年李灏率深圳市代表团出访英、法、意三国。在伦敦期间，英国有关方面为他举行了一个招待会，邀请一些证券投资和基金的负责人座谈。席间，有人跟他说：李先生，您不是要引进外资吗？我们这里一个基金的老板手里就有几亿美元，在座这么多人，几十亿美元都没问题。但是按基金会的章程，我们不能直接投资企业，只能买你们的证券。建议您建立深圳证券交易所，按国际惯例运作，这样您可以引进外资，我们也有投资机会。

这次出访对李灏的触动很大，李灏后来回忆说：“那时我还不清楚外资能否直接进入中国股市。但是通过这次考察，创办深圳证券交易所的决心我是下定了。”

然而，由于当时全国改革开放还刚刚起步，各地政府决策层和理论界还处于姓“资”姓“社”的激烈争论上，因此在深圳提出建立资本市场之后，也有人不理解，便打电话质问市政府为什么搞资本主义市场。为此，市里专门让有关专家写了一份关于资本市场的简介进行宣传。后来，李灏说：“干脆就叫证券市场，以免被叫成资本主义市场！”

1989年11月，深圳市政府决定加快筹建深圳证券交易所。此后深圳证券交易所筹备组成立，并且开始紧锣密鼓地准备成立深圳证券交易所的方案。1990年5月，深圳证券交易所的筹备工作已经基本完成，深圳证券交易所筹备组主要工作人员赴京，向中国人民银行总行汇报，期望尽早开市。深圳证券交易所筹备组的同志希望1990年8月就能批准深圳证券交易所正式成立开市，可是两次都是开市的前两天却传来风声说“不能开”“不准开”。就在这时，主流媒体上传来上海证券交易所计划年底开市的消息。

此时，又发生了一起“乌龙事件”。一天，深圳证券交易所接待部经理接待了一个香港访问团，并向客人介绍了深圳证券交易所的筹备情况。当时有记者问道：上海证券交易所拟于12月19日开市，深圳证券交易所什么时候可以开市？该经理回答道：“只要批准，即使是12月1日开市，我们也已经做好了万全的准备。”不料几天后，香港某财经报纸却大幅刊登了这样的报道：深圳证券交易所接待部经理宣布，深圳证券交易所预计在12月1日开市。消息一出，整个市场都炸了锅。深圳证券交易所筹备组主要负责人赶忙给李灏和深圳市相关领导逐一汇报，解释了这起“乌龙事件”，并再次表明希望深圳证券交易所早日开市。

1990年11月22日，李灏和相关市领导到深圳证券交易所筹备场地进行现场办公，李灏还没坐下第一句话就说：“今天我们是来拍板的。”筹备组负责同志说：“今天你们能拍板，明天我们就开市。”李灏说：“你们不是给我汇报，说一切都准备好了吗？先给我们表演一下，看看再说。”筹备组同志立刻进行了“现场表演”。“表演”顺利完成后，李灏问：“一切都准备好了，干吗还不开市？”筹备组负责同志回答说：“证券主管机关还没批下来。”李灏当即拍板：“批准不批准，我们政府负责，12月1日深交所就试业，率先开起来。此事我们今天就在这里最后拍板定了，今后不再开会研究！”

1990年12月1日上午9时，没有鲜花，没有掌声，没有冠盖云集，深圳的第一只股票率先在深圳证券交易所挂牌集中交易，标志着新中国从这一天起就有了资本市场[1]。

---

① 《李灏：主持深圳工作的八年》，https://baijiahao.baidu.com/s?id=1638464042014765986&wfr=spiden&for=pc，2019年7月8日。

## 被夭折的深圳住房制度改革

李灏主政时期还有一项本来应该对全国都具有重大意义的改革，但是后来却在20世纪90年代中期夭折了。这就是深圳在全国率先开展的实质性的住房制度改革。尤其是在低收入人群“住房难”和房地产畸形发展已经成为当今中国改革开放和经济发展棘手难题的情况下，再回顾一下深圳的这项具有重大意义的住房制度改革，不禁让人为它的不幸夭折长叹唏嘘！

此外，我还发现，现在各种著作、文章对深圳的各项改革都有论述，只有这项改革很少有人提及。因此，我在这里略微地展开讲一讲，对此项改革我还是稍有了解和深有感触的。

号称在中国率先进行住房改革的，是曾任青岛市市长的俞正声同志，他在青岛率先开展了中国住房制度改革的试验，但他当时搞的是属于“空转”式的改革，并没有实质性的改革举措。因而，真正具有实质性的住房制度改革是1988年率先在深圳突破的。

1988年初，时任深圳市委书记的李灏同志请当时中国经济体制改革研究所的一批著名改革专家来做住房制度改革方案。这是一个具有开创性意义的“双轨三模式”的方案。

所谓“双轨”，就是既有政府提供公共福利的一轨，又有完全市场化的一轨。所谓“三模式”，就是住房制度改革后实现三种住房模式。第一种是福利房模式，即政府委托开发商建设福利房，只以比成本价略高一点的价格提供给公务员和事业单位员工，以解决他们的住房问题。第二种是微利房模式，即政府委托开发商建设微利房，以略高于福利房的价格和大大低于商品房的价格提供给企业和社会机构的工薪阶层人员，以解决他们的住房问题。第三种则是商品房模式，即由开发商在政府批准的条件下开发，完全面向市场销售，价格完全由市场供求决定，从而满足富裕阶层对高档住房的需求。深圳的这套住房制度改革方案大体上借鉴了新加坡等地的成功经验：既能通过政府的公共服务职能解决广大普通工薪阶层和低收入人群对福利房和微利房的需求，又能通过市场化和完全商品化满足社会一部分富裕人群对高档化和个性化住房的需求。

改革方案实施后取得了很好的效果，改革的最大亮点是既实现了住房商品化改革，又解决了政府对低收入人群和公务员的住房保障问题。这个住房制度改革在很长一段时间里都比较有效地解决了深圳当时各个不同阶层人群的住房问题。

记得当年我在深圳政府部门和后来到研究院工作时，市政府每年都会根据各种条件将全年的福利房和微利房指标分配给各个单位，同时对福利房和微利房提出严格的分配条件。而各个单位的领导则每年都要研究本单位员工福利房或微利房的分配问题。尽管每年符合条件能分配到福利房或微利房的员工只是少数，但是，只要员工是长期稳定在单位里并且是努力工作的，就有机会满足分配住房的条件，并能以很低的价格买到自己的住房。这种住房制度改革尤其对解决低收入人群的住房问题，具有非常重要和明显的效果。

只可惜深圳的这个住房制度改革方案没有被重视和推广，反而在20世纪90年代中期被放弃，全国进行了“一刀切”的全部住房商品化的改革，导致现在低收入人群“住房难”和房地产畸形发展，这是中国改革和社会发展中的一道难题。

到现在我都认为，深圳当初的住房制度改革是一个好的、成功的方案，如果在全国推广，可能可以比较好地解决中国进入市场经济时代后所遇到的居民住房问题。

### 李灏主政时期深圳所进行的重大市场经济改革

正如我在本节开头所说的那样，至今我都认为，深圳的社会主义市场经济体系的基本建立，都是在李灏同志任深圳市委书记时期完成的。只要历数一下他在任时期所进行的主要改革措施，就可以证明我的这个看法。

第一，他在任时期，继续巩固和完善了梁湘领导时期所率先开创的劳动力市场、商品市场、建筑市场、土地市场等专业市场，继续深化和巩固了那个阶段所形成的中国第一个社会主义市场经济的雏形。

第二，他在全国率先对国企实行股份制改造，出台了《国营企业股份制试点的暂行规定》，并且大力推进所有制改革，发展混合所有制经济，为深圳乃至全国的社会主义市场经济体制的建立和发展培育了多元化的市场竞争主体。

第三，他在全国率先鼓励和支持民营企业的发展。有组织地对民营科技企业进行培育和扶持，出台了《关于鼓励科技人员兴办民间科技企业的暂行规定》，为深圳乃至全国的民营经济发展和高科技产业发展打下了体制机制的基础。

第四，他领导建立了全国首个外汇市场，即外汇调剂中心。深圳市企业出口创汇，可以不到银行结汇，直接到外汇调剂中心调剂，需要外汇也可直接到外汇调剂中心购买，这是中国外汇管理制度的重大突破，为深圳乃至全国大开放、大引资创造了重要的制度基础和条件。

第五，他领导建立了全国首个股票证券市场，即深圳证券交易所。带动了证券、基金、银行等金融机构和金融业的发展，不仅引领了深圳高端要素市场和高端服务业的迅速发展，还确定了深圳在全国资本市场体系中的重要位置。

第六，他建立了全国首个土地交易市场。深化土地制度改革，通过拍卖建立土地交易市场，也是一项对全国影响深远的重要改革。这项改革不仅促进了宪法的修改，而且对中国经济发展、城市建设的影响都是巨大的。

第七，他领导的住房商品化改革，也是深圳在全国范围内最先探索的一项重要改革。尽管这项改革的成果没有被推广到全国，但是这项改革的意义仍然是非常深远的。

此外，从李灏同志领导深圳进行改革的过程中，我们还可以看到两个更深层次的问题：一是每一项改革都可能会阻力重重，都可能会遭到强烈的反对；二是李灏同志对每一项改革都意志坚定，坚决顶住任何阻力和困难，坚持到底，直至成功。

我们这些当年在李灏同志身边工作的同志都有深刻的体会，在他担任主要领导时期，对于深圳市的每项重大改革，李灏同志都是讲，只要这些改革方向是正确的，是利国利民的，就要坚决去做，而且这些改革都是由市政府决定的，出了问题由市政府承担责任。这便是当时深圳各个政府部门和各级领导干部都能大胆改革、敢想敢干、敢为天下先，没有任何顾虑和思想包袱的根本原因。

## 第五节　深圳是中国市场经济改革的全新样本

从1993年开始，全国的大开放、大改革全面铺开，深圳在20世纪80年代和90年代初期所创造的很多重要的改革做法和积累的经验，都在全国各地推广和采用。而且，各地在根据自己的情况进行改革时，又创造了更多更好的做法，积累了更多更好的经验。到这时，中国的改革开放已经从“一枝独秀”进入“百花齐放”的阶段。

此后，在中国改革开放的每个重大历史时期，深圳的市场化经济发展总是走在前列，继续不断创造“率先突破”和“敢为天下先”。正因为如此，深圳的市场经济才会在全国发展得最好，也正因为如此，我们才会说，市场经济是深圳创造奇迹的立足之本。

2020年10月，深圳商报为纪念深圳经济特区成立40周年，发表了一篇题为《深圳是市场经济发展全新样本》的文章，对国内若干著名专家进行了专访。

全国政协经济委员会副主任、著名经济学家林毅夫说，深圳的成功是发展理念的成功。他指出，改革开放以来，中国的发展在全球是一个奇迹，而深圳的发展可以说是“奇迹中的奇迹”，是中国改革开放的一个缩影，也是中国发展的一个缩影。不仅仅是缩影，深圳还一直走在中国发展的最前沿。深圳的成功是中国发展理念的成功，体现的是解放思想、实事求是、与时俱进。深圳的发展经验，实际上就是有效市场跟有为政府“两只手”共同作用。40年前深圳作为经济特区，一直都是中国现代化征程、中国改革开放征程的先行者、探索者，未来中国高质量发展的征程上，深圳还要继续成为先行者、探索者，每一步都按照解放思想、实事求是、与时俱进来踏实迈进，不断根据新的条件、新的目标，一次次蜕变，一次次上台阶。

中国人民大学校长、中国人民银行货币政策委员会委员、著名经济学家刘伟说，深圳是市场经济发展全新样本。他指出，深圳经济特区40年，是人类市场经济发展史上的全新样本，其体制机制带来的经济发展活力及创新活力，不仅创造了城市发展奇迹，而且正在展示一个全新的人类文明发展路径。从经济特区到粤港澳大湾区核心城市，再到中国特色社会主义先行示范区，国家战略层面对深圳的城市定位在不断发生变化。深圳未来的前途关键在三个方面：改革、发展、开放。改革就是制度创新，深圳一定要在中国特色社会主义的伟大实践中走在前面。

中国政法大学校长马怀德说，深圳法治建设具有全国推广价值。他指出，深圳连续多年在中国政法大学法治政府研究院发布的《中国法治政府评估报告》中得分第一。从深圳经验来看，法治政府建设有几个突出亮点，其中政府决策的法治化走在了全国前列。在经济社会发展需求、政府职能转变及机构设置的调整等方面做出的探索，也是一种创新。此外，深圳执法机构的改革，以及执法中的制度创新、方法创新，也在全国各地产生了很大影响。深圳在法治建设方面做了很多有标志意义的努力，在全国范围内有宝贵的推广价值。

清华大学经济管理学院院长白重恩说，“经济特区”“综合配套改革试验区”“中国特色社会主义先行示范区”，这三个核心词彰显了深圳不凡使命。他指出，国家对于深圳不同时期的三个定位，代表着中国经济发展最前沿的不同方向和探索。深圳在不同发展阶段，始终是大胆探索、改革前行的排头兵。特区的“特”，就是解放思想，实事求是，大胆尝试各种各样的创新，尝试各种各样的改革。深圳已成为全国乃至全球产业发展及产业链中重要的、不可忽视的环节。

综合开发研究院（中国·深圳）院长、著名经济学家樊纲说，深圳实现了企业、产业、实业三者协同发展。他指出，深圳已经是世界的深圳，深圳在全球产业链中有着非常重要的地位。华为、大疆创新等高科技企业在5G、无人机、人工智能等方面已经是世界领先。深圳经济特区应在构建对外开放新格局中发挥独特作用。

中国社会科学院城市与竞争力研究中心主任倪鹏飞说，寄望深圳成为全球标杆城市。他指出，深圳吸引了来自五湖四海的充满梦想、敢想敢干、有创新精神的人才。这些人才在多元化背景下，形成了深圳特别有优势的“软实力”即文化优势。正是这样的软件硬件优势带来了深圳产业的超速发展及结构的迅速调整。深圳完全有可能成为全球最具竞争力的城市，成为全球标杆城市[①]。

① 鲁军、宋华：《深圳是市场经济发展全新样本》，《深圳商报》，2020年10月14日第B08版。

# 〔第五章〕

# 有为政府：创造深圳奇迹的“有形之手”

正如我在上一章中讲到，我们现在之所以说许多地方的市场经济体系不完善、不健全，存在很多弊病，很多地方还需要进一步深化经济体制改革等，关键都在于那些地方没有把握好市场经济中“无形之手”与“有形之手”的关系；很多地方的经济发展效率不高、发展水平和质量有问题，关键也在于此。换言之，就是没有深刻认识、全面理解和正确把握“市场经济的主体是企业，而不是政府”。这就是计划经济与市场经济的根本不同之处。而深圳恰恰就在这一点上比国内许多地方都强，这就是深圳的市场经济比别的地方发展得更好、深圳的企业特别是民营企业比别的地方发展得更好的要害所在，也正是深圳能够创造“奇迹中的奇迹”的要害所在。

这一章，我们就来具体了解深圳市政府是如何做到这一点的。

## 第一节　深圳是体现政府“有效有限”的楷模

2016年，我曾在一篇文章中讲到，深圳市政府发挥的首要关键作用是，能够较好地明确自己在经济发展中的正确定位，做到“有为有不为，不缺位不越位”。

所谓“有为”和“不缺位”，就是说政府在市场经济发展中，还是要发挥重要的作用。主要表现是通过制定产业规划和产业政策来引导市场及企业发展的方向，通过制定科学的政策法规来优化市场竞争的环境，通过优化创新机制、金融机制、人才机制和财政税收政策等来帮助和支持企业谋求创新发展。

所谓“有不为”和“不越位”，就是说政府在市场经济中不去干预企业的内部事务，也不去当“运动员”，不代替企业做投资、做市场、做产业。政府不对市场进行直接的干预，而是充分发挥企业和市场的自主作用，让“市场说了算”“企业说了算”。政府要做的就是尊重企业对市场的选择，充分发挥企业的主体作用和企业家的核心作用，努力营造良好的创新环境。

从某种意义上说，在中国这样一个有“强政府”历史传统的国家，恐怕现在很多地区都在这一点上与深圳市政府有较大的差距。这固然与深圳经济特区建立后一度恪守的“小政府大社会”的思维模式和行为模式有关，但30多年的时间里深圳经历了那么多届领导，仍然能够坚持做到这一点，是非常不容易的。而正是这一点，才为深圳成功转型为创新之城起到了最为关键的作用。正如有媒体指出的，深圳市政府对经济发展最大的贡献，就是“管得少”“干预少”，给民间和市场留出了更多的空间。这也是深圳民营经济比内地大部分地区发展得更好的根本原因，而民营经济才是最适合创新型产业培育发展的最好土壤[①]。

我曾多次提到，深圳经济特区自诞生那天起，就坚持“小政府大社会”的方针，政府尽量不用行政手段干预市场经济发展，尽可能尊重企业的自主性和创造性，最大限度地遵循市场经济规律。之后，虽然领导班子几经变化，但“小政府大社会”之风已然成为历届政府依循的传统，成为从政府最高领导直至下级执行部门所有人员中根深蒂固的理念，成为一种大家都共同遵守的思维模式和行为模式。在这种思维模式的指导下，政府有所为，有所不为；尽可能为企业的发展创造良好的营商环境；树立“产业第一”的思想，出台产业政策，引导产业发展；下决心淘汰低端落后产业，逐步形成腾笼换鸟等先进的经济发展理念。

2000年8月，《经济日报》发表一篇文章，从深圳政府大楼中电梯发生的“小变化”来说政府放权改革后出现的“大变化”。文章说，深圳市经济发展局（简称“市经发局”）位于市政府第二办公楼 4 层。4 层电梯经历了由“大站”到“小

① 李罗力：《深圳：创新发展奇迹是怎样铸成的？》，《深圳信息职业技术学院学报》2016年第2期。

站”的变迁：当市经发局“权重一时”时，自然是“大站”，需办理各项政府审批业务的企业工作人员络绎不绝，电梯一天到晚忙碌不停。1992年简政放权后，市经发局变为“小局”，4层电梯也就彻底成了“小站”。一出电梯，“企业是我们的上帝，我们是企业的公仆”的“局训”便赫然在目。市经发局的电梯由“大”到“小”的变化，只是深圳市实现政企分开目标、建立“小政府大社会”进程的一个缩影。20年来深圳市建立新型政企关系的探索，可谓步步为营：1985年，深圳率先取消大部分专业主管局；1993年，深圳率先取消企业的行政级别；1994年，深圳率先取消企业行政主管部门。该放的“一丝不留”，该管的“毫厘不爽”。在放活与管好之间，深圳市从理顺产权关系入手，以明确国有资产出资人地位和责任为重点，建构起了“国有资产管理委员会—资产经营公司—企业”这样“三层次”的国有资产运营与监管新体制。新体制的确立，使政府找准了定位，国资领导人到位、企业奋发有为。“三层次”解决了政企不分的问题，解开了政府对国有企业管什么、怎么管的难题[①]。

2005年10月，《人民日报》发表了一篇题为《自主创新托起新深圳》的文章，赞扬深圳市政府找到了正确的定位。文中提到：走自主创新之路，政府该扮演什么角色？深圳市政府的定位是——既不管，又要管。许多企业对深圳市政府的“不管”印象颇深。

文章举例说，李锂是海普瑞药业有限公司[②]的董事长，1999年底他把企业从西部某市迁至深圳。他说过去在原有城市办企业，每天从早到晚不断有政府大大小小的部门来找，什么事都要他亲自协调。李锂想起那段经历就头疼。“来了深圳大不一样。规章制度非常明晰，按部就班做就可以。我每天都能保证有7小时待在实验室。”李锂说，企业的发展在相当程度上得益于深圳市政府的“不管”。

文章说：不该政府管的事坚决不要管，需要政府管的事，政府则不能缺位。深圳市副市长刘应力说：“我们不当运动员，不当裁判员，要当好场地维护员。”

当好“场地维护员”，就要营造一个激励企业自主创新的好环境。深圳市科

① 薛晓峰、李歆月、邹大虎：《深圳国企令人刮目》，《经济日报》2000年8月26日第1版。

② 海普瑞药业有限公司后来成为中国唯一同时获得美国FDA注册和欧盟CEP证书的中国肝素钠原料药生产企业。现在该公司已发展为全球生产规模最大、装备最先进、质量最安全可靠的肝素钠原料药生产企业。

技和信息局副局长周路明说："政府在财政、税收方面用'有形之手'给企业以扶持，在深圳市已形成惯例。这也是政府发挥引导作用的实际体现。"例如闪存盘的发明者深圳市朗科科技股份有限公司，初创时其只有一项技术专利，急缺资金。这时，朗科发现，在深圳凭借有关专利技术，企业可以申请政府的科技经费。经过填表、申请、接受考察，不到一个月，朗科就得到了250万元的研发资金，从而获得了初创成长的"第一桶金"。现在，朗科已成为闪存应用领域产品与解决方案的全球供应商，截至2020年12月31日，朗科专利及专利申请总量328件，已授权专利317件，分布于中国、美国、日本、韩国及欧洲等全球多个国家和地区。

当好"场地维护员"，更要维护好秩序。创新型企业最怕知识产权得不到保护，辛苦一番却白忙一场。为了解决深圳创新型企业知识产权保护问题，2004年，深圳市单独设置了全国第一家统管专利、版权、技术秘密事务的行政机构——深圳市知识产权局。由于机制理顺了，深圳市知识产权保护迈上了一个新台阶。

当好"场地维护员"，还要关注场地上有哪些影响企业发展的障碍、企业发展中有哪些瓶颈。例如，深圳市政府发现自主创新企业均需要高投入，融资难的问题必须解决，于是于1994年12月拿出1亿元，成立了深圳市高新投集团有限公司，为企业提供融资担保。到目前为止，深圳市高新投集团有限公司已经为深圳1760多个高新技术项目担保贷款65亿元，并引导其他资金80亿元投入高新技术产业。现在，深圳不仅有"高新投"，还有"创新投"，并培育了大大小小创业投资机构近200家。

正是由于处理好了"管"与"不管"的关系，深圳市政府才为自主创新培育了一方沃土[①]。

## 第二节　政府深化改革是正确发挥"有形之手"作用的前提

深圳市政府之所以能够较好地明确自己在经济发展中的正确定位，做到"有为有不为，不缺位不越位"，能够处理好"有形之手"与"无形之手"的关系，处理

① 白天亮、胡谋：《自主创新托起新深圳》，《人民日报》2005年10月24日第1版。

好 “管”与“不管”的关系，尽可能地不用行政手段干预市场经济发展，尽可能地尊重企业的自主性和创造性，最大限度地遵循市场经济规律，成为法治型政府、服务型政府，关键在于深圳市政府对自己的治理体制不断改革，在自己的治理能力和治理水平上不断提升。这一点同样成为全国政府学习的榜样，而且也成为深圳能够创造腾飞奇迹的要害之一。

正如《人民日报》曾经发文指出的那样：深圳经济特区成立以来，从计划经济体制下的庞大机构和呆板管制，到市场经济条件下的有限责任和高效服务的政府，深圳政府不但不断地进行了自身革命，还为全国贡献了经验，起到了标本示范作用[①]。

特区成立40多年来，深圳政府不断深化自身革命、不断进行自身体制的改革。

### 持续不断地进行多次机构改革

1981年，深圳经济特区成立的第二年，深圳市政府就为了打破旧有臃肿低效的行政模式的束缚，进行了第一次机构改革，大刀阔斧地撤销了轻工、纺织等多个专业主管局，政府部门从53个一下子减少到17个。这次力度极大的机构改革打破了计划经济体制中从中央到省、市、县各级政府设置部门必须一一“对口”的传统惯例，出现了深圳市政府的一个部门对应上面的几个部门，被人们称为“大系统”（后来称为“大部制”）的行政体制改革，奠定了深圳精减、精干、高效的政府架构基础，由此，深圳当时也被称为“小政府大社会”。

在此后几十年里深圳市政府进行的多次机构改革中，尽管政府机构的数量有增有减，但这种大部制的模式被保留了下来，并且获得了国家多个部门领导的肯定。《人民日报》评论说：实际上，无论是2003年并未推开的“行政三分”改革，还是2004年低调的行政体制改革探索，一路走来，深圳的政府管理体制改革始终都受到中央相关部门的高度关注。深圳的大部制改革试水为国家提供了大部制的探索性试验样本。

① 《政府转型 深圳先行》，http://www.cnr.cn/2008zt/ggkf/shibadianxing/sztq/tgzznl/ 200811/t20081103_505141022.html，2008年11月3日。

我的老朋友，曾担任深圳市体改办主任的张思平[①]说道：2009年，深圳出台大部制改革方案。深圳市政府启动的大部制改革一次性削减了15个政府工作部门，精简了三分之一的机构，并按照“委局办”分设的原则重新调整了整个政府架构，根据政府决策、执行、监督既相互制约又相互协调的要求，重新组建了7个委员会、18个执行局和6个办公室，共31个政府部门。大部制改革的目标是，减少部门或机构数量，降低行政成本；提高部门之间的沟通和协调程度，减少职能交叉，降低政出多门和推诿扯皮，提高行政效率；建设“小政府”，给市场更多空间，更符合市场经济发展的要求等。应该说，深圳的这次大部制机构改革，方向正确，对于政府转变职能、提高效率、建立适应社会主义市场经济发展的新型政府有着重要意义[②]。

### 政府解放企业，企业解放生产力

深圳市政府在全国率先推动政府职能转变，率先提出“政府要从计划经济的管理方式向市场经济的管理方式”转变，率先提出“政府培育市场，市场解放政府，政府解放企业，企业解放生产力”的指导思想。其重要的体现之一，就是率先进行政府审批制度改革。

进行政府审批制度改革，实际上包含了两个方面的深层含义：

第一层含义就是，审批制度改革是遏制当权者以权谋私和铲除政府腐败的重要手段。因为项目审批就是政府权力最直接的体现，而为了能让审批通过或快些通过，一些项目申报单位就会想方设法对当权者进行利诱和行贿。因此，通过审批制度改革来减少和削弱审批的权力，既是遏制某些人以权谋私的重要举措，同时也是铲除腐败的重要途径。正因如此，有媒体才把政府进行审批制度改革形容为“自我夺权”。

第二层含义就是，审批制度改革使政府逐步从大量烦琐的审批事务中解脱出

① 张思平后曾任广东省体改办主任、深圳市副市长、深圳市委常委、深圳市委统战部部长等要职。他是一个典型的学者型官员，退休后创办了深圳创新发展研究院，先后举办的三届“大梅沙中国创新论坛”，在深圳乃至全国都产生了重要影响。

② 《张思平：深圳社会主义市场体制建立的几个阶段》，https://baijiahao.baidu.com/s?id=1601257615118781705&wfr=spider&for=pc，2018年5月23日。

来，真正回归到促进经济发展、规范市场秩序、加强城市管理、维护社会稳定的“本位”上来。也就是说，审批制度改革是让政府从管制型政府转型为服务型政府，从全能政府转型为有限政府的根本性举措。

有媒体指出，1997年以前，深圳政府各部门的审批、核准事项达到了1108项。深圳有关部门做了一个调研，一个高科技项目从提出可行性研究报告到竣工投产，中间要经过13个部门的审批，递交15份报告，收取30多项费用，盖54个公章，时间最少需要 6 个月，有4个部门要前后进行两次以上的审批，一家企业要养几十个人专门到政府部门跑审批。这个调研结果令深圳震惊、反省、思变。

1997年深圳率先进行审批制度改革，拉开了全国以转变政府职能为主要内容的政府改革的序幕，为在全国进行的审批制度改革提供了成功的经验。主要经验有以下几条：

一是大量减少审批事项。

1997年，深圳市政府成立了审批制度改革领导小组，正式发布实施《深圳市政府审批制度改革方案》；1999年2月，深圳市政府发布83号令《深圳市审批制度改革若干规定》，并开始实施。83号令规定，市政府部门原有审批事项723项，改革后保留305项，比原来减少418项，减幅57.8%；原有核准事项368项，保留323项，比原来减少45项，减幅12.2%；原有审批和核准事项合计1091项，保留628项，减少463项（其中取消263项，合并、调整减少200项），减幅42.4%。

二是严格定义审批性质。

过去，为了逃避审批制度的管制，很多政府部门打出一些概念，如“论证”“同意”等，这些概念比较模糊，所以深圳市从1999年开始定义了“审批”的概念，即“审批”也包括核准、许可、资质认可、同意等性质相同或近似的行政行为，防止了以往过多概念对审批项目改革产生的不良影响。

三是严格界定审批范畴。

审批制度改革的原则是充分发挥市场对资源的配置作用，企业的市场化管理属于企业经营自主权。因此，政府部门要依法行政、依法审批、依法核定，尽量发挥社会作用，能够由中间机构完成的工作，应该属于公民、企业自主权的事情，政府都不插手。

四是审批事项由法律规定。

深圳市政府对行政审批的程序做了明确规定，只有法律法规才能规定审批事项。这样便于控制，也便于规范审批程序。同时，建立听证程序，审批的重大事项可向相关企业、相关群众、相关政府部门征求意见，尽量做到审批的客观、公正、准确。

五是变分散审批为联合审批。

过去的审批方式很多都是分散审批，多个部门加起来时间很长，现在深圳市有20多个事项可以改为联合审批，企业只申报一次，审批部门内部召集进行联合审批，既提高了效率，也便于监管和沟通，透明度增加。

此外，深圳还率先向“非行政许可”开刀，并通过建立一站式审批模式、“电子流程”等，将重大项目的审批时限缩短为原来的三分之一，把企业和老百姓为审批跑的冤枉路和要花的手续费降到最少。

“就在各地政府苦于寻找政府职能转型的突破口时，深圳的审批制度改革让大家找到了抓手。”一位地方政府领导在深圳考察行政服务大厅时这样评价说。事实上，深圳在首次改革后就有17个省、自治区、直辖市派人到深圳学习。2001年，在总结深圳等地经验的基础上，国务院召开会议就加快推进行政审批制度改革工作做出部署，从中央到地方，审批改革之风迅速刮起。

### 在全国率先从全能政府向有限政府转变

深圳市政府非常重视政府体制的改革，通过改革彻底转变政府职能，强化政府的公共性质，从而实现从全能政府向有限政府的转变。

通过改革，将政府职能严格限定在制定规则和监督规则的执行、提供公共产品和公共服务、维护公共利益、优化公共秩序等有限的公共领域内。公共领域以外的事务，交由市场、企业和其他社会经济组织处理。

同时，政府公共管理职能从以经济管理为主向以社会管理为主转变。相应地，政府的目标从主要追求经济增长转变为追求经济发展和社会全面进步，政府投资项目从集中于产业发展转变为集中于社会公益事业发展。

另外，将一些公共事务推向市场。例如将生活污水排放和处理、生活垃圾和固体废弃物处置、公路建设与维护、安居房建设、市政基础设施建设与维护等以公开招标方式推向市场，政府不再直接兴办，只作为公众利益代表负责监督管理。

将一些由政府承担的专业性、技术性、事务性公共服务工作，如执业资格审查、技术等级认定、产品鉴定与评优、资信评估、业务培训、展览促销等，彻底交由商会、行业协会和社会中介机构处理，充分发挥商会、行业协会等非政府组织在协调服务、制定行业规则和标准、行业自律等方面的作用。

把一些事务性工作，如公安交通等部门有关证件的办理，以及计划生育、劳动人事等方面的服务，尽可能交由社区办理。

此外，还要按照政事分开、体现公共行政的原则，对事业单位分类进行改革。部分具有行政职能的事业单位归并到行政机构；所有经营开发类事业单位改制为企业推向市场；对非经营类事业单位实行收支两条线，按预算管理。政府部门与其下属事业单位或其他实体彻底脱钩，做到事业单位“无主管”。

## 第三节　唐杰对深圳市政府的评价

2020年10月21日，在深圳经济特区成立40周年之际，《财经》的记者专访了深圳市原副市长唐杰[①]。

在采访中，唐杰讲了许多对深圳市政府的看法，既是站在深圳市副市长的角度考量，又是从一个专家学者的角度进行分析，非常有价值。我认为这确实是对深圳市政府非常客观的评价，也是对深圳市政府这只“有形之手”为何能够创造深圳奇迹的极好诠释。

① 唐杰是我的老朋友。在到深圳市政府工作之前，还曾在我领导下的综合开发研究院（中国·深圳）工作过，当年综合开发研究院（中国·深圳）与南开大学在深圳联合办在职硕士和在职博士教学基地，我和唐杰都被聘为南开大学教授和博士生导师。从政府职务退下来后，他又去哈尔滨工业大学（深圳）当了教授。他是一个典型的学者型官员。由于他做了政府高官后对深圳的全面发展情况非常熟悉，同时又有深厚的理论研究功底和研究能力，所以我认为他是目前最优秀的研究深圳的专家之一。

### 打造服务型政府、可问责政府

唐杰说，深圳的经验就是构建市场化、法治化、国际化的营商环境，把这“三化”从口号变成政府施政标准、官员行为准则，打造一个服务型政府、可问责政府，在现有政治架构下实现了法治的市场经济。

### 深圳市政府的工作重点就是研究、规划、服务且科学慎重决策

唐杰指出，全世界都知道中国的政府是经济建设型政府和有为才有位的政府，深圳政府大规模分权放权之后，工作重点是什么呢？就是研究、规划、服务。我在深圳政府工作18年，得到的最大机会就是学习机会。因为时间不用花在行政审批上，就会关注深圳5年后怎么样，10年后怎么样，香港怎么样，广州怎么样，区域间怎么协同发展。其他人也一样，把时间都花在做研究方案上。

在深圳，政府要决策一件事，最后会上讨论的一定不止一两个方案，任何大的决策，一定都做过方案比选。像我们的规划委员会，市领导的任何一个想法，比如想向东发展该怎么做，规划委员会马上会把向东发展的方案给你，因为当年已经做好了，但也会告诉你当年的方案有什么东西没做，没做是因为缺什么条件，现在需要配齐什么。所以，深圳的城市建设不会“翻烧饼”，不会出现新领导来了说前领导错了要重来，然后再来一个新的又说上一个错了的情况。

有一次我问一位从内地到深圳挂职的干部感受是什么。他说深圳政府花在讨论上的时间太长、不敢决策，否则深圳会发展得更快。但深圳的决策程序就是这样的，必须充分讨论，不仅政府内部，涉及的社会相关利益方也要参与讨论。深圳政府的做事理念是：很少只有利没有弊的事情，慎重决策、科学决策，每一次走一小步，不停往前走，不断“打补丁”。

深圳政府不仅自己做研究，还发动外脑做研究。每到年初深圳就出现一个景观：中国一流的研究机构都来到深圳竞标课题，光是社科课题，深圳政府每年就要花几千万元，这已经形成了习惯。我今天还接到一个医改课题的评议邀请，课题提交方有同济大学、复旦大学、清华大学，来的都是一流大学。

### 政府改革关键是最大限度去行政化

唐杰认为，下一步全面深化改革，政府自身的改革是关键。比如事业单位编制，全国有几千万，其实就是“影子政府”。你想想：如果吃财政饭的事业编制没有了，还会有正处级医院和副局级校长吗？大学的行政化还能延续吗？大学创新能力不足是这几年反复讨论的话题。为什么总书记跟科学家讲初心？科学家的初心就是对科学保持着好奇心。然而，行政化天然是遏制好奇心的，因为行政化的特征是整齐划一，创新是创造差异性，有内在矛盾。

这方面的改革已经在做，深圳会走得更快，深圳已经开始推行公务员雇员制了。5年之后，你就会看到行政化的趋势发生根本性变化。当然，这个过程中要解决社保待遇公平过渡的问题，否则就会引发社会矛盾。

### 深圳市政府法治化的标准

唐杰说，法治化在深圳有哪些体现？其实政府的法治化可以用两个直观的标准来衡量：第一，政府官员是不是天天被企业围着找；第二，财政收入中有多少是非税收入。企业做事离不开政府、财政非税收入过高，都意味着该地区的法治化程度低。

深圳的政府是个服务型政府、可问责政府。在行政诉讼方面，深圳规定被诉部门的一把手必须到庭，当时一把手们气得不行，堂堂区长、局长成被告了，大家一开始都很不适应，政府的败诉率也高，至少七八成。但几年之后就反过来了，政府的胜诉率八成以上，为什么？因为政府所有的决策过程都有法律根据，所有的行政行为都依法而来，那还会败诉吗？

法规本身的质量、法规是否公开透明也非常重要。在深圳，政府文件都要经过立法机构审查，审查通过才能实施，并且必须公开透明。

## 第四节　深圳市海关的通关效率全国第一

除了深圳市政府外，其他驻深的国家政府机构也同样处于全国领先地位，他们的改革精神、公开透明的政务服务和严谨法制的治理水平、为企业和社会服务的能力和效率同样可圈可点。例如深圳的海关部门多年来为深圳改革开放所做出的重要和突出的贡献，必须要浓墨重彩地写上一笔。

有学者指出，深圳与香港之间的通关效率可能是全国最高的。深圳湾口岸是我国首个实施“一地两检”的口岸，2007年开通至今平稳运行。在“一地两检”模式下，进出境旅客正常情况下10分钟即可过关，客运、货运车辆来往深港两地也仅需10～15分钟，大大节省了旅客和车辆的通关时间，提高了通关效率。

皇岗海关是目前我国规模最大的客货综合性公路口岸，从1994年11月3日起开辟了两条货检通道试行24小时通关，并设置了空车验放专用通道。2003年CEPA（《内地与香港关于建立更紧密经贸关系的安排》）正式签署，内地旅客赴港澳自由行开始实施，同年1月，皇岗口岸便开始实行旅检通道24小时通关，成为全国首个客货运渠道均实行24小时通关的公路口岸海关。

实行24小时通关后，不但对过关旅客和货物提供了极大的方便，而且对深圳的高科技产业发展也具有极其重要的意义。由于深圳通过香港出口的高科技产品主要是电子产品如手机、电脑等，实行24小时高效通关后，对于这些高科技产品以更好的时机抢占国际市场显然是十分有利的。正因如此，深圳的高科技产品特别是电子制造业对港出口以年均近两成的速度快速增长，占比由香港回归的1997年的35.8%，增至2016年的84.9%，在深圳对港出口主要商品中占据主导地位。

此外，为积极应对、服务地方经济结构新变化，香港回归以来，深圳海关全力提升口岸通关效率，满足“深圳速度”的外贸需求。自2002年起，海关在粤港公路口岸实施自动核放系统，实现车辆在公路口岸卡口的自动识别和自动验放，将正常车辆的口岸通关时间由原来的2分多钟缩短为5秒内。

2007年启动跨境快速通关业务，实现粤港公路口岸与主管地的无缝衔接；2012

年起开展香港海关“多模式联运转运货物便利计划”与内地海关“跨境快速通关”衔接计划，实现了从香港启运地，经两地公路口岸来往内地指运地的全程快速通关，与普通转关模式相比，进口通关效率内地段提升26分钟以上；2014年以来，完成粤港公路口岸通关模式由地方版向全国版的转化。许多企业表示，在上海等地三到五天的通关流程，在深圳只需半天到一天。深圳市海关还对通关合格率记录良好的企业实行低抽检率和快速通关的优惠，属于全国首创。

以上都说明深圳海关处于全国各地海关的领先地位，多年来不仅为深圳改革开放和创新发展做出了重要和突出的贡献，而且为促进香港经济的发展、为促进粤港澳大湾区经济的发展，做出了重要和突出的贡献[①]。

## 第五节　我在深圳政府部门工作时期的改革举措

我在1988年调至深圳工作后，在1993年调入综合开发研究院（中国·深圳）工作之前，主要承担了三项政府工作职务。一是任深圳市人民政府办公厅副主任，二是任深圳市信息中心主任，三是任深圳市委副秘书长兼深圳市接待办公室主任。

说句实在话，现在回想起来，除了政府办公厅外，我在政府担任过主要领导的两个机构——信息中心和接待办，都不是对改革开放和经济社会发展起重要作用的权力部门。即使是在政府办公厅，我也只是一个副主任，所以至今我都认为，我在深圳政府工作期间，对深圳改革开放和经济发展并没有什么特别值得大书一笔的贡献。然而，即使是在这些平凡的政府工作岗位上，我自认自己还是无愧改革开放的时代精神，在每个领导岗位上都能以改革者的勇气和能力，殚精竭虑、勤勤恳恳、埋头苦干，尽量做出自己最大的奉献。

我在政府办公厅工作期间，时值深圳经济特区进入风起云涌的阶段，在李灏同志的领导下，各种在全国具有重大影响的率先改革开放举措纷纷出台。我除了完成办公厅例行的工作外，还在当时政府秘书长兼办公厅主任李定同志的领导下，做了

① 张军主编《深圳奇迹》，东方出版社，2019。

几件能体现特区改革精神并在全国起到领先示范作用的事迹。

一是创办了政府办公机构的《信息快报》，主要搜集整理深圳本地最新发生的重大政情、市情，急需解决的经济、政治、社会问题，各个部门好的工作经验和做法，国内其他地区好的经验和做法以及我国港澳地区及国外重大信息等，提供给各位市领导在做决策时进行参考。由于当时其他地方的政府基本还没有脱离计划经济时代的工作范式，主要听命于国家和上级政府的指令，对来自社会、国内外的信息还十分不重视和不敏感，所以此项工作在全国的地方政府办公厅中起到了率先的榜样作用，受到了国务院办公厅的表扬。

二是出色地执行和落实了市委、市政府领导的许多重大施政要项及改革措施，而且在办公厅自身的办公流程规范化、制度化方面做了许多重要的改革工作，为此，1989年我还专门带队到北京市和天津市政府办公厅学习。这些方面的改革大大提高了深圳市政府办公厅的工作效率和工作质量，也为深圳市政府此后的规范化、法制化奠定了重要的基础。这项工作当时走在全国各地方政府前列，受到国务院办公厅表扬。

三是1988年初我调到深圳市政府办公厅工作时，仍然是深圳经济特区因“小政府大社会”而办公厅权力十分集中的时期。那时深圳市的工业发展局、贸易发展局、交通运输局等重要经济部门也是不久前才从办公厅的处室分立出去，许多审批的大权还集中在办公厅。最突出的就是所有要申请成立的工商企业，首先要到办公厅申报，再由办公厅分别征求相关管理部门和市领导的意见，由办公厅核准后，企业才能拿着办公厅的批文到市工商局进行工商登记。对此，我们最早提出要进行“面向自己”的简政放权改革，还权于各个政府职能部门，由它们直接对相关企业的申报进行审批，而且提出一站式审批模式，尽量减少企业申报的过程和手续，为企业节省时间、精力和费用。

不久前我与当时的第一秘书处处长李峰[①]见面时聊到，为了此项改革，1991年4月我还带了包括他和市委、市政府两个办公厅以及其他相关部门处室负责人在内的十几个人，到我国香港、泰国等地进行考察学习。在回忆此事时，我和李峰都认为，我们当时进行的简政放权改革和简化审批流程改革，是中国地方政府最早的政

① 后来李峰曾任深圳市委常委、汕头市委书记、广东省政府秘书长等要职。

府体制改革举措。由于当时绝大多数的内地政府工作模式基本上还没有脱离计划经济体制时期所形成的管制范式，只有深圳经济特区最早搞市场经济，因此所面对的绝大多数审批事项是内地政府没有遇到过的。我们当时在政府办公厅所做的简政放权改革和简化审批流程改革，是深圳此后在全国率先开展的政府转型改革的最早雏形，从某种意义上说，是开了深圳经济特区此项改革之先河。

1990年底我调任深圳市信息中心主任。在任深圳市信息中心主任一年的时间里，除了前文讲到的大胆解放思想，“贱卖”国有资产外，我还锐意改革，雷厉风行，对当时深圳市信息中心的工作采取了很多果断有魄力的整改措施，一年之内就使当时内部管理混乱、矛盾重重、效率低下、在全国信息机构建设中十分落后的深圳市信息中心，一跃成为国家信息中心队伍中的佼佼者。

1991年底我调任深圳市委副秘书长兼深圳市接待办公室主任，在此期间最重要的一项工作，就是1992年初我带领市接待办全体工作人员很好地完成了邓小平南方视察的接待任务，并且亲身经历和亲耳聆听了邓小平的重要讲话。

此外，我在担任接待办主任一年半的时间里，不但圆满完成了组织上交办的各项任务，而且对于政府的接待工作也是大胆进取，锐意改革。在我之前，市接待办的工作模式还比较落后，基本上还是内地政府的那套传统做法，全部工作内容就是围绕客人，让他们吃好、住好，为他们服务好就行了。我当时提出，接待工作也是政府部门不可或缺的重要工作，也要规范化、制度化和科学化，不仅进行了一整套的建章立制，而且参照当时先进的国际酒店的做法，建立了科学的接待标准。同时，严肃接待纪律，整顿接待工作中不正当的吃喝风，大力压缩接待开支，避免接待工作中的铺张浪费；着力提高接待队伍的思想和工作水平，从而使当时深圳市的接待工作同样走在全国接待办工作的前列。多年后我见到深圳市政府秘书长胡爱民，他曾做过我后任的接待办主任，他说我对提高深圳市接待办公室工作的质量和效率，为深圳接待工作的科学化、标准化、规范化和制度化奠定了非常好的基础，此后他们历任接待办主任都是沿袭前规。

在担任接待办主任期间我还大胆提出，政府接待工作也要走社会化和市场化的路径，由此大大减少了政府在接待方面的财政支出。当时我还带队到上海学习他们的“衡山模式”，回来后给政府主管领导提交了详细的改革方案。尽管这个设想并没有实现，但是也充分体现了我在这个被大家公认为“最闲散”和“最舒服”的工作部门，仍然以一个改革者的精神和姿态在努力工作和尽力奉献。

顺便说一句，中国第一家外资快餐店麦当劳也是我在深圳市政府办公厅工作时引进的。当时南开大学一位原来的教授于20世纪50年代后到香港定居，成为麦当劳的亚洲区副总裁。20世纪80年代末他非常想把麦当劳引进内地，第一家本来是计划设在北京，但没有进行，于是他到深圳政府办公厅找了我。我当时就带了政府办公厅、计划委员会、经济发展局、贸易发展局、工商局、市场监督局的多名主管处室负责人到香港，亲自考察和体验香港的麦当劳餐厅，回来后立即给主管副市长李广镇写了专项报告。李广镇副市长非常重视，立即责成市有关部门与外商接洽，进行研究和落实。第一家麦当劳餐厅终于在1990年10月8日于深圳市罗湖区的西华宫正式开业，这是外国快餐行业进入中国内地的第一家企业，打响了中国引进外资快餐饮业的第一枪。麦当劳在深圳开业当天可谓人山人海，当即创下麦当劳全球单店营业额的最高纪录。

我的这段经历也充分说明，在当时改革开放最前沿的深圳，只要敢想敢干，随时都可能做出一件值得后人传世的事迹。

# 第六章

# 民营经济：创造深圳奇迹的主力军

## 第一节　民营经济是市场经济的真正主导力量

2016年，我发表了一篇题为《深圳：创新发展奇迹是怎样铸成的？》的文章，其中就提到：“由于深圳的民营经济比内地绝大部分地区都发展得更好，因此才在这里形成了最适合创新型企业培育发展的土壤。也由于有了这么多经历市场锤炼、崇尚公平竞争、勇于接轨国际、坚持自主创新的精神的民营企业，才为深圳的经济转型和创新发展撑起了一片蓝天。”

这也是我认为深圳之所以能够腾飞，能够创造“奇迹中的奇迹”的要素之一。

正如我在前面讲到，很多人天天讲市场经济，但并没有真正搞懂什么是市场经济和如何发展市场经济一样，对民营经济也是如此，他们并没有真正搞懂民营经济的真谛，也没有搞懂如何发展民营经济。所以，他们总是搞不明白，为什么深圳的民营经济能够搞得这么好。

### 民营企业才是市场经济核心要素“市场竞争”的主体

要懂得民营经济的真谛，就要明白最根本的一点：我们整天说要搞市场经济，而在市场经济真正起决定作用的“市场竞争”中，主体是民营企业，而不是国有企业。即使现在我们搞的社会主义市场经济或中国特色的市场经济也仍是如此。

在这一点上，很多人直至现在还在犯错误。正如我在前面讲市场经济时所说的那样，他们陷入了一个理论和思想的误区，认为既然社会主义市场经济是以公有制为基础，那么国有企业就应当是社会主义市场经济的主体。其实，在他们心底始终还潜伏着一个连他们自己都没有察觉的挥之不去的“计划经济”和“天下都姓公”的“心结”。尽管他们大讲“要扶持民营经济和民营企业发展”，但从心底十分歧视民营经济和民营企业，认为这些企业都是私人（无论是个人、合伙还是集体）投资的企业，都是非正规和非正统的企业，在内心总是把它们与“不规范经营”“搞假冒伪劣”“偷税漏税”“走私贩私”“污染环境”“扰乱市场”等各种不正当经营行为和不正当竞争行为联系在一起。因此在他们心里，只有国有企业才是“正规军”，而民营企业则是“杂牌军”。这就是许多地方各级政府领导的真实想法，也是这些地方民营经济和民营企业搞不好的关键所在。

所以，在这里我们必须首先搞明白，为什么说民营企业才是市场经济中市场竞争的主体。

一方面，由于民营企业都是自筹资金、自由组合的经济实体，无论是个人投资、合伙投资还是集体筹资创办的企业，其产权关系和利益关系都比较明确，所以它的特征是产权主体多元化、产权明晰和利益分配明确。由此，它的经营机制是建立在自主经营、自负盈亏、自我约束和自我发展以及对财产拥有的所有权、占有权、使用权、支配权和处置权的基础之上，具有高度灵活的经营决策权、资产支配权、用人选择权和内部分配权。它可以完全根据市场的竞争环节，灵活应变，不断适应新的市场环境，寻求最好的发展机会；可以最大限度地规避市场带来的风险，同时实现自己的利润最大化。

国有企业则不同。国有企业虽然也是企业，也具有一般企业的性质，但它是国有资产的具体体现，或者说构成企业的主要资产不是它自己的，而是国家的。因此，它的终极目标与民营企业不同，不是追求自己的利润最大化，而是必须要能够保证“国有资产的保值增值”。由此，它的管理架构和运行机制也与民营企业有很大的不同：它的董事会和总经理班子不是由投资人自行组织选聘的，而是由国有资产管理部门选聘和任命的；它的经营机制、管理机制、决策机制、激励机制也不能由自己选择，而是要层层上报，最后由国有资产管理部门来决定。正因如此，当国有企业同样面临激烈的和千变万化的市场竞争时，其决策的灵敏度、灵活性和应变性比起民营企业要差得很多。所以我们注意到，国有企业的决策效率、经营管理效率、产品质量提高效率、市场营销和市场占有效率都无法与真正好的民营企业相比，它在市场经济中的盈利能力和盈利水平也远远低于民营企业。

由于民营经济的运作机制最接近市场经济的运作机制，而价值规律、供求规律、竞争规律在民营经济中体现得最充分，所以我们才说，在市场经济的核心要素"市场竞争"中，民营企业才是真正的主体。

另一方面，我们还要特别注意到，民营企业还是市场经济中另外一个核心要素"产品和产业创新"的主体。

由于民营企业在生产经营活动中必须参与市场竞争，并且只有在市场竞争中取胜才能生存和发展，因此它必须把自己的产品质量搞好，把自己的生产工艺和流程搞好，把自己的生产管理搞好，提高自己的生产效率，才能占有市场，才能以尽量少的成本获取更多的利益，从而实现企业利益的最大化。在社会生产力不断提高，科技发展水平突飞猛进，全社会生产供给和市场需求水平不断提高的条件下，市场几乎无时无刻不在新的起点上进行激烈竞争。因此，也要求民营企业必须进行企业研发，必须依靠科技力量不断提高产品本身和产品生产过程中的科技含量，必须不断开发新产品、开拓新市场，只有这样它才能得以继续生存、发展，才能立于不败之地。换言之，民营企业由于受到外在的和自身的激励与压力，只有在不断创新中才能获得竞争优势和不断增加利润。正是这种创新动力促使民营企业应用创新的知识和新技术、新工艺，采取新的生产方式和经营管理模式，提高产品质量，开发生产新的产品，提供新的服务，提高市场竞争力，实现自己最大化的市场价值。

### 国有企业是非竞争性领域的主体

我这样讲，并不是否定国有经济和国有企业。相反，在自然垄断、公共物品、国计民生等非竞争性领域，国有企业才是真正的主体，而民营企业则根本不能与国有企业相比。

像自来水、电力、煤气等公用事业领域，前期需要大量的投资建设，同时，每年都必须花费大量成本来进行管理和维护，但是水、电、气这种公共服务产品，面对的主要对象是广大公众（当然也有企业），必须保证其价格是相对低廉的，必须是社会公众能够承受的，因此这个领域的产品不可能按照价值规律来定价。因而，在这些领域中的行业很难开展充分的市场竞争，通常由一家或少数几家企业垄断，所以这些领域被称为自然垄断领域。

另一个领域是公共物品领域，主要是基础设施、医疗、教育、文化、城市管理、社会治安等，也包括国防和基础科学研究等。这个领域同样也具有非竞争性的根本特征。在这些领域中，各个行业同样需要大量的投资，但是最终产品必须要由公众共享，具有很强的外部性，没有排他性，也难以按投资回报的价值规律进行收费。

还有一个领域则是国计民生领域，主要是指保证国民最基本的衣、食、住、行和安全的领域，如粮食、能源、环保、通信等，这个领域与前两个领域一样，其投资和收费不可能遵循市场经济的规律来进行，不可能开展充分的市场竞争。当然，自然垄断、公共物品和国计民生等非竞争性领域往往互有重叠，有些行业属于自然垄断，但也涉及公共服务和国计民生。

总之，在这些非竞争性领域，无法开展市场的自由竞争，不能按价值规律来进行投资、管理和收取回报，因此民营企业在这些领域中基本上无法生存和发展。这样的领域就需要国有经济和国有企业来发挥重要的作用。在这些领域中，不需要激烈的市场竞争，国有企业的性质和运作规律能够发挥重要的作用；同时，政府可以做出更多的干预，也可以对国有企业给予补贴，以增进社会福利，并且国有企业也要承担更多的社会责任。同时，国有企业也可以按照自己企业的规律来进行投资、经营、管理和运作，并且保证做到国有资产的保值增值。因此，在这些领域中，国有企业更具优势。正因如此，即使是高度市场化的西方发达国家，在这些领域中，也是由国有企业发挥着重要的作用。

讲到这里，我们其实就要明白两个最基本的道理。

第一，之所以说社会主义市场经济是以公有制为基础的市场经济，是因为在涉及社会主义基本制度的领域，涉及国计民生和公共服务的领域，涉及必须要保证人民基本生活条件和公共安全的领域，必须要坚持以公有制为基础，必须要做强做大国有经济和国有企业。如果在这些领域实施自由的市场经济原则，就会造成社会公共服务的巨大缺失，造成社会公众难以承受的生活成本，造成广大公众对社会的不满和引起社会动荡。

第二，在社会主义市场经济中，国有企业和民营企业分别在不同的领域具有各自的优势，因此应该在不同的领域发挥主要的作用。在市场竞争领域，民营企业具有根本的优势，因此就应充分发挥民营企业的作用，将民营企业做强做大；而在非竞争性领域，国有企业具有根本的优势，因此应充分发挥国有企业的作用，将国有企业做强做大。对于整个国家的经济体系来说，国有经济、国有企业和民营经济、民营企业不是非此即彼的相互替代关系，也不是一进一退的相互竞争关系，而是相辅相成的互补关系，是各自在自己的优势领域发挥应有作用的关系。因此，社会舆论和网络上经常存在的否定国有经济的“国退民进”论和否定民营经济的“国进民退”论，统统都是不客观的。正确的观点应该是“国进民也进”，两者均应做好，均应做强做大。

深圳的民营经济之所以搞得好，就是由于特区成立和发展40多年来，深圳历届政府的各级领导都明白这两个道理，都坚持这两个道理，都按照这些客观规律来进行引导、管理和运作。如果我们各个地方政府的各级领导也都明白这两个道理，也都知道这是符合社会经济发展的客观规律，那么他们的民营经济也可以像深圳一样好，也可以像深圳一样取得更大更优秀的发展成就。

### 民营经济的其他优势

对于我们的国民经济来说，民营经济除了有上述的基本优势外，还有其他国有企业很难拥有的优势。

一是由于民营经济具有相对分散、规模小、非常容易吸纳劳动力的特点，因而有利于大量吸纳和增加社会就业。这点非常重要，这个作用是国有经济和国有企业所不能比拟的。而增加社会就业对一个国家的经济发展和社会稳定有多重要，大家都知道，无须多言。这不仅是对我们这样的社会主义国家，对全世界所有国家都是如此。

二是民营企业内部由于产权关系明晰，具有高度的经营自主权和内部分配权，因而可以有比国有企业强大得多的激励机制，而在分配上以贡献大小作为评判标准，可以激发员工的积极性、主动性和创造性，提高企业的劳动生产率；同时，民营企业又具有高度的用人选择权，因此，可以最大限度地引进、使用和储备人才，发挥人才在企业创新中的作用。

### 民营经济在国家发展中的重要作用

改革开放前，在计划经济体制下，中国的民营经济（那时叫私营经济）极其弱小，其体量、规模和作用几乎为零，可以忽略不计。而在改革开放的40多年中，中国的民营经济得到了极大的发展，并且在国民经济中发挥着极为重要的作用。

2019年12月，恒大研究院发表了《中国民营经济报告：2019》，报告指出：1978年以前，中国的个体经济只是零星存在，因为那时私营经济被禁止发展；现如今，民营企业贡献了中国经济的“56789”，即50%以上的税收，60%以上的GDP，70%以上的技术创新成果，80%以上的城镇劳动就业，90%以上的企业数量。

第一，民营企业是政府税收和国家财力的最大贡献者。1985年，在全国工商税收中，全民所有制占比71.7%，集体所有制占比24.1%，个体经济仅占3.0%；但到了2013年，民营企业在全国税收收入中占比首次超过50%。2019年1～7月，民营企业税收占比56.9%，国有企业占比26.2%，外商及港澳台商投资企业占比16.8%。

第二，民营企业是投资的最大推动力。1980年，在全社会固定资产投资中，国有经济占比81.9%，集体经济占比5.0%，个体经济占比仅为13.1%。到了2019年1～7月，民间固定资产投资占比60.3%，而在制造业投资中，占比更达到85%以上。

第三，民营企业是中国科技创新的主力军。从2000年到2017年，中国规模以上工业企业专利申请数、发明专利申请数和有效发明专利数分别由2.6万件、0.8万件和1.5万件快速上升至81.7万件、32.1万件和93.4万件。其中，2017年，民营企业专利申请数占比77.8%，发明专利申请数占比77.4%，有效发明专利数占比75.8%。

第四，民营企业是城镇就业的最大保障。1978年城镇就业人数0.95亿人，其中国有单位和城镇集体单位分别为0.75亿人和0.20亿人，而个体经济仅有15万人，占比0.16%。到了2017年，城镇就业人数达4.25亿人，其中私营企业和个体经济占比53.4%，全部民营企业占比近80%，增量占比更是超过100%。

第五，民营企业是中国经济微观基础的最大主体。1978年，全国个体工商户只有15万户，没有私营企业。到了2017年，个体工商户增至6579.37万户，私营企业增至2726.28万户。2017年，全国企业法人单位数为1809.77万个，其中国有控股企业占比1.8%，外商及港澳台商控股企业占比1.2%，民营控股企业占比97.0%[①]。

① 任泽平、马家进、罗志恒：《中国民营经济报告：2019》，恒大研究院，2019年10月14日。

## 第二节　深圳的民营经济是如何发展起来的

“一穷二白”成为深圳发展民营经济的最佳初始条件。

我常常在想，有时也会感到奇怪：为何深圳的民营经济发展得那么好呢？为什么深圳在民营经济发展过程中，政府的官员们没有那么多传统计划经济的观念和思想的框框束缚，也没有那么多发展民营企业所带来的顾虑和纠结呢？

后来我领悟到一个很重要的原因，可能就是这个原来穷困落后的边陲小镇几乎没有什么工业基础，对国有经济和国有企业来说，这里就是“一张白纸”。正如俗话所说，“一张白纸没有负担，好写最新最美的文字，好画最新最美的图画”。所以，这里改革开放一开始建立的就是在村社集体经济的基础上发展起来的“三来一补”加工企业和外商投资的三资企业。同时，深圳市政府也不拒绝任何到深圳来投资来做生意的人和企业。后来，随着改革开放的发展，很多内地的人涌到深圳来“闯世界”。他们中有一部分人是从国内各种机构和国有企业“下海”的，也有相当部分是个体工商户，想要通过深圳经济特区的特殊政策和特殊地理位置来投资、做生意赚钱。

当时，整个国家的改革开放刚刚开始，计划经济体制还在转变之中。在计划经济时代绝不允许存在的私营企业，在当时的国家政策中也仍然不允许开办。尤其荒唐可笑的是，理论界还有人根据马克思的《资本论》发明了一种“奇谈怪论”，说是个体户只能雇佣8人以下，雇佣8人以上就构成了资本主义剥削。对此，整个理论界都在争论不休。直到国家在1987年颁布《城乡个体工商户管理暂行条例》和在1988年颁布《中华人民共和国私营企业暂行条例》后，国家对民营经济的政策才开始松动，但全国绝大多数地区对民营经济的发展尚处于争论和观望中。

而此时的深圳市委、市政府又表现出了敢想敢干、敢为天下先的大胆略、大气魄和大手笔。1979—1986年，深圳经济特区按照“先繁荣后规矩、先活跃后有序”的思路，不仅允许和支持本地居民大力发展个体经济，同时也大胆实行“打开城门、积极引进”的方针，允许邻县、外省的个体户进入特区经营。到1985年底，深圳个体户发展到2118户，其中一部分个体工商户无论在经营规模还是在雇工人数等方面，实际上都已突破当时所谓个体经济只能雇佣8人以下的界限。

于此，正如我们前面所述，1986年深圳市政府出台了中国改革开放后第一个发展民营经济的重要文件——《关于发展特区私营企业的若干规定》，规定1986年前积累了相当资金的个体工商户也可以正式注册为民营企业。从此之后，深圳的民营经济进入稳步发展的阶段。至1991年底，全市民营企业已发展到1024户，总注册资金近1.5亿元。可见深圳经济特区一建立，就把民营经济作为特区发展的一支有生力量，而民营经济也在特区这个特殊环境里蓬勃地发展了起来。

### 深圳市政府率先鼓励科技人员兴办民间科技企业

正如我前面已经写到的那样，深圳市政府已经注意到，当时内地其他地方的历届大学毕业生，通过分配或者自寻出路涌入深圳。这些人中很少人能有机会进入深圳的政府机构、事业单位和国有企业，更多的都是通过自己的打拼来寻求发展。那么，打拼的方式是什么呢？就是个人投资、合伙投资兴办民间科技企业。对此，深圳市委、市政府更是非常积极和坚定地大力支持。1987年2月，深圳市人民政府率先出台了《深圳市人民政府关于鼓励科技人员兴办民间科技企业的暂行规定》（简称《暂行规定》）和《深圳经济特区民间科技企业登记注册暂行办法》。

《暂行规定》开宗明义指出，鼓励科技人员兴办民间科技企业是一项重要的政策，同时又是一项新鲜事物，要在实践中不断总结经验。各部门要积极支持，互相配合。充分发挥科技人员的积极性，促进科研与生产直接结合，发展外向型的先进技术特别是高技术产业，繁荣特区经济。

《暂行规定》不但在全国第一次定义"民间科技企业"，即"科技人员自愿联合投资，从事科技开发及其有关的生产、销售、咨询服务等经营活动的企业"，而且在全国第一次规定"技术入股"，即"科技人员可以以现金、实物及个人所拥有的专利、专有技术、商标权等工业产权作为投资入股，并分取应得的股息和红利"。

深圳市政府不但对民间科技企业提出优惠政策，即"民间科技企业在发展初期，可以根据经营情况向税务部门申请减免一至三年企业所得税"，而且还破天荒地规定"经营好的民间科技企业可以收购其他企业；民间科技企业将企业盈利用于再投资或再生产，可向税务部门申请减免所得税"，"鼓励和欢迎特区外科技人员来特区兴办民间科技企业。特区外的科技人员在特区创办民间科技企业或到民间科技企业供职，经市政府有关部门批准可办理在特区内的居住手续”，“深圳经济特区内的干部职工，愿意到民间科技企业中工作的，原单位应予支持，不要加以阻拦……他们可以辞职，也可以经原单位批准，准予停薪留职二至三年……停薪留职期满后的科技人员，可以辞去原单位工作或回原单位安排工作”，“民间科技企业在生产外销产品时，经市政府有关部门批准后可以享有报关权，市政府为民间科技企业的经营人员提供往来港澳及出国的方便。经批准，民间科技企业亦可在海外设立销售网点。民间科技企业经营过程中的外汇事宜依照国家及特区有关管理规定管理”。

当时的深圳市政府不仅制定了这样重要的文件，还专门召开了市民间科技企业座谈会，围绕在深圳经济特区兴办民间科技企业的意义、设想、意见以及面临的各种具体问题进行座谈。1989年，深圳成立了科技创业服务中心，对民间科技企业实施指导、协调、管理，并提供综合服务。

自1987年2月颁布《暂行规定》起，到当年的5月初，已经有48家民间科技企业申报注册。在这些申报企业负责人中，有教授、高级工程师和工程师等，许多科技人员都是带着自己的最新科技成果来办企业的。到1989年底，深圳共批准成立民间科技企业162家，其中已登记注册的有152家；到1990年，深圳民间科技企业产值超1000万元的有3家，超百万元的有17家，其中华为公司产值、销售额均超过3500万元[①]。这些企业以科技人员为主体，以市场为导向，以发展成高新技术及外向型企业为目标，以科技成果商品化为重点，实行自筹资金、自由组合、自主经营、独立核算、自负盈亏，在国内外市场的激烈竞争中显示出旺盛的生命力。现今闻名全球的华为董事长任正非在1988年就曾对记者说：“我们这些辞职或停薪留职的科技人员，离开国营单位，自己出来找饭吃，大家都有背水一战的危机，人人奋力拼搏，没有内耗，没有扯皮现象。在一个国营企业里，厂长、经理往往要用60%的时间去处理人际关系，想干成一件事是很难的。兴办民间科技企业，能在一生中搞出一两个市场需要的拳头产品，这一生也就算没白过！”

1991年，国家科委顾问谢绍明对深圳市民间科技企业做了一项调查，报告显示，当时深圳绝大多数民间科技企业属于电子和计算机行业，其他民间科技企业则

① 乐正主编《深圳的国际科技产业创新之路》，海天出版社，2019。

分属轻工、化工、机械及生物技术等行业，其中约有60%的企业主要从事高新技术领域的开发和生产工作，拥有近百项专利技术。报告指出，这些深圳民间科技企业中的科技人员80%以上来自内地大专院校、科研单位和军工部门；他们基本上都是20世纪五六十年代培养出来的大学生，都有一定的政治觉悟和较好的技术基础，其中不少是在内地担任过科级、处级以上行政职务的人。报告还指出，这些科技人员到深圳来，绝大部分都是看中了深圳优越的环境，想到特区干出一番事业[①]。

实践证明，正是深圳市政府这些重要的政策文件，使得20世纪80年代末至90年代深圳的民间科技企业井喷式地发展起来。而深圳市政府在成立仅仅8年后就制定的这个率先支持民间科技企业的规定，再次让我们体会到当年深圳经济特区那种敢想敢干、敢为天下先的精神，再次体会到深圳市政府和各级干部思想解放的勇气和程度，再次理解了为何深圳的民营企业今天能够那么强大，也再次理解了深圳为何能够出现民营高科技企业“雄霸天下”的大好局面。

### 深圳市政府始终在全国率先大力支持民营经济发展

1992年，党的十四大提出建立社会主义市场经济体制的目标以后，深圳市委、市政府及时总结深圳民（私）营企业的发展经验，适时调整有关政策，发布了《深圳经济特区民办科技企业管理规定》《深圳经济特区私营企业暂行规定》等两个特区规章，市政府各部门也相继出台了一系列扶持民营经济发展的规范性文件。

1997年，党的十五大确立民营经济作为“社会主义市场经济重要组成部分”的地位以后，深圳市委、市政府又及时组织了两次旨在推动民营经济发展的重大课题调研。2000年底，深圳市委、市政府在广泛调查研究的基础上，颁布《关于加快发展个体、私营经济的意见》，使民营企业长期面临的一些实际问题得到解决。深圳市委和市政府不但把发展民营经济的工作列入全市经济工作的日程，而且让政府文件中部署民营经济工作的内容逐步得到落实执行，对民营经济的扶持力度逐年加大。

从1992年开始，深圳民（私）营企业进入迅猛发展时期。党的十四大以后，

---

① 谢绍明：《特区建设中一支不可忽视的科技力量——深圳市民间科技企业调查报告》，《科技进步与对策》1991年第6期。

国家确立了发展市场导向经济改革的总方向。九届全国人大二次会议通过的关于非公有制经济地位的宪法修正案，更激起民间资本的投资热情。从1999年3月下旬开始，深圳出现了一股民营企业注册登记热潮，最高峰时每天注册200多户。到2001年底，全市已有民营企业5.49万家，总注册资金816亿元，分别是1991年底的53.6倍和544倍①。另外，随着国家进出口经营权的放开，深圳的民营企业进出口贸易额也呈现出迅猛的增长态势。2000年深圳市民营企业经深圳口岸进出口总值3.15亿美元，比上年同期增长4.24倍，比1998年增长26.54倍。

上述这些数字到了2005年又出现了惊人的增长。仅仅过了4年，深圳的民营企业已达20.9万家，是2001年5.49万家的3.8倍，占全市企业总数的99%以上；从业人数已达396.8万人，是2001年从业人数68万人的5.84倍；从业人员已占全市就业人口的87%，而2001年只占1/4；出口总额已达137亿美元，是2000年民营企业进出口总额3.15亿美元的43.49倍；同时，民营企业的纳税总额也已达350亿元，已占到全市企业纳税总额的51%。

我之所以在这一节里主要列举了2001年和2005年深圳民营经济发展的数据，是因为我查了一下，当时在全国除了个别地区例如江浙地区外，其余地区都根本没有把民营经济放在眼里，绝大多数政府重视的只是招商引进的外资企业和本地原有的国有企业。而在那时，深圳的民营经济已经撑起了深圳经济的一片天，现在看深圳民营经济发展得这么好，甚至是全国最好的，难道还有什么奇怪的吗？

直到现在，深圳市始终把大力支持和发展民营经济作为自己发展的根本方针，例如2006年深圳市政府率先在全国推出了中小企业信息化服务提速计划，建立覆盖全市中小企业便捷服务信息通道。根据中小企业创新创业发展的需要，采用现代信息技术手段，整合各类资源，为中小企业信息化建设提供各种专项便捷服务，既有政府各部门无偿提供的政务服务，又有各类中介机构提供的公共服务，还有为企业提供的信息化应用服务。

2010年10月，深圳市政府颁布实施《深圳经济特区中小企业发展促进条例》，在法治层面为以民营企业为主的中小微企业的发展提供保障。之后几年，深圳市政

① 《深圳民营经济发展的有关问题》，https://www.doc88.com/p-9075751043361.html，2014年10月24日。

府陆续出台多项措施，及时将中央有关民营企业发展的指示精神落到实处，用实际行动进一步支持民营经济做强做大。

2014年后，深圳市委、市政府出台支持企业创新发展的政策不少于20个。其中，在2016年3月23日出台的《关于促进科技创新的若干措施》《关于支持企业提升竞争力的若干措施》《关于促进人才优先发展的若干措施》，统称为“创新、竞争力、人才”三大政策。三大政策以其政策措施的系统性、扶持力度之大在国内引起巨大反响，其中不少政策内容开国内之先河。

2017年，深圳开展营商环境优化行动，不断出台系列具体政策措施，加快观念创新、产业创新、制度创新和环境创新的步伐，提高政务效率，降低企业成本，优化企业服务，构建服务效率最高、管理最规范、市场最具活力、综合成本最佳的国际一流营商环境，为民营企业发展注入强劲动力。同时，深圳不断促进民营企业竞争力提升，千方百计减轻其负担。深圳先后设立民营及中小企业发展、科技研发、技术进步、转型升级、支柱产业、战略性新兴产业、未来产业等多个专项资金，其中大部分惠及民营小微企业。支持创业方面，对自主创业人员在小额担保贷款贴息、场租、首次创业、创业带动就业、社会保险、企业吸纳高校毕业生就业等方面均给予一定补贴。

同时，深圳创新手段，建立健全促进民营企业发展的融资支持体系，大力推动企业上市融资。深圳在全国率先启动民营及中小企业上市培育工程，逐步形成了完善的上市培育工作机制，帮助一批民营企业迅速成长并成功登陆资本市场解决融资问题。截至2017年10月16日，深圳境内外上市企业累计382家，首发募集资金合计3172.08亿元①。

2017年，深圳市出台了《深圳市人民政府关于以更大力度支持民营经济发展的若干措施》，媒体称之为深圳支持民营经济“放大招” 的“四个千亿”政策。所谓“四个千亿”，是指给民营企业减负降成本1000亿元以上、新增银行信贷规模1000亿元以上、新增民营企业发债1000亿元以上、设立总规模1000亿元的民营企业平稳发展基金。

---

① 《深圳境内外上市企业累计382家 深企登陆中小板创业板数量连续11年居全国大中城市之首》，http://sztqb.sznews.com/MB/content/201710/18/c200257.html，2017年10月18日。

在这个更大力度支持民营经济发展的文件中，深圳市政府还提出了百千万培育计划、百强企业稳增长行动计划、优质企业扎根行动计划、中小微企业上云计划“四个计划”。以百千万培育计划为例，将推动工业企业“小升规”，对首次升规企业一次性给予10万元奖励，2018年完成新升规工业企业1000家；开展创新型高成长企业培育行动，3年内培育1万家；认定100家民营领军骨干企业，推动其成长为中国民营500强企业和世界500强企业。

事实上，深圳市政府始终致力于营造良好的政策环境、提高政府的服务效率、拓宽民营企业融资渠道、提升民营企业创新能力、支持民营企业转型发展、优化民营企业公共服务、引领民营企业标准化建设，从法治和政策层面大力支持民营企业健康发展，为民营经济创造健康发展环境，让政府普惠政策惠及全体民营企业，让企业有更多获得感。

正是由于深圳市政府40多年来始终一贯的大力支持，深圳的民营经济和民营企业已经成为最有活力、最有创新力和最有竞争力的中坚力量。

2020年，深圳企业总数超过200万家，而其中私营企业占比96%；深圳创业密度全国第一；深圳本土上市公司中，民营企业占比90%；民营经济贡献了全市生产总值的四成、纳税的六成、就业的七成、专利的九成①。

不仅如此，深圳的民营企业更成为深圳经济高质量发展的重要引擎。截至2018年底，在深圳205家中小板创业板上市企业中，民营企业有189家，占92.2%。在战略性新兴产业方面，民营经济对经济增长贡献率超过50%，成为名副其实的主引擎。

2020年，在深圳的民营企业中，国家级高新技术企业超过1.4万家，全市73%的授权发明专利、80%以上的创新载体和国家高新技术企业、91%的中国驰名商标、93%的国家知识产权优势企业、96%的广东省名牌产品均来自民营企业。民营企业成为研发投入、吸引研发人员、承担重大科技项目的主力军，创新成果转化率全国领先，创新驱动发展特征突显。深圳不仅涌现出腾讯、华为、比亚迪、大族激光等一批行业龙头民营企业，还孕育出一大批细分领域的行业冠军。机器人产业的优必选、动力电池制造领域的吉阳、新材料领域的绚图新材等民营企业，便是其中的代表。

① 《深圳经济崛起发展的重要动力：民营经济和民营企业》，https://m.thepaper.cn/baijiahao_9650306，2020年10月22日。

目前，全球经济格局发生深度调整，人工智能、云计算和大数据等新技术浪潮汹涌而来，深圳民营企业在战略性新兴产业中的发展速度、创新成果、企业集群、政策创新等方面呈现出良好的发展势头，引擎地位不断增强。科技型民营龙头企业和中小企业数量出现井喷，互联网、文化创意、智能科技等融合发展，催生大量新业态。在4G技术、超材料、基因测序、3D显示、新能源汽车等新兴产业领域，深圳民营企业创新能力已处于世界前沿。华为、中兴在第四代移动通信TD-LTE技术领域的基本专利占全球的1/5；华大基因的基因测序产出能力占全球的50%以上；超多维凭借在裸眼3D领域的创新，赢得国际产业巨头的订单①。

《深圳特区报》曾评论称，深圳民营经济与整个特区一道，生于改革，源于开放，成于创新，并在全国范围内形成了显著的引领态势和名片效应。这是被誉为“中国民营经济第一城”的深圳最引以为傲的事情之一，也是深圳不断进击的最强势能。

### 张思平有关深圳民营高科技企业发展的精辟分析

有关深圳的高科技企业发展，曾任深圳市委常委和副市长的张思平进行过特别精辟的分析：

> 在深圳1.12万家的高科技企业中，我相信几乎95%以上都是民营企业、外资企业，国有企业比重很小，为什么？是深圳不重视国有企业高科技的发展吗？是国有企业不想发展高科技吗？绝对不是的！我认为，民营企业作为深圳高科技的主体是深圳发展过程中历史的选择和民营企业的优势所决定的。
>
> 深圳在20世纪80年代便与中国科学院合办国内最早的科技工业园，试图把国家的科技成果，以及技术先进的国有企业引进深圳，但实践证明并不成功。
>
> 20世纪80年代末，李灏老书记（时任深圳市委书记）推动发展电子信息产业，把电子工业部的一大批技术先进的企业引入深圳，组建了当时全国最大规模的电子信息产业集团——赛格集团，赛格集团虽然为深圳电子产业发展做出

① 《解码“中国民营经济第一城”》，https://baijiahao.baidu.com/s?id=1608369175884705825&wfr=spider&fro=pc，2018年8月10日。

了重要贡献，但现在在高科技领域也无声无息了。

20世纪90年代，深圳把一批在电子、通信、精密机器等领域技术先进的国有企业，重组到市属国有企业规模最大的特发集团，试图使国有企业在高科技产业领域占有一席之地，但特发集团最后几乎难以生存，不得已实行债转股，在艰难的经营中度过危机。

深圳在20世纪80年代、90年代真心诚意地支持国有企业发展高科技，使其发挥主导骨干作用，但这些企业并没有很好发展起来，真可谓有心栽花花不开。

在国有企业发展高科技遇到这么大挫折的同时，为什么深圳的民营高科技能取得如此辉煌的成绩呢？我认为主要有三个基本因素。

第一，民营企业产权清晰，权责明确，企业家有追求创新和资本增值的巨大动力。高科技产品一旦研发成功并实现了市场化、产业化，民营企业家就能获得几十倍甚至上百倍财富的增长。20世纪90年代以来，深圳的民营企业不断出现全国首富的神话：医药健康领域的朱保国（健康元）、生物制药领域的李锂（海普瑞）、互联网领域的马化腾（腾讯）、新能源领域的王传福（比亚迪）。民营企业对高层管理团队和科技人员在薪酬、股权激励等方面的激励力度，是国有企业无法相比的，华为内部几万员工持股就是成功的案例。国有企业这些年也在探索建立内部动力激励机制，但实践中无法与民营企业相比。

第二，民营企业具有良好的风险承担机制。即使在发达国家中，成熟的现代化市场经济国家，创新的成功率也只有5%左右，我国可能连5%都达不到。这些年来，深圳的高新技术企业在创业过程中，成功是少数，绝大多数失败了，在激烈的科技竞争、市场竞争、产品竞争中被淘汰了。正因为少数人成功后创造了巨大的财富所带来的动力，才能使无数民营企业家前赴后继、勇往直前。国有企业领导、国有资产管理部门敢去投资成功率只有5%的项目吗？能承担95%失败的风险吗？

第三，民营企业决策主体单一、决策程序简化，具有决策快、效率高的机制。民营企业面临着市场的激烈竞争，商机转瞬即逝，只有快速的决策才能在瞬息万变的市场中生存下来。而国有企业的性质决定了国有企业经营者遇到项目需要层层委托代理，层层监督管理，重大决策必须走繁多的程序和规定，经过多层的审批程序，受到各种规章制度的约束规范，这大大降低了决策效率。

在民营企业崛起的同时，国有经济在21世纪初逐步找到自己的位置，深圳根据中央关于国有经济有所为有所不为的国有企业布局调整的要求，深圳的国有企业基本上退出了包括高科技在内的竞争性领域，主要集中于基础设施、公共服务领域，为城市运行和经济发展提供基本保障[①]。

张思平的观点与我的观点何其一致，我之所以还是要引用他的这段话，是由于他从另外一个视角——国有高科技企业与民营高科技企业的对比角度，即国有高科技企业和民营高科技企业这个角度，分析了民营高科技企业能够取胜的根本原因。

其实，20世纪80—90年代深圳兴办的国有高科技企业不只是张思平讲的这些。张思平讲的还只是深圳市的国有高科技企业，由于那时“内联”是深圳经济发展的一个很大特色，国家各部委、全国各省市几乎都在深圳办企业，因此当时国家科委、电子工业部、轻工业部、兵器工业部、农业部、航空航天部等都在深圳办过高科技企业，而且一起步都是规模很大、要朝着成为大型集团的方向发展的。但是，这些企业到现在几乎销声匿迹、“全军覆没”，同样是完败给深圳的民营高科技企业。

我认为，张思平的这个观点不仅道出了深圳民营经济发展得那么好的秘诀，而且对于国内其他地区正确理解和对待本地的高科技产业发展路径，也具有十分深刻的借鉴意义。

## 第三节　深圳冠超其他城市的民营企业

民营经济的发展主要通过民营企业体现出来。代表民营经济的主要是两部分企业：一部分是民营中小企业，另一部分是民营大企业。我们上面说过，深圳的民营经济是全国发展得最好的，那么，最能说明问题的就是这两类民营企业。

① 《深圳原副市长：没有名牌大学的深圳，高科技产业凭什么崛起？》，https://www.sohu.com/a/285323872_748530，2018年12月28日。

### 深圳的民营中小企业发展水平冠超全国

从深圳的民营中小企业看，2019年深圳中小企业数量已达197万余家，占深圳市企业总数的99.6%。中小企业的蓬勃发展，让深圳每千人拥有商事主体约240户、企业150户，创业密度连续多年居全国第一。

2018年深圳中小企业创造的生产总值为1.16万亿元，占深圳生产总值的近50%，上缴税收占全市企业税收的70%。

深圳中小企业的发展成就不仅表现在“量”上，更表现在“质”上。统计显示，在深圳1.44万家国家级高新技术企业中，80%以上为以民营为主体的中小企业；全市具有“专精特新”特色的创新型中小微企业数量居全国大中城市前列；全市授权专利的近七成来自中小企业[①]。

发展势头强劲的深圳民营中小企业，冠超全国，已经成为深圳自主创新的一支重要力量，在推动城市产业结构优化升级、经济高质量发展上发挥着不可或缺的关键作用，也是深圳建设中国特色社会主义先行示范区最需要倚靠的力量之一。

### 深圳拥有国内最强的民营大企业

2017年，一年一度的《财富》世界500强企业发榜，其中北京上榜企业达56家，稳居全国第一，在全球超过东京与纽约，是全球500强企业最多的城市。上海、深圳、香港则位居国内第二梯队，台北、广州、杭州则位居第三梯队。

不过，如果剔除央企，那么深圳就以5家上榜企业位居榜首，北京、上海分别有4家，杭州有3家，广州、南京、佛山、厦门分别有2家。

如果从另外一个角度，即把国资控股企业（国资占比超过50%）剔除出去，那么深圳就有6家企业上榜（加上招商银行），再次高居榜首，北京有3家，杭州、南京、佛山各有2家，上海和广州只有1家上榜，厦门没有。

如果只统计非国资控股企业，深圳是2017年《财富》世界500强企业中国地区的最大赢家。2007年，深圳只有平安集团1家跻身于世界500强企业，2017年已经

① 《深圳中小企业数量超过197万家》，https://baijiahao.baidu.com/s?id=1651793796459616176&wfr=spider&for=pc，2019年12月2日。

有6家企业上榜，而且均为深圳土生土长的企业，分别是平安集团、华为、正威国际、招商银行、万科、腾讯。其中，平安集团在上榜的中国民营企业中排名第一，华为排名第二，正威国际排名第三。也就是说，在世界500强企业中，中国最大的3家民营企业，全部在深圳。这说明什么？说明深圳拥有国内最强大的民营大企业。不仅如此，未来5～10年，比亚迪、大疆创新、华大基因等企业也有望进军世界500强。

再从2020年中国民营企业500强榜单的前10名来看，前3名中有华为和正威国际两家企业，恒大和万科两家民营企业入围前10名，深圳成为2020年入围民营企业前10名最多的城市。

此外，2020年，深圳境内外上市公司总数达到455家，科技型企业超过3万家，国家高新技术企业超过1.7万家，世界500强企业8家，全球独角兽企业20家。

2020年10月20日，深圳市企业联合会、深圳市企业家协会共同发布了2020深圳企业500强榜单，平安集团、华为、正威国际、恒大、招商银行、腾讯、万科、比亚迪、顺丰、中广核等榜上有名。榜单中有一个值得关注的亮点，那就是入围2020深圳企业500强的民营企业数量为422家，占比超过84%。有125家民营企业首次晋级深圳企业500强。

这充分说明，深圳是一个最具活力的创新城市，大批世界级的优秀民营大企业在深圳闪耀崛起，是深圳经济特区40年发展巨变和辉煌成就的最好诠释。

## 第四节　深圳优秀的民营企业家张思民与他的海王集团

众所周知，深圳海王集团股份有限公司（简称“海王集团”）是深圳乃至全国著名的优秀民营企业，张思民是著名的民营企业家。我在这一节中之所以要写海王集团和张思民，是因为我对张思民太熟悉了，我们是亦师亦友的关系。说是朋友关系，是因为我们很早就认识了，我们在20世纪90年代中期就成了朋友；说是师生关系，是因为他后来在南开大学读博士，我作为博士生导师，从某个角度说也可以算是他的老师。因此，他到现在都称我为老师。同时，我也曾做过海王集团的上市公司——深圳市海王生物工程股份有限公司的独立董事。所以，我对海王集团太熟悉了，对张思民太熟悉了。在我看来，海王集团的成长过程和张思民的成长过程，就是民营企业得以在深圳这片热土上获得巨大成功的一个典型范例。

### 张思民：一个最早敢于“下海”创业的年轻人

张思民是个令人佩服的年轻人，他16岁（1979年）便考进哈尔滨工业大学，是个“少年大学生”。他比我小15岁，大学却只低我两个年级（我是1966年高中毕业的“老三届”，1977年恢复高考后考入南开大学），而且连续三年被评为“三好学生”，并在大学期间就入了党。真是一个令人称羡的“好苗子”。他还是一个充满理想、幻想、梦想，想做大事，不甘寂寞、不甘平庸，富有冒险精神的年轻人。他毕业后的经历就能证明这一点。张思民于1983年8月毕业，之后被分配到北京航天部207所从事军品的开发和研究。在那个年代，这绝对是让人人都艳羡的极好的分配结果。在很多人眼里，这个年轻人就此一片坦途，前程无限。但是，他不甘于在这样平安、顺利的环境里过着衣食无忧的小日子，不到三年，他就离开了国家机关，到中国国际信托投资公司工作；然后两年后又离开北京，于1988年11月来到当时尚在大规模建设、到处是工地的深圳经济特区（他应该属于最早“闯”深圳的大学毕业生之列）；再半年后，于1989年5月，这个26岁的年轻人就向中信递了辞呈，离开了央企。他就是这样一步一步地彻底脱离体制，自己“下海”经商创业的。

他今天之所以能够成为一个非常成功的民营企业家，从他年轻时选择自己的人生道路时就可见一斑：他宁可离开大机关，宁可离开中心大城市，甚至宁可不要国企体制的“庇护”，毅然决然地选择到深圳来，毅然决然地选择自己“下海”创业。纵使要冒很大的风险，他也要到市场经济的“茫茫商海”中一试自己的身手，一显自己的才华，放手一搏，从而实现自己的人生梦想。

### 海王集团：中国医药产业领域优秀的民营企业

1989年7月8日，张思民以他个人仅有的3000元积蓄作为投入，在深圳蛇口石云村住宅楼里的3间普通民房里创办了自己的公司，开始迈出了自己商海生涯的第一步，开始迈出他成为著名民营企业家的第一步，开始迈出他走向全国、走向世界的第一步。

张思民创办企业后的第一个产品，就是生产从牡蛎中提炼的海洋生物保健产品。1990年6月，张思民带领团队成功开发出首个创业产品——新型海洋药物“金牡蛎”，创新的产品和先进的营销理念，使“金牡蛎”迅速赢得了消费者的信赖，1991年，其销售额就达到3000万元，1992年更是快速上升至1亿元。张思民由此迈出了创新创业的第一步。

1991年，“海王牌金牡蛎营养胶囊”获中国优质保健产品评选委员会颁发的“中国优质保健产品金奖”，以此为标志，海王集团在中国医药市场上开始大展雄风。1993年，海王集团被国家列为重点扶持的512家大型企业之一。在国家一系列优惠政策的扶持下，海王集团加快了科技创新的步伐，并逐渐成为中国医药产业领域中颇具影响力的企业集团。

1998年4月，海王技术中心被国家经贸委等有关部门联合评定为“国家级企业技术中心”，成为当时23家国家级技术中心之一。这标志着海王集团产品开发体系达到国内领先水平。2000年，海王获批“国家高技术研究发展计划成果产业化基地”。

1998年8月7日，海王生物A股股票在深圳证券交易所成功发行，标志着海王的资本运营跃上了更高层次。1999年和2000年，在由《中国证券报》和上海亚商联合评选的“中国最具发展潜力上市公司50强”中，海王生物连续两年名列其中，2000年还被选为50强之首。

2003年3月，深圳市首次表彰优秀民营企业，海王集团名列榜首。2004年10月，张思民董事长当选“中国首届优秀民营企业家”。2006年11月，在北京召开的第三届中国民营企业家创新论坛上，海王集团被评为“2006中国百强民营企业自主创新先锋”。

2007年9月20日，2007年度“亚洲品牌500强”颁奖典礼在香港举行，这是世界品牌实验室第二次对亚洲品牌进行评估，共有13个国家和地区的500个品牌入选，海王集团以突出的品牌影响力名列亚洲500强总排名第394位，在亚洲医药行业中居第4位，在中国医药行业中再次蝉联第一。

2013年，海王集团以其鲜明的品牌定位、强大的品牌竞争力荣获“中国品牌500强”大奖。“海王”以品牌价值269.19亿元人民币，名列医药行业第一名，成为中国医药行业最具价值品牌和中国驰名商标。

1992年，张思民被评为深圳市十大杰出青年之一。1993年，张思民被评为全国杰出青年企业家。1995年9月，张思民当选第六届“中国十大杰出青年”，他是第一位获此殊荣的深圳青年。2004年12月，张思民当选“优秀中国特色社会主义事业建设者”。2006年11月，张思民荣膺“中国民营企业自主创新十大领军人物”。2007年，张思民荣获2007年度“蒙代尔·世界经理人成就奖”。2008年10月，张思民被评为“改革开放三十年广东省医药行业风云人物”……

### 新时代海王集团要为国家做更大的贡献

到2021年，海王集团的销售规模已经达到960亿元，员工人数3.5万人，综合实力在中国医药产业位居前列。海王集团打造的“海王”品牌是中国医药健康行业最具影响力的品牌，2021年，“海王”品牌价值达1035.81亿元，连续18年高居中国医药行业品牌价值榜首。

现在海王集团凭借30多年医药健康产业发展积累的雄厚资源，已经形成了“四加一”健康产业发展格局。即以自主创新和大规模现代化医药工业制造体系为基础，海王生物、全药网、海王健康、海王优品四大业务板块相互融合、优势互补，打造医药工业、医药商业、药品集中采购、连锁零售、保健品和互联网医药等协同发展的产业矩阵。

海王集团拥有国内领先的医药产品自主创新体系。拥有国家级技术中心、国家高技术研究发展计划成果产业化基地、院士工作站、博士后科研工作站等高端研发平台。在抗肿瘤、心脑血管、海洋药物等领域新药研发成果丰硕，并在一类新药研发方面实现重大突破。

2016年，在深圳市政府的大力支持下，海王集团创造性地推出和运行了市场化的面向公立医院药品集中采购的全药网平台，大幅度降低了医疗机构的药品采购成本，直接推动药价大幅下降，形成了领先的市场集采模式和行业影响。全药网平台在降低药品价格、保障供应、促进医改等方面取得了显著成效，获得政府、医院、患者和企业等各界的好评，是深圳改革创新的重大成果之一。2021年，全药网平台为全国2000多家公立医疗机构提供药品集中采购，订单规模超过300亿元，降低药品采购支出超过30%。

海王集团也是保健品行业综合实力最雄厚的企业之一：拥有106个注册制保健

食品批文、221个备案制保健食品批文；拥有5个大型保健食品生产基地，年产能达百亿规模，覆盖了市场主流的产品剂型，产能和生产、配套服务能力全国领先。在产品的研发、生产、营销、推广、消费者教育等方面积累了丰富的资源和经验。

总之，今天的海王集团以“健康中国”战略为指引，以发现和解决民众健康痛点为出发点，以让老百姓吃上便宜放心的药、努力为人民群众提供全方位全周期健康服务为宗旨，以医药健康全产业链为根基，围绕产业链部署创新链、围绕创新链布局产业链，推动产业创新，构建全新健康产业生态，从而为新时代国家的改革开放、为新时代中华民族的伟大复兴、为新时代中国人民的健康幸福，做出自己更大的贡献。

### 海王集团在深圳的诞生、成长、发展说明了什么

海王集团虽然没有像前面所讲的华为、腾讯、平安集团、招商银行、万科、比亚迪那样成为享誉全国、享誉全球的顶级民营大企业，但是在自己行业里也是全国著名的领军民营企业，是深圳民营企业的骄傲，也是中国民营企业的翘楚。

在深圳，像海王集团这样居于本行业领军地位的民营企业还有很多，可以说，在中国市场竞争领域中的各个行业，在深圳几乎都有全国甚至全球排行在前的领军民营企业。

我经常调侃说，深圳到处“藏龙卧虎”，也许坐在你面前的看上去穿着很普通、态度也很谦和的人就是一个拥有亿万身家的企业老板。他的企业可能在某个行业居于领军地位，他的企业的产品可能在全国乃至全球市场中占有可观比例的份额，他的产品品牌可能已经在本行业中享誉中国甚至享誉世界。这样的例子我可以随手拈来，而且其中不少都是我所熟悉的年轻人。

例如现在担任南开大学深圳校友会联席会长的吕滋立，看上去就是一个普普通通的人，但是他于1994年创立的蓝盾集团，现已成长为以门业为主、跨行业跨地区的综合性企业集团。他的企业以防火门系列产品及豪华木门等产品为核心业务，拥有“蓝盾”门业知名品牌和八大生产基地，总占地面积40万平方米，现有员工6000多名，已形成年产300万平方米各类门的生产能力。他的企业生产的防盗系列产品覆盖全国大部分地区，已成为国内该行业最优秀的创新型投资企业之一。

我后面要讲到的南开大学深圳校友会另外一位联席会长郑伟鹤也是如此，他所

创立的同创伟业，在创投界赫赫有名，已经成为目前国内最为活跃、最为成功的民营创投企业之一。

再如南开大学深圳校友会联席会长李瑞杰及其夫人张云霞，他们所创立的宝德科技集团股份有限公司（简称“宝德集团”）是国内专业从事自有品牌服务器业务的民营企业，在国产服务器市场名列前茅，其著名品牌“宝德服务器”曾多次创造全国第一。随着云时代的来临，宝德集团发布了云计算的战略，成为工信部CSIP云计算研究中心专家单位，先后领先业界发布了云计算一体机和大数据一体机，建设了公有云平台，部署建设了深圳、广州、北京、南京等云计算中心，完成了完善的云计算产业链的布局，成为中国领先的具有自主创新能力的云计算解决方案提供商。

还有现任广东省内蒙古商会会长的马瑞光，他于2004年创立的深圳市逸马科技教育有限公司（简称“逸马连锁教育集团”），现已成为连锁教育界的领军企业。逸马连锁教育集团成立近20年来，服务连锁门店420万余家，培训学员6万多人，帮助3万家连锁企业成为领袖品牌，与3000多家中联汇企业共同成长，帮助企业获得增长总营收3万多亿元。自2017年以来，连续5年成功举办了中国连锁商业第一盛会——中国连锁节。

除了他们，我在深圳还认识很多毅然舍弃“铁饭碗”，“下海”成功创业的年轻人（他们大都出生于20世纪60年代、70年代甚至80年代，对于我这个20世纪40年代出生的人来说，他们都是年轻人）。现在南开大学深圳校友会的会长、深圳市昆仑集团董事长周达，也是如此。这个于1987年南开大学毕业后被分配到国家体制改革委员会，后又到深圳市体制改革办公室工作的年轻人，1993年毅然脱离体制，“下海”经商，现在也成了十分成功的民营企业家。在深圳，这样的年轻人成千上万。

深圳作为中国改革开放的最前沿，作为中国市场经济“破冰”之地，具有国内其他地方没有的强大活力和强大吸引力，吸引着许许多多怀揣梦想，想做一番大事业，想成就自己精彩人生，想一展拳脚的年轻人（不只是大学毕业生，还有原体制内的干部、科技人员、管理人员等）前来。他们之所以到深圳来，不仅仅看到深圳是一个这样广阔的天地，也看到深圳的改革开放、市场经济发展和政府的各种政策，深圳具备了让他们实现梦想的可能性和条件。

现在来看，这些当年“闯深圳”的年轻人“下海”后，只要是选对了自己的发展方向，走对了自己的发展道路，付出了自己应尽的努力，展现了自己应有的才能，那么都会不同程度实现自己的梦想，都会不同程度成为人生的成功者。这就是我在前面所讲的深圳与国内其他地方的不同之处。

同时，这也正是深圳能够成为中国民营经济发展最好地方的重要原因。因为多年来，这些到深圳“下海”经商创业的人，很多都是国内的精英，很多都是有才能、有胆魄、敢冒险、敢拼搏、敢付出、敢承担的“人尖子”，他们所创立的几乎都是民营企业，今天他们几乎都成了成功的民营企业家。正因如此，深圳也就成为中国最成功的民营企业的聚集地，成为中国最成功的民营企业家的大本营。

# 〔第七章〕

# 企业研发：创造深圳奇迹的源泉

## 第一节　国际创新模式和理论的研究和比较

### 周路明解读深圳创新模式

2021年下半年，网上盛传一篇深圳市科技局原副局长周路明的文章——《大家没读懂的深圳创新路径》。在这篇文章中，周路明认为：“深圳用了40年从一个小渔村转变成为国际知名的创新之都，在中外创新史上都堪称是一个奇迹，但这个奇迹背后的原因和深圳创新的路径方法却一直没有得到正确的解读。”

周路明的这篇文章之所以被广泛流传，是因为他讲出了深圳创新过程的“真相”，颠覆了人们的传统认知——创新都是先由科研机构研究出来科研成果，然后这些科研成果经过“初试”“中试”后进入企业的生产环节，企业生产出新的产品后经过销售进入市场，最后占领市场，从而完成整个创新过程。

实际的情况是，在深圳，绝大多数科研成果都不是在科研机构的实验室里产生的，因而科研机构并不是创新的主体。相反，这些科研成果绝大多数都是由企业出于经济目的、出于在市场竞争中要优于别的企业和自己的产品要占领市场的目的而研发出来的，因此企业才是创新的真正主体。

所以，在深圳，“创新”不是科技发展过程的结果，更不是来自科研系统的专家掌握了创新的话语权、资源配置权、创新活动的评价权而产生的结果，而是经济活动的结果。

中国经济和科技发展中长期存在的“科技、经济两张皮”的问题，在深圳真正得到了解决，且是由市场经济中市场竞争的主体——企业，通过市场经济的价值规律和竞争规律自然而然地解决的。从这一点上，可以看出深圳的市场经济发展程度和发展水平大大地优胜于和领先于我国其他地区[①]。

周路明曾是深圳市科技局的主要领导，他看到和经历太多的深圳企业创新案例，他不是从书本上理论上去认识这个问题，而是在大量的实践中总结出了这个真理。于是，我们在这里再次看到一个颠扑不破的客观规律，那就是“实践是检验真理的唯一标准”。周路明讲得非常对，而且非常深透。

但是，周路明的观点又引出一个非常值得人们深思的问题：企业是创新的主体，这是一种只存在于深圳的特殊现象，还是一种带有普遍性的规律？另外，深圳这种“企业是创新的主体”是唯一的创新模式吗？我们过去认为用行政手段设置科研机构、配置科技资源、评价科技成果而导致“科技、经济两张皮”是不对的，那么，抛开出现这种“恶果”的行政计划模式，在市场经济模式中，能不能够出现其他符合市场经济客观规律的创新模式呢？

下面我们就来全面和深刻地认识和理解这些问题。

### 国际上创新模式由“线性模式”到“非线性模式”的发展

自1912年经济学家熊彼特提出“创新”这一概念以来，国际上关于创新理论的研究就经历了由简单到复杂的演变过程。最早的理论就是一种简单的“线性模式”。即周路明所讲的那种由科研机构进行研发形成技术成果拉动，然后经市场推动所形成的创新。

随着人类创新活动的不断发展，对创新理论的研究也不断深入，现在国际上的创新理论已经主要是“非线性模式”。即认为创新活动是科研机构、企业、政府以及更多与创新相联系的要素，通过复杂的集成与系统整合而产生的结果。这种“非线性创新理论”主要由两种理论构成：一是三螺旋创新理论，二是创新生

① 周路明：《解读深圳创新的路径》，《中国科学报》2019年9月12日第6版。

态系统理论。

### 三螺旋创新理论

美国学者亨瑞·埃茨科瓦茨和勒特·雷德斯道夫于1995年将起源于DNA研究的三螺旋模型用于分析大学、产业和政府之间关系的动力学，认为三螺旋创新理论应是超越国家创新系统理论的关于创新研究的新范式。该理论的主要论点是：以知识为基础的大学、产业和政府之间的相互作用是改善创新活动的关键所在，其中谁是创新主体不是固定的，三者“交叠”并互相作用，才能推动创新螺旋式上升。根据该模型，区域内的创新主体由三个部门组成，三者的传统职能分别是知识创造、财富生产和政策协调，各部门之间的互动还衍生出一系列新的职能，最终孕育了以知识为基础的创新型社会。

现代大学，特别是研究型大学，成为集知识传授和知识创造于一体的高等教育机构，不仅是杰出人才培养的摇篮，也是科学研究特别是基础研究的重镇和重大科技成果的诞生地。

而以知识为基础的企业吸纳了大学和政府的要素，通过企业进行生产要素的重新组合，并通过市场激励企业来完成创新。这些企业是一种新型的产业组织，与传统意义上的企业相比，更具开放性。

在创新发展的不同阶段，不同国家（地区）的政府所起的作用不尽相同，且没有具体的标准。政府推动区域创新的具体方式主要是通过创新政策来确保产业、大学之间稳定的交流和相互作用，最终目的是营造一个更为合适的创新环境。

三螺旋创新理论在区别三个主体及其不同目标的同时，强调了学术界、产业界和政府的合作关系，很好地刻画了创新主体之间的互动过程，但是对创新系统内除大学、企业、政府之外其他创新要素及创新环境的重要性关注较少。

### 创新生态系统理论

创新生态系统这一概念创立于20世纪90年代，这个理论不再只是关注大学、产业和政府三者在创新模式中的作用，而是把创新看作一个生态系统，关注在这个系统中各种构成要素所发挥的作用，以及它们之间的相互作用。

创新生态系统包括以下构成要素：

创新主体及各类支撑要素。创新主体主要指创新型企业，而创新支撑要素则包括政府政策、风险资本、专业性服务机构、各种行业协会以及非正式社交网络等。创新支撑要素主要是为创新活动提供知识、人才、政策、信息、资金、技术、服务等多方面的资源，从而保证系统的健康运转。

创新种群。这是指创新主体或要素在一定的地域空间内集聚所形成的产业的集合。随着技术的不断升级演化，创新生态系统会形成以不同核心技术为主导的产业种群。种群内的引擎企业通常可代表该区域技术的领先水平，同时产生技术外溢和上游产业分工带动同领域的中小企业；而种群内的中小企业则通过与大企业的分工协作，克服在创新中缺乏研发资金、技术等劣势，同样可以在创新中发挥重要的作用，并且自身也可以加快创新的步伐。

创新群落。这是指在创新种群的形成过程中，成功的企业就像“领头羊”，能集聚并带动更多企业跟进，从而在一定地域空间内形成不同规模的具有异质性和互补性的创新型企业及关联机构密集的群落。不同的创新群落在创新活动的内容、创新产出的能级等方面都存在着较大的差异，一般来说，创新群落的密度、丰富度、亲和度等数量特征可以反映创新生态系统的活跃程度。

创新生态环境。这主要是指为创新生态系统中各组成部分的正常运行提供必要的物质、精神及制度保障，涵盖的内容既包括社会制度、法律体系、社会习俗与文化、社会网络等软性因素，也包括基础设施、技术与经济存量等硬性因素，这些因素会直接或间接影响创新活动的进行。因此，创新生态环境的选择、适应及改造对创新主体、群落及整个创新生态系统发展演化都至关重要[①]。

### 三螺旋创新理论与创新生态系统理论的重大区别

在上述两个理论体系中，我们注意到，除了在创新要素的关注点上两者有很大差别（三螺旋创新理论只关注大学、政府和产业三个核心要素，而创新生态系统理论则关注更多的要素），还有一个重大的差别，那就是在三螺旋创新理论中，把产业、政府和大学都列为创新的主体，而创新生态系统理论则很明确和更强调企业的

① 《硅谷是如何炼成全球科技创新中心的》（上），https://mp.weixin.qq.com/s/aheLNhX9jusahkS6GU72eg，2016年8月9日。

作用，认为只有企业才是创新的主体，而把政府、大学与风险资本、专业性服务机构、行业协会等并列在一起，将之看作创新的支撑要素。

这两个理论哪个更正确呢？我们确实还不能下结论。也许国家不同，或者一个国家的经济发展阶段不同，政府、大学和产业所具有的地位和作用不同，因而在创新过程中所具有的地位和作用也不同。我认为，在我们国家，创新生态系统理论也许更有用，更有说服力。深圳的创新实践就是一个生动的例证。

进入21世纪以来，世界各国的创新发展实践，越来越证明这两个理论是科学的和符合客观规律的创新理论，因此，现在理论界都用这两个理论来研究、分析和解释各国或各地区产业创新的过程。下面我们将从对硅谷的研究分析中看到这一点。

## 第二节　硅谷是如何成为全球科技创新中心的

### 硅谷已成为世界公认的全球科技创新中心

众所周知的硅谷位于美国加利福尼亚北部的大都会区旧金山湾区南面，是高科技企业云集的圣塔克拉拉谷的别称。

硅谷的发展过程挺有意思。旧金山湾区很早就是美国海军的研发基地。1933年，森尼维尔空军基地（后来改名为墨菲飞机场）成为美国海军飞艇的基地，之后在基地周围开始出现一些为海军服务的技术公司。“二战”后，美国国家航天委员会将墨菲飞机场的一部分用于航天方面的研究，为航天服务的公司（包括后来著名的洛克希德公司）开始出现。

“二战”结束后，美国的大学回流的学生骤增。为满足财务需求，同时给毕业生提供就业机会，斯坦福大学开辟了工业园区，允许高技术公司租用其地作为办公用地。惠普公司是最成功的例子之一。在20世纪90年代中期，柯达公司和通用电气公司也在工业园驻有研究机构，斯坦福工业园区逐步成为技术中心。

1956年，晶体管的发明人威廉·肖克利在斯坦福大学南边的山景城创立肖克利半导体实验室。1957年，此实验室中的8位工程师出走在硅谷成立了仙童半导体公司，其中诺伊斯和摩尔后来又在这里创办了英特尔公司。

1972年，第一家风险资本在紧挨斯坦福的风沙路（Sand Hill Road）落户，风险资本极大地促进了硅谷的成长。1980年，苹果公司的上市吸引了更多风险资本来到硅谷，“Sand Hill Road”在硅谷成为风险资本的代名词。

除了半导体工业，硅谷同时以软件产业和互联网服务产业著称。20世纪60年代中期以来，微电子技术高速发展，硅谷逐步形成以具有雄厚科研力量的美国一流大学斯坦福大学、加州大学伯克利分校等世界知名大学为依托，以高技术的中小公司群为基础，以谷歌、脸谱（Meta）、惠普、英特尔、苹果公司、思科、特斯拉、甲骨文、英伟达等大公司为引擎，融科学、技术、生产为一体的高科技和新兴产业基地。

现在硅谷地区的风险投资占全美风险投资总额的三分之一，硅谷的计算机公司已经发展到大约1500家，并持续引领半导体、个人电脑、互联网及绿色科技等革命性技术与新兴产业的交替发展，成为全球新技术、新产品、新工艺最为重要且经久不衰的创新源地，吸引了世界各国经济界人士和政策制定者的目光。

“到底是什么造就了硅谷”一直是学术界关注的热点，上述两个创新理论可以很好地解释硅谷何以从美国加州的一个城郊区，演变为今日之硅谷——全球科技创新中心。

按照三螺旋创新理论和创新生态系统理论的分析，我们看到，硅谷多年来实际上已经形成了由政府部门、大学教师和学生、科研机构研究人员、企业家、风险投资家以及各类中间机构、非正式社区组织等创新要素构成的两个层次的复杂社会经济网络。一是由企业、大学、政府等创新主体及其形成的创新群落构筑的创新核心网络层；二是由创新基础设施、创新文化、专业性服务机构、风险资本、各种行业协会和非正式社交网络构成的创新环境支撑层。

### 世界一流大学源源不断地为硅谷输送人才和知识成果

作为创新核心主体之一，大学在硅谷创新体系中的主要作用便是为系统中的各主体输送人才和知识，从而实现知识、信息、资源等在网络中的流动和传递。

斯坦福大学和加州大学伯克利分校每年要向硅谷输送几千名高级人才，这些高级人才主要从事创新领域的研发工作。斯坦福大学工学院的博士、硕士毕业生，基本都在学校50公里内就业；斯坦福校友创立的公司每年盈利达到2.7万亿美元，1930

年后共创造了540万个工作机会。加州州立大学圣何塞分校、加州大学圣塔克拉拉分校等培养出大量的优秀工程师，他们精通各种专业设计，善于把新想法转化为实际产品。此外，还有加州大学圣克鲁兹分校、丘陵学院、迪·安萨学院和凤凰城大学等一流的专科院校培养了大批善于解决实际问题的技术人员。

除了为硅谷大量供应一流的工程师外，斯坦福大学和加州大学伯克利分校两所大学作为硅谷地区的知识生产中心，还持续不断地为该地区输送最新的研究成果，许多半导体和计算机科学等领域的技术发明，如喷墨印刷术、光盘记录仪、鼠标输入器和计算机用户界面等都被硅谷的企业吸收、应用，并最终形成产品。

硅谷地区的大学与政府的联系较弱，但同当地企业之间建立起了紧密的合作纽带。以斯坦福大学为例，它致力于加强大学与企业之间的联系，主要表现为：一是成立了斯坦福研究所（SRI），其主要功能是从事和国防相关的研究并帮助发展硅谷的公司；二是通过“荣誉合作项目”向当地的公司开放课堂，鼓励电子公司的工程师直接参与研究生课程或者通过特别的电视教育网络在公司的教室里学习斯坦福大学的课程，加强公司和大学之间的联系，使工程师们既能同新技术保持同步，又能建立专业联系；三是斯坦福工业园区成立后，园区内的公司常常请斯坦福大学的教授担任顾问，并聘用斯坦福大学的研究生为雇员，同时，这些公司也会参与同公司业务相关的斯坦福大学的科学研究项目。

此外，硅谷6所社区大学所提供的技术培训项目极大地促进了大学和企业之间的联系。社区大学对地方商业的需求反应极为灵敏，它们与当地公司订立合同，为其雇员专门授课。作为回报，地方技术公司派出顾问，帮助当地大学改进电子学教材，同时也为教师提供兼职工作的机会。

### 以“引擎”企业为中心构筑硅谷创新网络并实现创新种群不断演化

硅谷创新体系中最活跃的便是由各类企业形成的开放的、相互竞争与协作的企业创新网络。企业创新网络不受任何一家大公司或几家大公司的控制，而是“引擎”企业、中小企业和初创企业通过物质流、信息流、技术流而形成竞争和合作共存的创新网络。

“引擎”企业是创新网络的核心，除具有较大的研发投入和产出、拥有核心技术并主导行业发展外，还对周边地区的开放性很强，通过不断研发向市场推出新产品、新技术，同时不断培养创新人才；中小企业作为“引擎”企业的供应商，通常也拥有细分领域的核心技术，成为企业创新网络中不可缺少的部分；初创企业多数由应届毕业生或辞职创业工程师等创新型人才创办，常常能发现市场上的空白领域，并通过出卖产品、技术、企业或上市等手段获得成长。从理论上讲，硅谷地区大量的小型专业化公司之间会产生相互拆台的竞争，而硅谷的辅助性社会机构、学校和大量合作实践为企业间的学习和调整提供了基本体系，使得工业分化并没有导致竞争脆弱和经济衰退，反而有助于增强企业创新网络的弹性和适应性，提高了该地区的技术水平并实现可持续的创新发展。

20世纪50年代至今，硅谷地区经历了数次大的技术变革，每一次技术变革都会促进该地区新的企业和创新集群的形成，同时也会孕育新的“引擎”企业，成为新的产业和创新种群发展的引领者，创新种群的升级演化也在不断重塑着硅谷的创新体系。

### 政府为硅谷创新系统的形成提供各类规制保障

政府的职能主要在于营造公平、自由的竞争环境，提供有利于长期投资的税收结构，并运用政府采购的手段给予支持。硅谷虽然不是政府计划的产物，但政府的政策支持特别是政府采购和对企业的低息贷款对促进硅谷发展起到了至关重要的作用。

首先，美国联邦政府投入了大量资金扶持大学在国防、航天、通信、信息以及材料领域进行大规模的基础研究，由此源源不断地产生世界一流的技术和发明，培养了世界一流的科技人才，催生出从国家实验室走向硅谷进而扩展至全球的商业成功模式。冷战时期，美国联邦政府向斯坦福大学和加州大学伯克利分校进行大笔拨款，全力发展高科技，政府对大学的大量科研投入使得大学能专注于基础研究，从而为科技创新提供持续发展的动力源泉。

其次，不同层级的政府通过出台不同政策鼓励硅谷的创新活动，并为创新的持续发展提供保障。例如，美国联邦政府在促进技术创新方面的政策主要有：建立知识产权保护和专利制度；建立风险投资基金；直接提供研发经费；增加对教育的投入，以培养更多高素质的科技人才；通过税收制度鼓励对研发活动进行投资；对某些行业进行保护，使其避免受到国外公司不公平竞争的损害，直至它们能够在技术上自立；放松反托拉斯政策，使厂商充分利用其创新成果等。而州政府和地方政府致力硅谷基础设施建设，兴办各类职业与技术类教育，为企业培养各梯级的人才。

总之，美国联邦政府及州政府通过各种直接或间接的方式为硅谷地区的创新发展提供资金、法律法规、政策等方面的支持，为硅谷地区营造和培育了良好的创新环境。

### 创新支撑要素是创新活动持续稳定进行的催化剂

一是风险资本。硅谷有着世界最密集的风险投资基金，紧临创新企业，形成了外界不易观察的“生态循环”。20世纪70年代末80年代初，风险投资逐步取代国防军费，成为硅谷创业者的主要资金来源；2014年，硅谷总共收到145亿美元的风险投资，这笔风险投资占全美风险投资总额的比例高达43%。同时，风险投资者也成为当地社会及职业系统的中心人物，风险资本产业成为硅谷崛起的经济引擎。

二是专业性服务机构。硅谷的工程师与企业家建立了一种灵活的行业系统，该系统不是围绕单个企业，而是围绕这一地区及其专业技术网络而建立的。硅谷通过积极发展人力资源服务机构、技术转移服务机构、金融资本服务机构、管理信息咨询服务机构、财务服务机构和法律服务机构等多种类型科技中介，形成了完善的科技中介服务体系，加强了科技创新专业技术网络的构建，促进了硅谷创新要素的整合，提高了硅谷创新产出的效率。

三是各种行业协会和非正式社交网络。商业协会、行业会议、商品展示会及各种俱乐部等一系列正式、非正式的聚会是硅谷地区人们交换信息的场所，从中可以获知有关竞争对手、顾客、市场和技术的最新进展。硅谷地区的社会关系网和专业人员网并不局限于传播技术和市场信息，同时也是有效的求职招聘网络。为鼓励公司间的信息交流，西部电子制造商协会（WEMA，美国电信协会的前身）经常举办各种研讨会和教育性活动，如经营管理培训，主要课题包括公司融资、营销技巧、生产管理和出口辅助等，这些培训对于在技术方面极具实力而在管理方面毫无背景的许多中小公司管理者而言极具价值。

### 创新基础设施和开放包容的创新文化培育硅谷的创新土壤

硅谷的成功并非仅仅源于各创新主体及要素简单地糅合在一起，而是各创新主体及要素为其营造了合适的创新环境以及自主创新的氛围。美国经济学家波特和斯特恩于2000年首次明确提出“创新基础设施”这一概念，认为它主要包括公用的创新基础设施及特定集群的创新环境，并且是区域创新系统建构的重要组成部分。

硅谷地区完善的创新基础设施主要包括科技基础设施和公共基础设施。大型科学工程、实验基地、大型科学仪器设备、自然科技资源等科技基础设施为开展创新活动提供了基础保障；公共基础设施，如能源供应系统、供水排水系统、交通运输系统、邮电通信系统等，则为创新主体提供了基础生活条件。

同时，创新活动需要与之相适应的创新文化要素做支撑，真正具有创新力的城市（或区域）一定具有深厚的文化土壤。创新文化的特质是崇尚冒险、宽容失败、激励草根、包容异端。硅谷的企业家们勇于创新和冒险、崇尚开拓进取以及敢于承受失败的精神支撑着硅谷地区企业的推陈出新。在硅谷，人们通常认为初创公司不是技术公司，而是一部学习机器。

硅谷开放包容的创新文化则体现在该地区的移民比例非常高，并且移民来源地多。初创企业中约1/4的创始人至少有一个是在中国或印度出生，约1/3的科学家与工程师并非在美国本土出生，这表明硅谷当地文化融合了世界各地文化。在硅谷这个创意的大熔炉里，有着不同母语、不同文化背景的工程师、科学家和企业家，他们成为联结硅谷与其母国科技中心的纽带，使得硅谷的企业能接触到其他地区的技能、技术和市场，这是硅谷始终保持创新活力的重要源泉[①]。

由此可见，硅谷这个世界创新中心是这样造就的：

一是大学、企业、政府三类创新主体作为驱动要素在硅谷科技创新中心的形成过程中发挥了不可或缺的根本作用。

二是风险投资、专业性服务机构、行业协会等要素在硅谷科技创新中心的形成过程中发挥了不可或缺的支撑作用。

三是完善的创新基础设施和开放包容的创新文化在硅谷科技创新中心的形成过程中发挥了不可或缺的基础作用。

① 《硅谷是如何炼成全球科技创新中心的》（下），https://mp.weixin.qq.com/s/d_QxkQZI16Di57O6UZgPqQ，2016年8月10日。

## 第三节　以企业研发为主是深圳创新模式的最大特点

### 对周路明观点的探讨

在我们了解了国际创新理论以及硅谷成为世界创新中心的原因后，再看周路明所提出的观点：深圳的创新模式主要就是企业的创新。对不对呢？在我看来，对，但是还不够全面。

说他对，是因为针对中国传统的创新观念来说，深圳的创新实践过程确实是颠覆性的，深圳的创新确实主要是由企业为了竞争取胜、打开市场、占领市场的目的而自主进行产品研发，最后实现产业创新的。说他还不够全面，就是从我们前面提到的两个创新理论来看，尤其是从创新生态系统理论来看，当我们要全面分析深圳的创新发展成果时，那就不能只讲企业这个创新主体的作用，还要讲深圳的政府、风险资本、专业服务机构、行业协会、大学及研究机构、人才等各个方面的支撑要素的作用，还要讲深圳的创新基础设施、开放包容的创新文化等基础要素的作用。

### 国际创新理论与中国的创新发展现状

为何在我们国家的大多数地区，三螺旋创新理论和创新生态系统理论所描述的这个客观规律没有发挥作用，创新没有取得明显的成果呢？

根本原因就是国际上这两种理论都有一个根本的前提，那就是市场经济。最早提出这些理论的都是欧美西方学者，在他们的理论体系语境中，市场经济是一个不言自明的前提，因此他们在三螺旋创新理论中所讲到的政府、企业、大学之间的各自定位以及相互之间的作用，在创新生态系统理论中所讲到的企业主体作用、政府及其他要素的支撑作用、社会文化等基础环境作用，都是指在市场竞争的环境下自然而然发生的。

我们国家则不同，由于我们国家经历了长期的计划经济体制时代，我们的大学和科研机构也成为计划体制和行政命令管制下的产物，甚至到现在都还远没有脱离行政化的模式，而我们的企业在计划经济时代几乎全部都是国营企业，只有到改革开放后才开始在市场经济条件下涌现出适合于市场竞争的民营企业。

只有理解了这些，我们才会明白，为何三螺旋创新理论和创新生态系统理论所阐述的那些原理和规律在我们的国家至今还很难发生。迄今，我们国家相当多地区的企业还不能成为创新的主体，相当多大学和科研机构还存在严重的科研机制和科研成果与经济活动脱节的“两张皮”现象（科研成果只是成为获取经费、获取名誉和晋升职称的手段），相当多地方政府还远远不能适应创新所必需的市场竞争环境和这个环境所必需的规则与法制。

理解了这些，才能明白为何只有在深圳这样市场经济发展更成熟、民营企业发展更好和政府体制转型更彻底的地方，三螺旋创新理论和创新生态系统理论所阐述的客观规律才更能够发挥作用、创新才能做得更好的道理。

### 深圳企业是创新的主力军

周路明讲，在深圳，企业都是创新的主力军。深圳历年来主流媒体的报道，就可以充分地证明这一点。

1998年4月，《深圳特区报》发文指出，1997年经深圳市科技主管部门组织鉴定的科技成果共有139项，比上年增长了31.1%，其中达到国际水平的16项，居国内领先的66项，达到国内先进的47项，而在这些科技成果中，企业自主研发的应用性成果占90%以上[①]。1999年2月，《深星时报》发文指出，深圳高新技术产业的“参天大树”，植根于企业主体作用充分发挥的基础平台之上。深圳以企业为主体，立足自主开放，使自己成为众多民族高科技品牌诞生的摇篮。深圳91.7%的技术研发机构建在企业，90%的技术开发人员集中在企业，90%以上的专利技术开发源于企业，80%以上的科研经费来自企业[②]。

1999年3月，香港《大公报》发文指出，深圳市发展高新技术产业的另一个成功经验是走出一条科技与经济相结合的新路子。到1998年底，深圳共有521家技术

① 飞飞：《深圳市科技成果转化率：九成》，《深圳特区科技》1998年第2期。
② 《高新技术产业成深圳特色经济》，《深星时报》1999年2月8日。

开发机构，其中91%建立在企业，技术开发人员的九成集中在企业，开发研究经费81%来自企业，据悉，1998年，125家高新技术企业共投入研究开发经费18.68亿元。为了充分利用好国内外科研力量，深圳的企业把研究机构向外延伸，其中中兴通讯公司在上海、南京成立了两个研究所，研制的程控交换机和会议电视等系列产品取得了10多亿元的效益；而华为公司在北京、上海等城市设立了研究分部，把研究机构设在大学。康佳、华为、中兴通讯、开发科技等公司甚至还在美国硅谷设立了研发机构，追踪当今世界最先进的技术①。

1999年11月，《金融早报》发文指出，深圳致力于建设以企业为主体、以全国高校和科研院所为依托的技术开发体系，走出了科技与经济紧密结合的新路子。目前，在深圳的521家研发机构中，属于企业创办的有477家；全市研发人员有90%集中在企业；在全市从事开发、生产高新技术产品的315家企业中，技术开发人员占职工总数的13.39%；开发研究经费有81.86%来自企业；与全国130多所高校和科研院所建立了稳定的合作关系，30多万科技人才在深圳发挥潜能。以市场为导向、以企业为主体、以全国高校和科研院所为依托的技术开发体系已在深圳形成，让科学技术成为第一生产力的作用充分发挥出来。据统计，中国30%以上的大容量局用数字交换机、20%以上的计算机是在深圳研制与生产的；全世界7.8%以上的硬盘、10%以上的计算机磁头也是在深圳生产的；深圳的核磁共振系统的产品占全国的80%，高分子硅橡胶的产量占全国的70%，α1b干扰素和基因乙肝疫苗的产量分别占全国的60%和70%②。

看看1998年和1999年深圳和香港主流媒体的专题报道，就知道周路明局长所讲的观点，其实早在20多年前就已经成为深圳的现实。深圳当年就已经出现了在全球领先的创新优势，而这时的三螺旋创新理论和创新生态系统理论在西方才刚刚诞生。

另外，1998年，亚洲金融危机刚刚爆发，整个中国还在为应对这场突如其来的危机而做调整和努力；那时，深圳也在为进一步转型摆脱困境而发力。有一篇著名的文章——《深圳，你被谁抛弃》，在2002年被深圳乃至全国炒得热不可

① 《深圳高科技产业成经济支柱》，《大公报》1999年3月16日。
② 《高新技术产业成为深圳经济第一增长点》，《金融早报》1999年11月22日。

当，几乎所有人都认为深圳已经走下坡路了，深圳早已没有当年之勇了。当时有多少人会关注深圳在这方面的重大突破呢？谁会知道这个重大的突破对深圳乃至中国未来的发展具有多么大的意义呢？周路明的文章之所以轰动网络，说明到现在都没有多少人记得20多年前深圳已经在科研创新方面发生的革命性重大变化。当年，就是在人们普遍不关注、不认识的情况下，深圳的企业静悄悄地成为创新的主体力量和先锋力量，静悄悄地为今天深圳成为中国乃至世界的创新中心打造坚实的基础。

现在回过头来看，2005年10月24日，《人民日报》以《自主创新托起新深圳》为题的文章就更为重要、更为有价值了。它实际上已经把周路明发文指出的深圳创新路径和创新模式讲得一清二楚了。

该文指出，在深圳，90%以上的研究开发机构设在企业，研究开发经费的90%以上来自企业，90%的专利由企业申请。企业在自主创新中当之无愧地唱起了主角。深圳企业自主创新的劲头为何这么足？“自主创新能赚钱”。企业一度是创新的配角。研发机构集中在科研院所、大专院校，新的科研成果也大多在那里产生，企业往往被牵着鼻子走。而在深圳，有发展的动力、有竞争的压力，企业在自主创新的链条上成了驱动器。没有科研院所，引进科研院所；缺少资金，扶持风险投资；人才不足，建立激励机制吸引人才。企业千方百计克服自身不足，变配角为主角。在深圳，有个大名鼎鼎的深圳虚拟大学园，万余平方米的空间里，云集了北京大学、清华大学、复旦大学等全国40多所著名大学。通过设立研究院或以网络相连，这个虚拟大学园把高校的科研成果及时孵化。在园内的深圳清华大学研究院，我们看到，传感技术、纳米材料、数字电视系统等一个个成熟的技术和产品，为企业不断提供商机。科研基础弱，是企业搞科技创新的短处，现在化虚为实，短处不再短。深圳的企业就是这样不断地扬长补短，发挥主体作用①。

2015年7月，中国质量新闻网所发表的文章注意到深圳已经出现了由企业研发为主而诞生的新型研发机构。这些新型研发机构指的就是由华为、腾讯、中兴通讯、迈瑞、比亚迪等一大批蜚声中外的明星企业所创办的民办非企业类科研机构。文章指出，什么是新型研发机构？有人称之为“四不像”：既是大学

① 《自主创新托起新深圳》，《人民日报》2005年10月24日。

又不完全像大学，文化不同；既是科研机构又不像科研机构，内容不同；既是企业又不完全像企业，目标不同；既是事业单位又不完全像事业单位，机制不同。其实，所谓新型研发机构，是指以多主体的方式投资，采取院校与政府、企业共建，或者企业自建等多样化的模式组建，企业化的机制运作，以市场需求为导向，主要从事研发及其相关活动，投管分离、独立核算、自主经营、自负盈亏的新型法人组织，在运作方式上，打破了传统科研机构的“铁饭碗”。深圳的华大基因、光启团队、清华大学研究院等被称为新型研发机构的代表。充满活力的研发机构之所以在深圳落地生根并蓬勃兴起，有其深刻的国际国内大背景。现在深圳已初步完成产业转型升级，进入科技创新活跃期。依靠科技创新培育新的经济增长点，抢占未来发展制高点，是深圳的不二选择。虽然这些新型研发机构成立运行的时间不长，但已经取得明显的创新成果，得到市场的认可。如成立仅两年的光启研究院，集聚了一批超材料行业国际顶尖人才和团队，建设了具有世界一流研发水平的创新平台，已在国内外申请了1229项超材料领域发明专利，实现了该领域80%的底层专利覆盖。预计未来5年，光启研究院还将开发50个超材料产品，创造5000件核心知识产权，发展成为超材料领域的“高通公司”①。

深圳市原副市长唐杰在2018年的演讲中讲到，深圳在国际专利申请上占有显著领先优势，占全国的45%～46%。尽管2017年全国增长非常快，但2018年深圳还占全国的43%。深圳2017年前十家大企业获得的国际专利数是上海企业全部专利数的10倍，这并不是说深圳的科技实力优于上海，而是说深圳企业的活跃程度比上海高。上海有大量的国家基础设施，其科学发明不仅仅是专利，还包括其他。深圳企业活跃是肯定的，深圳活跃的专利提升企业发展是肯定的②。

① 《深圳208家新型研发机构促进产业转型发展》，https://www.cqn.com.cn/zgzlb/content/2015-07/13/content_2516310.htm，2015年7月13日。

② 《深圳市原副市长唐杰最新演讲：10张图看懂深圳和粤港大湾区未来趋势！》，https://mp.weixin.qq.com/s/KO5yaCGAYFiuM5QvPr1OVw，2018年6月10日。

## 第四节　我曾经发表的一些观点

### 产业创新的主角应该是企业

众所周知，深圳作为新建的城市，与北京、上海、广州以及国内其他省会城市如武汉、西安、成都等相比，有一个很大的短板，那就是这里的高校和科研机构太少。在过去很长一段时间里，有人认为这可能会对深圳高科技产业发展形成一定的局限性，然而事实恰恰相反，多年来深圳恰恰是在高科技产业发展方面走在了全国的前列，而且衡量科技研发成果的几个主要指标——全社会研发投入比重、PCT（《专利合作条约》）国际专利申请量、每万人发明专利拥有量——也都位于全国首位。

从这里我们又悟出一个道理，即深圳科技创新尤其是产业创新的主角是企业。因为产业创新与市场变化紧紧相连，只有每天都在市场里摸爬滚打的企业，才会对市场的新动向、新变化、新技术、新方法极其敏感，也才会利用企业内的研发机构和研发人才来紧紧抓住这些可能会创新发展的机会，最后将其变成创新的设计、创新的产品、创新的工艺、创新的商业模式等，从而对整个产业创新发挥出极其重要的引领作用。此外，以企业为主体的创新体系还有一个最大的优势，那就是将研发、生产和市场直接进行有效对接，让一项创新技术、创新产品第一时间就能生产出来，进入市场，就能发挥作用产生效益。而这些都是那些大专院校和科研院所做不到的[①]。

### 新兴研究机构在创新发展中的巨大作用

在探讨深圳经济转型的根本原因时，绝对不能遗漏深圳众多的新兴研究机构在

① 李罗力：《深圳：创新发展奇迹是怎样铸成的？》，《深圳信息职业技术学院学报》2016年第2期。

企业和产业升级换代、引进高新科技、发展新兴产业中的巨大作用。

由于深圳是由一个小渔村奇迹般地成长为中国甚至世界级的一流现代化大都市的，因此它与国内其他一二线城市相比，有一个很大的弱项，就是传统的大学和科研机构少之又少。

然而，为何在这样一个传统科研和教育基础极差、底子极薄的深圳，近年来专利申请量却一直名列全国前茅，特别是PCT国际专利申请量多年位居全国第一呢？为何近3年来，深圳还能获得包括国家技术发明一等奖在内的36项国家科技大奖呢？为何深圳的社会研发（R&D）投入占GDP的比重能够从2009年的3.6%增长到2014年的4.02%，大约是全国平均水平的2倍，相当于排名世界第二的韩国水平呢？就是因为深圳虽然缺少传统的大学和科研机构，但是具有包括北京、上海、广州在内的国内任何一个城市都没有的数量巨大且质量颇高的新型研发机构。

什么是新型研发机构呢？在我看来，凡是与传统科研机构相区别的研发机构，都可以称之为新型研发机构。它包括两类：一类是企业内部自行成立的研发机构，另一类是通过政府相关部门登记注册，在社会上成立的所谓“民办非企业类”科研机构。

对于深圳企业内设研发机构所具有的强大威力，大家都比较了解，从20世纪90年代末起，深圳90%以上的研究开发机构设在企业，研究开发经费的90%以上来自企业，90%的专利由企业申请。企业在自主创新中当之无愧地唱着主角。

对于近年来新办的民办非企业类科研机构，很多人都还不知道它们是怎么回事。实际上简单说，它们就是民办的研究机构，以多主体的方式投资，采取院校与政府、企业共建，或者企业自建等多样化的模式组建，采用企业化的机制运作，以市场需求为导向，主要从事研发及其相关活动，在运作方式上，打破了传统科研机构的“铁饭碗”，投管分离、独立核算、自主经营、自负盈亏。在深圳，以光启研究院、华大基因研究院、清华大学研究院为代表的这类新型研发机构已达208家。值得注意的是，这些民办非企业类科研机构现在已经充当了深圳大力发展新兴产业和最新高科技产业的引领力量。

总之，企业内设研发机构和民办非企业类科研机构的涌现，不但创新了深圳市科研机构的运作模式，大大弥补了深圳传统大学和科研机构的不足，而且这些充满活力的直接为企业高科技发展服务和直接与市场对接的研发力量，某种意义上更适合经济转型和产业升级换代的实际需要，因为它们往往能够发挥比传统科研机构更大的作用[①]。

总之，深圳走出了一条科技与经济相结合的新路子，使高新技术产业的“参天大树”植根于企业研发作用充分发挥的平台之上，成为众多民族高科技品牌诞生的摇篮。

① 李罗力：《深圳：创新发展奇迹是怎样铸成的？》，《深圳信息职业技术学院学报》2016年第2期。

# 〔第八章〕

# 金融资本：创造深圳奇迹的血脉

说到深圳的腾飞奇迹，就不能不说深圳的金融资本，深圳的金融资本是深圳腾飞的强大助推器。从某种意义上说，没有深圳的金融资本，就没有今天深圳的一切，金融资本也是解码深圳腾飞奇迹的核心要素之一。

深圳作为经济特区，在体制改革中，首先要突破原有计划经济的各种制度束缚，其中就包括当时的银行信贷金融体制和此后所建立的证券资本市场体系。

深圳在40多年的发展中，不仅在高科技产业、新兴产业等方面锐意进取、不断创新，取得了巨大的成就，而且在建立和发展金融资本体系方面也进行了大胆的改革和创新。这使得深圳这个原来的边陲小镇从一无所有发展到今天，成功地跻身世界十大金融之都，成为一个集科技、金融、实业、制造业于一体的超级城市综合体。

## 第一节　深圳创造中国金融史上多个“中国第一”[1]

深圳作为中国的第一个经济特区，在金融体制改革中敢想敢干，敢为天下先，成为第一个“吃螃蟹者”，在银行、证券、保险等行业领域里创造了中国金融史上

① 本节数据资料主要参见罗亚平等：《深圳样本》，清华大学出版社，2020。

100多项“中国第一”。2020年出版的《深圳样本》一书的作者为我们列举了这些“第一”：

1981年，南洋商业银行在深圳设立分行，这家分行成为内地第一家外资商业银行。作为对外开放的窗口，深圳经济特区是外资银行最早进入的城市。

1985年，深圳创建了中国第一家外汇调剂中心。

1986年，深圳成立了中国第一家中外合资财务公司——中国国际财务有限公司（深圳）。

1987年4月8日，招商银行成立，成为中国第一家完全由企业法人持股的金融业股份有限公司。

1987年5月，中国第一家公开发行股票的上市银行——深圳发展银行发行股票，中国第一张银行股票面世。

1988年3月21日，平安保险有限公司〔现更名为中国平安保险（集团）股份有限公司〕成立，是中国第一家股份制保险企业。

1989年5月，经中国人民银行和国家外汇管理局批准，招商银行率先在全国范围内办理离岸业务。

1990年12月1日，深圳证券交易所（简称“深交所”）开始集中交易。“老五股”集中在深交所挂牌上市，与上海的“老八股”一起成为中国证券业的里程碑。

1991年4月，中国第一个贷款证制度在深圳金融行业试水，有效配合了银行资产风险管理改革。目前，这一制度已经作为一项成功的改革经验在全国银行业推广实施。

1991年6月10日，中国第一家期货交易所——深圳有色金属交易所（SME）经中国有色金属工业总公司获深圳市人民政府批准正式成立。

1993年6月3日，深圳经济特区融资中心成立，向全国资金市场开放的中国第一家试行资金公开买卖的货币市场建立，标志着特区面向全国的货币市场正式形成，该中心采取会员制，会员有权参与中心交易的中国人民银行融资券和其他有价证券，进行资金拆借。

1994年5月28日，中国第一家外汇经纪中心——深圳外汇经纪中心实现了与国际市场联网进行外币间的买卖，成为当时国内唯一能参与国际市场交易的外汇经纪中心。

1994年11月24日，招商银行与华为技术有限公司举行买方信贷签字仪式，标志着深圳在国内率先推出了金融资本与产业资本相结合的新形式——买方信贷。此举被金融业人士誉为“具有深远意义的突破性改革”“迈出了国内金融改革的重要一步”。

1995年6月22日，中国第一家地方性股份制商业银行——深圳城市合作商业银行经中国人民银行总行批准宣告成立，标志着深圳金融改革又有了新突破、新进展，为全国各地正在组建的城市商业银行提供了经验和信心，为中国金融体制改革提供了经验。

1995年7月3日，深圳招商银行在国内率先推出“储蓄一卡通”新业务，成为国内储蓄业务的“一次革命”。

1995年12月18日，深圳金融电子结算中心宣告成立，这是中国第一家完全按照与国际金融标准接轨的要求，专业从事金融电子化清算系统开发、运行与维护的金融机构。

2002年，招商基金管理有限公司在深圳特区成立，是中国第一家中外合资基金管理公司。

中国第一家中外合资基金管理公司、中国第一家证券公司、中国第一批证券管理条例和法规、中国第一个基金管理条例、中国最早的电话银行业务、中国第一个银团贷款、中国第一个楼宇按揭贷款、中国第一台银行自动取款机……无一不是在深圳特区诞生。深圳金融业的创新和改革形成了多层次、多方位发展的格局，金融实力大增，成为特区经济建设的开路先锋，义不容辞地承担了中国金融领域改革开放、创新和发展的“急先锋”角色。

### 今天的深圳已发展成世界级的金融科技之城

今天，深圳这座有着改革之城、创业之都之称的先锋城市，已然成为金融科技创新企业成长的沃土，从一个制造业和传统互联网发达的中国一线城市，发展成世界级的金融科技之城。

第一，金融业规模方面。2019年，深圳金融业实现增加值3667.63亿元，同比增长9.1%，金融业增加值占同期GDP的比重为13.6%。全年实现税收（不含海关代征关税和证券交易印花税）1522.4亿元，占全市总税收的24.7%，继续稳居各行业首位。深圳一直以制造业和科技中心为傲，而让国人大跌眼镜的是，金融业居然稳坐深圳税收贡献度第一把交椅。

第二，世界金融中心排名方面。在2019年9月公布的“全球金融中心指数”（GFCI）中，深圳进入全球十大金融中心行列，居全球第9位，国内仅次于香港（第3位）、上海（第5位）和北京（第7位）。在本期榜单中排名有较大跃升，较2018年提升5位，与排名第8位的迪拜仅相差1分。

第三，深圳本外币各项存款、贷款量方面。截至2019年底，全市本外币各项存款余额8.39万亿元，同比增长15.7%；全市本外币各项贷款余额5.95万亿元，同比增长13.2%。存贷款规模稳居全国主要城市第3位，仅次于北京、上海。

第四，证券交易额方面。2019年1～12月，深圳辖区证券分支机构（含证券分公司）证券交易额为32.78万亿元，同比增长12.86%。截至2019年12月末，深圳22家证券公司总资产1.71万亿元，营业收入841.89亿元，均排名全国第1位。净资产4198.81亿元，净资本3290.41亿元，净利润308.53亿元，均排名全国第2位，均仅次于上海，营业收入和净利润分别同比上升32.41%和45.15%。

第五，保险业方面。2019年，全市保险市场累计实现保费收入1384.47亿元，同比增长16.19%，增速较全国高4.02个百分点。截至12月末，深圳有保险法人机构27家，保险法人机构总资产4.85万亿元，同比增长9.18%，保险法人机构总资产居全国第2位；净利润1376.12亿元，同比增长17.23%。1～12月，深圳保险业累计提供各类风险保障347万亿元。

第六，上市公司方面。截至2019年末，深圳共有境内上市公司299家，其中主板80家、中小板120家、创业板93家、科创板6家。深圳境内上市公司总市值7.05万亿元，仅次于北京，超过上海，排名全国第2位。

## 第二节　风险投资使深圳成为中国最具硅谷气质的城市

### 风险资本的介入是企业创新和产业创新的重要保证

上一章讲到，现代创新主要理论——创新生态系统理论把风险资本列为创新支撑的核心要素。

为什么企业创新和产业创新一定要与风险资本联系在一起呢？从根本来说，现在的企业创新和产业创新都属于高科技或新兴科技领域的范畴，因而都具有高投入、高风险、高增长、高收益的典型特征。即便是初创的高科技企业，它所生产的产品也不是一般市场上已有的传统产品，而是具有高科技或新兴科技属性的创新产品，因而它的研发投入、生产设备投入、生产组织投入、市场营销投入都会远远高于生产传统产品的投入。同时，又由于这些是市场之前没有过的创新产品，这些产品投入市场后能否成功具有很大的不确定性，失败的可能性很大。一般来说，建立高科技创新型企业所花费的成本是建立传统企业的10～20倍，而建立高科技创新型企业完全成功的比例只有20%，其余80%或者完全失败（约占20%），或者情况一般（约占60%）。当然，一旦创新完全成功，则会大受市场的欢迎和追捧，会赢得巨大的回报，同时也会迅速占领市场，为企业或产业带来利润高增长。

正因为创新的过程有这样的特点，所以它所需要的投资是一种与其相适应的独特投资，这种投资就是风险投资，这样的资本就是风险资本。

风险资本的一个重要特点是其投资活动的周期性和流动性。风险资本持有者一旦经过缜密的风险评估，对一个他们认为具有高回报的创新项目感到认可后，就会对该项目进行投资。但他们的投资目的并不是要长期获得这个项目的股份，并不是要通过这个项目的长期经营获得回报，而是一旦投资成功，达到了他们的预期目标，就会在资本市场上出让他们在这个项目中的股份，通过退出这个项目来获得投资的高额回报。然后，他们会将获得的收入再投入到新的创新项目中。这就是风险资本投资活动的周期性和流动性的根本体现。

这种风险资本的顺利流动是有前提的，就是必须要有退出机制和退出渠道。风险资本退出机制和退出渠道主要有两种，一种是将持有者进行风险投资的创新型企业上市，另外一种是将他们进行风险投资的创新型企业通过收购兼并出售。而这种退出机制和退出渠道都只能由高科技资本市场来提供，因此风险资本的发展与高科技资本市场有密不可分的关系。一个发达活跃的高科技资本市场能大大地刺激风险资本的发展，高科技资本市场的筹资功能越大，流入高科技创新产业的风险资本就越多，由风险资本培育出的创新型高科技企业就越多，而这些创新型高科技企业的上市，反过来又活跃了高科技资本市场。近年来各国（地区）相继成立了多个专门服务高科技企业的资本市场，最著名的是美国纳斯达克市场。我国政府高度重视发展对高科技企业尤其是中小高科技企业的风险投资，相继成立了与其相关的创业板、中小板和科创板市场。

### 深圳风险投资起步发展过程

正如上一章在讨论国际创新理论时讲到的，政府是创新要素中不可或缺的组成部分。政府推动区域创新的具体方式主要是通过直接或者间接的创新政策来营造一个更为合适的创新环境。我们也讲到，美国联邦政府为了促进硅谷的技术创新，建立了知识产权保护和专利制度；建立了风险投资基金，通过各种直接或间接的方式为硅谷的创新发展提供包括资金、法律法规、政策等方面的支持，为硅谷营造和培育了良好的创新环境。

深圳市政府也是如此，其中一项最重要的支持政策就是首先建立了风险投资机构，以推动深圳风险资本市场的全面建设和全面发展。

进入20世纪90年代，深圳经济特区高新技术产业迅速崛起，有力推动了产业优化升级，综合经济素质大大提高。然而，困扰高科技成果产业化的投资难题并没有得到解决。在深圳8万多家企业中，不少是科技型的中小企业，这些企业手中虽握有自主知识产权的高科技成果，却因缺少资金无法启动商品生产，实现产业化更无从谈起。风险投资主要为高新技术企业服务，这种投融资体制创新可以有效促进技术创新和高科技成果商品化、市场化、产业化。

自20世纪90年代开始，国内外风险投资机构如IDG、华登国际、野村控股、亚太基金、中创等纷纷进入深圳，采取投资入股、股权置换、直接注资等形式，投资科健股份、金蝶软件、迈瑞等高新技术企业，促使其发展进入快车道。著名的华为、中兴通讯、科兴生物在发展过程中也曾得到投资中介担保机构深圳高新技术产业投资服务有限公司（简称“高新投”，现更名为深圳市高新投集团有限公司）的大力相助。风险投资在深圳高新技术产业发展中的有效实践，增强了人们建立风险投资体系的信心。

在风险投资体系建设中，投资机构与投资中介机构是重要的两翼。深圳为此进行了长时间认真而深入的探索，初步形成了政府出资组建、机构引导、国际基金参与、国内投资和中介机构介入的多种体制风险投资机构并存的格局。

1994年底，深圳开始探索利用政府财政资金，采用市场机制与手段，解决高新技术企业融资难问题，出资组建了高新投，这实际上就是风险投资机构的雏形。高新投通过贷款担保、帮助融资等方式，累计担保贷款超过17亿元，支持了160多家高新技术企业的300多个项目，新增产值40多亿元①。

1996年，深圳专门组团赴美国硅谷考察风险投资。1997年，深圳市政府跨出了风险投资体系建设实质性的一步，由深圳市科技局、深圳市体改办、深圳市证管办、中国人民银行深圳分行、综合开发研究院（中国·深圳）、深圳大学等11个单位共同成立的深圳市创建科技风险投资体系课题组取得了积极成果：提出了建设深圳风险投资体系的总体设想与分步实施方案。深圳市政府开始组织制订风险投资项目市场、资金市场、股权交易市场三大系统八个子系统方案。

1997年9月4日，深圳市科技风险投资领导小组成立。时任市长李子彬担任组长，抽调12个单位的精兵强将，对深圳风险投资体系建设进行了整体规划与部署，深圳风险投资体系建设正式启动。1997年12月17日，深圳市政府常务会议明确提出，在深圳发起设立国内第一家高新技术风险投资基金。

风险投资也成为1999年在深圳举办的首届中国国际高新技术成果交易会（简称“高交会”）的一个重要组成部分，该次高交会的高科技论坛安排了15场风险投资专题讲座，多位世界知名的投资专家与政府官员共同研讨风险投资体系建设问题。来自国内外的200多个投资机构明确表示了浓厚的投资兴趣，并且筹措了160多亿元意向资金，上演了当时中国最壮丽的风险投资大戏。

① 《深圳风险投资体系雏形凸现》，《深圳商报》1999年9月2日。

### 深圳风险投资发展迅速

在深圳市政府的大力推动下，深圳的风险投资发展呈现出发展速度快、行业迅速形成、投资资本迅速扩大、来源多元化，以及相关法规制度日趋规范完善的大好局面。到2001年6月，深圳已有专业性风险投资及相关机构122家，其中包括风险投资公司43家，风险投资管理公司36家，风险投资中介机构23家，以及在深圳开展风险投资的境外机构20家。创业资本总额超过100亿元，其中政府出资占19%，企业出资占66%，个人出资占2%，境外资本占13%。深圳本地投资机构投资项目超过200个，投资额约28亿元[①]。深圳的这些举措，有力地促进了当地高新技术产业的发展，也使深圳成为中国最具硅谷气质的城市。

### 深圳力推产业并购基金集聚，多举措促产业转型

为更好地利用资本市场功能，进一步深化产业转型升级成效，2015年4月，深圳市金融办等七部门联合发布了《关于利用资本市场促进深圳产业转型升级的指导意见》。一是支持建立各部门紧密配合的上市协调机制，全过程服务战略性新兴产业企业进入资本市场。二是支持企业利用并购重组机制提升产业层级，发挥产业基金、支付工具等的引导作用。三是推进符合国家和市产业政策导向的市属国资国企进行产业转型升级，推进市属国资国企利用资本市场实施混合所有制改革，加快战略性新兴产业国资国企股份制改革进度，进一步健全国资监管与证券监管的沟通协调机制。四是进一步推进前海在资本市场开放创新，加强与香港资本市场互通互联，鼓励企业利用前海政策优势，通过“走出去”和“引进来”实现产业层次提升。五是鼓励市场机构围绕产业转型升级创新业务方式，加大深圳区域债券市场发展支持力度，解决中小企业融资难问题，鼓励市场机构针对深圳企业创新创业特点，发展资产证券化业务。六是优化产学研资对接机制，提升企业转型升级过程中技术、信息和资本结合效率。探索建立由政府、银行、股权投资公司、融资担保公司等机构组成的战略性新兴产业投融资体系，推动优化企业转型升级资金投入机制。

---

① 《深圳创业资本总规模逾百亿元》，http://finance.sina.com.cn/g168456.html，2001年6月6日。

与此同时，深圳证券公司等市场机构也从中小企业的实际需求出发，推出了中小企业私募债、券商小额贷平台、资产证券化产品等一系列快捷便利的创新服务机制。针对成长成熟阶段企业进一步发展壮大的需求，深圳部分证券公司等市场机构单独或通过与上市公司合作等方式设立了40余家并购基金，通过这种新型市场并购机制，帮助深圳企业孵化全产业链优质资源。此外，深圳还有多家证券公司在海外设立了专门的分支机构，为深圳企业“走出去”，在海外并购技术资产、发展业务提供了较好的服务。

### 深圳是资本市场驱动产业转型升级先锋的样本

在深圳上市公司产业转型升级过程中，资本市场充分发挥了资源配置功能优势，通过资金募集、并购重组、股权激励等市场机制，起到了重要的支持和促进作用。

2015年，在深圳上市公司新兴产业项目累计投入资金中，直接通过资本市场募集资金投入占比达到21.75%。考虑到自有资金中有一部分是募集资金转流动资金后的沉淀，资本市场支持资金金额和比例已接近银行信贷支持资金。特别是在支持产业转型启动资金方面，通过资本市场募集资金投入占比超过35%，在各类资金来源中排名第一。

资本市场的支持作用还远不仅如此，深圳上市公司借助资本市场股份支付等工具，进行了408宗并购重组，并购重组交易金额超过1200亿元，帮助公司拓展了新兴产业领域，促进了公司产业链的延伸，在公司产品升级、市场拓展、节约成本、技术引进等方面发挥积极作用。

此外，深圳共有63家上市公司实施了114次股权激励，实施股权激励的上市公司数占辖区上市公司总数的33.16%，远高于全国平均比例。累计授予各类股份10.96亿股（份），折合金额（按初始行权价格或股票转让价格）约117.64亿元，其中新兴产业上市公司实施股权激励92家次，占比为80.70%，累计激励金额94.59亿元，占比为80.41%。

深圳的资本市场体系服务于新兴产业企业发展的全周期。据2015年统计，深圳作为中国创投机构集聚地，创投机构在支持上市公司产业转型升级初期阶段发挥的作用明显。在深圳94家新兴产业上市公司中，有64家公司在产业发展过程中曾得到创投机构的投资支持，比例达到68.09%，其中34家公司创投机构持股比例超过10%。正是因为深圳资本市场体系如此完备，才形成了非常适合创新创业的城市氛围。

到2021年，深圳上市公司数已达500家，仅次于北京、上海，位居全国第三，比杭州和广州两个城市的总和还多；放在全球来看，深圳500家上市公司的数量已超过德国（2020年底为438家）。在深圳的500家上市公司中，有119家上市公司属于制造行业，占比近24%，凸显了深圳强大的工业底蕴；有187家上市公司属于信息技术行业，占比超过37%，显示出深圳市上市公司十足的科技含量。

此外，截至2021年10月29日收盘，深圳上市公司总市值达到14.95万亿元，仅次于北京，位居全国第二。与国内其他地区对比来看，深圳上市公司总市值比上海和广州之和还多，是杭州的2倍多；与其他主要大城市相比，深圳上市公司体量，相当于7.7个苏州、9.2个南京、11个天津、11.68个长沙和12.68个重庆。

## 第三节　深圳的科技金融体系

### 深圳创投机构发展领先全国

经过40多年的发展，深圳多个产业位居全国乃至世界前列。深圳经济特区大胆前瞻的布局、变革优化的制度、拼搏创新的精神，使这些产业从无到有、从紧跟到超越，逐步成为全球佼佼者。作为中国科技创新之都，深圳离不开各路资金尤其是市场化资金的支持，而创投机构正是支持创新的源泉之一，也是深圳成功的底色之一。

多年来，深圳市创新投资集团有限公司（简称“深创投”）、基石资产管理股份有限公司（简称“基石资本”）、深圳市达晨创业投资有限公司（简称“达晨”）等一批国内领先的创投机构纷纷在深圳崛起。同时，深圳还拥有规模可观的地方政府引导基金。在深圳经济特区成立40周年之际，偏好硬核科技的深圳创投机构正展现蓬勃生机。

基石资本执行总裁王启文告诉《中国证券报》记者，2020年深圳创投资产管理规模约1.8万亿元，与美国加州创投资产管理规模相当。在多家机构2020年评选的中国创投50强榜单中，深圳上榜创投企业均超过10家，居全国第二，并呈上升趋势。

王启文还指出，实干、创新、专业是深圳创投业的底色，“北京、上海、深圳三地各异的要素禀赋，为当地创投业注入不同发展特色：北京创投业起步早、发展快，拥有政府资源和渠道网络优势；上海创投业依托国际化优势和长三角产业协同优势，形成了独具特色的创投生态；深圳创投业以内资机构为主，投资领域集中在深圳优势产业，如先进制造、人工智能、高端装备、生物医疗等。同深圳的城市精神一样，深圳的创投机构普遍呈现出实干、创新和专业的特点，投资项目普遍有高技术、高研发投入和高增长特点”。

深圳经济特区成立40多年来，不少人士为深圳创投业的成就点赞。深圳市倚锋投资管理企业（有限合伙）董事长朱晋桥坦言：“在全国范围内，深圳创投业无论是机构数量，还是市场活跃程度、投资氛围等，都属第一梯队。深圳创投业还有其鲜明特点——本土创投机构最多、最活跃、全国领先，拥有不少具有国内影响力的本土创投品牌企业。”

朱晋桥表示，深圳创投业发展还有一点比较值得其他地方借鉴的是，政府产业引导基金的政策创新和大力支持，给创投业发展带来极大的推动力，也带动深圳产业升级转型发展，使产业升级与社会资本联动起来。

创投业在深圳的成功，市场化环境功不可没。深创投董事长倪泽望对此感触颇深：“40年来，深圳形成了非常好的市场化机制，企业按照市场化机制运作，政府相关政策也按市场化规律制定。创投业能在深圳得到超常规发展的原因——一个是改革创新，一个是市场环境。这两点实际上一直在引领深圳，也正是由于拥有这样的土壤，创投业才能在深圳茁壮成长。”

除规模上能与美国加州匹敌外，在投资特点上，深圳创投业同样不输于人。扎根于深圳的华为被视为深圳的骄傲，深圳创投机构们瞄准的也是这类硬核科技企业，这正是深圳成功的底色。

倪泽望透露了深创投的投资方向：“我们更倾向于投资那些战略性新兴产业，偏硬核科技类的，尤其是涉及国家核心技术的行业。”事实上，深创投投资重点正是深圳创投业的缩影。朱晋桥表示，在科创板上市公司中，超过四成的企业获得了深圳创投机构的股权投资。这充分说明了深圳创投机构的投资方向：积极响应国家产业导向政策，投资以硬核科技为主的前沿高新技术，聚焦人工智能、智能制造、生物医药等战略性新兴产业。未来数年，深圳创投业及相关产业将迎来丰收期[①]。

### 同创伟业：科技金融机构的典范

在此，我特别要以深圳市同创伟业创业投资有限公司（简称“同创伟业”）为例，说明在深圳，创投机构如何对扶持科技产业的发展发挥极为重要的作用。当然，我之所以要以同创伟业为例，也是因为它的董事长郑伟鹤是我在南开大学的年轻校友，现在仍然在担任南开大学深圳校友会的联席会长。20世纪90年代，他刚到深圳就成为刚刚成立不久的南开大学深圳校友会的骨干。我作为会长认识他时，知道他是南开大学的法学硕士，是深圳一家律师事务所合伙人。没想到2000年后，他竟然华丽转身，转向创投行业，并且在短短几年里就成为这个行业的佼佼者。

同创伟业成立于2000年6月26日，是中国第一批以创业板（后推出深圳中小企业板）为上市目标的专业创业投资公司之一，公司长期专注创业企业投资，为深圳和全国多家中小企业提供创业资金，协助企业规范运作、改善治理结构、参与企业战略决策、提高盈利水平、策划上市，与企业共同成长。同创伟业是目前国内最为活跃的内资民营创投企业之一。

2007年，同创伟业南海成长基金正式设立中国首只有限合伙型基金——深圳南海成长基金。南海成长一期成立半年内，2.5亿元资金就被全部投资完毕，共投资了12个项目。2010年创业板开板，同创伟业首次公开募股（IPO）投资企业中有8家成功上市，平均回报率为11倍，在当年国内所有创投资金的业绩中位列第一。媒体对此高度评价，说郑伟鹤具有“敏锐的嗅觉”，具有“超强捕捉IPO的能力”，“闻都能闻出”上市公司的味道。

长期以来，同创伟业主要关注四大新兴产业领域——大信息、大健康、大清洁和大消费，累计投资案例多达150个，其中成功退出案例55个。2014年，登云股份成功上市，超过10倍的投资回报率再一次为同创伟业带来了喜人的成绩，同时12个项目并购退出，在国内创投机构中成绩斐然。

2008年，同创伟业入选“2008年度中国最佳创业投资机构”；2014年，郑伟鹤当选为福布斯中国最佳创投人之一。

---

① 吴瞬：《硬核崛起　创投机构擦亮“深圳底色”》，《中国证券报》2020年8月20日第A02版。

此后，同创伟业更加深耕国家战略性新兴产业赛道，聚焦细分行业龙头、高爆发力的黑马项目，提出挖掘“新兴产业隐形冠军”，日益在科技金融方面做出更大成就。

2013—2016年，同创伟业实现了18家企业通过并购上市；2015年，同创伟业首只美元基金成立，成为国内为数不多的拥有双币基金管理能力的本土创投机构之一。

2019年，科创板横空出世后，创业板注册制来临，同创伟业更加关注真材实料的高科技、硬科技、黑科技，追求“核心科技资产、创新资产”，郑伟鹤将其总结为“高、冷、硬、黑”。

2019年，同创伟业共10家IPO，上市数量位列全国创投机构第二；2020年，同创伟业上市过会数量14家，上市企业20日回报倍数超过18倍，位列全国第一；2021年，同创伟业持续发力，科创板上市数量排名前列。

事实上，同创伟业常常被视为投资项目成功率最高的本土创投公司。这或许与创始人郑伟鹤多年从事证券律师的经历不无关系，律师职业的特殊要求使他养成了客观、谨慎的处事习惯。尽管谨慎，同创伟业的投资效率却高得出奇。郑伟鹤说：“投资如同读书，从薄读到厚，再从厚读到薄。”多年的经验已使郑伟鹤和他的团队达到“由厚到薄”的境界。

当前，资本市场改革加速，科创板、北交所、创业板注册制相继落地，同创伟业始终以科技创新为主线，深耕国家战略性新兴产业赛道，从前期项目获取到项目投后赋能，以全链条打通内外资源共同助力，与华为、腾讯、比亚迪、迈瑞医疗、中科院、华大基因、平安、中金等众多产业资本深度合作，用以价值创造为基础的赋能式投资打造投资生态圈。

此外，成熟的投资体系，完善的风控体系，以及股东、出资人机构化，核心人员内部培养的人才体系，使得同创伟业的品牌效应持续增强。

目前，同创伟业管理资产规模超300亿元，陆续投资超500家企业，100家企业上市，其中科创板上市企业数量达到21家。同创伟业始终以“创业企业的同行者，伟大企业的引路人”为理念，借助多年深耕产业链的经验为企业赋能，做企业的“超级合伙人”。此外，同创伟业以产业链投资为切入点，聚焦于新兴产业，在硬核科技以及前沿技术投资方面积累了丰富的经验，以稳健投资策略支持创新创业，在创业板、科创板设立等资本市场改革的过程中，为资本市场贡献了一大批优质企业，而在深圳发展为创新城市的过程中，作为深圳本土创投机构极大地加速了深圳的科技创新和产业转型升级。

2019年10月10日，《2019年LEXUS雷克萨斯·胡润百富榜》揭晓，郑伟鹤、黄荔夫妇以57亿元财富排名第736位。2020年10月14日，郑伟鹤入选“2020年中国最具影响力的30位投资人”。

我真为郑伟鹤和黄荔这两位南开校友感到自豪。20世纪90年代初，我认识他们时，他们都还是南开大学毕业不久的年轻人，现在已经成为创投业界的翘楚。

事实上，在深圳，像郑伟鹤和黄荔这样从南开大学毕业的优秀校友还有很多，他们都成为各自领域的佼佼者，都为深圳经济特区的发展做出了卓越的贡献。

### 深圳多层次资本市场体系逐渐形成

2004年我国中小企业板市场成立，2009年创业板市场成立，深圳多层次的资本市场体系也因此确立下来，以主板市场、中小企业板市场、创业板市场为一体的多层次体系的深交所，能够为高科技企业和中小企业风险投资提供完善的退出机制。2011年、2012年，深交所的IPO数量分别为321家、129家，位居全球IPO数量首位。

2021年，深圳2635家上市公司中近八成公司营业收入实现正增长，超四成公司营业收入连续3年正增长。非金融类公司实现营业总收入17.7万亿元，同比增长23.7%。盈利方面，深圳上市公司全年实现净利润9776.2亿元，扣除非经营性损益后净利润7947.2亿元，同比分别增长6.7%和12.7%。其中，超八成公司实现盈利。从行业来看，2021年深圳九成行业收入实现正增长，超六成行业净利润实现正增长，七成以上行业实现盈利。其中，上游采矿业净利润增长178.3%，制造业和现代服务业延续高增长态势。

深交所相关负责人表示，2021年深圳上市公司整体业绩保持平稳增长，创新发展动能持续增强，引领高质量发展的“头雁效应”进一步发挥，资本市场对于推动科技、资本和实体经济高水平循环的枢纽作用日益凸显[①]。

近年来，深圳金融改革创新领域主要集中在为中小企业提供融资服务方面。面

① 《深市上市公司2021年营业总收入同比增速达23.4%》，https://baijiahao.baidu.com/s?id=1732082921297989488&wfr=spider&for=pc，2022年5月6日。

对中小企业融资难，深圳金融业不断创新、攻克难关，多个创新项目获得创新奖荣誉。如招商银行开了我国小企业金融服务专业化经营的先河，首创“小企业专营金融服务模式”，发放贷款超过460亿元，累计支持小企业达7600家。

2018年初，深圳出台了《深圳市促进创业投资行业发展的若干措施》，通过建立健全“募、投、管、退”全生命周期的创投生态体系和“通、聚、税、人”整体政策环境，把深圳建成创投资源集聚、产业要素完备、综合营商环境一流的国际风投创投中心城市。

2020年3月31日，“2020中国深圳投资系列榜单”发布。深圳创投机构实现双增长，全年投资金额692亿元，项目数量1250个，与2019年相比分别增长了39%和26%，领先于全国[①]。

硬科技行业仍为2020年深圳创投主要方向，面对全球疫情和复杂严峻的外部经济环境，深圳创投机构根据国家发展战略逆势布局，投资方向主要集中于集成电路、智能制造、人工智能、新材料、医疗健康等新兴行业。

今天，深圳经济特区这座改革之城、开放之城、高科技产业之城，已然发展成为世界级的金融科技之城。

① 叶霖芳：《2020中国深圳投资系列榜单发布：去年深圳创投实现金额、项目数量双增长》，《南方都市报》2021年4月2日。

# 第九章

# 营商环境：创造深圳奇迹的“黑土地”

前面八章我们讲了创造深圳腾飞奇迹的八大关键核心要素，让大家知道，在这八个方面深圳在全国是领先于国内其他地区的，同时也是值得国内其他地区学习和借鉴的。除此之外，还有两个方面，也是深圳领先于全国的，是值得大家学习和借鉴的，那就是深圳的营商环境和创新环境。这就是本章与下一章的主要内容。

## 第一节　中国在全球营商环境评估中的排名及其变化

在中国改革开放前的计划经济时代，是没有“营商环境”这个概念的，因为从投资到生产到销售流通到最终消费，所有的经济活动环节都由指令性计划完成。不仅没有“营商”，更不需要有什么“营商环境”。所以，对于我们国家和各级政府来说，“营商环境”是一个新概念，是一个从改革开放后才开始知道，并且逐步培养、建立、发展、完善起来的新事物。

这个问题，从我们国家在全球营商环境评估中的排名及其变化过程，就可以看出端倪。

为评估世界各经济体的企业营商环境，世界银行从2003年起每年都通过对各经济体的调查研究，对构成各经济体的企业营商环境的十组指标进行逐项评级并得出综合排名[①]。营商环境指标排名越靠前，表明在该经济体从事企业经营活动的条件越宽松。相反，营商环境指标排名越靠后，则表明在该经济体从事企业经营活动越困难。从世界银行每年对世界各经济体的企业营商环境指标排名的比较分析中可以看出，企业营商环境指标排名靠前的几乎都是发达经济体。

2013年中国在全球营商环境评估中排名后列。2013年中国已经进行市场经济改革35年并且加入世界贸易组织12年，但是在当年世界银行发布的全球营商环境评估排名中，中国在全球185个经济体中仅排在第91位，不但落后于发达经济体，而且落后于大部分经济水平相对较好的发展中经济体。

更值得注意的是，在2005年世界银行发布全球营商环境评估报告时，中国就在155个经济体中排在第91位。到了2013年，时间又过了8年，且在这8年中，中国已超过美国成为世界第一大制造业大国，已超过日本成为世界第二大经济体，但是中国的企业营商环境严重落后的问题依然没有得到大的改善，依然排在世界各经济体的后列。

事实上，到世界银行公布2018年全球营商环境评估排名时，中国也只是从2013年的第91位上升到第78位，5年之内只上升了13位，仍然排在世界经济体的中后列，落后于所有发达经济体和大部分中等发达经济体。这说明在这5年里，中国营商环境评估的排名进步幅度仍然不大。

从世界银行营商环境评估的分项指标来看，当时中国营商环境落后的主要表现为：在投资者保护方面，存在严重的企业交易不透明和企业代理问题；在企业借贷获得方面，缺乏有关企业借贷信息的交流，存在企业贷款困难问题；在税制方面，存在处理税务手续多、花费时间多、税负水平高等问题；在企业开办方面，存在开办手续繁杂、成本高的问题；在申领执照方面，同样存在手续繁杂和花费时间长及成本高的问题；在合同执行方面，存在商业合约执行步骤少、合约执行的法律保护不够、合约执行时间过长等问题。

① 世界银行2001年成立营商环境小组来构建营商环境指标体系，2003年发布第一份全球营商环境报告。

### 2019年后中国在全球营商环境评估中排名大幅跃升

此后，中国各级政府开始重视这个问题，并且在改善营商环境方面做了大量的深化改革和实施更加完善的举措。2018年后，国务院专门成立了国务院推进政府职能转变和“放管服”改革协调小组，并下设优化营商环境专题组，先后出台了《国务院办公厅关于部分地方优化营商环境典型做法的通报》《国务院办公厅关于聚焦企业关切进一步推动优化营商环境政策落实的通知》等一系列文件，对加大力度优化营商环境做出具体部署。

由此，中国的营商环境在短短的时间里取得了长足的进步。在世界银行发布的《2019年营商环境报告》中，中国营商环境综合评价在全球190个经济体中已经排在第46位，比起2018年的排名第78位，一年之内就上升了32位。此后，在世界银行发布的《2020年营商环境报告》中，中国的排名再度大幅上升，从2019年的第46位上升至第31位，一年之内又跃升了15位；与2018年的排名第78位相比，两年之内跃升了47位。

不但如此，在世界银行发布的《2020年营商环境报告》中还指出，中国由于“大力推进改革议程”，已经连续2年入列全球营商环境改善幅度最大的十大经济体。特别值得注意的是，中国改善了司法行政质量，这一指标的满分是18分，中国的得分是17分，也是全世界各经济体中得分最高的；同时，中国也成为执行合同效率最高的经济体。

### 中国在全球营商环境中的排名及其变化的两点启示

那么，从上述中国在全球营商环境中的排名及其变化我们能看出什么呢？

第一，中国的营商环境指标长期落后，表明中国长期以来对于营商环境的重视度不够，从根本上说，就是长期实行计划经济体制造成的根深蒂固的传统观念、思维定式和行为定式，还是以政府为主导的经济模式在发挥主要作用。1992年10月，党的十四大就已宣示中国要建立社会主义市场经济体制，然而在很长一段时间里，企业尤其是民营企业这个市场经济的主体，在其经济活动中受到各种限制。这真实地反映出中国的市场经济发展程度还存在很严峻的问题；也表明了中国各级政府从审批到管理的各个环节透明度不高、工作效率低、治理水平落后，距离一个透明、高效、法治、服务型政府还差得很远。

第二，2019年以后，中国在全球营商环境评估中的排名大幅跃升，说明在党的十九大后，政府的观念、改革力度、工作效率和透明度，市场经济发展，企业的生存和发展条件，以及社会的法治环境等都有了大幅度的进步。

## 第二节 深圳的营商环境好在哪里

从以上我们对整个中国营商环境的观察和分析中可以看出，我们国家大部分地区的营商环境长期以来都是相当落后的，存在相当多的问题，最近几年，由于国家高度重视这个问题，狠抓这个问题，才有了明显的改善。

在这一点上，深圳与国内绝大多数地区都有着明显的不同之处。

### 深圳经济特区成立伊始就注重营商环境建设

正如我们在前面已经讲到的，由于深圳是改革开放后才新批准成立的特区，其所在地原来就是一个边陲小镇，在计划经济时期的发展几乎就是“一张白纸”，因而计划经济所形成的那套观念和行为“桎梏”在这里很薄弱，反而由于是特区，“特事特办”成为人们的观念指南和行动准则；另外，特区成立后首要任务就是竭尽全力、千方百计地招商引资，尽快尽多地成立三资企业和“三来一补”企业，所以新成立的特区政府从一开始就要尽可能地简化审批程序，提高审批效率，加快审批速度，不但要为各类企业做好各项服务工作，同时还要按照国际惯例合规守法，信守承诺，且保护投资者的私有产权。所以深圳经济特区从成立起就基本上是按照国际惯例所要求的营商环境来做的。此后，在特区的不断发展壮大中，历届深圳市委、市政府始终重视营商环境问题，始终通过不断出台改革措施，出台各种政策，努力搞好营商环境。尽管与发达国家更高标准和更高水平的营商环境相比，深圳还有不小的差距，但是相比于其他地区，深圳的营商环境始终领先于全国。我们前面所讲到的深圳市场经济发展水平领先、民营经济发展独领风骚、企业科技研发成果斐然，无一不是深圳优越营商环境的有力证明。

### ✎ 深圳的营商环境被外商一致看好

早在2001年7月，《深圳特区报》就发表了一篇专稿，题目叫《深圳的投资环境好在哪里？》，文章指出，到2001年已有100多家跨国公司、国际知名大企业来深圳落户，投资项目超过180个。其中，列入美国权威杂志《幸福》公布的世界500强的有近80家。该文指出，外商对深圳营商环境的满意度集中体现为以下五点：

第一，深圳毗邻港澳，拥有海陆空立体口岸，基础设施完备，城市功能齐全，“引进来”和“走出去”都很便利，不仅适合发展制造业，也适合发展服务业和各项社会事业。深圳经济活跃，产业关联度较高，配套优势明显，市场发育比较成熟，生产要素能够得到合理、有效配置，投入产出比较高，有利于资本流入。

第二，深圳产业发展思路清晰，政府制定的发展战略和产业布局科学而务实，招商引资结构合理，注重与国际经济的融合，对经济全球化、信息化的适应能力较强，企业微观经济活动能够得到政府的有效指导。

第三，深圳率先建立起社会主义市场经济体制，市场化程度较高。在资源配置中市场发挥主导作用，政府只是从宏观上通过法规政策指导协调地区经济发展，企业自主发展及伸缩余地较大。

第四，深圳法制较健全，初步建立了较完善的、与国际惯例相衔接的法规体系，社会经济生活的各方面都基本有法可依。

第五，深圳市政府运作规范、办事效率和服务水平比较高。尤其是深圳海关、边检、商检等部门近两年改革力度较大，服务意识明显增强，通关效率大大提高，已经成为深圳投资环境的优势所在[①]。

在这里，大家注意一个时间点，《深圳特区报》刊发这篇文章的时间是2001年，而那时全国的营商环境怎么样呢？正如我们前面讲到的，直到2005年，世界银行发布全球营商环境评估报告时，中国在全球155个经济体中排名第91位，而这种落后局面是在2018年中央高度重视营商环境并提振发力后，才得到根本改善，2019年后中国在全球营商环境评估中的排名才得以大幅度跃升。

① 《深圳的投资环境好在哪里？》，《深圳特区报》2001年7月19日。

由此，我们可以清楚地了解到，深圳的营商环境是怎样大幅领先全国的，深圳为何能够始终保持领先全国的经济发展速度和质量，为何能够在转型创新方面不断走在全国前列，为何能够创造“奇迹中的奇迹”。

## 第三节　深圳的商事登记制度改革

党的十八大后，2013年，深圳又在全国率先开展商事制度改革。它是对传统企业登记制度的一个颠覆性改革，是深圳对标发达经济体进一步改革自身营商环境、进一步深化政府审批制度、进一步转变政府职能和监管方式、进一步发挥市场在资源配置中决定性作用的一项重要改革。

### 深圳商事登记制度改革的背景

商事登记制度改革解决的主要问题是传统企业登记制度审批多、门槛高、效率低、注册难，这些问题在一定程度上压抑了经济发展的活力，也带来了诸多政府管理上的问题。

一是传统企业登记制度是以营业执照为中心的、主体资格和经营资格相捆绑的登记制度。一家企业在成立之前，如果经营范围涉及许可项目，首先要通过审批部门的审核并取得经营资格后，方可办理营业执照、开展经营活动，由此产生了所谓的前置审批。前置审批不仅存在项目多、条件高、效率低的问题，而且存在审批难的问题。

二是原有规定公司注册资本必须在法定期限内实缴到位并由依法设立的验资机构验资，由工商登记机关登记后在营业执照中记载公示，出资方式和非货币出资的比例均有强制性规定。这一制度导致设立公司成本高、效率低，出资形式范围小、渠道少，尤其是非货币出资手续繁杂、费用高，资本运营效率低，同时还会造成虚假出资、虚假注册和抽逃出资的事件大量发生，不利于社会交易安全和诚信体系的建立。

三是传统企业登记制度要求企业提交烦琐的场地使用证明文件。登记机关对住所或者经营场所登记的审查条件十分苛刻，且一个具体地址一般只能登记为一家商事主体的住所或者经营场所。同时，城市化过程中存在大量无法办理产权登记的历史遗留建筑物无法作为经营场所办理证照的问题，导致办公场所资源有限的矛盾日益突出，也使商事主体经营成本居高不下。这最终造成注册场地虚假现象突出，存在大量“查无下落”企业。

四是传统企业年度检验是对企业登记事项是否发生变化进行的监督检查制度。国际通常做法的根本目的是检验商事主体的生存状况和财务信用状况，而我国做法的根本目的是加强对企业的管理和控制。这种监管往往将企业推向被吊销营业执照的境地，且对未年检的企业往往处罚过重甚至吊销营业执照。于是，一方面存在因无法在规定期限内申办年检被吊销营业执照的企业难以恢复正常经营的问题，另一方面存在大量已不再经营也无人过问的被吊销营业执照的企业无法正常退出市场的问题。

五是传统企业登记信息公示是以工商登记和监管信息公示为主，登记机关以外的各审批管理机关也各自设置有关的信息公示平台，例如银行、海关、税务、证券等审批或行业管理部门也在各自业务范围内建立相应企业审批和管理的信息公示平台，但上述信息公示平台大多没有实现信息互联互通，社会公众及市场交易各方无法全面了解商事主体的登记审批、监管及其他信用信息，也无法形成覆盖全社会各个领域的社会信用体系。

六是传统受理审核的营业执照登记仍然以窗口受理审批和发放纸质营业执照为主要方式，虽然开通网上登记业务系统，但也仅限于网上的预约申报和名称预先核准，使用率很低。这种受理审批方式使企业办事人员排队等候时间长，而政府部门受编制、硬件条件等限制，也不能一味靠增加人手解决问题，这一矛盾长期存在，不符合创建服务型政府的理念。

实践表明，传统的商事登记制度不仅没有达到对企业活动有效监管的目的，反而大大限制了企业的活力，大大降低了政府和企业的工作效率，而且浪费了大量政府相关部门和企业的人力、财力、物力，存在制度设计上的根本缺陷。

### 深圳商事登记制度改革的内容

深圳商事登记制度改革坚持以问题为导向，针对上述存在的问题，主要在以下方面实现改革创新：

第一，改革以营业执照为中心的商事登记制度，包括经营范围不再作为登记事项，赋予了企业充分的经营自主权；实行场所自行申报，无须提交场地证明材料，允许“一址多照、一照多址”，释放更多的场地资源；商事主体登记前置审批事项由149项削减为12项，改“先证后照”为“先照后证”；确立“谁审批，谁监管”以及与行业监管相结合的原则，倒逼行政审批制度改革和商事主体的后续监管制度建设。

第二，改革有限责任公司和股份有限公司注册资本实缴登记制度，实行注册资本认缴登记制度，完善公司内部治理结构。股东的出资方式、出资额、出资时间等内容，均由股东自行约定并记载于公司章程中。股东以其出资额为限承担相应的责任，其他股东、公司利益相关人可对企业出资情况进行监督。政府通过抽查的方式，将不履行出资承诺的企业进行失信公示。

第三，改革传统企业登记年检制度，实行商事主体年报制度，由商事主体定期向社会公开登记事项、备案事项、注册资本实缴情况等信息，接受公众的查询和监督。

第四，改革商事主体监管方式，实行经营异常名录制度，创新信用监管模式，将不按时提交年度报告和通过登记住所或者经营场所无法联系的商事主体载入经营异常名录并向社会公示，促使商事主体诚信守法经营。

第五，构建统一的商事主体登记及许可审批信用信息公示平台，及时在网上公示商事主体登记和行政许可信息、年报信息、监管信息、信用信息等，强化全社会对商事主体及其经营行为、竞争行为的监管，实现社会共治。

第六，建立电子营业执照制度，实现商事登记的电子化和网络化。全面实现全业务、全流程、无纸化网上登记，申请人无须到注册窗口提交书面材料，高效率完成整个注册流程，颁发的电子营业执照与纸质营业执照具有同等法律效力。在此基础上又实现了营业执照、机构代码证、税务登记证、刻章许可证“四证合一”，在全国首创了“一表申请、一门受理、一次审核、信息互认、四证同发”的商事登记新模式。

第七，改革营业执照种类和内容，大幅削减营业执照种类，简化营业执照记载内容。将过去使用的15种营业执照大幅简化为4种，不再记载注册资本和经营范围。在办理商事登记的官网上新增“重要提示”栏，提示公众在网上查询所需的相关信息等。

第八，出台了《深圳市商事主体行政审批事项权责清单》和审批事项后续监管办法。对全市25个部门共129个许可审批项目规定了后续监管办法，进一步厘清了各部门审批及监管的权力和责任，确保监管到位，防止监管真空，为落实“宽进”后的“严管”和各部门齐抓共管打下了基础。

### 深圳商事登记制度改革的成效

深圳商事登记制度改革，推动了政府审批和监管方式发生转变，进一步优化了深圳的营商环境，大大减轻了企业的负担，激发了创业热潮，取得了很好的效果。

一是发挥了市场决定性作用，激发了创业热潮，促进了经济稳步增长。商事主体数量增长迅猛，商事登记制度改革实施前的2013年尚不足100万户，改革后的2015年迅速达到215万户。社会创业热情高涨，极大地推动了创新型、服务型产业的发展。

二是促进产业结构进一步优化，中小微企业快速发展。2015年注册资本500万元以下的法人企业户数同比增长约70%，中小微企业数量在全市企业数量中的占比在80%以上。

三是有效推动了监管方式的改变。2015年已建成覆盖全市225万多家商事主体（包括注销、吊销企业）共3.8亿项信用信息的华南地区最大的商事主体信用信息数据库，为下一步的“大数据监管”打下基础。

四是切实减轻商事主体负担，降低营商准入成本，创造优良营商环境，扩大就业惠及民生。改革后2015年70%以上的新登记企业采用了注册资本认缴制，大大提高了资金利用率，盘活、释放了大量场地资源，并进一步简化材料，优化办事流程。过去通过传统的窗口受理方式，人均办理量最多只有25件/天，实行全流程网上办理模式后，人均办理量达50件/天，审核效率提高了100%，为商事主体提供了更高效便利的服务[①]。

① 陈文、马忠新：《深圳的全面深化改革与前海创新试验》，海天出版社，2019。

## 深圳继续深化改革 做中国营商环境最好的城市

2018年2月，深圳出台营商环境改革措施“20条”，以世界银行营商环境评价体系为参照，对标新加坡等发达经济体，进一步按照国际标准提升深圳营商环境水平。

2021年，深圳又在推进营商环境改革方面采取了“四个率先”：

一是率先出台优化营商环境条例。深圳对标世界银行营商环境评价体系，以推进要素市场化配置为重点，在营造优质平等经营环境、创新融资便利模式、健全市场主体权益保障机制等六大领域进行了一系列改革创新，进一步完善了公平开放的市场环境。

二是率先实施新型知识产权法律保护试点。依托中国（深圳）知识产权保护中心，构建起快速受理、授权、确权、维权的全链条保护体系。率先建立实施知识产权侵权惩罚性赔偿制度，率先推出知识产权证券化产品，进一步激发科技创新的积极性。深圳知识产权创造、保护和运用等指标在全国营商环境评价中排名首位。

三是率先开展通关便利化改革。围绕优化通关流程、降低通关成本等方面，推出便利通关“新29条”措施，着力打造一流的通关环境，特别是大力推行“湾区组合港”，实现一次报关、一次查验、一次放行，报关成本降低30%。

四是率先开展破产制度改革试点。以特区立法形式在全国率先出台实施个人破产法规，成立首家个人破产事务管理机构，上线首个个人破产一体化办理平台，2021年7月审结全国第一宗个人破产案件，填补了我国自然人破产法律制度的空白。同时，大力深化市场主体退出制度改革，首创市场主体除名制、依职权注销制、试点歇业制，目前已批量除名531家商事主体，依职权注销85家商事主体。

正是因为深圳的营商环境始终保持在全国最好，所以深圳的商事主体数和创业密度多年保持全国第一。而且，在2021年深圳的377万户商事主体中，有超过2万家国家高新技术企业、494家境内外上市企业和169家“专精特新”企业[①]。

① 《重磅！深圳市委书记宣布：2021深圳全球招商大会签约超8200亿元！选择深圳，就是选择与重大国家战略同频共振！》，https://www.163.com/dy/article/GRA 16BBN0511HMV0.html，2021年12月15日。

## 第四节 深圳的法治建设

### 法治建设是搞好营商环境的关键之一

深圳经济特区自建立起就非常重视法治的建设，尤其是毗邻香港，深受香港完善法治结构的影响，且具有特区立法权，因而深圳的法治理念、法治精神和法治行为与许多地方相比要超前许多。

多年来，以法治立商业规矩，以法治立市场秩序，以法治立社会诚信，以法治立产品质量，以法治规范和改善政府行为，已成为深圳整个社会发展的基础和共识，这一点也是深圳能够率先基本完成产业升级和经济转型的根本原因之一。

现在很多人把搞好营商环境看作是改革商事登记制度，他们以为只要简化审批手续、优化办事流程、提高审批效率、搞好商事主体的各项服务就可以了。而且我也注意到现在国内许多主流媒体在报道本地营商环境得到大幅改善和提升时，着眼点几乎都在这几个方面。实际上这是陷入了一种误区，至少对搞好营商环境是一种片面的认识。

尽管这些方面的改革是十分必要和十分重要的，但是一定要清楚地认识到，要搞好营商环境绝不仅仅在于这几个方面，真正符合国际营商环境高标准的，还有更重要的关键点，那就是必须保证有高水平的法治建设，必须保证有高水平的诚信建设。

在国内，我们经常会看到各地在招商引资中的一种“常态现象”，就是在招引投资者来本地投资时，非常热情地“开门迎客”，态度十分诚恳，办事效率很高，手续尽量简便，让投资者感到很舒服；但是一旦投资者的项目落地后，则会在项目开办及后续的经济活动中出现不守承诺、不按法律和规矩办事，以及关、卡、拖延、为难的“关门打狗”现象。

出现这种现象很重要的原因是我们现在的政府官员“一两年就一换”，前任领导做了各种承诺把项目招来，后任领导不认账、不守承诺，更改甚至撕毁原来的合同协议，导致企业项目在当地无法生存和发展，这在我国很多地方都很常见。很多地方都是投资者把项目资金投进来了，最后却处处受阻、寸步难行，甚至一事无成。投资者也不敢得罪当地政府，只能是一筹莫展、欲哭无泪。这种"前人栽树，后人砍掉"的"恶象"，归根结底还是营商环境中的法治问题和诚信问题。

### 深圳市政府从一开始就养成了遵规守法的习惯

深圳作为经济特区，从一开始就非常注重营商环境的法治化问题。这里有两个重要的原因：一是深圳经济特区一成立，主要任务就是对我国香港、台湾和欧美日进行招商引资，所以从一开始就要养成政府必须要信守合同，必须要保护投资人的合法权益，必须要按法律办事的习惯。二是毗邻香港，很容易受到香港这个具有非常成熟的法制环境的国际化大都市的影响。

所以深圳招商引资这么成功，很重要的原因就是，只要是合法合规的引资项目，无论换了哪一届领导，都必须按当初的合同办事，必须要讲诚信、守承诺，必须要按法律办事。即使在后来的发展中发现了前面招商项目中存在的问题，也都是通过法律渠道来解决，政府从不直接用行政手段命令或干预企业的合法正常运行，更没有用行政方式去更改和不遵守原来已经签订的合同约定。

此后，随着中国改革开放的不断深入，深圳的法治建设水平也不断得到提升。

在1998年制定的《深圳全面建设比较完善的社会主义市场经济体制纲要》中就进一步明确：第一，进一步完善社会主义市场经济的法规体系，全面清理深圳的地方性法规和规范性文件，对不合时宜的分别进行修订或废止；完善关于企业债权债务处理、就业和社会保障、垄断行业特许专营、国有资产监督管理、个人和企业信用建设、市场中介组织、各种行政行为等方面的立法进程。规范立法程序，建立科学的立法制度。禁止部门立法或部门利益合法化的倾向。第二，严格依法行政，政府执法必须有明确的法律依据，否则视为非法。进一步规范行政程序和行政许可、行政收费、行政强制、行政处罚等行政执法行为。加强对行政执法的监督，建立行政执法责任追究制度。第三，公正司法，有效监督经济合同的执行，有效保护产权。

2014年，深圳市政府率先与国务院法制办公室签署了《关于推进深圳市加快建设法治政府的合作协议》，深圳成为全国首个法治政府建设试点城市。

2014年10月，《人民日报》发表一篇对时任深圳市委书记王荣的专访文章，主题就是有关深圳加快建设“一流法治城市”。专访文章指出，王荣强调，深圳把法治化作为全面深化改革的重要突破口，就是要通过最大的努力，全力打造更优的法治化环境，使“一流法治”成为深圳新时期最为显著、最为核心的竞争优势，法治是特区营造新优势的重要着力点。为此，深圳制订出台了全市性的实施方案，以“分阶段、项目化”的方式，从立法、执法、司法、普法等多层面，部署开展专项行动，率先推进实施多项重点改革，努力营造公平公正的司法环境。除了率先启动法院人员分类管理和法官职业化改革以及审判权运行机制改革外，深圳还在全国率先推进了司法公开、新型诉讼监督模式、案件管理系统改革，并启动检察院职业化改革等。深圳还出台了国内首个规范行政处罚自由裁量权的《深圳市规范行政处罚裁量权若干规定》，编制“权责清单”，利用电子监察系统对各类行政行为进行实时监督，让执法权在阳光下行使。王荣在采访中表示，当年深圳以率先在土地有偿使用、突破资本市场“禁区”、打破计划模式“大锅饭”等方面创造出的1000多项“全国第一”，担当了“开路先锋”角色；现在深圳更有基础、有条件、有责任继续发挥好先锋示范作用，以法治立规矩、以法治立秩序、以法治立诚信、以法治立质量，增创市场经济发展新优势。

谈到规范政府行为、改善政府作为，王荣强调，必须打造“法治政府”，用“法”来明确政府职能边界，实现“法定职责必须为、法无授权不可为”。在这方面，深圳将继续加快转变政府职能，建立政府“权责清单”和市场准入的“负面清单”，实现政府、市场、社会“各尽其责、各就其位”[①]。

① 许正中、吴焰、杨凯：《深圳要率先释放法治红利》，《人民日报》（海外版）2014年10月17日第001版。

## 第五节　深圳的社会诚信建设

### 深圳率先全面推进社会信用体系建设

多年来，深圳各方就注重以信誉拓展市场，全面推进诚信建设制度化各项工作，打造“深圳信誉”，不断提升深圳的城市竞争力。尤其是深圳市政府，致力于科学搭建质量信用评价体系，建立透明诚信的市场秩序规范企业，让信用成为社会主义市场经济体系的基础。

2002年11月，深圳市企业信用信息系统正式开通试运行，并于同月率先颁布全国第一部地方信用规章《深圳市企业信用征信和评估管理办法》，2003年12月深圳市企业信用信息中心正式挂牌。截至2020年11月，深圳市企业信用信息系统成为全国领先的企业征信数据库，已集成475万家商事主体的登记、监管、资质认证、表彰与处罚、纳税、信贷、诉讼立结案和执行等共计9731亿条信用信息。该数据库信息提供单位已扩展到全市74家行政司法机关、行业协会、公共企事业单位，广泛应用于行政审批、信贷审批和日常市场交易活动，成为降低市场交易风险的有力屏障。

总之，深圳从政府各部门到司法机构、社会团体、行业协会、商会直至各企业，都在打造“深圳信誉”的品牌，让诚信意识深深地扎根在每一位市民心中。正是由于深圳能够以增强诚信意识为目的，以形成覆盖全社会的征信系统为基础，以健全法规和标准体系为突破口，以信用信息记录、整合和应用为重点，以建立守信激励和失信惩戒机制为手段，全面推进社会信用体系建设，因而为整个产业升级和经济转型提供了根本的保障。

2020年，我在一篇有关新时代深圳改革再出发的文章中写道：“与国内其他地区相比，深圳的社会诚信发展比较高。政府要讲政府的诚信，企业要讲企业的诚信，已经形成了一种良好的社会生态和氛围。众所周知，只有在诚信度比较高的地方，民营经济才能得到健康、良性的发展。”[①]而为什么许多内地城市做不到这一点？这与那些地方“人治”大行其道有关。如果一个地方的经济发展也好，社会发展也好，主要是靠人脉关系去维持和推动，那么这种地方的社会诚信度就必然会很低。比如，内地不少政府为了引进项目和资金，开始会承诺投资者很多事情，但把企业、项目和资金引进来后，却失信了，不按照原来承诺的去做，搞得投资者举步维艰，手足无措。像这样的地区就没有诚信度可言，这个地方就无法建立良好的营商环境，它的经济发展特别是民营经济发展就很困难，就发展不起来。

### 深圳不断创新信用管理体系

2012年，深圳市政府提出了社会信用体系建设总体目标：以增强诚信意识和改善经济社会运行环境为目的，以形成覆盖全社会的征信系统为基础，以健全法规和标准体系为保障，以信用信息记录、整合和应用为重点，以建立守信激励和失信惩戒机制为手段，全面推进社会信用体系建设。

2014年，深圳推出三大创新举措以进一步推进诚信建设制度化，科学搭建质量信用评价体系，建立透明诚信的市场秩序规范。一是开全国先河，将失信的商事主体载入经营异常名录，对全社会进行公示。二是建成了全国领先、华南最大的企业征信数据库。集成共计3亿条信用信息，企业是否涉嫌诈骗，是否有环保、消防、信贷方面的信用污点，登录深圳市企业信用信息系统一查便知。三是完善了全市统一的商事主体登记及许可审批信用信息公示平台，实现跨部门联动监管。

2020年，深圳又在全国率先建立个人破产制度，以此救济诚实守信的债务人，对恶意逃债或实施破产欺诈的债务人则将加以严惩。

总之，深圳诚信体系的相对完善和领先是深圳产业得以升级和经济得以转型的重要社会保障，同时也是深圳市场经济相对比较发达、法治相对比较健全的重要标志。

① 《深圳特区|李罗力：关于新时代深圳改革开放再出发的若干思考》，https://baijiahao.baidu.com/s?id=1675959418537953649&wfr=spider&for=pc，2020年8月8日。

## 第六节 深圳的商会和行业协会

我们前面已经讲到，现在国际通行的创新生态系统理论中，把各种行业协会看作是创新主体的支撑要素。它们是企业与政府、企业与企业之间沟通、联系、合作、资源互补和整合的纽带与桥梁。

深圳之所以能够创造如此辉煌的腾飞奇迹，深圳的商会和行业协会发挥了绝大多数其他地区的商会、行业协会所没有或不能起到的作用，它们同样是在深圳这片沃土上思想解放、勇于改革，为深圳的对外开放和产业发展而拼搏奋斗、大胆创新的一支不可或缺的生力军。

下面我们就主要以深圳外商投资企业协会为例，看看深圳的商会和行业协会是如何改革创新和发挥重要作用的。

### 深圳外商投资企业协会甫一成立便是全国改革的典范

1989年，深圳外商投资企业协会（简称“深圳外商协会”）成立，尽管它不是全国成立的第一家外商协会，但是它一成立便是全国外商协会中第一家“无政府编制、无行政拨款、无政府授权特殊职能”的纯粹民间化经济社团组织，率先成为我国外商协会从“二政府组织”向纯粹民间组织转型的典范。

对此，以海军正团级职务转业、从北京南下到深圳筹办深圳外商协会的郭小慧会长回忆说：“我们提出了把协会定位于走民间化道路，在当时是一个大胆的创新。”郭小慧说，当时已成立的各省市外商协会几乎都是政府外经贸部门“一套人马，两块牌子”的“二政府”模式，“别人都是打破了脑袋地想让这样新成立的协会往政府里钻，靠政府来养，我们却要与政府脱钩。周围几乎都是惊讶、狐疑的目光”。

当时的深圳市主要领导积极支持深圳外商协会创办者的大胆设想和勇敢创新，即协会最大限度地与政府脱钩，置身市场，自我发展，自主运作，行为自律。深圳外商协会毅然从刚设立时深圳市政府提供的办公室里搬出来，并在行政编制上与政府脱钩，成为独立的社团法人。就这样，一个有别于全国其他省市的、具有完全民间化独特机制和运作模式的外商协会在深圳诞生了。

从此，深圳外商协会在“无政府编制、无行政拨款、无政府授权特殊职能”的情况下，开始借鉴国际化商会的会员大会、理事会的运作模式，探索着走进了市场，寻求自我生存之道，完善组织服务，迅速凝聚企业，成为当时最早投资深圳经济特区几千家外资企业的“娘家”，为进一步吸引外商投身特区建设做出了重要的贡献。

### 深圳外商协会打造为外商服务的全程服务链

在深圳外商协会发展的第一个十年，探寻一条“具有中国特色的民间化发展”的道路，成了其面临的最大课题。

当年的深圳经济特区处于初创阶段，开发建设如火如荼，需要吸引大量外商投资，可是外商来了，却茫然不知所措，不懂政策法规，不知办事程序，每走一步都步履维艰，这是个大大的痛点。

外商痛，政府也痛，担心外商知难而退。深圳外商协会敏锐地发现了这个痛点，于是诞生了备受外商赞誉的深圳外商协会全程服务链，就是从外商投资意向的委托、选项、论证、选址、签约、注册，到企业落成、运作中的各种政策疑难、政府协调、运作协调，再到企业发展中的人力资源招聘、融资、上市等全方位的全程服务模式，并由深圳外商协会与深圳市国际投融资商会两个兄弟协会的联手服务来完成，从体制、机制上实现了一条全新的全程服务链。深圳外商协会这种以政策服务为主的服务模式，在对外开放萌芽阶段，为外资企业在深圳的生存发展提供了最切实的帮助，取得了当时在深几千家外资企业对协会的充分支持，实现了协会民间化运作的巨大成功。

20世纪90年代初，国家经济政策变化快，深圳外商协会加大政策服务力度，仅仅内刊《政策法规信息》一年就出了100多期，平均3天出一期，送到外资企业手里。深圳外商协会作为政府和市场的有效补充，在政府和外商企业之间搭建了一个消解信息双向盲区和误区、凝集共识、推动问题解决的平台。

不仅如此，深圳外商协会在成立后的第一个十年里，还发挥了更多和更大的作用。例如，1994年，促成了14家中外合资企业股票上市，使外资企业进入中国证券市场，同时促成多家中国企业在美国上市；1995年，向政府反映免抵退税政策对出口企业的影响，形成内参并报到最高决策层，国家决定暂缓2年执行；1995年，向中央建议外资银行经营人民币业务并获批准；1997年香港回归之前，与香港工业总会共同组织了深港两地经济对接研讨会，联合社会各界向中央提交了第一份民间的关于深港对接的建议案，并组织了200多家港资企业慰问驻港部队，得到了国务院、中央军委的高度肯定；等等。

特别值得一提的是，1995年，国家拟实行加工贸易进料缴税、出口再退税政策，即加工贸易企业进口原材料要缴税，出口时再退税。这主要是针对一些企业偷税、漏税和走私的问题，出发点是好的，而且非常必要，但是在具体执行过程中，却出现了企业大批资金被扣在海关、企业无法正常运作甚至垮掉的状况。这个痛点怎么解决？深圳外商协会经过调研、分析，与香港四大商会联手建言，提出了建立台账的建议，就是企业进口原材料时只记账，不真交钱，等到产品出口时销账就行了，从而促使国家建立加工贸易企业出口退税台账制度。直到今天，这个制度仍在执行。

### 深圳外商协会在全球范围内为企业配置资源

20世纪初，10年过后，当国内大多数外商协会还在为官办还是民间化纠结、为自身的前景而迷惘的时候，深圳外商协会已再次超前地提出了向国际化商会迈进的目标，在全球范围内为企业提供资讯服务并配置资源。

深圳外商协会积极参与国际经贸交流，帮助外资企业开发国内外市场。例如，帮助奥林巴斯进入中国；为飞利浦市场开发进行路演推荐；实施最早的“一带一路”行动——把手机制造业引向非洲卢旺达并辐射周边6个国家；促成卢旺达首都基加利和深圳建立友好城市等。

深圳外商协会还针对不同投资国、不同行业的特点，成立了不同类型的工作委员会，提供差异化、个性化的服务，欧美工作委员会、日资企业工作委员会、家用电器工作委员会、纺织品工作委员会、中小企业工作委员会、物流工作委员会等行业和投资地区的工作委员会相继成立。

此外，深圳外商协会还搭建了全球贸易合作平台，与美国、英国、澳大利亚、意大利、韩国、日本、比利时、卢旺达等三十几个国家建立了长期稳定的商务发展关系，和各国商会、大型企业、律师事务所、会计师事务所、咨询公司、投资机构开展商务合作，助力企业的全球贸易活动。

这个改变，意味着深圳外商协会为适应中国更大规模和更广程度的对外开放以及“引进来”“走出去”的市场需求，为整个外资企业进入中国以后遇到的问题提供了整体解决方案，为外资企业提供从投资开始一直到落地包括转型期融资、并购、升级等金融服务，并把深圳外商协会与国际投融资商会的企业资源和社会资源紧密融合，为外商投资者和外商企业打造了一条更加扎实、更加实用的全程服务链，从原来点对点的对外商单项服务，提升为多点、纵深和全程链条式的对外商服务。

另外，随着来华投资企业的增多，深圳外商协会的会员企业迅速增加，在经营中，众多的商业纠纷也纷纷出现了。企业痛，政府也痛，这个痛点怎么解决？2007年，深圳外商协会会长郭小慧经过多方论证和协调，与中国国际经济贸易仲裁委员会华南分会联手，成立了深圳外商投资企业协会企业商事调解委员会（简称“企业商事调解委员会”），弥补了正式的企业商事调解机构的空缺，并对企业商事调解与仲裁进行了无缝对接。这是深圳外商协会在新形势下的又一个创新。企业商事调解委员会成立以后，形成了调解与仲裁紧密结合的机制。中国国际经济贸易仲裁委员会华南分会的仲裁裁决具有“一裁终局”的约束力，因此，可赋予调解结果以仲裁裁决的强制效力，在联合国《承认及执行外国仲裁裁决公约》缔约国的142个国家中获得承认和执行。也就是说，深圳外商协会的商事调解，可以被迅速赋予在广大范围内可强制执行的法律效力。

### 深圳外商协会为企业深度服务打造跨界平台

深圳外商协会不只是在国内外为企业配置资源，还要把网结得更大，服务再深一度，其服务模式也由桥梁式、链条式服务进一步提升为网状式交叉服务，即深圳外商协会将所有服务的企业编织成了一张网，这张网里的每家企业都是一个节点，每家企业不但是被服务者，还是服务者。企业不但被深圳外商协会服务，还帮助深圳外商协会服务其他企业，并被其他企业服务。深圳外商协会负责整合这些企业资源，为企业提供双赢、多赢、共赢的专业化服务。

此外，由于每家外商企业都有各类专业服务需求，如今深圳外商协会还成立了如法律工作、劳动关系、知识产权、海关事务、商事调解、金融服务、节能环保、转型升级等各大专业委员会，将协会服务提升到更加专业的层面。

如今的深圳外商协会，从一维的线（桥梁式）服务，到二维的面（网状式）服务，再到三维的立体空间（平台型）服务，成千上万家企业在这个平台上高度黏合，传统型企业和新兴互联网企业在平台上有机融合、高度合作，深圳外商协会用立体多样的服务方式整合企业服务资源，形成职业加专业的多元化跨界服务，促成双方或多方之间的跨国、跨行、跨界合作。在这个平台上，深圳外商协会与政府携手帮助近千家企业完成了转型、培训、个性服务、经验推广和招商引资转移；帮助国内多个省、市政府完成了企业的转型和政府招商的对接。

2016年，深圳外商协会利用前海的开放政策，促成中国第一只由央企、外企、民企合资的文化产业股权基金上市，突破了文化产业发展融资难的问题。2017年，深圳外商协会筹划建立互联网信息化社交平台，实现会员管理，提供无边际会员服务，建立会员企业框架下的业务信息发布、自主互动、互联互通、信息交互、实时检索符合需求的最新商业机会和合作对象的功能，方便会员开展合作。

正是由于深圳外商协会对深圳外商投资做出了十分杰出的贡献，因而在改革开放30周年之际，会长郭小慧被评为“改革开放三十年影响深圳三十个经济人物”之一。同时，她还作为凝聚中外企业家的具有领袖风范的卓越女性，站在了世界女议员大会的讲坛上，成为应邀与会的亚洲唯一代表。她所领导的深圳外商协会，也被民政部授予“全国先进民间组织”称号①。

### 深企联与深商联

深圳类似于深圳外商协会这样在全国都有很大影响、对深圳发展做出杰出贡献的行业协会和商会还有很多。其中影响最大的是两家，一是深企联，另一是深商联。

深企联全称为“深圳市企业联合会”，成立于1985年，是深圳成立最早、规模最大、行业覆盖面最广的综合性社团组织。深企联会员单位由全市各类企业、行业协会及研究机构组成，现有会员企业逾4000家，在2010年8月被评为深圳市5A级社会组织。20多年来，深企联秉承“真办事、真服务、真民间”的办会理念，紧紧围绕深圳经济建设和企业发展的需要，积极促进政企交流、企企沟通，推动企业管理

① 《郭小慧：两见总理的她，站上“世界女议员”讲坛》，https://www.sohu.com/a/74566966_241682，2016年5月10日。

创新与发展，打造企业家之间相互学习与沟通交流的平台，为深圳经济发展做出了积极的贡献，多次被评为“全国企联工作先进集体”“深圳市先进协会”“深圳市优秀社团”。

深商联全称为“深圳市商业联合会”，成立于2005年12月，是由深圳地区顶级的企业家组成的，以提供高端服务为目的的互益性、非营利性的社团组织。深商联现有直属大中型会员企业2000家，受政府委托，直接服务深圳中小微企业6000多家，并承办深圳中小企业公共服务平台、中小企业运行监测平台和中小商贸企业公共服务平台等3个国家级平台，辐射服务深圳90多万家各类中小微企业，下设深商十大产业联盟和国内外十大服务中心。2009年、2014年，两次高分获评深圳市5A级社会组织。2010年，被民政部授予“全国先进社会组织”称号。2015年，又获“中国最受尊重的十大商协会”殊荣，是中国颇具影响力的综合型商会，是深圳企业界最高端的服务组织。

### 深圳行业协会发展经验可全国推广

早在2008年4月22日，《深圳商报》就报道过，时任民政部副部长姜力率由国家发改委和民政部组成的调研组来到广东调查，先后召开了10场座谈会，近80名来自行业协会的负责人及相关人士参加。调研组最后认为，深圳的行业协会已经形成了适应市场经济体制需要的发展模式，并具备显著特点。包括：基本形成了与政府脱钩、民间办会的发展模式，解决了现在全国大部分行业协会还存在着的行政色彩较浓的问题，模式符合市场经济体制需要，也符合在当前形势下的社会管理体制创新需要；建立了比较成熟的自我治理机制，形成了法人治理结构、内部运行机制、各种管理制度、内部构架等比较成熟的自我治理机制，发挥了行业自律与服务的作用；不同程度地承接了政府职能；在更高层次、更大空间上为企业服务，这点深圳的行业协会做得更为充分，在扩展服务方面包括信息服务、人才服务、技术研发服务、鉴定服务等。姜力表示，现代行业协会管理制度的雏形在深圳已经出现，这在全国是超前的。深圳的经验值得在全国进行宣传[①]。

① 《深圳行业协会发展经验可全国推广》，https://news.sina.com.cn/c/2008-04-22/072613774258s.shtml，2008年4月22日。

2017年1月17日，《深圳特区报》报道了时任深圳市社会组织管理局局长凌冲有关深圳行业协会最新建设情况的通报。凌冲表示，截至2016年底，全市共有行业协会759家，在政策的激励下，近年来深圳行业协会总数年均以两位数增长。据统计，2015年较上年增长19.11%，2016年较上年增长16.94%。凌冲还特别指出，深圳的异地商会（即各省市在深圳成立的商会）近两年增速达到31.25%、25.93%，速度接近市级行业协会增速的1.5倍。

凌冲指出，目前全市行业协会总资产已近7.3亿元，接受政府转移职能和政府购买服务360多项，费用达到9800万元，会员数9.6万多家。各类行业协会涵盖了高新技术、金融、物流、文化四大支柱产业，优势传统产业，商贸旅游业，建筑和房地产业，市场中介服务业，环保产业及互联网、新能源、生物等战略性新兴产业各主要领域。行业协会是深圳经济特区社会组织中力量最强、最具活力和创造力的部分①。

总之，改革开放40多年来，深圳的各类行业协会涵盖了深圳的各个主要产业领域，为企业尤其是民营企业提供了各种高效、优惠、专业、全面、系统的服务；实现了企业资源的互联互通；助力企业与政府的沟通，积极反映和解决企业由于政策原因产生的实际困难；通过金融机构等解决企业实际问题，切实减轻企业运行的负担；助力企业实现转型和产业优化布局；优化企业营商环境；组织企业举办和参加各种展会，推动企业进行产品推广和技术交流；维护企业知识产权，开展企业维权专业服务，有效维护行业利益。因而深圳的行业协会成为深圳经济特区营商环境中力量最强、最具活力和创造力的部分之一，为深圳创造腾飞的奇迹做出了无法估量的贡献。

① 《我市行业协会达759家》，https://finance.huanqiu.com/article/9CaKrnJZNvs，2017年1月17日。

# 第十章

# 创新环境：创造深圳奇迹的“腾飞之翼”

深圳的创新环境是领先于全国的，是值得全国各地区学习和借鉴的。创新环境包括创新生态系统和创新服务体系，根据达沃斯世界经济论坛《中国创新生态系统》（2014）的年度报告，创新生态系统的要素包括：可进入的市场、创新型企业、人力资本、融资及企业资金来源，以及基础设施（产业技术园区）、教育和培训、重点大学的催化作用、文化支持等。

在深圳的创新生态系统中，创新型企业是社会创新的核心主体，生产力的创新发展主要靠企业这个主体来完成；政府是社会创新的制度和政策支持主体，它主要提供优良的政策和法律、诚信环境，对企业的创新活动给予有力的支持与推动；金融机构是社会创新的动力保障主体，它的主要作用和功能是为企业及其他创新主体提供创新的资金。这些内容我们在前面均已做了阐述。

在创新生态系统中还有另外一个最关键的要素，那就是人力资本。讲到解码深圳腾飞奇迹，就不能不讲到深圳人力资本的优势。深圳从一开始就是靠人才取胜，没有汇聚在深圳的国内外优秀的人才，就不可能有深圳改革开放和发展创新的今天。而且今天几乎所有的人都承认，深圳已成为聚天下英才的“圣地”，现在它对国内外人才的吸引力完全可以与北京、上海比肩。

而深圳之所以能够成为聚天下英才的“圣地”，深圳市政府有最大的功劳。换言之，深圳经济特区成立后，吸引人才是深圳市政府最成功的举措之一。

## 第一节　引进人才：深圳创造奇迹的成功之本

众所周知，深圳经济特区是建立在“一穷二白”的基础上的，这个地方原本就没有高等教育、没有科研机构。1983年，经教育部批准，才建立起自己的第一所大学——深圳大学。此后到1993年，深圳才建立起自己的第二所本土大学——深圳高等职业技术学院。因此，在深圳发展的很长一段时间里，深圳完全没有自己大学培养出来的人才，企业需要的人才只能靠政府制定多方面的政策和建立多层次的人才市场来吸引。

深圳经济特区成立后，深圳各届政府都把招揽和吸引国内各地优秀人才作为自己的首要任务。

从1982年开始，深圳市政府几次到内地成规模地招揽大学毕业生，当时正是恢复高考后最早的那几批大学毕业生走出校门之际。同时，因当时已有一批敢于到深圳来“下海”的内地干部和科技中高级人才，于是，1984年深圳市政府设立了深圳市人才服务公司（2009年更名为“深圳市人才交流服务中心有限公司”），用于寄放这些人才的档案，让企业放心与这些人才签订合同，同时解决这些人才“身份无着落”的后顾之忧。

从1992年开始，深圳就由市领导率团到海外招揽人才，这种招揽人才的方式在全国各省市中也是首创。到1999年，深圳已连续多年每年都吸纳1万多名大学生、硕士生、博士生和博士后这样的海外高级人才。

1993年，深圳出台《关于企业取消干部、工人身份界限，实行全员劳动合同制若干问题的意见》，通过在企业内部完全取消干部、工人的身份界限，按全员劳动合同制运行的深化改革，做到科学设岗、择优用人，建立和完善“岗位能上能下、员工能进能出、工资能升能降”的激励竞争机制，激励各类人才充分发挥自己的聪明才智，以平等的身份为企业发展做出贡献。

1996年，深圳成立“人才大市场”，为各类过来“闯深圳”的人才提供人事管理方面的公共服务和市场化服务。2001年5月8日，新华社的一篇题为《国际大企业纷纷投资深圳》的报道说，每年都有 3 万至 5 万名全国重点大学的应届本科生、硕士生、博士生以及中高级专业技术人员来深圳找工作，许多海外留学生也从世界各地到深圳创业。每年进入深圳这个全国最大的人才市场应聘的人数超过150万人次。同时，在深圳还活跃着大批高质量的国内外猎头公司，每时每刻都在为深圳高科技企业搜索、推荐大量的人才。

2000年，深圳市政府进行了用人政策的重大改革，取消了若干深圳经济特区建立初期制定并实施了20年的重要人事制度，推出了一系列广泛吸引各种优秀人才的新政策。其中包括：取消人事计划单列制度，所有用人单位不分规模大小和所有制性质，引进人才一视同仁；取消下达人才引进指标制度，用人单位凭“人事立户登记册”，就可以直接到调配部门办理有关干部调动手续；取消人才引进考试制度，对人才引进一律免于统一考试，而由用人单位自行组织必要的综合素质和专业素质考核；取消引进人才的地区限制，无论国内哪个地区调入的人才一律同等对待；等等。

2005年，深圳开始实施技能人才培养工程。深圳产业结构的不断调整优化，凸显出深圳技能人才的缺乏。为此，深圳市劳动和社会保障局重点推出了培养技能人才的技能振兴行动规划。加快创新紧缺技能人才培训补贴制度、高技能人才技能津贴制度、高技能人才市场工作指导价位制度等的建设，同时全面建立及加快完善技能人才评价体系、技能人才服务体系、职业培训和技能鉴定诚信体系，以及完善政府、行业、企业三方面的立体竞赛评比表彰体系等。

2006年1月，深圳市政府发布了《深圳市产业发展与创新人才奖暂行办法》，目的是进一步完善人才激励机制，优化人才发展环境，吸引海内外高层次人才来深工作，打造创新型人才高地。市政府每年拿出2亿元，设立深圳市产业发展与创新人才奖，主要奖励那些在科技、研发、金融、文化、管理创新等方面有突出贡献的创新型人才。

2008年，深圳市委、市政府推出了《中共深圳市委、深圳市人民政府关于加强高层次专业人才队伍建设的意见》。这项政策面向的已经不是一般的优秀或高级人才，而是要为深圳的创新发展引进国家顶级人才。该项政策包括了各种优惠措施，通过从海内外大力引进一批领军作用突出的国家级领军人才、一批专业地位突出的地方级领军人才、一批在专业技术技能方面崭露头角和发展潜力巨大的后备级人才到深圳来落户，同时加强对深圳本土领军、后备级人才的培养，从而在深圳形成以国家级领军人才为龙头、地方级领军人才为骨干、后备级人才为梯队的高层次专业人才队伍，为打造深圳国家级创新中心夯实更坚固的基础。

2011年，深圳市委、市政府发布了《关于实施引进海外高层次人才“孔雀计划”的意见》，开始了在全国引起高度关注的引进海外高层次人才的“孔雀计划”。此计划旨在推动支柱产业和战略性新兴产业领域的人才队伍结构得到优化和自主创新能力得到提升，实现人才资源配置和产业优化升级的高端化、高匹配。为此，深圳每年投入不少于10亿元以培养和引进海内外高层次人才和团队，并对引进的高端团队和项目给予特殊的资金支持。

深圳市政府多年来出台一系列吸引人才的重大举措，使得1995年后每年进入深圳的人才出现爆发式的增长。1979年建市时，深圳只有1名工程师、300多名技术员[①]；而到了2021年，深圳的各类人才总量超过600万人，深圳科技大军人数超过200万人，累计认定高层次人才近1.8万人，留学回国人才超过15万人，所拥有全职院士已增加到54人[②]。

总之，深圳40多年来之所以能迅速崛起、创造奇迹，一个根本的原因就是深圳市政府始终把人才作为第一资源，把人才战略作为城市发展的核心战略。深圳市政府坚持不懈地制定和推行的人才政策，对于推动深圳支柱产业、战略性新兴产业的发展和自主创新能力的提升，对于推动深圳经济快速进入创新驱动发展的轨道，对于把深圳打造成为中国乃至全球的创新中心，起到了极其重要的作用。

## 第二节　深圳创新中大学的作用

在深圳创造腾飞奇迹中还有一个不可或缺的要素，那就是大学。在任何一个地区，大学都是创新不可缺少的关键要素，它的主要作用和功能是为创新生态系统提

① 沈俊霖：《解码深圳的“创新基因”》，《青岛日报》2019年3月11日第3期。

② 《深圳人才总量超过600万》，https://wxd.sznews.com/BaiDuBaiJia/20210313/content_478213.html，2021年3月13日。

供人才和知识，是保证创新的人才流和技术流的源泉。本章一开始所提到的达沃斯世界经济论坛《中国创新生态系统》（2014）的年度报告也指出，重点大学的催化作用是创新生态系统的要素。

但是深圳在发展的很长一段时间里，没有几所大学，更没有名牌大学，那么在深圳40多年发展成为著名创新中心的过程中，难道就没有发挥大学的作用吗？难道与我们在前面所讲的国际创新理论相悖吗？

其实完全不是这样的。深圳市政府从一开始就把发挥大学的作用放在极为重要的地位。自己没有大学，就吸引国内著名大学到深圳来建立研究、教学、培训基地，从而能够在创新发展和产业转型升级过程中，充分发挥大学尤其是国内名牌大学的作用。不得不说，这是深圳市政府的一个重要创举，同样也成为深圳创造腾飞奇迹的一个要素。

### 深圳首创闻名全国的深圳虚拟大学园

1996年，深圳开始面向国内各名牌大学伸出招研引智的“橄榄枝”，1999年正式成立了深圳虚拟大学园，以“一园多校、市校共建”模式建设新型大学科技园区。2003年后，深圳虚拟大学园被国家有关部门认定为“国家级大学科技园”，并走出了一条多元主体协同创新发展的道路。

2019年，深圳虚拟大学园成立近20年时，已经以“一园多校、市校共建”的模式成功打造出了一个汇聚官、产、学、研、资、介等诸多要素的创新平台。在这个园区内不仅聚集了一大批国内外一流院校，而且市政府还主导搭建了促进科技成果转移落地的服务平台以及多类型、多层次的校企合作平台，同时引入大量中介服务机构和投融资机构，探索“技术转移经纪人模式”、市校“合作契约制”等集群式的技术转移机制。深圳虚拟大学园这种以政府为主导、以院校为多元中心、企业和各类服务机构高度聚集和深度黏合的发展模式，推动了深圳从科技沙漠演变为创新绿洲，已形成了特色鲜明、专业突出的高端人才宜聚地、研发机构聚集地和中小科技企业集散地。

到2021年，深圳虚拟大学园已经聚集了清华大学、北京大学、香港大学、佐治亚理工学院等国内外58所知名院校；建立相关院校的深圳研究院46家；搭建深圳虚拟大学园国家重点实验室（工程中心）平台，设立研发机构266家；建成清华大学、北京大学、哈尔滨工业大学、武汉大学等大学的产业化基地15家；累计孵化科技企业超过1000家，其中上市企业超过20家；形成了从学士到硕士、博士的在职学历学位培养体系和从短期专项到为企业量身定做的订单式人才培养体系，累计培训各类人员26万余人[①]。

通过设立研究院或以网络相连，这个"虚"的大学园，把高校的科研成果及时孵化，一个个成熟的技术和产品为企业不断提供商机，使企业搞科技创新"化虚为实"。深圳的企业就是这样不断地扬长补短，发挥主体作用的。

### 建立深港产学研基地

深港产学研基地是1999年深圳市政府、北京大学和香港科技大学合作创立的机构。基地成立20多年来，为深圳的创新发展做出了重要的贡献。

目前，在创业投资方面，深港产学研基地旗下拥有两家创投公司——深港产学研创业投资有限公司和深港产学研科技发展有限公司。

在技术转移方面，深港产学研基地是国家技术转移示范机构，将北京大学王阳元院士、杨芙清院士，香港科技大学李泽湘教授、汪滔教授等的研究成果成功转移到深圳和珠江三角洲其他地区，创办了系统芯片设计（SOC）重点实验室和固高科技、大疆创新等公司。

在机构和企业孵化方面，深港产学研基地作为北京大学在深圳最早的合作机构，与深圳市政府有关部门联系、磋商与合作，先后孵化了北京大学附属中学深圳南山分校、北京大学深圳医院和北京大学深圳研究生院等机构。另外，深港产学研基地还是国家级科技企业孵化器，在深圳、南京、哈尔滨建立了3个孵化基地，孵化面积超过10万平方米，孵化企业累计超过1000家。

在人才培养方面，北京大学深圳研究生院、北京大学光华管理学院深圳分院、香港科技大学深圳研究院、北京大学香港科技大学深圳研修院博士后科研工作站和深港产学研基地培训中心，为区域发展提供了高水平的学历教育和非学历培训课程，培养了大批高层次的具有国际竞争力的党政干部、企业家和专业技术人员，成

① 《深圳虚拟大学园已聚集65所知名院校》，https://baijiahao.baidu.com/s?id=168298839006315947 5&wfr=spider&for=pc，2020年11月11日。

为粤港澳大湾区重要的人才培养基地。

在应用研究方面，深港产学研基地下属北科区域发展研究院、生物医学工程研究中心、系统芯片设计（SOC）重点实验室、深圳市海洋与大气研究重点实验室、深圳市环境模拟与污染控制重点实验室、智能媒体与语音重点实验室、深圳市智能信息系统重点实验室、运动控制实验室、高分子材料实验室等研究机构，为区域发展提供了高水平的研发力量和优质的智力资源。

在政策建议方面，深港产学研基地一直关注和研究国家和区域发展的重大课题，提出了许多被政府采纳的重要政策建议，如建设深港创新圈、南方科技大学、深圳国际知识创新村、南山大沙河创新走廊，智慧政务及政府管理方式的变革、深圳建设智能经济先导区的策略等。

### ✎ 值得称道的南开大学深圳校友会

在深圳40多年的发展历程中，还有一支重要的大学力量很少被人提及、很少被人重视，那就是国内各个重点大学在深圳建立的校友会。在这些校友会中，有不少校友会办得很好，在深圳的发展建设中发挥了重要的作用，为深圳和国家的创新发展做出了重要的贡献。

我所创办和担任第一任会长的南开大学深圳校友会，就是其中的佼佼者。

南开大学深圳校友会于1992年正式成立，是深圳最早成立的高校校友会之一。从成立到现在，30年里，它不仅成为南开大学在海内外所办的众多校友会中最出色的一个，同时也是在深圳的全国各高校校友会中办得最好的一个。通过南开大学深圳校友会为深圳所做的贡献，就可以窥见全国各高校校友会在深圳发展建设中所发挥的重要作用。

现任南开大学深圳校友会会长是深圳市昆仑集团董事长周达，他的确是一个非常杰出的校友会会长，有情怀、有思想、有魄力、有能力，把一个普通的大学校友会办成了另外一种形式的“产学研联合体”。尤其是2014年成立的南开校友企业家深圳商会和“南开好项目”，标志着南开大学深圳校友会进入新的历史发展阶段。

南开校友企业家深圳商会在进一步增进南开校友企业家之间的联系和合作，整合校友商业资源信息，扶持年轻校友创业发展，加强南开校友企业家与政府间的沟通与支持等方面发挥了重要作用。

而“南开好项目”现已成立了13个海内外赛区，完善了整个创投生态圈，形成了创业大赛、创业引导基金等，投资人合作机构已超过百家，已成功获得的投资人与创业家资金上百亿元，成为南开大学深圳校友会的一大特色品牌。

据南开大学深圳校友会秘书处的不完全统计，目前在深圳工作、生活的南开大学校友已有3万余人，其中会长理事360人，他们在深圳创立的企业有1200多家，运营总资产5000多亿元。有以三利谱、鸿富瀚、海王生物、宝德集团、达实智能为主的上市公司，以昆仑集团、蓝盾集团为主的大型民营企业集团，以同创伟业、三三得玖、稳正资产、悟空投资、九派投资、民太安保险等为主的一、二级市场资产管理公司和保险公司，以君圣泰、上泰生物、光子晶体、海谱纳米、瑞得福国际学校等为主的创业公司。同时，多位南开大学校友在平安银行、广发证券、安信证券、招银国际、金杜律师事务所、华侨城集团、中科院深圳先进技术研究院等深圳重要企业及机构中成为高管合伙人。

南开大学深圳校友会自2014年成立南开校友企业家深圳商会和“南开好项目”以来，为社会提供就业岗位近20万个，向教育、医疗、农村扶贫发展、环保等领域捐款累计超亿元，已成为深圳建设和发展的一支重要力量。

有时我也在想，在深圳，像南开大学深圳校友会这样的机构确实为深圳的创新和发展立下了汗马功劳；但是，是否只有在深圳这样的地方才会出现这种能够为地区创新发展立下汗马功劳的校友会呢？

### 近年来深圳正在“疯狂”地建大学

2010年后，深圳缺少大学特别是没有名牌大学的局面正以令人难以想象的速度得到彻底的改变。2011年2月，深圳创办的南方科技大学正式开学，至今已发展成为国内一流的理工科大学；2015年3月，教育部正式批准香港中文大学（深圳）成立，成为深圳与境外著名高校合作创办的第一所大学。

2016年10月，深圳市委、市政府出台《关于加快高等教育发展的若干意见》，提出争取到2025年全市高校达到20所左右，全日制在校生约20万人。此后5年内深圳连续新增了深圳北理莫斯科大学、中山大学深圳校区、哈尔滨工业大学（深圳）、深圳技术大学、天津大学佐治亚理工深圳学院等5所大学，而且这些都是名牌大学，创造出了高等教育的又一个“深圳速度”。

这里特别要提一下，在上述5所大学中，有4所都是海内外名牌大学到深圳办的分校或合作院校，只有2018年11月成立的深圳技术大学是深圳自己创办的。创办目的主要是培养深圳的支柱产业、战略性新兴产业、未来产业以及各种先进制造业所急需的专业人才。

截至2021年，深圳市已开办15所高校，全日制在校生已达11.32万人[①]。不仅如此，目前深圳还正在以高起点、高标准启动筹建中国科学院深圳理工大学、深圳海洋大学、深圳创新创意设计学院、深圳音乐学院、深圳师范大学等新高校。深圳的目标是经过10年左右的努力，形成国际化开放式创新型高等教育体系，建设成为南方重要的高等教育中心。

深圳不仅创办了越来越多的大学，而且将创办越来越多的国家级、省级重点大学和名牌大学。

2018年11月，广东公布重点建设高校和重点学科建设名单，深圳4所高校和20个重点建设学科成功入选。其中，深圳大学和南方科技大学进入重点建设高校行列，哈尔滨工业大学（深圳）和香港中文大学（深圳）作为新面孔成功入选重点学科建设高校。如今，深圳大学、南方科技大学、香港中文大学（深圳）、哈尔滨工业大学（深圳）等多所高校高考录取分数稳居广东前列。值得一提的是，哈尔滨工业大学（深圳）作为一所在深圳办学的高校，多年在广东招生的投档线高于该校本部，足以体现考生对深圳高校的重视和向往。同时，深圳大学、南方科技大学等高校在国际国内权威的大学排行榜上综合排名迅速攀升也引发关注。此外，深圳职业技术学院、深圳信息职业技术学院双双入选中国特色高水平高职学校建设单位。

正如有媒体所说，目前深圳正在“疯狂”地建大学，努力构建国际化开放式创新型高等教育体系，发力建设全国高等教育高地，随着深圳高校综合实力和竞争力显著提升，“中国好大学”的版图正在重新绘制。

① 《深圳再添新高校！这所大学正式获批！》，https://mp.weixin.qq.com/s/EsQwQjn9saBaRAAm-LBDDA，2022年10月19日。

## 第三节　高交会：深圳高科技发展的里程碑[①]

我在前文已指出，创新环境除了创新生态系统外，还包括创新服务体系。

所谓创新服务体系，包括中介服务机构、会展机构、知识产权保护机构以及社会新兴起的创客空间等专业服务机构等。

会展机构是企业创新的技术、产品、品牌充分展示、宣传、推广和拓展的重要平台，同时会展活动也能够为企业的创新聚集更多的知识、技术、资金等资源。

始于1999年的高交会，不仅是深圳杰出的创新服务体系的优秀代表，而且已经成为“中国科技第一展”，也是深圳高科技发展的里程碑。

### 举办高交会设想的提出

举办高交会的设想最早是由时任深圳市委书记张高丽和时任深圳市市长李子彬于1998年4月提出的。当初的想法只是每年举办一次科技节。不久，张高丽和李子彬向时任广东省委书记李长春汇报后，李长春不但表示完全赞成，而且提议深圳科技节的名称可叫“深圳高新技术成果交易会”。1998年8月，深圳市政府决定邀请国家计委、外经贸部、科技部、信息产业部、中国科学院等国务院有关部门与深圳市政府共同主办，由深圳市政府来具体承办。这样一来，高交会就从由深圳主办升格为由深圳牵头、联合国务院有关部门共同主办，高交会的名称也从“深圳高新技术成果交易会”更名为“中国国际高新技术成果交易会”。

### 首届高交会盛况远超主办方预期

1999年1月28日，国务院新闻办在北京举行记者招待会，正式向世界宣布首届高交会将于1999年10月5～10日举行，广邀各国的跨国公司与港澳台地区高新技术企业参会。与此同时，深圳派出3位副市长带领3个团组到国内10个城市及境外10个

① 本节中的部分数据资料参见李子彬：《我在深圳当市长》，中信出版集团，2020。

国家和地区，向企业、大学、科研机构及跨国公司宣传和推介高交会。国家经贸部也通过各驻外使领馆向跨国公司广发“英雄帖”。这些举措收到了非常好的效果，外界对高交会的关注远远超出了主办方的预期：高交会展览中心最多可以容纳1954个展位，主办方刚开始还担心招不来那么多参展商，结果最后参展企业达2856家，参展项目达4150个；5个外国政府团组、26个国家和地区的86个代表团、32家世界著名的高新技术跨国公司纷纷报名参加，使中国国际高新技术成果交易会的“国际”二字真正得以体现；同时，全国31个省、自治区、直辖市和港澳台地区以及22所著名高校、4个国家部（院）都组团参加了首届高交会的展示和交易洽谈。

**朱镕基出席，高交会一炮打响**

1999年10月5日首届高交会正式开幕，时任国务院总理朱镕基在开幕式致辞中向世界发出了中国发展高科技的时代强音。朱镕基出席高交会，大大提升了高交会的档次和权威性，让所有与会者深受鼓舞。

首届高交会的成功，远远超出了大家最初的预期。历时6天的高交会，成交项目1459个，成交总额达64.94亿美元，大大超出了主办方当初预计的10亿美元。

特别值得一提的是，首届高交会还成就了许多企业界的佳话：在激光生产领域处于领先地位的大族激光获得了1000万元订单；曾为营运资金发愁的马化腾拿到了腾讯发展史上最关键的第一笔投资220万美元；安徽省天长市秦栏镇，一个远在深圳千里之外的小乡镇，首次参展就把自己的电子产品卖到数十个国家和地区；深圳市冠日高科技发展有限公司（现更名为“深圳市冠日科技发展有限公司”）与美国IDG集团旗下的广东太平洋创新投资有限公司签订了4300万元的合作协议；新加坡亿胜投资集团和中国科技开发院等投资2.5亿元建立了医药科技发展公司……

首届高交会的成功举办，成就了“中国科技第一展”。此后，每年在深圳举办的高交会都推动了大量的科技人才、科研成果和投资落户深圳，极大地推动了深圳高新技术产业高质量、高速度发展，推动了深圳建成深圳市中国国际高新技术成果交易中心，也推动了中国与其他各国之间高新技术产业的交流与合作。

多年来，高交会的举办，大大推进了深圳科技开发和大力发展高新技术产业的经济发展战略，为深圳的高科技产业发展聚集了科研成果、科研项目、科研产业资金、科研人才等各方面资源，同时让深圳作为高科技产业发展的卓越城市而名扬世界，促进了更多的国家、企业、跨国公司、尖端科研机构认识深圳，了解深圳，与深圳开展交流和合作。从这个意义上说，高交会已成为深圳在全国所有城市中独有的巨大创新资源，也成为支持和推动深圳发展成为著名的国际创新中心和不断创造“奇迹中的奇迹”的“腾飞之翼”。

## 第四节　闻名世界的深圳高科技产业园区①

构建产业园区是创新生态系统和创新服务体系中基础设施的重要组成部分。构建产业园区有助于推动企业群聚和产业链的形成，有助于企业分工合作的不断细化和协同创新的不断演进。美国的硅谷就是全球最成功的典型范例，此后世界各国都纷纷建立了自己的高科技产业园区。

### 国内有很多高科技产业园区的失败教训

中国改革开放后，特别是进入21世纪后，许多省市都建立了自己的高科技产业园区或其他类型的产业园区，但是成功的不多。我曾针对这个问题在内地一些城市做过调研，关键的原因还在于我在前文中所指出的那样，这些不成功的园区建设大都是以政府意志为主导和政府强行干预企业所造成的“恶果”。

很多园区的建设根本不是根据本地产业发展的特点和规律，而是主要领导“拍脑袋”决策的结果，目的主要是体现该领导的“政绩”；或者是领导决策前并没有认真做好调查研究，园区建设并不符合当地产业发展的规律，或当地并不满足建立园区的条件。这些都导致很多园区建成后不但不能形成产业群聚和产业配套的效应，反而“招不来商”“引不来资”，于是干脆就“来者不拒”，只要有企业愿意进入就欢迎，结果使得所谓的高科技产业园区，实际上是“大拼盘”“大杂烩”和“四不像”。

① 本节中的部分数据资料参见李子彬：《我在深圳当市长》，中信出版集团，2020。

还有些地方政府建立园区后，用领导的意图来指挥和干预企业行为，指挥企业进行“配对”和“聚集”，结果由于政府主要领导的更换，政府的规划和政策意图也在不断变化，再加上“强扭的瓜不甜”，根本达不到建立园区的效果。

更不用说还有一些地方政府领导，在建立园区和招商引资行为中有很多说不清楚的“猫腻”，不少与园区规划根本不相干的企业通过各种不正当手段进入园区，其目的主要是享受园区内的特殊优惠政策，结果必然导致园区建设的失败。

### 深圳市高新区成为全国高科技“高产田”

目前，深圳市高新技术产业园区（简称“深圳市高新区”）是全国办得最好的高科技产业园区之一。

事实上，早在1985年7月，深圳市政府和中国科学院等机构就在深圳联合创办了第一家国家级深圳科技工业园，这是全国第一家高科技开发园区。但是由于深圳早期坎坷发展的各种原因，也由于早期的深圳并不具备建立高科技产业园区的条件，因此最早成立的深圳科技工业园并没有很好地发展起来，有名无实。

到了1993年，深圳进入“第二次创业”，大力发展高新技术产业成为深圳调整优化经济结构和转变经济增长方式的中心任务，并且深圳已经具备了建立高新技术产业园区的条件。1995年1月，深圳市政府召开了主要领导与几十家高新技术企业总经理的座谈会，这些企业负责人都希望深圳市政府尽快建成一个综合配套完善的高新技术产业园区，让深圳的高新技术产业集聚起来。在这种大格局下，建设高新技术产业园区就成为深圳市政府和许多高新技术企业共同的需求。在企业层面，企业需要产业配套，高新技术企业都希望集聚在一个园区发展；在政府层面，建立高新技术产业园区并集中为企业提供服务，有利于培育和发展产业集群，形成产业集聚效应。同时，还可以减少当时一些政府部门乱收费、乱集资、乱罚款对企业经营活动的干扰。

根据多次调研和反复酝酿，深圳市政府决定彻底改变原来深圳科技工业园的面积、格局和部署，重建深圳的高新技术产业园区。新的深圳市高新区设在南山区，面积为11.5平方公里。从酝酿成立深圳市高新区开始，深圳市政府主要领导就强调，必须按照国家级高新技术开发区的标准，坚持“统一规划、统一政策、统一开发、统一管理”的原则来建设深圳市高新区。1996年5月，深圳市政府召开专题会议研究深圳市高新区的建设和发展问题，就园区的范围、管理体制、发展规划、优惠政策、招商引资等明确了意见。1996年9月，深圳市高新技术产业园区领导小组（简称“深圳市高新区领导小组”）正式成立，标志着深圳市高新区的建设正式启动。

建设深圳市高新区，规划要先行。深圳市政府拨款5000万元作为深圳市高新区规划研究和基础设施建设的补助费用，成立了由25个有关单位、44名专家组成的规划班子，从总体、产业、土地、建设、法规等方面全面展开园区的规划工作，当年底就完成了《深圳市高新技术产业园区发展规划》的总体规划、产业规划、土地规划三大部分。同时，用半年时间摸清了园区家底。1997年2月20日，深圳市政府通过了深圳市高新区发展规划纲要。

在总体发展目标方面，深圳市高新区要建成深圳高新技术产业发展基地和国内一流、国际上有影响的高新技术产业园区。在功能定位方面，深圳市高新区既是高新技术产业研发生产区，也是科研成果转化区，还是企业改革创新的经济合作区和企业高层次人员的培养教育区。在产业规划方面，深圳市高新区以电子信息、生物工程、新材料、光机电一体化四大产业为发展方向，入园企业必须是经深圳市科技局认定的高新技术企业，且达到一定的经济规模和经济效益标准，不符合入园标准的企业将被清退出深圳市高新区。在政策方面，园区内所有企业均享受15%的税收优惠政策；园区内高新技术企业的设备、原材料进出口均享受免税政策；园区内企业厂房等基础设施开发建设的“七通一平”费用均由深圳市财政垫支，售出土地时收回。在土地开发利用方面，要打造“一区多园，有园无界”的开放格局，入园企业不得在园区内兴建商品房，入园企业需要的配套住宅由深圳市高新技术产业园区办公室（简称“深圳市高新办”）统一在园区外规划、建设、解决。

此外，深圳市高新区的管理模式为决策层（深圳市高新区领导小组）、管理层（深圳市高新办）和服务层（深圳市高新区管理服务中心）三级管理模式。这种有别于国内其他城市同类园区的管理体制，有着鲜明的两大特色：一是强化了政府的规划引导与服务行为；二是实行开放式管理，不改变和中断政府各部门原来对深圳市高新区的管理审批链条、程序，以及职能、权限，实行点控制、块管理、面协调的三级运行机制，核心是为了强化整体规划、宏观协调和微观服务。

深圳市高新区建设启动之后，深圳市政府相继制定了《深圳市高新技术产业园区产业发展“九五”计划和2010年规划》《深圳市高新技术产业园区发展规划》《深圳市高新技术产业园区管建设和管理规定》等一系列政策法规，推动国家级高新园区的规划、管理和建设走上法治化轨道。同时，为了切实落实和保证园区能够引进好的高新技术企业和项目，深圳市领导几乎每过一段时间都要到深圳市高新区走访和调研。

1996年12月，深圳市政府与清华大学合作建立的深圳清华大学研究院，以及此后北京大学、香港科技大学与深圳市政府合作共建的深港产学研基地选址也在深圳市高新区。这两个研究院的示范效应，最终在深圳市高新区催生了深圳虚拟大学园，形成了“名校在深圳，汇聚高新区”的局面，为深圳市高新区构建完善的创新体系提供了丰富的创新资源。

深圳市高新区成立3年后就跻身于国家重点高新技术园区行列，成为国家六大重点高新技术园区之一。20多年来，在科技创新、体制创新、机制创新的驱动下，深圳市高新区不断优化经济结构，园区经济持续发展。在科技部火炬中心对国家高新区2017年度评价中，深圳市高新区排名第二，已经成为名副其实的“高产田”。

截至2017年，深圳市高新区培育了1498家国家高新技术企业，境内外上市111家，孵化了大量的中小科技企业，集聚了大批创新创业人才。深圳市高新区培育和发展了通信产业群、互联网产业群，计算机产业群、软件与集成电路设计产业群、生物医药（医疗器械）产业群等一批配套完善、门类齐全、富有竞争力的产业集群。若干领域的核心技术从“跟跑”向“并跑”“领跑”转变，创新成果密集涌现。以中兴通讯、腾讯、创维、海王、迈瑞、海能达为代表的一批具有国际竞争力的自主创新型企业迅速崛起，成为企业参与国际竞争的先锋队。大疆创新、光峰光电、奥比中光、柔宇科技等独角兽企业不断涌现，带动了上下游中小科技企业的整体发展，产业集聚效应持续凸显。经过20多年砥砺前行，深圳市高新区已经成为我国创新资源集聚、创新成果显著、创新氛围浓郁、创新环境优越的区域。

为什么说深圳市高新区闻名世界呢？这缘于2017年美国特朗普政府开始加剧的中美贸易摩擦，随着中美贸易摩擦的升级，美国针对中国高新技术企业发动了一系列打击，最早是中兴通讯，之后是华为，此后大疆创新等公司也纷纷被美国纳入打击“黑名单”之中。这些企业最初的注册地址都在深圳市南山区的粤海街道办，而南山区的粤海街道办恰恰位于深圳市高新区范围内，也就是说，这些企业最初都是属于深圳市高新区的企业。这些原来属于深圳市高新区范围内的从粤海街道办走出去的名企，已经发展成为中国科技和“中国制造”的“栋梁”。无怪乎2019年上半年网络平台上流传得很广的一个段子说，现在哪里是中美之间的贸易博弈，分明是“美国和深圳市南山区粤海街道办的一场世纪之战”。从这个意义上说，深圳市高新区不是已经闻名世界了吗？

### 深圳市政府做对了什么

看完深圳市高新区建立、发展的过程，再对比国内一些产业园区失败的教训，我们可以看到深圳市政府做对了什么。

一是深圳建立高新技术产业园区不是政府领导“拍脑袋”主观决策的结果，而是与高新技术企业高管座谈后看到建设深圳市高新区是深圳高新技术产业发展的大势所趋，同时又经过多次调研和反复酝酿才做出的决定。

二是对建设深圳市高新区的谨慎和严格要求。从酝酿成立深圳市高新区开始，市政府主要领导就强调，必须按照国家级高新技术开发区的标准，坚持“统一规划、统一政策、统一开发、统一管理”的原则来建设深圳市高新区。

三是极其认真地研究和制定深圳市高新区发展规划，不但拨巨款作为研究费用，而且成立了由25个有关单位、44名专家组成的规划班子，从总体、产业、土地、建设、法规等方面全面展开园区的规划工作。

四是严格把关进入园区的企业，必须是符合园区产业发展规划且经过深圳市科技局认定的高新技术企业，而且这些企业还必须达到一定的经济规模和经济效益标准，不符合入园标准的企业不能进入深圳市高新区。

五是所采取的管理体制不但强化政府的规划引导与服务行为，而且实行开放式管理，核心是为了强化整体规划、宏观协调和微观服务。

六是深圳市高新区建设启动之后，深圳市政府又相继制定了一系列政策法规，推动国家级高新园区的规划、管理和建设走上法治化轨道。

这些举措都说明了深圳市政府建立深圳市高新区始终遵循一个核心的原则，那就是政府只是“搭台”，而由企业来“唱戏”，换言之，深圳市高新区的主角是企业而不是政府。政府要做的事情就是做科学的园区规划和指引方案，制定详尽的、正确的政策，严格把关进入园区的企业资格，更好地为入园企业进行全方位的服务，而且还要将园区管理纳入公开透明的法治化轨道。做好了这些，进入园区的企业自然会按照产业发展的规律和市场竞争的原则形成群聚和产业链，企业的分工合作也自然会按照产业发展的规律和市场竞争的原则不断细化和实现协同创新的不断演进。

从这一点上，我们就可以看出，这正是深圳能够创造腾飞奇迹的秘诀所在。

## 第五节　从知识产权保护抓起[①]

我在前文已经讲到，知识产权保护也属于创新服务体系的重要组成部分，它为企业的创新提供知识产权的法律保护。随着经济全球化进程的不断推进，知识产权在企业竞争优势中的占比越来越大，日益成为企业核心竞争力的关键构成要素。它可以使企业实现技术创新，也可以使企业保持长期的竞争优势和可持续发展。因此，知识产权保护在当今的知识经济时代就显得格外重要，对于激励和保护企业对创新的不断追求也显得格外重要。

深圳之所以能够成为中国乃至世界的“创新之都”，与多年来深圳市政府在知识产权保护方面所做出的不懈努力和卓越成绩有密不可分的重要关系。

### 真抓实干为企业创新护航

早在2008年4月1日，深圳就率先出台了全国第一部综合性知识产权保护的特区法规《深圳经济特区加强知识产权保护工作若干规定》。2009年，深圳率先建立了专利、版权、商标和技术秘密“多合一”大型知识产权管理体系，成为全国唯一实施全面知识产权管理的城市，建立了知识产权三级联动管理体系。

2017年8月24日，深圳市政府常务会议通过了《深圳市关于新形势下进一步加强知识产权保护的工作方案》，提出到2020年，将努力建成全国最严格的知识产权

① 本节中的部分数据资料参见郑磊主编《潮起大鹏湾：大学生眼中的深圳》，中国经济出版社，2020。

保护体系。

建设国家最高标准的保护示范区，严格保护知识产权，可以为企业提供良好的创新环境，使创新型企业家能够安心实现发明创造。自2009年以来，深圳已查处各类知识产权侵权案件7396件，其中商标侵权案件5845件，侵犯专利案件1053件，侵犯版权案件498件。设置国内互联网行业最高数额的行政处罚[①]。此外，还办理了处罚过亿元的苹果手机屏案等在国内外具有重要影响力的知识产权案件，严厉打击了各类知识产权违法行为。2017年，深圳市各级人民法院新收知识产权案件约2.80万件，与2016年受理案件总数2.16万件相比，增幅达29.7%[②]。

### 深圳的知识产权创造多项“全国第一”

由于多年来深圳的知识产权保护做得好，因而深圳的知识产权创造了多项“全国第一”。

2016年，深圳国内专利申请量达到14.53万件；国内专利授权量达7.50万件；国内累计有效发明专利量达9.54万件；每万人发明专利拥有量80.09件，在全国所有主要城市中排名第一，是全国平均水平的10倍，达到了日本、美国、欧洲等发达经济体水平。

2017年，深圳国内专利申请量达17.71万件，同比增长21.89%；国内专利授权量约9.43万件，同比增长25.59%；国内累计有效发明专利量约10.69万件，同比增长12.11%；每万人发明专利拥有量89.78件，为全国平均水平（9.80件）的9.2倍；有效发明专利维持5年以上的比例达86.72%，居全国大中城市首位。

2017年，深圳PCT国际专利申请量突破2万件，约2.05万件，占全国申请总量的43.07%（不含国外企业和个人在中国的申请），连续14年居全国大中城市第一名，其中，华为、中兴通讯位列全球PCT申请量的前两位[③]。

① 《深圳将实施最严格知识产权保护》，http://www.shenkexin.com/news/info-news-1151.html，2017年8月30日。

② 《深圳市2017年知识产权发展状况白皮书》，http://amr.sz.gov.cn/zscq/zscqbh/zscqbps/content/post_1959062.html，2018年5月15日。

③ 同上。

### 知识产权保护使深圳成就创新的大好局面

由于深圳的知识产权保护做得好，因此在深圳的知识产权交易市场，交易和托管项目的数量都大幅增加。根据《深圳市2016年知识产权发展状况白皮书》的统计，截至2016年底，深圳知识产权交易与保护中心共完成专利交易1375件，成交额达8350多万元，交易量位居全国前列。

此外，2017年，深圳市知识产权局与平安产险集团签订一项战略合作协议，在全国范围内率先推出一个全新的险种——专利被侵权损失保险。截至2017年底，深圳共有759家企业的5671件专利投保，保障总额达20亿元。2017年，深圳为加强企业知识产权管理规范的推广工作，对通过贯彻实施知识产权管理规范国家标准认证的企业，给予每家20万元的资助。2017年，深圳市知识产权专项资金投入2.649亿元，用于资助和奖励国内外发明专利、PCT专利申请、境外商标注册和计算机软件著作权登记等公共服务项目①。

深圳在知识产权保护工作方面的努力结出了累累硕果。2017年，深圳企业作为专利权人的专利（职务发明）达15.61万件，占全市国内专利申请总量的88.12%，深圳企业作为创新主体的地位十分明显，其中的深圳微芯生物、国民技术、华为终端、华讯方舟、腾讯科技、大疆科技等公司还荣获专利、商标等金奖。

我们为深圳市政府多年来在知识产权保护方面所做出的不懈努力和所取得的骄人成绩感到自豪，为其大声喝彩！

## 第六节　深圳已成为世界知名的“创客之都”②

说到创新服务体系，就要讲讲现在社会兴起的鼓励和支持年轻人进行创新和创

① 《深圳市2017年知识产权发展状况白皮书》，http://amr.sz.gov.cn/zscq/zscqbh/zscqbps/content/post_1959062.html，2018年5月15日。

② 本节中的部分数据资料参见乐正主编，王学龙：《国际创客的成长摇篮》，海天出版社，2019。

业的创客空间。

### ✎ 什么是“创客”

“创客”是最近几年来国际上兴起的比较时髦的热词，是指那些不完全以营利为目的，在很大程度上是出于兴趣和爱好，努力把梦想转化为现实的人。但在我国，“创客”主要是指具有创新理念、自主创业的年轻人。

### ✎ 深圳是我国最著名的“创客城市”

目前，深圳不但是最具创新能力的城市之一，而且是我国最为著名的“创客城市”。

为了促进创客发展，深圳在2015年出台了《深圳市关于促进创客发展的若干措施（试行）》，设立了创客专项资金，每年投入5亿元，用于创客空间建设、创客人才培育、创客公共服务建设、创客创新与创业等，着力降低创新与创业的门槛，吸引全球创客汇集深圳。

正如深圳这么多年扶持高新技术产业成长一样，为了创客的健康成长，深圳并没有选择直接扶植某些创客企业，而是构建了一个适合创客发展的环境。一方面，让创客经历市场的磨砺，快速成长；另一方面，包容创客的失败，让创客能创新、敢创新。

深圳不仅具有完善的科技创新体制机制，更有丰富、递进式的创新层次，从知名的大企业华为、大疆创新到中小企业，再到个人，只要有能力做出符合市场需求、符合创新要求的产品，就都能参与到产业链中。这种产业链的分散大大降低了创客进入市场的门槛，也给予创客未来发展壮大的空间。于是，我们看到了无数创客怀揣着自己的技术和想法，在深圳开始自己的创业生涯。

随着“大众创业”理念的进一步深入，深圳的创客也呈雨后春笋之势大量增加。新思维、新创意在深圳创客脑海中纷纷涌现。在2015年的创客周活动上，创客的创意产品让人眼前一亮，例如柔宇科技的柔性显示屏，厚度仅有0.01毫米，不足头发丝直径的1/5，其卷曲的半径可达1毫米；光启科学的马丁飞行喷射包，是全球首款商业化和实用化的飞行包，飞行包由汽油发动机提供动力，可以垂直起降，也可以快速前进；天鹰兄弟的智能农用植保无人机，采用智能程控自动巡航作业，为国家农业大数据工程提供产品和服务支撑……

### 为什么深圳如此适合创客创业和发展

为什么深圳如此适合创客创业和发展？归纳起来，创客在深圳创业和发展有一定的必然性，主要有以下三个因素：

首先，深圳的创业环境和相关政策是创客成长的关键因素。在深圳，创客群体大都比较“草根”，没有什么背景，这种“草根”背景相对于北京、上海的同类群体而言显得微不足道。由于历史原因和政治原因，很多北京、上海的创业者具有政府、国企或大财团背景，即使背景相对欠佳，也不乏大公司前高管或世界名校的海归博士。而深圳，虽然也不乏这样的创业团队和创客，但更多的是平民家庭出身的大学生，或是继续深造成为名校博士的青年，当然也有从私企出来“单飞”的技术员或不满足现状的白领。他们所形成的“草根”朋友圈子凑在一起，一个主意激活了创业情绪，白手起家，说干就干。正如华为、腾讯的创始人白手起家一样，深圳有着太多的“草根”创业成功的案例。

此外，深圳支持创客发展，更有实实在在的政策和资金投入。深圳市政府在科技研发资金等相关的财政资源方面给予了大力倾斜。据《深圳特区报》报道，2015年6月，深圳市政府出台了《深圳市促进创客发展三年行动计划（2015—2017年）》及《深圳市关于促进创客发展的若干措施（试行）》。同年9月，赛格创客汇、华强北国际创客中心等21家创客空间获2015年创客专项资金达2800万元；深圳市中芬创意产业园投资发展有限公司、深圳矽递科技股份有限公司等15家公司成为创客专项资金首批资助的企业，资助金额为100万元至200万元不等，资助总额达到1980万元。综上，深圳本身的非政治化、商业化发展模式及创业环境，是培养创客的天然肥沃土壤；深圳相关政策和导向也是创客崛起的决定性因素[①]。

其次，宽容的城市氛围是深圳吸引优秀创客的必要条件。深圳的城市口号是“来了就是深圳人”，给这座移民城市赋予了独特的大气和宽容的特征。

最后，深圳具有独一无二的地域和产业链优势。深圳毗邻香港，信息流、人才流均是其他城市没法相比的。深圳也抓住了地域的绝对优势，依靠金融、互联网技

① 乐正主编，王学龙：《国际创客的成长摇篮》，海天出版社，2019。

术（IT）领域抢占先机。这两个领域可以产生大量就业岗位，特别是腾讯、华为、中兴通讯等“航母”级互联网、通信企业，更是吸引了大量优秀人才。正是由于这些“航母”级高新技术企业的存在，深圳电子信息及互联网产业发达，加上先进制造业的优势较为明显，故而深圳具有完备的创客产业链基础。在深圳，创客可以顺利地完成从产品研发到做出样品，再到批量生产的整个循环过程，因此有不少创客将深圳称为“硬件好莱坞”。另外，在“互联网＋”时代，特别容易产生政策受惠的创业者。既然要创业，就难免要与众筹、股权融资、利益分享、股份转让等方面打交道，这些都需要大量的配套服务企业。于是，深圳在金融方面的优势又显现出来了。由此可见，深圳具备绝对的地域优势，并且能够提供创客所需的完整产业链，故而创客在深圳的迅速发展是一个必然结果。

**越来越多的创客空间和孵化器在深圳不断涌现**

在深圳，越来越多的创客空间和孵化器不断涌现。创客在进行创业时，一般会依托创客空间来完成自己的创意。深圳目前有一批具有较大知名度和影响力的创客机构，如柴火空间、创客工场、开放制造空间、矽递科技等100多家。同时，各区及相关机构也在着手布局，规划建设一批创客空间载体。此外，一些高校和新型科研机构也会产生孵化器功能，将产学研有机融合，形成完整的产业链。可以预计，在未来，将会有越来越多的专业型创新人才和优秀创客被培养出来。

总之，一方面，深圳以独特的创新环境和政策优势，吸引着大量的创客来此进行创业；另一方面，大量创客的集聚所产生的创意碰撞、共鸣和“裂变效应”，将使深圳这个“创客之都”闪耀出更加迷人和灿烂的光芒。

## 第七节　文创产业：深圳创新发展永不枯竭的动力

深圳的文化创意产业（简称“文创产业”）是深圳创新环境的重要组成部分。

### 深圳市政府始终支持推动文创产业蓬勃发展

深圳市政府一直都很重视文创产业的发展，早在2003年，深圳市政府就确立了文化立市战略目标，制定了一系列扶持推动文化产业发展的政策。2004年，在我国振兴和大力发展文化产业的大背景下，中国（深圳）国际文化产业博览会（简称“文博会”）应运而生，落户深圳。2008年，深圳市政府率先出台《深圳市文化产业促进条例》；2015年底，深圳市政府出台了《深圳文化创新发展2020（实施方案）》，把创新摆在文化发展的核心位置。在政策的推动下，深圳市文创产业成效显著，一批文化科技企业迅速崛起，腾讯已进入世界500强企业行列，华侨城集团有限公司（简称“华侨城”）和华强方特文化科技集团股份有限公司（简称“华强方特”）连续多年入选全国文化企业30强。

不仅如此，近年来，深圳文创产业综合实力不断增强。作为全国较早发展文化产业的城市，深圳率先探索出“文化+”的发展模式，形成了“文化＋科技”“文化＋旅游”“文化＋金融”“文化+创意”等“文化+”产业发展的新模式、新业态[①]。

### 深圳文创产业位居全国城市第一方阵

2014—2018年，深圳文创产业保持了持续高速发展态势，2018年文创产业增加值达到2621.77亿元，同比增长16.8%，占2018年深圳生产总值的比重为10.9%[②]。

截至2019年，深圳有近5万家文化企业，从业人员超过90万人，其中规模以上企业3155家。近年来，腾讯、天威视讯、A8音乐、劲嘉彩印、中青宝网等40多家文化企业分别在境内外上市。深圳文创产业蓬勃发展[③]。

此外，作为中国第一个“设计之都”，经过多年发展，“文化+创意”已成为深圳文创产业新的发展模式，催生了一大批设计企业和产业园区。截至2019年，深圳经认定公布的市级以上（含市级）文化产业园区共有61家，其中国家级文化产业示范园区1家，省级文化产业园区4家，省文化和旅游融合示范区1家，另有4家园区

① 《2019年深圳市文化创意产业发展现状及趋势分析　预计2020年增加值超3000亿元》，https://www.qianzhan.com/analyst/detail/220/190729-18a04453.html，2019年7月29日。

② 同上。

③ 同上。

入选省文化产业示范园区创建名录。据初步统计，61家市级以上（含市级）文化产业园区入驻企业超过8000家，就业人数近20万人，总营收超过1500亿元，实现税收超过150亿元，已成为推动深圳文化领域创新创业的综合载体和重要引擎①。

同时，中国（深圳）国际文化产业博览交易会、深圳文化产权交易所、国家文化创意产业投资基金、国家对外文化贸易基地（深圳）等国家级产业发展平台纷纷落户深圳，成为促进深圳文化产业发展的重要助推器②。

### 文创产业成为深圳创新发展永不枯竭的动力

人们耳熟能详的“文化+”模式，正是深圳在文化产业发展中率先探索出的一种创新模式、成功模式。

传统文化底蕴并不深厚的深圳，敢闯敢试，扬长补短，另辟蹊径，积极主动地把文化和其他业态嫁接在一起跨界融合发展，率先探索“文化＋科技”“文化+创意”“文化＋金融”“文化＋旅游”等新模式，为深圳文化产业赢得后来居上、展翅飞翔的机会，凭借后发优势，抢占文化产业制高点，在文化产业领域一展改革开放之城的追求与梦想。近年来，深圳文化产业凭借创意设计和科技创新两大核心优势，不断培育新型业态，提升产业竞争力、创新力。

### “文化+科技”生机勃勃，探索产业发展新路

在深圳，一批文化科技企业迅速崛起，以创新科技赋予传统文化以新形式、新内容。腾讯已进入世界500强企业行列，华侨城连续入选全国文化企业30强，雅昌集团成为艺术科技的领头羊……“文化+科技”，成为深圳文化产业发展的突出特征和重要标志。

深圳市南山区的华强方特上榜“国家文化和科技融合示范基地”，又为先行示范的深圳新增“示范”的闪亮品牌。华强方特连续多年入选全国文化企业30强，20余座主题公园遍布全国，每座公园都是文化与科技融合的典范。

① 《2019年深圳市文化创意产业发展现状及趋势分析　预计2020年增加值超3000亿元》，https://www.qianzhan.com/analyst/detail/220/190729-18a04453.html，2019年7月29日。

② 同上。

### "文化+创意"魅力四射，擦亮"深圳设计"品牌

设计产业一直是深圳文化产业的强项，其发展水平多年领先全国其他地区，2008年12月，深圳成为国内第一个被联合国教科文组织认定的"设计之都"。如今，设计产业已成为深圳文化产业的重要支柱，深圳把设计作为一种创新力量，引领社会发展，把文化资源变成尖端生产力。

任克雷是我的老朋友，20世纪90年代初，我任深圳市委副秘书长时，他是深圳市委秘书长。2014年3月，他卸任华侨城总裁后即被推选为深圳市设计联合会会长。此后不久，他就发起倡议，于2014年10月建立起全国第一家在民政部门注册的跨行业联盟——深圳市设计与艺术联盟，从此，深圳的设计产业发展更加如火如荼。

据统计，深圳目前有6000多家较大的设计企业和近20万名专业设计人员，设计产业每年产值约230亿元，带动工业产值数千亿元，平面设计、工业设计、建筑设计、室内设计、服装设计等领域占全国较大市场份额[①]。

此外，由深圳市政府主办的颇具时代引领性的深圳设计周，现已举办了超过3届，已成为深圳设计产业的"中国品牌"甚至"世界品牌"。2019年的深圳设计周，来自30个国家和地区的千余名设计师携近5000件作品参展参赛，37个卫星展在全市开花，激发了整座城市的创意热情和灵感，也进一步提升了"深圳设计"在全球设计领域的话语权。

### "文化+旅游"迸发魅力，点亮美好文化生活

在以华侨城、华强方特为代表的主题公园发展模式的基础上，深圳通过资源发掘打造出集聚文化旅游、文化演艺、文化艺术、文化相关产品制造等业务板块的文化产业集群，加快文化旅游融合发展，打造十大特色文化街区，形成创意的栖息地、艺术家的乐土、文化旅游新高地，"文化+旅游"的影响不断扩大，引领着新型文化消费方式，为市民带来更加丰富多彩、时尚创意、轻松休闲的文化新体验。

---

① 《深圳又一新的城市品牌诞生！深圳对设计类高等教育、设计优秀人才的需求，比以往任何时候都迫切！》，https://mp.weixin.qq.com/s/XOde7YVO5d3B2qKOvxHKwQ，2022年5月15日。

### "文化+"已逐渐从浅层相加迈向深度相融

深圳众多文创企业以“文化+”与“互联网+”作为两大驱动力，促进文化与科技、互联网、金融、商业、旅游、体育、时尚等产业的深度融合，为深圳的提质增效、转型升级“开疆拓土”。

未来，深圳将进一步加强大数据、云计算、物联网、虚拟现实、人工智能等核心、关键、共性技术在文化领域的研发运用，为深圳的高新技术产业发展提供更加强有力的文创产业支撑[①]。

① 翁惠娟、林洲璐：《文化产业强势崛起 创新发展路径清晰》，《深圳特区报》2019年12月3日第A01版。

## 解码二

# 为深圳腾飞的奠基者正名

# 〔第十一章〕

# 为深圳经济特区的早期发展正名

在我撰写这本书时，阅读了不少最新有关深圳发展创新的著作，发现这些著作普遍存在两大问题。

其一，虽然很多著作都提到深圳作为经济特区的设立过程，但是，对于深圳早期（主要是1979—1985年）发展几乎都是一带而过或轻描淡写，很少有比较详细、系统和深入的论述，甚至很多学者认为这一时期是深圳“走错路”的一段发展过程。

其二，几乎没有著作对深圳经济特区成立后最重要的一个群体、深圳经济特区最重要的建立者和开拓者——早期（特别是1979—1985年）深圳市委和市政府的主要领导——进行应有的分析和评价。在我看来，这对研究深圳发展历程而言是一个很大的缺失。

所以在这本书中，我将对深圳早期的发展（主要是1979—1985年的工业发展）画上浓重的一笔。重要的是，我要为长时间以来理论界许多人都认为深圳最初几年的发展是“走错路”的过程正名，还其清白。

要解码深圳腾飞的奇迹，就必须知道历史是一个无法分割的完整过程：没有当年最早的深圳创建者在改革开放、建立市场经济，以及打造工业基础和外向型经济上的正确探索、尝试和实践，深圳怎么可能在1984年就被邓小平树立为中国改革开放的样板，怎么可能会有辉煌的今天。

此外，过去人们一讲到最早为深圳经济特区建立而披荆斩棘、艰苦奋斗的人时，就想到那些在极其艰苦的条件下，在党的一声号令下“赶赴前线”为深圳打拼的几万名基建工程兵，想到那些最早到深圳务工的普通劳动者。这当然没有错，但是永远不要忘记，值得讴歌的还有那些对深圳经济特区的建立和发展起到关键作用的领导者，他们是为深圳经济特区的建立披荆斩棘、呕心沥血、艰苦奋斗、英勇献身的真正可歌可泣的英雄。

## 第一节 有关深圳1979—1985年的发展是“走错路”的看法

迄今为止，认为深圳早期“走错路”的看法基本上源于1985年在深圳召开的经济特区工作会议。那次会议上对深圳经济特区的定性是：深圳领导同志的主要精力还是放在铺摊子、扩大基建规模上。经济特区要从前几年铺摊子、打基础转到抓生产、上水平、求效益方面来；经济特区产业结构要以具有先进技术水平的工业为主，工业投资以利用外资为主。此后，这些似乎就成了对早期深圳发展的“盖棺定论”。

当然，以上只是经济特区工作会议给深圳早期发展的一个正式定性，社会上、民间对深圳的批评和非议则更多，可以说伴随着深圳经济特区发展，都没有间断过，其中最有名的就是以陈文鸿和胡鞍钢两位学者为代表的两次大的言论批评潮[①]。他们的核心观点就是深圳既没有发展工业特别是技术先进的工业，也没有很好地开放和利用外资，而是靠中央特批的外汇指标进口国外紧俏商品倒卖到内地，靠赚内地的钱来实现深圳经济的增长，所以深圳早期的发展是靠寻租起家的。这也成为此后给深圳早期发展“盖棺定论”的重要观点。

2010年，深圳市政协委员、著名媒体人和民间智者金心异在《南方评论》上著文讲到：“李灏是于1985年南下深圳接替梁湘担任深圳市委书记兼任市长的，他来深初期就强调‘工业化’，是因为他的前任书记兼市长梁湘被迫去职，被加诸的主

① 后面章节将专门讲到，1985年经济特区工作会议对深圳的批评和否定，实际上是受到了由陈文鸿批评深圳而引发的第二次大争论的深刻影响。

要罪状就是只重视基建和贸易，而不重视工业发展，尤其是深圳的'贸易'只是利用'贸易'和'金融'特权，没有达到中央设立经济特区的主要目的。所以李灏到任后，强调发展工业，而且必须是引进国外技术和管理并向国际市场出口的先进工业，这样才符合中央设立'经济特区'的目标正义。"[①]

在2019年出版的《深圳奇迹》一书中，其作者引用一位香港学者的观点写道："在经济特区成立的早期阶段（1979—1980年），深圳发展得很慢。深圳的主要发展体现在'三来一补'。这种组装加工工作涉及服装、金属和塑料制品，也包括农产品，如蔬菜、鲜活水产。此类投资的规模很小，通常每个项目在10万港币左右。……第二阶段（1981—1982年），出现了一些工业发展，但是增长的主要动力来自房地产的迅猛发展，再加上一系列与旅游相关的项目。第三阶段，1983年是深圳经济发展的分水岭。受惠于1982年对基础设施的巨量投资，深圳的工业产值迅速增加。也就是在第三阶段，深圳遭受了多方的批评。第一，深圳成为以贸易为中心的经济体，这会侵蚀中国的外汇创收能力。第二，由第一点引申，深圳的进口远远大于出口。第三，深圳非但没有依赖外资来刺激经济增长，反而吸引了大量中国自己的企业利用深圳作为套利的窗口。第四，深圳没能促成西方先进技术向中国的转移。"[②]

这一段论述中所引用的观点，同样认为这一阶段是深圳发展"走错路"的一个过程，认为1981—1982年虽然出现了一些工业发展，但是增长的主要动力来自房地产的迅猛发展和一系列与旅游相关的项目；虽然1983年工业产值迅速增加，但这主要还是受惠于1982年对基础设施的巨量投资。同时也批评了深圳不但没有发展工业，反而"成为以贸易为中心的经济体"，"非但没有依赖外资来刺激经济增长，反而吸引了大量中国自己的企业利用深圳作为套利的窗口"。

甚至我的老朋友，我认为是研究深圳最好的专家唐杰，也持有同样的看法。他在2018年9月发表的一篇论文中讲到："深圳经济第一次重大转型大致发生在1985年。结束了兴办经济特区前几年获取计划经济和市场经济价格差的套利年代的高速增长，深圳开始了快速工业化和城市化过程。"[③]

---

① 金心异：《1993—1995是深圳高新技术产业发展的关键节点》，《南方评论》2010年11月17日。

② 张军主编《深圳奇迹》，东方出版社，2019，第98—100页。

③ 唐杰、王东：《深圳创新转型的理论意义》，《深圳社会科学》2018年第1期。

唐杰的言外之意就是说，在1985年之前，深圳还是靠“获取计划经济和市场经济价格差的套利”来实现经济高速增长的。

## 第二节　我对上述观点的看法

从我的直观感觉上，我无法同意上述这些学者的观点。

我调入深圳时虽然已经是1988年，没有亲历过那一段发展时期的艰苦卓绝和拼搏奋斗，同时我也没有被调到主要经济部门任职，对当时深圳的经济发展情况和大量数据没有直接的掌握和了解，但是正如我前面已经提到的，我调过来时仍然是与第一批来深圳的市委、市政府的各级领导干部一道并肩战斗的，在我的感觉里，他们完全是把经济特区建设看作是自己肩负的中国改革开放试验田和窗口的神圣使命，他们从始至终无论在体制改革方面还是在经济发展方面，都千方百计地为建立社会主义市场经济而拼搏努力，是我们这些年轻一辈干部学习的榜样。

在我所接触的所有工作包括我来之前的各项工作中，没有任何一项是利用优惠政策去赚内地人的钱，也没有任何一项是利用房地产或扩大基建投资来达到经济增长的目的。相反，所有的会议、文件、政策和工作计划、工作安排，都是与如何引进外资、如何发展深圳的工业和其他各项关键产业，以及如何通过改革和奋力拼搏来发展深圳的经济和社会相关的。

另外，作为政府办公厅的一名领导，我每天都会接触到各个部门的呈报公文、项目报告、总结报告、请示文件，我们有专门的处室负责给市领导起草工作计划、工作总结以及上传下达的各种文件；同时，我们也会广泛地接触到各个方面到政府来办事的人群，包括各个政府部门的领导、企业家、各个领域的专家、文化人士、行业组织领导甚至各条战线的普通工作者；当然作为政府办公厅的负责人，我也会与市领导有各种接触，包括随同他们视察工作、现场办公、向上级汇报工作、参加各种重要的决策会议等。在我所接触的各种各样的人群当中，当时的人们都是在讲一件事、做一件事，那就是怎样搞好深圳的引进外资和工业发展，怎样进行突破和改革，怎样克服当下的困难，怎样实现既定的目标。

我到现在都感到奇怪，那些把深圳那时的工作概括为主要是利用优惠政策，依靠计划经济和市场经济价格差套利的人是怎么想的呢？他们对深圳的实际发展过程完全没有了解，对深圳的实际工作现状完全没有了解，就得出那样的结论来，这又是从何谈起呢？

我相信，所有这些讲深圳早期发展是靠寻租和套利来实现经济增长的人，包括后面将讲到的那些当年曾经激烈地批评深圳从而引发有关深圳经济几次大讨论的学者，其实有很多实际上是“恨铁不成钢”，他们认为当时深圳的做法违背了中央建立经济特区的目的，没有很好地完成中央赋予经济特区的历史使命。但是他们几乎都犯了一个错误，那就是只从经济数字统计上得出对整个深圳发展的结论。

我承认，深圳当时处于经济发展的初级阶段，很多工作和实际项目都在发展和落实的进程之中，因此很多实际发生的经济数字并不能够充分显现当时的市委、市政府在大力发展工业、大力引进外资、大力发展相关企业和产业、大力改善营商环境的明显效果。但是一些学者不调查了解深圳经济发展的实际过程，仅仅依据一些表面数字就来对整个发展的过程做出实质性的判断和结论，这就有很大的问题了。

下面几节我会根据实际的情况来展示1979—1985年、1986年深圳经济发展的过程，说明深圳是如何大力发展外向型经济，如何发展工业，并且如何为今后深圳的高新技术产业发展奠定基础的。

## 第三节　深圳早期发展工业的真实历程

对于深圳早期是如何在极其艰难的情况下对外开放和引进外资的，是如何在对外开放和引进外资中取得重大成果的，我在本书第三章的第一节和第二节都有专门的论述，这里不再赘述。从我已经论述的这方面内容中，大家已经看到，批评深圳当时没有实现成功的开放，没有做到以引进外资为主来发展经济，是多么不符合实际，多么不正确。

下面我们主要来看当时深圳是如何发展工业的。

### 制定《深圳经济特区近期工业发展纲要（1982—1985）》

1981年以前，由于经济特区基本上不具备投资环境，引进的外资企业大部分是“三来一补”企业，其次就是县办为本地农业生产和生活服务的市属企业，然后就是内地早期进来自办和与深圳联合创办的企业。尽管1981年的工业总产值比1980年增加了近3倍，但全市的工业总产值（包括蛇口工业区）也只有2亿多元，这足以说明当时市内工业基础有多薄弱。

要在这样的基础上大办工业，十分不易。时任深圳市委主要领导心里很清楚，要想尽快打开局面，必须规划先行，也就是首先要绘制一个近期工业发展路线图。而这需要进行大量的市场调查和前期分析论证工作。

1982年初，中纪委的一份《信访简报》（关于深圳的走私问题）和《中共中央紧急通知》的发布，使经济特区的形势急转直下。凡是早期在深圳工作过的人都清楚，1982年特别是上半年，是深圳经济特区成立以来思想上压力最大、工作上困难最多的时期。但是，深圳市领导在花费大量的时间抓好反走私和打击经济领域犯罪活动工作的同时，依然把大部分精力放在加快投资环境建设和发展工业、制定近期工业发展规划上。

1982年初，深圳市委主要领导主持召开全市处以上干部会议时指出：“工业是经济特区经济发展的重点，必须立足于现代化，有计划有选择地引进技术先进、管理科学、产品在国际市场上有较高竞争力的项目。对引进的先进技术、设备和先进管理经验要进行消化、吸收和推广，以迅速形成经济特区较高的生产力。”

这次会议后，深圳市委主要领导每月至少组织工业部门召开两次以上座谈会。仅5月就召开了五次座谈会，时间分别是5月12日下午、5月13日上午、5月15日、5月17日上午、5月20日上午。这些会议主要是讨论和研究近期工业发展规划的制定，包括发展目标、工业区的部署、工厂的建设方针、工业企业的自主权、发展资金、产品外销、税费、海关，以及基础配套设施等方面的问题。

1982年5月26日，经过大量的调研和充分准备后，《深圳经济特区近期工业发展纲要（1982—1985）》（简称《纲要》）正式出台。主要内容如下：

一、指导思想。立足于现代化，努力建设具有现代化设备、先进技术和科学管理水平的工业生产出口区。逐步从劳动密集型过渡到技术密集型。为此要选择投资少、建设速度快、耗能低、无污染、经济效益大的生产项目；生产出来的工业品应该是高质量的，在国际市场上具有一定的竞争力；产品的销路主要是国际市场。

二、迅速搞好经济特区工业发展的规划与开发，根据经济特区总体规划要求，首先搞好上步、八卦岭工业区的开发。上步工业区为电子工业区，八卦岭工业区为综合性工业区。

三、投资4.45亿元，建成标准厂房面积189万平方米（不包括中央和省属企业）。工业总产值要达到12亿元，比1981年增加6.5倍。

四、改革管理体制。对现有工业企业进行彻底的改革，内容是扩大企业自主权，中心是使企业真正成为实体，独立核算自负盈亏，按经济规律办事。享有人、财、物、产、供、销自主权。

五、发展工业的形式和资金。以引进外资为主，采取独资、合资、合作、联合（深圳、外资、国内企业）、内联、自办、中央部属企业办七种形式。产品内外销比例：1. 凡引进外资企业的产品以外销为主。2. 与外商合资合作企业的产品允许有一定比例内销，其原则是国内市场短缺需要进口的产品。要求内销的产品，均应按中央和省的有关规定办理审批手续。

如前所述，由于经济特区的工业基础和投资环境还不完善，人才、资金奇缺，而产品能否做到以外销为主，外商投资是否愿意把先进技术带进来等，这些都存在一些不确定因素，也就是说不完全在掌控范围内。因此，《纲要》只能是当时经济特区工业发展的初步设想和比较符合原则的规划，有待在实践中逐步完善和明确。后来的发展也证明了这一点。

不过，从中可以看出，市委、市政府关于深圳发展工业的策略、路径和具体步骤，包括产业定位、资金来源、项目性质、配套设施以及企业管理体制、企业用人机制等，都已经十分明确。这对早期深圳实施工业发展战略起到了有力的促进和指导作用。

### 集中统一建立工业区

《纲要》出台不久，为了给外商创造一个良好的投资环境，市领导班子成员决定集中统一开发工业区，要求工业区通路、通电、通水、通信，各种设施要配套齐全，以利于尽快组织生产、发展生产，并决定首先建设一批一般工业都适用的标准厂房，为工业生产提供基本的条件。

经济特区成立之初，由于条件的限制，产业划分不是十分明确，当时引进的一些外资项目和中央各部、省办的一些项目都放在上步一带，即以华强路为中心，北至红荔路，南到深南路，也就是后来的上步工业区一带。直到《纲要》出台才正式确定上步工业区以发展电子工业为主，八卦岭工业区则为综合性工业区。上步、八卦岭两个工业区竣工后，原有的工业按产业分类一部分迁入上步工业区，另一部分迁至八卦岭工业区。

当时深圳市领导班子发展工业的心情十分迫切，决心很大，魄力很大，信心也很足，经常白天下基层搞调研，晚上开会或批阅文件，加班至深夜，有时一天工作24个小时，当时市委规定机关干部不午休，他们几乎没有休过星期天。

在资金、人才极为匮乏的情况下开发工业区，今天的人们是想象不出当初遇到的重重困难的。负责这项工作的深圳市政府副秘书长和工业服务公司负责人，几乎隔天就要向深圳市委主要领导汇报工作进展和遇到的问题，从筹建、征地、规划、资金，到抽调干部和区内通水、通电、通路，甚至节省1万元的开办费，事无巨细，深圳市主要领导都要亲自过问。像普通人操持自己小家的柴米油盐一样操持公务，这种细致入微、亲力亲为的工作作风，在草创时期的经济特区十分有必要。因为那个时期的工作实在太难了，他是在为下级解决困难。他的这种强烈的责任感和事业心对班子成员和部门负责人形成了一种感召力，促使大家齐心协力搞建设。

在今天看来，如果没有当初不眠不休的坚持，没有当初筚路蓝缕的努力，在那种恶劣的条件下，经济特区首个统一规划建设的工业区——上步工业区——绝不可能在短短的一年多时间内就横空出世。占地总面积为1.2平方公里，总投资2.8亿元，总建筑面积200万平方米，共18栋标准厂房和专业厂房的八卦岭工业区也不可能在短短两年多时间内全部竣工。而且，工业区的投资全部是靠贷款滚雪球式筹集的。

然而，1982年，在深圳市领导不舍昼夜地开发建设上步、八卦岭工业区的同时，关于深圳经济特区发展模式的责难已开始蔓延，比如：经济特区为什么热衷倒买倒卖进口商品？经济特区商业和外贸是否发展过度？经济特区引进的都是“三来一补”企业，能否坚持以发展工业、出口为主？诸如此类问题纷至沓来。

正所谓“空谈误国，实干兴邦”，这两大工业区的建设，用实际行动对这一连串诘难给出了有力的回答。

不仅如此，深圳市委主要领导还提出每年要新建一批工厂。1982年新建55家，1983年新建100多家，到了1985年，深圳共有446家新厂投产。工业总产值连年成倍增长，1980年为5100万元，1981年为2.025亿元，1982年为4.56亿元，1983年为7.2亿元，1984年为16亿多元，1985年达到23.56亿元。要不是1982年经济特区有关“姓‘资’还是姓‘社’”和1985年有关“经济特区失败论”的两次大争论以及1985年压缩基建规模，深圳经济特区的工业发展还会更快。

### 深圳工业由内向型向外向型爬坡

经济特区成立之前，深圳的工业只有两大类——农机产品的生产和副食品加工。深圳的工业基本上属于封闭型的县镇工业。经济特区成立之初，受条件限制，深圳只能引进“三来一补”的劳动密集型工业。

随着条件的逐步改善，1982年深圳市委提出“重点发展工业”，以后每年都重申工业是重点，并不断提出新的发展目标。譬如1983年提出“集中精力发展工业”，并指出“工业应以技术密集型和知识密集型为主，产品销售以出口为目标”。1984年深圳市委提出“要集中力量抓紧外资引进工作，重点发展先进工业”，并强调深圳工业要在“发展速度、工业引进、企业投产、新产品开发、经济效益”等五个方面开创新局面。1985年，深圳市委主要领导提出“经济特区要过好金融改革和二线管理两个关，爬上由内向型经济转向外向型经济这个坡”。

为了把制定的目标和工作任务落到实处，几年来，深圳市委、市政府在不断改善投资环境的同时，充分利用背靠内地、毗邻香港的优势，积极开展对外经济技术合作，使深圳工业发展在较短的时间内有了很大的变化。兼任工业发展委员会主任的副市长周溪舞在1985年4月24日全市工业工作会议上以《奋力爬坡，使深圳工业由内向型转向外向型》为题，对几年来深圳工业发展的成就和变化做了如下总结：

一、工业在国民经济的构成中已上升到主要地位。1984年，工业在全市生产总值中所占的比重已由1983年的15％上升到23％，在工业、建筑、商业、农业等各产业中第一次排到了首位。

二、工业内部结构也有很大变化。第一，工业从以来料加工为主，逐步过渡到以自产产品为主。截至1984年底，全市自产工业产品有600多种，产值达16.5亿元，占全市工业总产值的91％。第二，产业结构从劳动密集型逐步提高到以技术、知识密集型为主。1983年以前投产的企业属于技术密集型的工业仅占3％，具有适用先进技术的占41％，属于劳动密集型的占56％。从1984年投产的106家工厂来看，属于技术密集型的占11％，具有适用先进技术的占59％，劳动密集型的只占30％。第三，产品销售结构从内向型逐步向外向型转身。经济特区内工业产品1984年销售总额为11.255亿元人民币（折合30.836亿港元），出口和代替进口占销售总额的47.8％，其中直接打入国际市场的占33.4％。

三、为工业持续高速发展孕育了后劲。深圳办工业主要是靠外引内联，深圳投资部分又主要是靠贷款。1979年到1984年底工业基建和技改国内贷款累计16亿元人民币，到1984年底已偿还了40％。全市工业固定资产已由1979年的2800万元增长到1984年的7.5亿元。这是今后工业持续高速发展的基础。关键是，随着投资环境的不断改善，深圳已经逐步形成一个良性的外引内联的机制和平台。比如1985年计划投产的工业企业有150家，当年可以新增产值3亿元左右。已经签约组建的企业307家，今后两三年内将陆续投产，形成新的生产能力。正在洽谈尚未签约的有150多家。而且，几年来，每年都以百分之几十的速度递增。这就使得深圳工业将长期保持一个持续高速发展的梯形结构。

### 初步形成工业体系

1984年全市生产总值完成18亿元，比上年增长150%，1984年工业总产值超过前四年累计总和。工业生产保持了产值、利润、上缴财政三个同步增长。产值增长150%，利润增长160%，上缴财政增长1倍以上。

截至1984年，深圳已初步形成了5个工业体系，即电子工业体系、石油化工工业体系、食品轻纺工业体系、新兴建筑材料工业体系、精密机械工业体系。

## 大力发展电子工业

可能令很多人想不到的是，成为当今深圳高新技术以及自主创新主导和支柱产业的电子工业，早在20世纪80年代初就在当时的深圳市委、市政府的领导下率先发展起来了。

1981年初，深圳的工业基础几乎是一张白纸，要发展的产业很多，譬如电子工业、航空工业、轻工业、纺织工业、食品工业、机械与汽车工业、建材工业、石油化工工业，都被提上了议事日程。在众多的产业中，深圳市委主要领导人知难而上，选择国内最需要又最难出口的电子工业作为突破口。他主要是看中了电子工业在中国香港和新加坡良好的发展势头，认为电子工业占地少、污染小、低能耗，是大有可为的新兴产业。

不过，当时深圳市委主要领导都清楚，要想大力发展电子工业，在充分利用深圳窗口地位的同时，必须联合电子工业部和内地省市的力量，充分整合各方资源，一起把电子工业这块饼做大。

凑巧的是，1981年初，刚刚结束到香港考察的电子工业部常务副部长刘寅途经深圳时正想着与深圳市市长晤面，因为电子工业部也在酝酿利用深圳的窗口位置设立电子工业出口基地。于是两个胸怀大志的人坐下来闭门探讨电子工业发展大计，而且一拍即合。就是在这次会谈中，深圳市委主要领导毅然拍板在深圳上步工业区划出30万平方米土地兴建电子工业区，并委托电子工业部协助制定深圳电子工业规划。

业内人士认为，这两个决定对深圳电子工业日后的强势崛起具有十分深远的历史意义，可以说奠定了深圳电子工业此后多年来持续强劲发展的基石。

自此，深圳市委主要领导把发展电子工业提上重要议事日程。

1982年1月3日，深圳市主要领导在市委常委讨论经济特区社会经济发展规划时明确表示："工业的发展前景，电子工业是重点。"1982年，《深圳经济特区社会经济发展规划大纲》第一次正式将上步工业区以发展电子工业为主用白纸黑字确定下来。这成为深圳发展电子工业的指导性文件。

自1982年起，深圳开始积极兴办电子工业，对外引进，对内联合，势头如深圳湾涌动的春潮。到了12月底，合资、独资、合作等各种经济成分的电子企业如雨后春笋般从深圳市区内冒出。中央部委在深圳办的电子企业有40多家，内地一些省市也纷纷调兵遣将在深圳“安营扎寨”，雄心勃勃地兴办各类电子企业。

由此，电子工业在深圳的发展逐步走上正轨。

1983年1月25日，深圳市委常委研究当前的工作问题，主要探讨电子工业发展问题。会议强调，当前的重点是要把电子工业部、广东省电子工业局驻深机构和本市的电子技术力量组织起来，迅速拟出一个发展本市电子工业的具体工作方案，在此基础上，再制定一个较长期的电子工业发展规划，分步实施。1983年7月，随着时机逐渐成熟，深圳市委主要领导正式邀请电子工业部组团来深圳编制深圳工业发展规划。规划组会同广东省政府、深圳市政府的部门负责人共57人参加，由电子工业部办公厅主任马福元任组长，广东省电子工业局局长刘忠山与深圳市政府副秘书长曲华任副组长。这是深圳自1981年将电子工业确立为重点后一直极力促成的一件大事。

在这次会议上，曲华代表深圳市政府，马福元代表电子工业部，共同签订了多项协议。其中对电子工业发展影响较为深远的主要有两项，一是联合组建深圳电子产品质量检测中心。由电子工业部、国家进出口商品检验局、深圳市政府三方出资组建，使深圳有一个权威的电子产品质量检测机构。这个检测中心的成立，对于提高深圳电子产品的质量起到了很大的促进作用。二是建立深圳电子人才培训中心。这个培训中心就是后来的赛格人才培训中心，成为深圳历史最为悠久、时间最长的培训机构，直到2012年仍在培训外向型人才。

随着部属企业纷纷落户深圳并不断发展壮大，电子工业部决定在深圳成立一个常设机构。考虑到可以与电子工业部进一步紧密合作，深圳市政府也积极促成此事。1984年1月16日，电子工业部驻深圳办事处在位于深南中路的深圳电子大厦举行成立大会。电子工业部驻深圳办事处成立后，对促进深圳电子工业的发展起到了很好的组织协调作用。

正所谓天时、地利、人和是成就一番事业不可或缺的三大要素，深圳的窗口位置和内地的人才、资金、技术实力互为依托、相得益彰，促使深圳电子工业雏形迅速形成。

这种崭新的局面很快引起了国际电子巨头的关注与兴趣。1983年10月31日，日本三洋电机株式会社在深圳蛇口工业区成立了三洋电机（蛇口）有限公司。这是第一家在深圳投资的日本大企业，也是国际大财团在深圳成立的第一家独资电子公司，表明深圳的投资环境逐渐得到国际大公司的认同。1984年，日本三洋电机株式会社与深圳华强电子公司合资成立了华强三洋电子公司。当时深圳华强电子公司以厂房作价600多万元，日本三洋电机株式会社以资金入股并提供先进的设备和技术，双方各占50%股份；董事长由中方担任，总经理由日方担任，中方派出人员担任常务副总经理及各级部门主管，直接参与生产和经营管理，体现了中外合资企业以中方为主的原则。这是深圳电子工业引进外资的一个重要事件，在深圳电子工业史上有着一定的地位。

1984年，又有一家国际知名的大企业投资深圳的电子工业，那就是日本精工爱普生公司（简称“爱普生”）。爱普生以生产精工牌石英表而闻名。这一年，爱普生在深圳投资1000万美元，成立了一家独资企业，叫爱普生技术（深圳）有限公司，生产针式打印机。

与此同时，初露峥嵘的深圳电子工业也召唤着大西北的电子企业前来加盟。1983年，甘肃省电子工业局投资深圳，组建了兰光电子公司，这是甘肃在深圳创建的第一家窗口企业。公司成立初期，生产的产品是电子游戏机，到了1984年就开始生产较为高档的消费类电子产品组合音响。

至20世纪80年代中期，通过外引内联，在深圳成立的电子企业写下一页又一页精彩的篇章，一方面为深圳发展电子工业引进了先进技术、资金和人才，另一方面有力地带动了内地电子工业的发展。更为重要的是，各种力量聚集起来促使深圳电子工业迅速发展壮大。

当时许多重要的电子企业都驻扎在上步一带，上步工业区的电子工业从无到有、从小到大，发展很快。工厂取的名字也很有趣，都带一个“华”字，比如爱华、宝华、京华、通华、华强等。几年之间爱华、京华、华发等大厦拔地而起，到1985年上步工业区电子工业的雏形已基本形成。当年，一些工厂的大门口都有一个电子大屏幕，滚动出现“振兴中华”“向四化进军”这样的口号。当时整个深圳干事创业的气氛十分浓厚，连来深圳考察的时任新加坡副总理吴庆瑞都惊叹深圳发展电子工业的速度很快。

很多人并不知道，在经济特区建立之前，深圳仅有一家电子厂，只能生产小功率的变压器、电动机、支农产品等简单电子产品。从1982年开始，深圳市委、市政府以上步工业区的建设为先声，在深圳大规模建楼设厂，发展电子工业。截至1983

年底，电子企业已发展到了100多家，拥有职工1万余人，能装配各种家用电器、家用仪器、彩色电视机、组合音响设备、微型电脑等，年产值达3.27亿元。

到了1985年，深圳的电子企业达到178家，产业形成了一定的规模，在深圳的工业总产值中占了半壁江山。在梁湘卸任的1986年，深圳电子工业已经迎来了它的第一个大发展的黄金时代，高峰时期在当时的深圳工业生产总值中约占47%。

### 大力发展纺织工业

在深圳早期的发展中，唯一可以与当时风头正劲的电子工业比肩的就是纺织工业。深圳电子集团（简称“电子集团”）和华联纺织有限公司（简称“华联集团”）可以说是深圳早期工业经济崛起中的两个典型案例。前者是新兴产业的代表，后者则是传统产业的代表，它们都是深圳当时通过外引内联大力发展起来的。它们不仅是当年深圳大力发展工业的硕果，而且在全国同行业发展中起到了窗口和示范作用。

深圳把纺织工业纳入重点发展产业之一是在1982年初。1982年1月3日，在深圳市委常委会议讨论城市规划时，主要领导谈到工业问题时说，电子工业是工业发展的重点，但轻工业也应该发展，纺织工业要搞在国际上有竞争力的针织品和高档产品。不久，纺织与电子、石油化工、新型建筑材料、精密机械等一起被深圳市委、市政府列为深圳早期六大重点发展产业。

不久，由纺织工业部和中国国际信托投资公司牵头，联合全国18个省市的纺织工业部门，集资在深圳创办的华联纺织有限公司正式成立。公司成立伊始就明确提出，支援深圳经济特区建设，发展深圳的纺织工业，为促进全国纺织工业的发展发挥窗口作用。

1983年7月，在一次讨论工业发展的会议上，深圳市委主要领导听说纺织工业部要在深圳搞15个项目，十分高兴，当即指示深圳市政府有关负责人尽快解决用地问题，于是深圳市政府将占地0.8平方公里的莲塘工业区主要安排给了纺织工业。也是从1983年开始，纺织企业开始在深圳热热闹闹地办了起来，有部属企业，有省市企业。

到了1985年，一批纺织企业逐步浮出水面，呈现良好的发展势头，华联集团应运而生。华联集团成立之初，就明确了兴办外向型企业的发展方向，在积极引进先进技术、设备和管理经验的同时，坚持依靠广东省市，使内联单位成为可靠后方，不断兴办合资企业。截至1986年，华联集团投资合办的企业有纺纱、印染、涤纶长丝、服装、苎麻纺织、针织制衣、织袜和出口器材等21个，其中，已投产的有12个，试产的有3个，正在筹建的有6个。截至1986年，纺织工业产值达1.04亿元，创汇3161万美元，利润达1884万元，投资利润率为32%，总产值已上升为全市第二位，出口比重达95%。深圳初步形成了一个多门类、小型纺织工业生产基地，为扩大我国纺织品的出口发挥了窗口作用。

当时深圳市领导发展纺织工业的信心很足、决心很大，时任副市长周溪舞在深圳市政府召开的工业工作会议上表示“不但要把被别人挤占的市场抢回来，还要不断扩大新的市场”，同时认为“如果把在国外加工的那道工序转回经济特区，制成成品，就可以使出口产品多创外汇。此外，同类产品通过引进技术，提高档次，也可以增加外汇”。

深圳的纺织工业创造了属于那个年代的辉煌，直到现在，纺织、服装仍然是深圳传统产业中的出口大户。这与20世纪80年代深圳大力发展纺织工业有很大的关系。

## 第四节　深圳早期的内联

### 什么是内联

“内联”这个词，在现代词汇里面可能已经找不到了。遍看有关深圳发展历程的研究著述，也几乎看不到研究者们和作者们使用这个名词。而我在1988年调到深圳工作时，“内联”是深圳经济特区发展过程中非常常见的一个名词，它表明的是内地各省市与深圳经济特区的“联合发展”，就是内地各省市利用深圳经济特区毗邻香港的地理优势，利用深圳的经济特区政策，到深圳来办工业，商业，外贸的独资、合资和合作企业，来发展本省或本地区的外向型经济，以及引进和学习国外的技术和管理经验，培养自己的外向型经济人才。

事实上，对于早期的深圳经济特区来说，内联是非常重要的，正如我们在上一节所看到的那样，深圳最早发展起来的电子工业和纺织工业，主要是靠内联先奠定基础，然后再大力发展起来的。尽管都说内联与引进外资形成了早期经济特区经济发展的“两翼”，但是相对于引进外资来说，内联是更容易、更方便、更直接、更快速的“一翼”，毕竟是“自己家里人”，从资金到技术，从设备到人才，从管理到销售渠道，一下子都可以带过来，直接建厂、生产、出口。

当年内地为何积极主动和满怀热情地与深圳内联呢？道理很简单，因为深圳毗邻香港，有特殊的地缘优势，20世纪80年代全国还没有大开放，只有深圳是通过香港出口最方便的地方，所以内地许多省市和国家许多部委，都把自己主要的出口企业放到深圳来。

就我所知，在1992年邓小平视察南方之前，深圳的内联发展是非常好的，对深圳经济发展的支持作用也是非常大的。只不过在此之后，中国掀起了大开放的热潮，各地都开始对外开放，大量引进外商、外资和外技，深圳原有的特殊地位和作用逐渐消失或基本上不存在了。于是各地在深圳的内联企业和机构或者撤回到了本省、本市、本地区，或者就在深圳落地生根，变成了深圳的企业。“内联”这个名词也就逐渐消失，被人们逐渐淡忘。

### 深圳早期的内联是不得已逼出来的

实际上，深圳早期的内联，是在不得已的情况下逼出来的。当年中央决定办经济特区时，只是希望经济特区能够成为引进外资、外技来带动内地经济发展的出口加工区，并没有考虑要经济特区大力开展与内地经济的联系和联合。

1981年第四季度，深圳由于受到国际市场不景气和广东大规模打击走私犯罪活动的影响，外商投资急剧下降，经济特区的建设特别是工业的发展遇到了极大的困难。1981年前三个季度刚刚出现的较好的发展势头突然急转直下，深圳市委、市政府领导班子十分着急，在短时间内密集开会商讨发展工业的对策。1981年12月14日，在深圳市委常委会研究工业、交通工作会议报告时，时任市委副书记周鼎同志提出：“对内联企业只收税，不收利润。放水养鱼，让其增强实力，加快发展。从明年开始，我们要通过外引内联，利用内联单位优势，抓好基础的开发，增强发展工业的后劲。”

1983年1月27日，深圳市委常委召开的内联工业会议针对内联工作谈了三个要点。一是内联的目的。经济特区发展工业主要是引进外资，内联就是加强引进的条件，也就是利用内地的技术力量和管理人才，使产品更好地打进国际市场，同时有利于引进先进技术，消化先进技术，帮助内地工业的发展。二是内联的主要对象。省外以部、省统一搞联合为主，省内以市、大型工厂为单位搞联合。因为在计划经济年代，大型工厂都是按行业由中央、省市领导和管理的。三是内联政策。总的要求是按经济特区的优惠条件办，遵守经济特区的政策、规定。此外，内联工业会议上还提出制定一系列优惠政策。一是允许内联企业将留成外汇汇到内地或者购置先进设备和先进技术转移到内地。二是内地与经济特区合办的内联企业内地一方利润分配从优，内联企业资金有困难也可以在经济特区贷款。三是内联企业从内地调来工作的干部、技术人员可以在深圳入户，其他人员可以办理暂住户口。四是对内联企业要加强领导，加强管理，加强政治思想工作。

### 深圳全力以赴开展内联工作

深圳市主要领导除了与班子成员一道及时做出决策和制定规划外，还抓住各种机会为经济特区的内联工作当“红娘”。从1983年开始，他们利用中央各部和一些省市主要领导来深考察的机会，主动约请他们面谈，鼓动他们来经济特区投资，搞内联。

1984年3月底到4月初，深圳市主要领导借到北京参加中央召开的部分沿海城市座谈会的机会，利用晚上或星期天的休息时间先后找电子工业部、化工部、轻工业部、煤炭工业部、建材局、中国石油化工总公司、中国国际信托投资公司等单位的主要领导谈在深圳发展内联问题。

除了上述单位，深圳市主要领导还先后与中科院、航天工业部、纺织工业部、机械工业部、兵器工业部（北方工业公司）、农牧渔业部以及四川省、山西省、湖南省和武汉市等的主要领导谈过内联问题。

随着深圳投资环境得到较大改善，1983年内联工作得到突破性发展。经济特区企业跟内地之间，根据“扬长避短、形式多样、互惠互利、共同发展”的原则，打破地区、部门和所有制的界限，开始了跨地区、跨行业、多层次、多形式的经济合作，组建了一大批内联企业。

由此，内联工作进入一个新阶段。1983年12月，深圳市主要领导在一次关于内联工作的会议上，分析总结了几年来内联企业在经济特区工业发展中的作用，主要讲了五点：一是增强了吸引外资的能力；二是有利于经济特区产品更多更快地打入国际市场；三是有利于引进先进技术，促进内地工业发展；四是有利于掌握国际市场信息；五是有利于先进技术的消化吸收，移植内地。

### 深圳内联取得巨大成果并获中央肯定

到1983年底，已经有14个中央部（局）、20个省区市、80多个地市与深圳签订了497项横向经济联合协议，其中，有467项已付诸实施，实际已投入使用资金1.69亿元。1984年至1985年，内联工作一直在突飞猛进地发展。

1985年下半年受到国家宏观调控影响，压缩信贷和基建投资，内联企业遇到了很大困难。1986年1月至10月签订的内联项目只有52个，协议投资只有1.6亿元，但几年来全市累计与中央各部、各省区市签订的内联工业项目有520多个，协议投资约30亿元，实际已投资7亿多元。内联企业在经济特区投资环境尚未完善的情况下，对经济特区的工业发展和工业产品外销发挥了十分重要的作用。例如，以内联工业企业为主的电子集团，截至1986年发展的企业共有131家，完成工业产值13.03亿元，占当年全市工业总产值31.11亿元的41.88%。华联集团的工业产值占全市工业总产值第二位，其产品出口比重高达95%，为深圳外向型工业的发展做出了榜样。

经过几年的努力，到1985年，经济特区的内联从内容到形式发生了很大的变化。从初期同地县（市）的物资联合，发展到同中央各工业部、总公司，各有关省市骨干企业的联合；从开始时一地一厂的联合，发展到由中央各有关部委牵头、各省市参加的成行业的联合；由工业企业之间的联合，发展到和科研机关、高等院校科研生产的联合；由国内经济实体的双边联合，发展到内联单位通过各自渠道引进外资的多边联合。

总的来看，内联对经济特区影响最大的是工业，特别是先进工业。可以这么说，内联成了经济特区早期发展工业的助推器和加速器。试想当初如果没有和内地搞内联，经济特区工业的起步和发展就不可能那么快，更不可能为后来的腾飞打下坚实的基础。

正如我在上面所提到的，实际上，深圳经济特区对内实行联合，一开始中央并不提倡。比如，1980年中发〔1980〕41号文件规定：经济特区主要吸收侨资、外资进行建设，中央各部门、各地区，除经批准可在经济特区经营少数合资企业外，一般不准在特区办企业，广东省要严格把关。一些单位去深圳、珠海占地，打乱了建设部署，应立即制止。

但由于在深圳经济特区实际发展中内联发挥了重要作用和取得了良好效果，因此1984年邓小平视察深圳并提出经济特区要发挥“四个窗口”的作用后，当时的中央主要领导就提出经济特区要发挥“两个扇面、一个枢纽”的作用。其中一个“扇面”，指的就是深圳经济特区要发挥内地企业接轨国际市场和借鉴学习国外先进技术管理的作用。此后，薄一波同志在一次视察深圳时就曾对深圳市领导说过，中央领导的这些指示都是在总结深圳经验的基础上做出的。

## 第五节　深圳高新技术产业的起步

高新技术产业是当今深圳一张响亮的名片，并且已经是深圳国民经济的重要支柱产业之一。而深圳的高新技术产业的缘起，也是在20世纪80年代初，在深圳1979—1981年这个阶段诞生的。一批后来人们耳熟能详的高新技术企业相继在这个阶段起步。

### 创办深圳第一家高新技术企业——先科技术开发公司

1982年5月至7月，深圳先后成立了新技术研究所、电子研究所和科技情报研究所等一批科研机构。新技术研究所以立法的形式被固定下来，由此催生了深圳一大批最早的高新技术企业。

1984年，深圳市委、市政府加大了利用外资引进科技项目的力度，深圳市科委的外事活动多了起来。但科委主任叶华明[①]与外宾见面时，名片上印的“科委主任”容易让人认定是政府官员，产生距离感。叶华明和科委班子成员商量后决定成立一家公司，取名“先科技术开发公司”（简称“先科”），先科取“先进科技”之意。当时科委只有30人，全年的费用只有30万元，科委下属的部门有一个电子研

① 叶华明是中国人民解放军创始人之一叶挺将军的儿子。

究所和一个科技情报研究所，每年的经费只够发工资。但办公司总得要启动资金，叶华明从科委的经费中拨出5000元作为开办公司的第一笔经费。先科由此成为科委一个对外联络和引进外资开办实业的窗口，同时也是深圳第一家高新技术企业。

先科当时选择的项目是激光视盘。很快，叶华明飞赴荷兰谈判引进生产线。他本人也算是这方面的专家，从苏联留学归来，后又在荷兰深造过。当时，飞利浦和索尼联合研制成功全球第一张CD，仅用两年时间。对中国内地来说，电视机产业才开始发展，对激光视盘这样手掌大的薄片，普通百姓知道得很少。那时北京、广州的一些有识之士都盯紧这块"黄金蛋糕"，随时准备出击，深圳抓紧时间先人一步，和飞利浦签订了引进生产线和技术转让协议。

1992年，邓小平到南方视察的唯一一家高新技术企业就是先科。先科是当时深圳最重要的高新技术企业，作为中国当年唯一一家生产激光唱片、视盘和光盘放送机的企业，先科催生了中国的光盘产业，并让中国成为继荷兰、日本、法国之后第四个既能生产LD视盘又能生产CD音盘的国家。到了20世纪90年代中期，先科研制出中国第一台VCD机和第一张VCD光盘。当时国内兴起卡拉OK热，歌舞厅风行城市乡镇。全国各地的经销商到深圳通宵排队购买先科产品。那时，先科的广告语就是"世界看中国，中国看先科"。

### 创办日后享誉世界的高新技术企业——中兴通讯股份有限公司

1985年2月，越来越浓厚的高科技氛围催生了深圳另一家日后享誉世界的高新技术企业——中兴通讯股份有限公司（简称"中兴"）。当时中兴只有280万元注册资金，最初的名称似乎与通信并不沾边，叫中兴半导体有限公司。

1985年以前，以发展外向型经济为主的深圳与内地一样，通信远远落后于国际先进水平，几乎所有人都为通信不畅而苦恼，特别是来深圳投资的客商。为此，在深圳市政府出台了一些科技新规和政策后，深圳有一批中小企业立志发展通信工业，开始以来料加工的方式生产电子按键电话机、通信器材、图文传真机、铁道电台与对讲机等，以打破深圳发展经济的瓶颈，改善深圳的投资环境。不久，有一批嗅觉灵敏的企业发现，通信不畅的主要原因是中国的程控交换机落后，如果能制造出数字程控交换机，就能破解通信不畅的瓶颈。于是以深圳市长虹通讯设备有限公司等为代表的通信企业开始研发生产通信工业的关键设备——数字程控交换机。数字程控交换机容量不大，大多只有500门，但与纵横式交换机相比，一下子进步了10年以上，遗憾的是最后没能形成产业。

1986年，中兴在电话机的贸易中发现数字程控交换机有着巨大的市场。从这一年开始，中兴不做半导体而改为研发数字程控交换机。后来的实践证明，这个举动是一个非常英明的决定，使得中兴20多年后在中国通信领域占据了重要的地位。

可以说，正是20世纪80年代那种鼓励成功、包容失败的创业、创新环境，使得中兴闯过种种难关，坚持到了最后，最终擎起了我国民企通信工业的大旗，将深圳的数字程控交换机推向了国际先进水平，为我国通信工业的发展做出了历史性的大贡献。

### 召开第一次科技工作会议

1985年11月27日，深圳市第一次科技工作会议召开，深圳市委提出了今后科技工作发展的思路：一是经济特区经济建设必须依靠科技，科技工作必须面向经济特区经济建设；二是充分利用经济特区的优势，加快先进技术的引进、消化和吸收；三是大力开拓技术市场，更好地发挥经济特区“四个窗口、两个扇面”的辐射枢纽作用；四是尊重知识，用好人才，充分发挥科技人才的作用；五是加强对全市科技工作的宏观指导和管理。会议还讨论和修改了《中共深圳市委、深圳市人民政府关于加强科技工作的决定》。

不久，为适应经济特区经济发展的需要，深圳市科技发展中心的业务部门除原有的技术引进处、科技成果推广处、科技干部管理处外，新成立了科技专利管理处和直属中心的技术商品交易所。

截至1985年，深圳专业科研机构已发展到14个，科技人员总数达284人，企业科研机构发展到8个。为了更好地推动科技创新，1985年，深圳市政府对1983年以来的优秀科技成果进行了奖励。获奖成果共20项（其中一等奖2项、二等奖4项、三等奖3项、四等奖11项），获表扬的4项。深圳日后重奖科技人员的政策由此发端。

1985年，通过外引内联，天马微电子股份有限公司、中国科健股份有限公司、深圳长城开发科技股份有限公司等一批高新技术企业相继成立。深圳在短时间内共建立起电子及通信设备制造业、电气机械及器材制造业、仪器仪表及计量器具制造业企业120家，实现工业产值12.5亿元，占当年工业总产值的37.9%。

## 创办全国第一家科技工业园

在深圳市委、市政府决定创建科技工业园的20世纪80年代，“科技工业园”这个名词对许多中国人来说还很陌生，深圳市委主要领导则深受《第三次浪潮》和美国硅谷的启示。20世纪80年代初，全球范围内正掀起新技术革命的浪潮，创立科技工业园已被证明是推进工业技术升级的有效途径。然而，国外科技工业园大都建在科研院所较为集中的地方，而当时的深圳并不具备这个条件。但深圳市委主要领导清醒地意识到，发展高科技，一个重要的前提是开放宽松的环境和灵活的体制机制。而深圳作为一个开放型的经济特区，与内地相比恰恰具备两大优势：一是毗邻香港，容易获得国际市场和科技信息，容易引进先进技术和资金，加速科研成果商品化的进程；二是深圳办事手续简化，工作效率高。在此基础上，如果能争取到中国社会科学院的力量，充分发挥市、院双方各自的优势，这件事就水到渠成了。

深圳市委主要领导对发展先进工业可以说有一种很深的情结。早在经济特区建设初期，当大量劳动密集型的“三来一补”企业进入经济特区时，深圳市主要领导就考虑到工业发展的后劲问题。1983年9月2日，深圳市委常委会讨论1984年工作计划时提出：发展工业是重点，从现在开始，引进几个技术先进的项目。电子工业要把规划定下来，有计划地引进。我们要搞高级工业村，这在美国叫“硅谷”，在我国台湾叫“科学园”。

1984年5月18日，深圳市委主要领导主持工业汇报会，在谈到发展高科技工业时说道：“以后大学来搞科研的，应该放在科技工业园。中国科学院、复旦大学、华南工学院先搞，搞先进科技开发，卖专利。”随后，深圳市政府〔1984〕13号文件印发，重点说了三个方面的问题，第一个就是科技工业园。

1984年冬，深圳市委主要领导应正大康地有限公司邀请赴美国考察，他们提出要参观斯坦福大学和硅谷。看到一批年轻创业者（包括中国留学生）在简单的建筑和办公设备的条件下创业，他们感触很深。他们更加深刻地认识到，经济特区要真正做到“以四个为主”，就必须重视发展先进工业，大力引进技术密集型、知识密集型的工业项目，并以先进技术改造传统工业，同时对科技体制改革进行大胆探索。而借鉴国外的经验创办深圳科技工业园，就是一项提高深圳科技基础能力的战略举措。

1985年初，深圳市委主要领导找到当时的中国科学院副院长周光召，动员中国科学院与深圳市政府各投资1000万元在深圳建立中国第一个科技园，并得到了对方的积极回应。在市领导班子的支持下，经过半年多的磋商，中国科学院与深圳市政府决定联手合办科技工业园，计划各投资1000万元，由中国科学院在科技和管理方面给予人才支持，深圳市政府在调动、户口、住房、职称和出国考察等方面提供优惠政策。科技工业园的功能定位为企业孵化器——民间科技创业中心，它的任务不仅包括吸收和扶持产品外销的民间科技企业，还重点包括吸收和扶持科技开发人员优秀的非职务发明，这有利于促进科技成果迅速转化为产品。

1985年7月，由深圳市政府和中国科学院创办、广东国际信托投资公司参与合办的第一个国家级深圳科技工业园正式成立，这是全国第一家高科技园区。

在第十章已经讲到，深圳现在的高新区，实际上是在这个科技工业园的基础上，重新大规模建立起来的。

1999年9月，新中国国庆50周年大典前夕，由科学技术部编著、科学出版社出版的《中国高新技术产业发展报告》第一章明确写着：1985年7月，由中国科学院与深圳市人民政府联合创建的深圳科技工业园的诞生，标志着中国高新技术产业开发区起步阶段的开始。这无可争辩地说明我国高科技园区是从深圳科技工业园起步的，深圳科技工业园是我国高新技术产业开发区建设史上第一个“吃螃蟹者”，它的历史功绩是不可磨灭的。

## 第六节　中央为深圳“平反”

从1986年经济工作会议开始，中央对深圳经济特区的基调就有了很大的改变。

### 1985年新加坡总理对深圳发展的肯定

我认为，这里有个很重要的原因。1985年5月8日，新加坡副总理吴庆瑞和新加坡经济发展局局长杨成德等在考察北京、广州后，在国务院经济特区办公室副主任张戈的陪同下到深圳考察，先后参观了中航技、华发、华强、爱华、华利、蓝光等电子公司，并与20多位公司领导和技术人员进行了座谈。原来安排在深圳参观两天，后来增加了两天，减少在广州、珠海停留的时间。

参观考察后，他们对国务院经济特区办公室张副主任发表了对深圳的看法。他们说，深圳经济特区建立才不到五年，发展得太快，而不是太慢；而且从内向型经济转为外向型经济要有一个过程，急不得。新加坡的发展也不是一下子形成的，先是自己生产，然后逐步代替进口。他们还说，靠合资企业得到先进技术是不可能的，电子工业先进技术不能依靠进口机器，要靠自己培训人才。实际上，他们是完全肯定了深圳的做法，间接且隐晦地表达了他们对中国国内批评深圳没能够马上建立起优质的外向型经济，没能够快速发展高技术工业，没能够马上引进国外先进技术的不同看法。

我估计他们的这个看法通过国务院经济特区办公室转达给了中央领导，从而改变了中央领导曾经对深圳过于苛求和过多责难的看法。

### 1986年后中央对深圳经济特区态度的转变

1986年11月5日，国务院经济特区办公室、国家经委、海关总署、国家工商行政管理总局根据国务院批转的第二次经济特区工作会议纪要文件，印发了《关于加强经济特区产品内销管理的通知》。邹旭东同志曾说，这是成立经济特区以来，关于经济特区企业产品内销的一个专门的、最好最重要的文件。文件第一次规定，经济特区各类企业生产的属于国家需要的短缺产品，采用国内原材料、元器件较多的产品，以及外商确实提供了先进技术和设备生产的产品，经过相关部门审批后，都可以适当比例内销，有些可以视同进口，有些可以适当实行替代进口。邹旭东说，国务院经济特区办公室起草的这个通知是对经济特区工作的一大贡献，对经济特区的发展具有重大的作用。深圳市委主要领导苦苦等了五年的经济特区产品的内销问题解决了。只是该通知发下来之时，深圳市委主要领导已离开了深圳的领导岗位。

1987年2月6日至10日，第三次经济特区工作会议在深圳举行，这次会议与前两次会议气氛大不相同。谷牧说："四个经济特区的负责同志在这次会议中都全面地汇报了各自发展外向型经济、增加出口创汇的情况，典型经验内容丰富，非常生动。几年来经济特区工作取得了很大的进展。在社会主义条件下举办经济特区，马克思主义经典著作中没有这方面的论述，社会主义国家也没有先例。几年来，经济特区的发展引起了国内各方面人士的重视。今天，我们可以这样说，进行经济特区这项改革开放试验是基本成功的。对于办好经济特区，我们比过去任何时候都更加充满信心。可以说，经济特区建设的打基础阶段已告一段落，现在已经进入了一个新的阶段，这个新阶段就是走向抓生产、上水平、求收益，建立外向型经济的阶段。”

1986年下半年至1987年，对深圳利好的政策陆续出台，深圳经济特区出现了前所未有的大好形势，长期以来制约深圳发展的产品出口审批和内销、与内地协作或处理出口内地的产品、外资项目基建投资及项目审批，以及改革项目的自主权等问题都基本解决了。

### 1984年邓小平给深圳题词的一段故事和猜想

1984年邓小平第一次视察深圳，并为深圳题词“深圳的发展和经验证明，我们建立经济特区的政策是正确的”，现在已经成为众所周知的历史佳话。

凡是经历过或了解此事真实过程的人都知道，此事绝不像后人或当时不了解此事真相的人们想的那么简单，这是一个很不容易甚至是让所有当事人都心急如焚、惊心动魄的过程。

1984年1月24日至26日，邓小平来到深圳经济特区视察，深圳市领导非常想请邓小平题词，为此深圳市领导还准备了一卷上好的宣纸，就放在邓小平下榻的桂园别墅房间的办公台上，希望他老人家能写下点什么。可是，直到邓小平离开，这张纸上仍是空白。

但是1月26日下午邓小平一行离开深圳到珠海视察后，29日深圳市领导就得到消息，邓小平视察珠海后给珠海题了词——“珠海经济特区好”。这个重要的消息传开后，深圳这边马上就“炸锅”了。不少人都担心：邓小平对深圳没有表态，没有题词，是不是对深圳有“看法”，认为经济特区搞得不够好？邓小平给珠海题词这个消息让深圳市领导感到了莫大的压力。深圳市委一班人连夜召开紧急会议，最终决定派当时具体负责接待邓小平的深圳市委接待处处长张荣去广州请求题词。

一晃两天过去了，张荣那边仍然没有消息。所有深圳市领导都为此惴惴不安、心急如焚，生怕张荣完不成任务。2月1日上午10时，深圳市领导终于等来了广州的电话。张荣从电话那端传来一个天大的喜讯：题了！小平同志题词了！时任深圳市委常委、统战部部长的老领导刘波回忆那一幕时说：“我们高兴死了，都跳起来，真的都跳起来了，这下好了！”关键是邓小平不仅题词了，而且题词的内容也比深圳这边人们预想的要好得多。

1991年底我调到深圳市接待办当主任，接的就是老主任张荣的班。他亲口给我讲过这段惊心动魄的经历。他告诉我，当时马上要过春节，深圳市主要领导派他到广州去拿邓小平的题词是死命令——拿不到题词就不要回来过春节。他到了广州后马上联系广东省委接待办的主要工作人员，请他们帮忙安排完成此任务，为此广东省委接待办的同志还特意将他安排住在珠岛宾馆内与邓小平住处仅隔一条小溪且有桥相连的一栋小楼里。张荣又联系自己的老朋友孙勇，请他帮忙。孙勇安排他见了邓小平的夫人卓琳和女儿邓楠。卓琳和邓楠因不久前才离开深圳迎宾馆，对张荣很是熟悉，因此也答应帮忙。卓琳还很爽快地对他说："应该给深圳题词，你先回去，写好后我们会通过机要交通送到深圳。"但张荣说，深圳市主要领导已经给他下了死命令，拿不到题词就不许离开广州，不能回家过年。卓琳和邓楠都很"同情"张荣，答应尽快请邓小平为深圳题词。

2004年1月24日的《羊城晚报》刊登过一篇题为《20年前邓小平为深圳、珠海经济特区题词揭秘》的回忆文章，文章说的是同一件事。张荣到广州后找了广东省委接待办接待科副科长李天增（后曾任珠海市委副秘书长），李天增回忆说："我每天早上都要和邓榕（邓小平的女儿）一起送她的孩子去东山的一个地方学琴，所以（张荣同志找我后）第二天上午我就把他的意思告诉了邓榕。邓榕说胡子叔和杨伯伯（指王震和杨尚昆）都说应该给深圳题个词。我们做工作吧。邓榕后来把这事向小平同志的秘书王瑞林报告了。"

李天增回忆说，1984年2月1日是大年三十，上午邓小平照惯例出去散步，邓楠告诉他："你别出去了，在家准备，（邓小平）散步回来就写。"于是李天增将宣纸和笔墨都准备好，邓小平散步回来刚坐到沙发上休息，卓琳就催着邓小平给深圳题词，还对邓小平说："你不题词，人家深圳来的同志都不能回去过年。"[①]李天增将张荣从深圳出发前深圳市领导事先写好的几张做参考的纸条拿给邓小平，邓小平一看就说："要写这么多呀？"李天增说："这是深圳同志拿来的，不受这个限制，您想写什么就写什么。"邓小平随手丢开纸条，胸有成竹地走向办公台，拿起笔一挥而就："深圳的发展和经验证明，我们建立经济特区的政策是正确的。"而

① 这段回忆是张荣同志给我讲的。

且落款日期还是邓小平离开深圳的日子——1月26日[①]。

当年的大年初一，《深圳特区报》用醒目的黑体字刊出了邓小平的题词，紧接着，全国各地的报纸都刊出了邓小平的题词，香港电视台也反复播放这条消息。深圳人的这个春节过得比往年都要喜庆。因为邓小平送来了最好、最重要的节日礼物。人们燃放的烟花、鞭炮似乎也比往年耀眼响亮得多。最感欣慰的莫过于深圳市领导一班人。多少辛苦，多少艰难，多少委屈，多少困惑，似乎都在邓小平的题词中冰消雪化。

其实，有些历史就是这样，总会给后人留下一点悬念：如果人们仔细想想，会提出一个很重要的疑问——邓小平视察深圳时，为何不给深圳题词？说是邓小平是来休息的，"不题词，不见报"，但为何当时就在蛇口为"海上世界"题了词？为何到珠海后又给珠海题了词？

后来有人这样说：也许当他踏上深圳这片土地的那一刻，就已经在考虑如何评价深圳了。但是他对这个问题太重视了，听了，看了，在心里反复推敲酝酿，最后才提笔一挥而就。

我的猜想与此相似，但我认为邓小平会重视不是因为深圳发展得太好了，而是当时对深圳的非议和质疑太多了，他需要好好听一听、看一看、想一想。对此，上面提到的《羊城晚报》那篇文章有个细节是有力的佐证，文章写道，广东省委接待办的李天增回忆说："26日上午，在梁湘的陪同下，邓小平参观了蛇口工业区，在七楼会议室，袁庚向小平同志汇报了蛇口的住房改革、工资制度改革、人事制度改革，邓小平听后很高兴，说了一个字：好！""当时我们都有点吃惊，"李天增对记者说，"（来深圳）这么多天，我们还是头一回听邓小平同志这么肯定的赞扬和评价。"[②]这说明了什么？说明邓小平在整个视察深圳的时间里，几乎都是只听、只看、不说话的。其实不难想象，他正是在对蛇口工业区的情况很满意，心情很愉快的情况下，才在中午吃饭后给蛇口的"海上世界"题了词。

我还有个猜想，他当时在深圳没有题词，有可能是他还要到珠海去再听一听、

① 林丹、何伽亮：《20年前邓小平为深圳、珠海经济特区题词揭秘》，《羊城晚报》2004年1月24日。

② 同上。

看一看，拿深圳经济特区与珠海经济特区做个比较，然后再对深圳做出评价——因为他的题词太重要了，不是简单的题词，而是他对深圳的评价；而在当时那种条件下，他对深圳的评价是一字千钧，字字都是关乎深圳生存发展的“定海神针”。我想这应该也是他对深圳的评价特别慎重的原因。

当然，后来他给深圳题了词，但是其中有两点非常值得注意：一是题词的内容，二是题词的时间。

他给珠海题词的内容是“珠海经济特区好”，这只是对珠海本身的一个评价。但是他给深圳的题词则是“深圳的发展和经验证明，我们建立经济特区的政策是正确的”，这就已经是把对深圳的评价提升到国家发展战略的高度，已经是通过对深圳的评价来肯定当时国家改革开放、建立经济特区的大政方针了。这可是一个不得了的评价，真的就是把深圳定格在改革开放历史丰碑的地位上了。邓小平写下的这段话有这么深的含义，再次证明这绝对不是他心血来潮的一时之举，再次证明他确实是通过考察后经过深思熟虑得出的一种看法，而且不只是对深圳本身的看法，还是对最早他提出建立经济特区的做法是否正确的看法。邓小平的这个评价应该是早就想好了的，所以才会“胸有成竹”“一挥而就”。

再一个值得注意的就是他题词落款的时间，仍然是1月26日他离开深圳的时间，而不是2月1日他题词的时间。这也再次证明他写这段评价是经过深思熟虑的、极其慎重的，而不是应付了事的。落款在这个时间，就是要表明，他在深圳时就已经是这样的评价了。

### 1987年后邓小平一再为深圳“平反”

不知是否有人想过，邓小平第一次视察深圳而且为深圳写了那么重要的题词的时间是1984年1月，而我们前面讲到的那次基本上是以批评深圳经济特区定调的经济特区工作会议召开时间是1985年12月。

这说明了什么？说明当时深圳发展所处的环境远比现在人们想象的要复杂得多、困难得多、曲折坎坷得多。从后面我们讲到的有关深圳的三次大争论中还会看到，尽管邓小平1984年对深圳做了高度肯定的评价，但是对深圳的批评和责难并没有因此而减少，反而由于改革开放刚实行时国家经济发展的动荡局面以及人们对改革开放的种种想法和看法的博弈，深圳的压力越来越大。

现在把1984年邓小平视察深圳并给深圳题词的情况与后来深圳遭受的各种挫折联系在一起，我认为其实邓小平在1984年对深圳做出评价后，他始终没有变过。他始终坚定地认为，深圳发展是正确的，深圳发展的经验证明建立经济特区的政策也是正确的。但是他作为一个退休老人并不能以势压人，他要让那些现实的执政者自己去真正体会。果然，如上所述，实践的发展证明了邓小平的英明与远见，否定深圳和给经济特区发展制造种种困难的局面在1986年后有了根本的改变。

此后，邓小平多次高度肯定深圳的经验和做法。1987年5月24日，邓小平会见金日成主席时说："金主席去过深圳没有？下次有机会可以去旅行。最近深圳技术比较高的产品可以打入国际市场。开放政策的成功就看这一条，这是真正的成功。深圳只用了六七年时间，从一个小镇变为了一个现代化城市，经验是很宝贵的。"

1987年6月12日，邓小平会见外国客人时强调："几年的实践证明，我们搞改革、开放的路子是走对了。虽然每一个领域都还有不少问题，但是不难逐步解决，所以我们改革、开放的政策不能放弃，甚至不可能放慢。现在快、慢也是议论问题之一，因为改革、开放是有风险的。要讲究稳妥，但稳妥变成停滞不前就坏了。最近我们中央在考虑，在总结开放的基础上，加快一点改革、开放的步子。"①

邓小平说："当时我们决定先搞深圳经济特区，除了深圳以外，还有珠海、汕头、厦门，一共四个经济特区，广东省占了三个，福建省占了一个。我去过一次深圳，那里确实是一派兴旺发达的景象。他们让我题词，我写道：'深圳的发展和经验证明，我们建立经济特区的政策是正确的。'当时我们党内还有人采取怀疑的态度，香港舆论不管是反对我们的还是赞成我们的，也都有人采取怀疑的态度，不相信我们是正确的。"②

邓小平还说："深圳搞了七八年了，取得了很大的成绩，当然一个完全新的事物不允许犯错误是不行的，有一点错误也是很小的。他们自己总结经验，由内向型转为外向型，就是说能够变成工业基地，并能打进国际市场。这一点明确以后，也不过两三年时间，就改变了面貌。深圳的同志告诉我，那里的工业产品百分之五十以上出口，外汇收支可以平衡。现在我可以放胆地说，我们建立经济特区的决定不仅是正

① 邓小平：《邓小平文选》第三卷，人民出版社，1993，第240页。
② 同上书，第239页。

确的，而且是成功的，所有的怀疑都可以消除了。”[①]

## 第七节　深圳经济特区的英雄们

讲完了1979年至1985年深圳经济特区的发展过程，当然就要向领导这个时期工作的深圳主要领导表达崇高的敬意。为此，我将主要引用三位外国专家学者所写的《向深圳学习》一书中的有关论述。他们非常客观、真实地对早期深圳的主要领导人进行了评价，并称赞他们是真正的英雄。外国人都能这样客观公正地对待我们深圳经济特区的早期创建者，让我非常感动，那么我能够再做些什么呢？我要向这些外国专家学者表示深深的敬意和感谢！

### 受中央任命的早期深圳经济特区领导们是英雄

受中央任命的深圳经济特区的领导们在中国改革开放和由计划经济向市场经济转轨当中发挥了重要的作用，他们通过探索，为改革提供了新的社会主义样板和国家发展的目标指引。

曾经被称颂的领导包括深圳市委原书记和原市长梁湘（1981年至1986年在职）、招商局原常务副董事长和蛇口工业区管委会原主任袁庚（1979年至1993年在职）、深圳大学原党委书记和原校长罗征启（1983年至1989年在职）等，都是投身于国家建设的中共党员。他们之所以能够成为经济特区模范领导人，皆因勇于担当，愿意为他们认为正确的做法承担责任。这些做法在当时经济特区之外的地方是行不通的。他们在深圳任职时，“文革”刚刚结束。正是在这样的时代背景下，深圳的第一代领导人敢于冲破禁区，放手让手下人一搏，让他们成为改革开放时代新的经济特区英雄。人们曾称颂他们“敢于承担责任”，显然这里也隐含了他们在局势动荡的时刻愿意保护其他人。实际上，深圳的这种敢为天下先的试验给整个国家带来了深刻影响，使之成为改革开放时期强有力的典范。但是这种对英雄的夸赞并

① 邓小平：《邓小平文选》第三卷，人民出版社，1993，第239页。

非一成不变，他们早先对冲破禁区的宽容有时成了他们的错误。

“敢于承担责任”是改革英雄的特点，这意味着他们拥护邓小平和改革派，在新旧交替过程中继续坚持和加强党的领导。换言之，“敢于承担责任”从政治层面上讲，就是要对党的领导人和对党的领导担负起责任。在毛泽东时代结束以后，邓小平和改革派实施了新举措以巩固中国共产党的领导地位，这些措施包括市场化改革和国有企业改制。需要指出的是，“敢于承担责任”并非抽象的理想，而是体现在官员们具体的行动中，并且通过关于模范改革者的宣传报道广为人知[①]。

① 马立安、乔纳森·巴赫、黄韵然主编《向深圳学习》，王立弟译，海天出版社，2020。

# 第十二章

# 关于深圳经济特区的三次大争论

深圳初期发展之所以在很长时间里被认为是“走错路”，与当年对经济特区的三次大争论，也是三次大批评、三次大指责直接相关。

的确，深圳作为第一个新生的经济特区，其发展过程中所饱受的批评、指责、非议以及所引起的争论，是中国其他任何一个城市在发展过程中都难得一见甚至是从未有过的。

对此，作为深圳历史发展过程的研究者，一定要如实地记载下来，要让后人能够永远了解和记住这一历史的真相。

## 第一节　第一次大争论：经济特区到底是不是租界？

有关深圳经济特区的第一次大争论，实际上已经在本书第三章第一节就写到，即1981年由深圳拟引进港商成片开发福田区之事引起的一场有关经济特区是不是租界的大争论。

在那次争论中，许多内地主流媒体指责经济特区引进港商成片开发就是“租土地给国外资本家”，就是提供土地让其剥削我国劳动人民，就是搞变相租界，并且痛斥深圳在搞资本主义，说深圳除了罗湖桥头挂着五星红旗，其他都是资本主义。

对于那场争论，主管经济特区工作的国务院时任副总理谷牧说：“本来应当进入草木芳菲阳春季节的经济特区，却很有些风雨萧瑟的味道。”后来曾任国务院副总理的李岚清同志在他写的《突围——国门初开的岁月》一书中也认为，1981年对经济特区的非议和责难，给经济特区的建设者们增加了一种无形而沉重的负担[①]。

此后，由于1984年1月邓小平视察深圳并为深圳题词，高度肯定了深圳发展的方向，才从根本上平息了有关深圳是不是租界的怀疑和斥责，结束了第一次大争论。

因而，1984年成为深圳经济特区成立以来形势最好、经济发展最快的一年。经过四年异乎寻常的努力奋斗和超常的发展，深圳取得了“一夜城”的美誉。深圳的罗湖、福田24平方公里的基础设施建设和上步、八卦岭两个工业区的开发建设如火如荼，外引内联进来的工业企业也像雨后春笋般发展起来，随着交通、电信和各项优惠政策等投资环境的改善，外商投资热情空前高涨。协议利用外资额1984年比1983年增加了93%，实际利用外资额1984年比1983年增加了60%，外资协议利用投资额和实际利用外资额均达到成立经济特区以来的最高峰。

## 第二节　第二次大争论：经济特区发展是不是靠内地“输血”？

然而，树欲静而风不止，就在1984年邓小平高度肯定深圳经验后，1985年，围绕深圳经济特区的一场规模更大、影响更广、程度更激烈的争论又开始了。这场争论的结果，至今仍然影响着许多人对深圳早期发展的看法。在第十一章开头所讲到的许多学者认为深圳早期发展是“走错路”的观点，实际上很大程度都源于这场争论。

### 陈文鸿发文引起第二次大争论

1985年，陈文鸿博士[②]在香港《广角镜》第152期发表文章《深圳的问题在哪

① 李岚清：《突围——国门初开的岁月》，外语教学与研究出版社，2009。

② 陈文鸿博士是我的老朋友，我们在20世纪80年代末就认识了，在研究东亚经济、香港经济和推进深港合作等方面携手多年，他始终是一个严肃、认真和务实的学者。

里？》，打响了“经济特区失败论”的第一枪。

陈文鸿认为，中央给深圳经济特区定的目标是“三个为主”，即资金以外资为主、产业结构以工业为主、产品以出口为主。深圳经济特区并没有做到这“三个为主”，其在1983年的进口大于出口，引进的设备主要是被我国香港和日本淘汰的设备，引进的外资只占30%，这30%中又主要是港资。此外，1983年深圳工业总产值7.2亿元，而社会零售商品总额却为12.5亿元，做生意赚的钱比办工业挣的钱要多得多。

而且深圳经济特区所谓做生意，其实就是利用经济特区优惠政策，利用计划内价格和计划外市场价格的价差进行套利，赚内地的钱。他在文章里诙谐地说：“更妙的是，一些上海人跑到深圳买了一把折骨伞，发现竟是从上海送去香港，又转回深圳的。上海人很高兴，说是比在上海买少花了几块钱；深圳人也高兴，说赚了几块钱。香港百货公司也高兴，同样说赚了几块钱，真不知谁见鬼了！阿凡提到井里捞月亮。”

陈文鸿说，深圳的经济依赖贸易，而在贸易中又主要是对国内其他地方的转口贸易，外引内联的资金之所以投资深圳，主要是因为这个庞大的贸易和由此而来的高利润。“深圳5年多发展以来的表面繁荣，也主要根植在此。”[①]

所以陈文鸿的结论实际是深圳经济特区发展到目前为止是不成功的，不但没有达到中央办经济特区的目的，而且“走错路”，走到了一个必然要失败的方向和道路上去。

陈文鸿的这个观点很快在国内外激起了一场关于深圳经济特区成功还是失败的大论战。香港及东南亚地区的《信报财经新闻》《镜报》《成报》《南华早报》等报纸杂志纷纷发表文章，对深圳经济特区评头品足，尤其是《信报财经新闻》，连珠炮式地发表了“十二评”。一时间，境外媒体出现了“深圳只是一片石屎森林”“搞来搞去是假大空”等言论。内地一些反对经济特区的人也大肆渲染“深圳是靠贸易赚内地的钱发展起来的”“深圳是靠‘输血’站起来的软骨美人，‘针头’一拔很快就会倒下去”“给政策也是‘输血’”“深圳引进‘三来一补’多，技术密集项目很少，形成不了外向型经济”等。有一个邻省的领导说，广东是经济

① 张军主编《深圳奇迹》，东方出版社，2019，第104页。

特区，他们省是“灾区”。内地一个省委书记从蛇口回去后大肆宣传深圳“是靠‘输血’维持的”“是靠贸易赚内地的钱发展起来的”，甚至说“给经济特区特殊政策不公平”。连谷牧听了都说，现在反对经济特区的人竟成了“英雄”。

### 深圳市委主要领导的反驳

面对严峻的形势，深圳市委主要领导为了稳定投资者的信心，经过慎重考虑，利用各种机会和场合向外商说明真相、澄清是非，希望他们相信中央开放政策不会改变，继续放心到深圳投资。

1985年7月6日，深圳市委主要领导在一次座谈会上指出：“说深圳是靠国家‘输血’维持的缺乏根据。五年来深圳大规模基本建设的资金主要来自外资、地方财政积累、银行贷款，三方面占基建投资的87%，国家财政拨款不到6%，中央一些部、内地一些省市投资占7%。”

1985年7月27日，深圳市委主要领导在题为《再接再厉，奋力爬坡，为完成1985年的任务而奋斗》的讲话中指出“说深圳光赚内地的钱”不符合实际，他说：“不可否认，经济特区在经济活动中也赚了内地的钱，但为数不多。主要是在平等互利的条件下，经济特区与内地加强了经济协作和贸易往来，分别获得了可观的经济利益。以1984年为例，中央有关部和兄弟省市在经济特区的企业所赚得的利润初步匡算为5亿元，大体与经济特区财政收入持平，而国家关税收入还没有计算在内。”

为了更加系统全面地应对第二次大争论，澄清外界对经济特区的种种误解，消除前来投资客商的顾虑，在新华社香港分社的安排下，时任深圳市委秘书长邹尔康于1985年7月接受了香港《大公报》记者采访，就深圳经济发展和香港《信报财经新闻》等文章的观点，做了客观、公正的解释。邹尔康开门见山地说，邓小平讲经济特区这几年的发展是成功的，但办经济特区是一个试验，以后还有很多新问题要继续探索和解决。对“输血论”，他说，一开始建立经济特区时，中央就是“只给政策不给钱”。截至1985年，深圳经济特区62亿元基本建设投资中国家拨款仅为1.3亿元，银行贷款仅为12亿元，内地省市在深圳的投资仅为7亿元，除了这20.3亿元外，其余41.7亿元都是外商投资和深圳自筹的。针对深圳工业基础薄弱、仅靠转口贸易支撑的说法，他说，这种说法是不全面的，深圳工业的发展不能说十分让人满意，但并不脆弱，发展很快，工业产值从1979年到1985年六年时间增长了40倍。香港《大公报》记者采访邹尔康的文章于1985年7月26日在香港《大公报》刊登后不久，邹尔康借去香港公干的机会，在新华社香港分社的支持下又会见了数十家香港媒体，当面澄清了一些问题。随后，《信报财经新闻》还专门派人登门道歉。

#### 第二次大争论给深圳带来巨大的负面效应

虽然深圳为自己辩解，但似乎并没有多大的效果，这次大争论给深圳经济特区的建设和发展带来了巨大的负面效应。

最大的负面效应，就是把刚刚由1984年邓小平题词推上被肯定“高峰”的深圳经济特区重新拉回到了再次被质疑、被非议、被责难的“谷底”。

关键是国内各种批评的声音再次强劲地响起，而且发声的是国内最重要的主流媒体。1985年8月9日和12日主流媒体分别发表了两篇文章《深圳特区发展的战略目标》和《深圳特区发展面临的战略阶段》，两篇文章都强调“深圳必须以工业为主，只有以工业为主才是正确的”，“必须以技术密集型、知识密集型产业为最终的战略目标”。这实质上都与海外媒体的指责声音一样，批评“深圳还没有以工业为主”“深圳的工业还没有做到知识密集型和技术密集型”。

而国内一家报社曾发表的一篇文章则说“国家设立和发展深圳经济特区，目的并不在于要多一个几十万近百万人口的城市。要建立新型工业基地，也不一定非得建在深圳”。说现在是“转型的关键时刻”，如不及时转型，还照前几年的模式发展，势必成为“软骨美人”，矛盾会越来越多。中国最重要的主流媒体发声谴责批评是很能说明问题的，说明海内外批评深圳的声音已经明显地影响到中央决策层对深圳经济特区的看法。而第十一章开头讲到的1985年12月的经济特区工作会议，就是在这样的背景下召开的。这次会议对深圳经济特区前期工作予以严厉批评和基本否定的“盖棺定论”，就是当时海内外“唱衰”深圳已影响到中央决策层的一个明显例证。

1985年2月，在深圳经济特区座谈会上，时任副总理谷牧已经少有地谈到了“深圳经济特区的成败”这个话题。这在1984年是不可想象的。谷牧说“海南倒卖汽车的问题，都程度不同地牵涉到了几个经济特区”，“引起了外面对深圳的责难也比较多。这一段责难你们的呼声高了，其中也包括一些不是你们干的事情，记在你们的账上了。因为你们是经济特区的代表嘛”。

也正是在这样的背景下，1985年中央决策层开展了一系列主要是针对深圳经济特区的整顿工作。其中包括国务院于1985年先后四次召开全国省长会议，采取了外汇管制、控制信贷、压缩基建规模等举措，对经济工作进行整顿。深圳经济特区主要是依靠银行贷款搞基建，并且内联投资和深圳自筹资金也有一部分来自银行贷款。全国从1985年4月起“一刀切”紧缩银根后，经济特区如火如荼的基建工作立刻面临很大困难。此外，随着外贸权限上收，经济特区商业也很快由盛转衰。全国党代会之后，中央和广东进一步压缩信贷、控制外汇和实施进出口许可证等，给深圳经济活动带来巨大影响。商业极不景气，商品大量积压，旅馆业平均住房率只有30%甚至更低，最景气的宾馆住房率也只有40%～50%。工业生产也受牵连，出现厂房卖不出去、生产资金贷不到款的现象。经济特区很多特殊政策权限缩小甚至被取消。

此后，就是本书已经多次提到的1985年底在深圳召开的经济特区工作会议了。这次会议批评了深圳经济特区产业结构没有以先进技术水平的工业为主，没有以利用外资为主，认为深圳领导同志的主要精力还是放在铺摊子、扩大基建规模上，要求深圳经济特区从前几年铺摊子、打基础转到抓生产、上水平、求效益方面来。

会后，深圳开始大规模压缩基建，基建项目砍掉三分之一，停建、缓建804个项目，18层以上高楼停建51幢。随着国家银行收紧信贷资金，深圳经济特区的经济发展受到了严重的影响，工业总产值1984年比1983年增长了149%，1985年增幅下降了63%，1986年又下降了32%；出口贸易总额1984年比1983年增长了48.8%，1985年比1984年增长了184%，1986年和1985年相比不但没有增长，反而下降了28%；预算内财政收入1984年比1983年增长了91%，1985年比1984年增长了117%，1986年增幅下降到17%，受影响程度比1982年还严重。

### 第二次大争论是如何结束的

那么，这个给深圳带来这么大负面效应的第二次大争论是如何结束的呢？我认为这是一个到现在都还没有破解的谜，因为它似乎在1986年后不着痕迹地平息了。

正如第十一章讲到这件事时用了1986年后“中央为深圳‘平反’”，实际上这是我自己杜撰的。因为正如前面我们已经看到的，1985年全国经济特区工作会议的主基调还是批评和否定深圳主要工作方向和进程，但是到了1986年和1987年却完全没有了这样的声音，关键是中央后来也从未正式说过1985年经济特区工作会议给深圳的定性是错误的。

但是从实际情况看，从1986年经济特区工作会议开始，中央对深圳经济特区的看法就有了很大的改变，再也不提1985年那次对深圳严厉的批评和指责了。

第十一章也提到，我曾猜测这与新加坡副总理吴庆瑞等人到深圳考察后的结果有关。因为他们考察后完全肯定了深圳的做法，间接且隐晦地表达了他们对中国国内批评深圳没能够马上建立起优质的外向型经济，没能够快速发展高科技工业，没能够马上引进国外先进技术的不同看法。他们认为深圳经济特区建立才不到五年，不是发展太慢，而是发展太快了；而且从内向型经济转为外向型经济要有一个过程，急不得。他们还说靠合资企业得到先进技术是不可能的，必须要靠自己培训人才。我曾估计，可能是他们的这些看法通过国务院经济特区办公室领导转达给了中央高层，从而改变了中央决策层由于听信国内外一些人对深圳的质疑和责难而产生的对深圳过于苛求和过多责难的看法。

另外，我觉得深圳发展的真实过程也让中央决策层看到了事实的真相。事实就是事实，真的假不了，假的也真不了。第十一章已经展现了当年深圳的领导者们是怎样在一无所有的条件下，呕心沥血地抓工业建设，千方百计地想方设法建立自己最初的工业体系，拼尽全力地通过引进外资和对内联合来实现深圳最初的高科技发展的。这些都是不可改变和不容争辩的事实，中央决策层只要做一些调查研究，马上就会了解事情的原委和始末。而那些批评深圳用计划内外价格差套利，赚内地的钱来发展自己和深圳的经济主要是依赖对国内其他地方的转口贸易的说法，其实主要的根源是当时中国外汇制度采取计划外和计划内两种价格即双重汇率制，本节后面将专门予以分析。至于外引内联资金投资深圳主要是想通过套利贸易来谋取高额利润以及深圳五年多来只是表面繁荣的说法，更是荒诞不经、一捅就破的无稽之谈。

第十一章也讲到，1987年2月6日至10日在深圳举行的第三次经济特区工作会议，与1985年底的那次经济特区工作会议的气氛已经完全不同了。在这次会议上，时任副总理谷牧不但说几年来经济特区工作取得了很大的进展，而且说马克思主义经典著作中也没有关于在社会主义条件下举办经济特区的论述，社会主义国家也没有先例。最后还肯定说，举办经济特区这项改革开放试验是基本成功的，对于办好经济特区我们比过去任何时候都更加充满信心。不仅如此，1986年下半年至1987年对深圳利好的政策陆续出台，深圳经济特区出现了前所未有的大好形势，长期以来制约深圳发展的各种问题基本都解决了。

然而，事实证明，第二次大争论也只是表面平息了，它的阴影实际上已长期存在于理论界和相当一部分人的脑海中。对于1994年后胡鞍钢挑起的有关深圳经济特区的第三次大争论来说，其实第二次大争论就是其“祸根”。因为胡鞍钢提出的“经济特区寻租论”，其实就是陈文鸿“经济特区失败论”观点在新时期的翻版和老调重弹。

### 1983年我所写的对深圳的一份调查研究报告

1983年，我到深圳做过一次很重要的调查活动，而所调查的内容恰恰与陈文鸿当年批评深圳的内容直接相关。

1983年初，我刚刚从南开大学硕士研究生毕业，而且留在南开大学经济研究所工作。寒假期间，南开大学经济系接受国务院经济特区办公室（简称“国务院特区办”）的委托，进行有关是否需要发行经济特区货币的调查。这个问题当时中央非常重视，也是经济特区经济发展中大家都认为非常重要的问题。那次调研活动由我的导师、南开大学经济系主任、著名经济学家魏埙教授带队，在深圳进行了三至四周的调研。回来后我着手写了相关的研究报告，后来这份研究报告我以《双重汇率制在经济特区中对货币的影响及其解决办法》为题，发表在1983年南开大学经济研究所季刊上，此后又被谷书堂教授收入他主编的《深圳经济特区调查和经济开发区研究》一书中。

最有意思的是，由于这次调研活动是受国务院特区办委托的一个临时课题，而我做完这个课题后直至调来深圳工作之前，研究的关注点都是关于天津乃至全国的改革开放等问题，再没有对深圳经济特区问题进行过专门研究，因此我只记得我写过这样一份报告，发表过这样一篇文章，而对这篇文章的内容都不怎么记得了，甚至这么多年来这篇文章竟然始终都没有收进我自己的电脑中来，只记得我们通过调查研究得出的结论是，在当时现有的经济条件下发行经济特区货币是根本不可行的。

更令人奇怪的是，现在几乎没有什么人再谈当年要发行经济特区货币这件事了，甚至连我看到的研究深圳发展历史的各种著述也几乎都没有再关注此事。这就更使我想不起来我的这篇文章具体是什么内容了。

在写此书时，我与老朋友常修泽通电话，聊到1984年我们曾一同到深圳经济特区调研，他讲到我的这篇文章。我告诉他我自己手头上已没有这本书和这篇文章了，也不记得具体内容了。于是他特意用手机把我写的这篇文章都拍成图片发给我，这才使我重新看到了自己当年在深圳都调查研究了什么内容，最后写了份什么样的报告。而且我才发现，我当年写的这篇文章非常重要，对于现在理解和澄清陈文鸿当年对深圳的批评具有非常重要的现实意义。于是，我决定在本书中把这份研究报告的主要内容呈现给读者[①]。

### 当年的双重汇率制造成深圳市场货币流通混乱

目前，在我国的几个经济特区，特别是深圳经济特区，人民币、外汇券、外币三种货币同时流通，市场物价混乱，人民币受到排斥，买卖港币的货币黑市和各种投机活动相当普遍。这个问题已经引起国内各有关部门和学术界的高度关切。

对于造成经济特区货币问题的原因，已有不少同志进行过探讨，他们大都认为这是由人民币不能自由兑换外币，以及人民币法定比率高于实际购买力造成的。

经过调查，我们发现造成经济特区货币问题的直接原因实际上是在当时经济特区这种特殊的经济条件下，我国实行的双重汇率制所造成的人民币与外汇人民币（即外汇券）在比价上的背离和由此导致的人民币对外汇券和港币的相对贬值。

这里所说的双重汇率是指：一方面，人民币与美元的法定汇率是1.9：1左右；另一方面，对于进出口贸易则又按贸易汇率进行结算，即人民币与美元的汇率为2.8：1左右。

目前经济特区与此有关的特殊经济条件是指：一是经济特区有权从我国计划出口的商品中获得一部分，计划出口的商品既可以从广交会直接订货，也可以从内地

① 李罗力：《双重汇率制在经济特区中对货币的影响及其解决办法》，载谷书堂主编《深圳经济特区调查和经济开发区研究》，南开大学出版社，1984，第134页。

省市外贸部门直接进货，这些均用外汇成交。这意味着经济特区实际上是我们国内的一个产品出口区。二是在经济特区内收外汇券和港币的商店十分普遍，不像内地那样严格限制在极小的范围内。在我们调查的深圳市区61家大中型商店中，允许收外汇券的有45家，占到73.8%。正是在这种特殊的经济条件下，双重汇率才使人民币和外汇券在价值上相互背离。

我们可以举一个简单的例子来说明这一点。比如有一件内地商品的售价为280元人民币，当这件商品出口时，我们是用出口贸易汇率2.8：1计算，即价格为100美元。但现在这件商品并没有真正出口，而是进入了深圳市场，以出口价格100美元出售。由于人民币与美元的法定汇率为1.9：1，于是这件价值100美元的商品用外汇券标价就是190元。这样一来，这件商品就出现了两种人民币价格，一种是外汇人民币价格190元，另一种是人民币价格280元。这种现象在国内市场上一般不会同时出现，因为用外汇券标价的商品只能摆在友谊商店或高级宾馆售货部的柜台上，所以这个问题对国内市场几乎不产生影响。在深圳市场则不然，由于经济特区特殊的经济政策，我们既允许出口商品到这里来大量销售，又在相当大的范围内允许三种货币同时流通，于是同一商品便出现了两种人民币标价。依上例来说，从外贸渠道进货的就用外汇券标价190元，而从内贸渠道进货的则用人民币标价280元，由此便产生了币值上的混乱现象。按规定1元人民币市值上应等于1元外汇券，但是表现在商品价格上却是1元外汇券约合1.47元人民币（190：280＝1：1.47）。也就是说，通过市场价格反映出来的是人民币币值比外汇券币值将近低一半，或者说贬值了将近一半。

市场调查的结果证明了这一点。我们曾分别在10家商场抽查了家用电器、日用百货、服装、食品、香烟、工艺品等几个类别的25种品种规格不同的产品，这些产品都是既用外汇券标价也用人民币标价。而且为了剔除不同商店价格水平不同的因素（这一点在深圳市场很突出），我们都是在同一商店对同种商品进行两种币价的对比，结果是人民币与外汇券的平均比均为1.49：1。

更有说服力的事实是，我们在调查中发现，在深圳这个地方，1元外汇券约合1.5元人民币已经成为群众头脑中一个十分明确的换算概念，而从内地来此出差的人也很快接受了这个概念。这正是市场上普遍存在着的商品比价上的差别在人们头脑中形成的意识。

人民币对外汇券的贬值必然会影响到它与港币的关系，因为外汇券与港币的比率是由银行牌价明确规定的，人民币既然对外汇券贬值将近一半，它对港币也必然在同等幅度上贬值。在我们调查期间，港币与外汇券的法定汇率为100：26.98，由于1元外汇券约合1.47元人民币，所以如果计算港币与人民币的比价的话应当是100：（26.98×1.47）=100：39.66。而我们在深圳调查期间，货币黑市上的价格恰好就是用40元人民币买100元港币。这充分证明在货币黑市上所形成的港币与人民币的这种比率不是偶然的，而是有其内在经济根源的。

除了上述所说的造成人民币贬值的直接原因外，还有一些因素也加剧了深圳货币流通混乱和人民币受排斥的状况。这些因素是：

一是由于深圳经济特区实际上是国内产品出口区，同时这里的某些进口商品可以被免关税，再加上经济特区的物价政策和香港市场的影响，故而形成了深圳市场的特殊优势——很多商品比起内地来都可谓稀罕紧俏、物美价廉。

二是内地大量外汇券和人民币涌入深圳市场。据我们调查，整个深圳市场上只有10%的商品是当地人和香港人购买的，其余的90%都流入内地。但由于人民币不能自由兑换外币，而在这里绝大多数的紧俏商品和高档商品都只收外汇券和港币，因此那些手中只有人民币的人就纷纷去购买港币，有些人再把港币兑换成外汇券，由此造成货币黑市交易盛行，港币和外汇券到处受欢迎，而人民币却遭到冷落和排斥。

三是到深圳的人有一个突出的感觉，就是用人民币往往买不到好东西。在我们调查的61家大中型商店中只有16家是专门收人民币的商店，仅占总数的26.2%。从规模上来看，它们大多数是中型商店；从经营范围来看，这些商店大都是经营药材、五金交电、水产副食、文具纸张和布匹等的单一性商店，只有4～5家属于综合性商店，但经营商品的品种、数量、档次都远低于外汇商店。另外，外汇商店往往把那些卖不出去的积压滞销商品以人民币结算出售。这些情况使得人民币信誉愈来愈低，人民币商店比起外汇商店来显得冷冷清清。

看完以上研究报告就能理解陈文鸿所讲到的那个奇葩的情况："一些上海人跑到深圳买了一把折骨伞，发现竟是从上海送去香港，又转回深圳的。上海人很高兴，说是比在上海买少花了几块钱；深圳人也高兴，说赚了几块钱。香港百货公司也高兴，同样说赚了几块钱，真不知谁见鬼了！"

### 造成经济特区货币问题深刻的社会经济根源

那么，造成深圳市场货币流通混乱问题的根源是什么呢？陈文鸿把它归结于深圳的贸易模式，认为深圳的经济是依赖贸易的，而在贸易中又主要是对国内其他地方的转口贸易；他甚至认为，“深圳5年多发展以来的表面繁荣，也主要根植在此”。

然而，我当年这份研究报告所做的深刻分析，恰恰是对陈文鸿观点的有力的反驳。

我们分析了造成经济特区货币问题的直接原因，但由此也可以看出这个问题有着更深刻的社会经济根源。

这表现为两个方面：

第一，我们国家当时急切需要大量外汇实际上是造成经济特区货币问题的根本原因之一。由于深圳特殊的历史和地理条件，社会中存在着大量外汇尤其是港币，国家必然要用各种方法吸收和集中这笔闲散外汇。于是，国家一方面允许深圳成为国内特殊产品出口区，从而形成了深圳市场的特殊优势；另一方面又允许三种货币在相当大的范围内同时流通，从而促成了人民币贬值的经济条件，而且紧俏高档商品都主要是用来吸收外汇，这种做法本身就必然会导致人民币在流通中受到排斥。

第二，从某种意义上来说，经济特区货币问题也是我国以计划管理为主的经济体制与目前在深圳经济特区实行的以市场调节为主的经济体制之间的矛盾在货币问题上的反映。

由此可见，造成当年深圳市场货币流通混乱和价格混乱，以至于大量出口商品再回流到内地的问题，根子在国家的双重汇率政策，也在国家把深圳当作吸收和集中闲散外汇（港币）的主要场所。

### 我的报告的深度分析和结论

我在报告中写道：

目前深圳经济特区货币问题的弊病在经济方面的有害影响之一，就是导致了我国外汇的大量流失和外汇收入的减少。

如前所说，深圳市场的商品90％通过各种渠道流往内地，而内地人到这里来购买的基本上都是用外汇券和港币标价的紧俏、高档或物美价廉的商品，其中除了一部分是进口货外，相当大的一部分是由内地“出口”到深圳的商品。我们知道，国家通过贸易汇率对出口商品进行外汇补贴，目的是创造有利条件使我国产品能够打入国际市场。但这种状况，却使国家对这些商品的外汇补贴不但没有达到促进商品出口换汇的积极目的，反而由于这一部分商品返销内地使国家为其补贴的外汇白白流失了。另外，从内地涌入深圳市场的外汇券，相当一部分实际上是流散在内地的二次使用的外汇券，而且在深圳二次使用的港币数量也是相当可观的，这种情况导致了虚假创汇。也就是说，在经济特区的整个创汇收入中，有一部分是内地创汇收入在这里的转移再现和本地创汇的重复计算。这种情况从另一个角度来说，就是应有外汇收入的减少，即售出了商品，但却没有收回与这些商品价值额数量相等的外汇。如果考虑到这些商品相当一部分是靠进口原材料生产的，那么我们的外汇损失就更大了。

我的报告的主要结论是：

应当取消双重汇率制。这并不仅仅是由于它对特区经济产生了有害的影响，而且我们应该从更广阔的角度来观察这个问题。

我们认为，一个国家的产品能够打入国际市场，主要靠其质量好、品种新和价格便宜。而商品的价格便宜应当是通过提高生产率、提高经济效益和降低生产成本实现。我国当时采取依靠外汇补贴降低出口产品价格的方式来进行国际竞争，并不是好办法。它的一个重要弊病就是在客观上起着保护落后的作用。它使国内生产出口产品的企业不需要在国际竞争中承受不断改进和提高的压力，而可以心安理得地依靠国家外汇补贴来过日子。这是我国外贸体制上的一种“铁饭碗”制度。当然，由于当时我国许多生产行业比起国外先进水平还有一段距离，生产落后、工艺陈旧、产品质量较差、成本较高，因而不少出口产品在国际市场上没有竞争力。在这种情况下，国家采取双重汇率制来“奖出限入”对于我国的产品进出口有着一定的积极作用。另外，我国每年在外贸活动中由于大量补贴外汇而出现的巨额亏损，也使我们对这种制度的作用提出疑问。不仅如此，在人民币不能自由兑换的条件下，双重汇率造成的损失和危害更大。正如在特区货币问题上所突出表现的那样，它导致了人民币对外汇券和港币的贬值，造成了商品流通和货币流通中的种种弊病，造成了我国外汇的不正常流失和外汇收入的减少。

至于当年大家关注和争论的是否要发行经济特区货币问题，我在报告中讲到，我们不反对发行经济特区货币，但必须解决如何封“二线关”[①]的问题。如果“二线关”不能封严，不能让深圳经济特区成为一个事实上的特殊关税区，那么发行经济特区货币也是没有意义的，不但完全解决不了双重汇率制下的货币流通混乱问题，反而会造成更大的负面危害。

直到1988年我调入深圳工作后，李灏书记在许多重要会议场合还经常讲到深圳要向中央申请“‘一线’管人不管物，‘二线’管物不管人”，也就是说，把深圳与香港的边界线只作为人员出入的管理线，而把管理物品出入的海关线挪至“二线”，从而使得深圳经济特区真正成为一个能够与香港形成统一市场的相对独立的特殊出口区。如果真能做到这样，发行经济特区货币才是可行的。但是中央始终没有批准深圳的这个要求，因此深圳也从未具备发行经济特区货币的条件。久而久之，经济特区货币这个概念也从各种文件和媒体报道里以及人们的记忆中逐渐消失了。

① 在中央批准建立的五个经济特区中，最早只有深圳经济特区的327平方公里是用铁丝网围起来的，当时叫作“特区管理线”，并且设立了进入经济特区的关口。内地的人要进入深圳经济特区，需要在本地政府的有关部门办理进入经济特区的许可证。特区管理线后来就被人们习惯性地称作“二线”，而“一线”则是对深圳与香港之间的边界线的习惯性称谓。2018年深圳全部拆除了“二线”，从此特区管理线走入了历史。

## 第三节 第三次大争论：胡鞍钢的“经济特区寻租论”

### 胡鞍钢提出“经济特区寻租论”

1994年3月，知名学者胡鞍钢经由新华社以内参形式上呈中央的一份报告中，首次提出了“经济特区寻租论”。

该报告罗列了深圳自20世纪80年代以来的各种优惠政策，认为“特区是特权”，是“国中之国”，是靠“剥削内地”“经济寻租”“政治寻租”发展起来的。以金融为例，当时国家定的汇率为1美元兑换5.5元人民币，而深圳的人民银行被允许以高于国家牌价来收购外汇。这样一来，全国各地的外汇持有者都不愿意到所在地银行换汇，而是拿到深圳换汇，结果是整个国家的金融秩序都被破坏了，深圳却坐收渔利。另外，深圳国民生产总值占全国国民生产总值的1.28%，但上缴的财政仅占当年中央财政收入的0.59%，深圳的财政贡献与经济贡献不匹配。胡鞍钢认为：深圳经济特区财政上缴少，其他地区就需要多上缴，“对于一个地区的特殊优惠，就等于对其他地区的歧视和剥夺”。因此，他认为经济特区不能再“特”了，不能再享受优惠政策，必须要对中国经济特区的政策进行彻底调整，坚决取消各种减免税和优惠政策，甚至应该取消“不利于缩小地区差距和优惠于其他地区”的“经济特区”。1994年6月他在中央党校讲“中国地区差别问题”时，再次谈到“经济特区不能‘特’”的理论观点。

### 轰动全国的“厉胡之争”

“胡氏理论”发表后，在国内外迅速引起强烈而广泛的反响和热议。

时任深圳市委书记厉有为，首先以接受专访的形式做出回应。记者问厉有为：“胡鞍钢说深圳是‘寻租’你们怎么看？”厉有为非常生气，他说：“我是东北人，用东北的土话说这叫‘埋汰人’。深圳是邓小平同志倡导创建的国家第一个经济特区，当时还没有经济特区，是谁给他们‘寻租’？经济特区是国家改革开放大局的一个试验，一个探索，怎么能说是'寻租'呢？这个帽子加在经济特区头上，实在是有点冤枉！"

厉有为在访谈中还针对胡鞍钢所谓"深圳上缴财政与经济贡献不匹配"和占了内地便宜的观点进行了反驳，他算了一笔账：成立经济特区时，中央只给了1.5亿元的开办费，以后就不再给了。而到1988年后，深圳向中央、省财政上缴34亿元；国家直接从深圳取得海关税、海关代征税，铁路、邮电、银行在深圳实现的效益15年（1979年至1994年）来首次超过500亿元；此外，各省市在深圳投资企业，现在已经在收获，在深圳的外地就业人口有210万，在深打工者每年寄回家乡的钱人均最少达到3000元，也就是说，打工者每年最少寄出60亿元到全国各地[①]。

由于厉有为是深圳市委书记，这样一个高官直接在媒体上与一个学者开展争论，是前所未有的，因而在全国引发了轰动。厉有为的采访文章被香港媒体报道后，胡鞍钢又在境外报刊发表了系列文章阐述自己的观点。

1995年秋天，深圳开始对胡鞍钢的论调进行反击，《深圳特区报》先后刊发了三篇评论，针锋相对地进行辩驳。最后一篇是厉有为亲笔所写，名为《棍子向谁打来？》。许多年后，有记者采访厉有为，问他为何如此高调地跟一位学者论战。厉有为说："我是'被逼的'，如果仅仅是理论探讨，我没有必要与他争；但如果影响了国家的决策，就必须要争了，因为这涉及中国改革开放大局。"在这里厉有为谈到了他对胡鞍钢理论的核心理念——取消优惠政策的看法。他说，搞社会主义市场经济，要全国各地政策都"大一统"，不允许"地区政策倾斜"，这既不符合经济规律，也不符合中国国情。何况，经济特区还肩负着社会主义市场经济的实验任务[②]。

### 第三次大争论的核心：是否应该取消经济特区的优惠政策

1980年中央给予经济特区主要的优惠政策，包括税收、外汇管理、银行信贷、劳动用工以及人员出入境等方面，另外还赋予经济特区引进项目审批权、人员因工出国出港审批权、外贸出口权、外汇管理权和其他经济管理权限等。

① 《深圳前市长回击深圳特区寻租说法》，《羊城晚报》2008年4月4日。
② 同上。

由于特殊政策的核心是税收优惠，因而从1994年1月1日起全国要推行的新税制和新财政体制（指中央与地方分税制），使得是否继续保留经济特区原有的优惠政策成了一个比较复杂和难以处理的问题，这也是胡鞍钢“经济特区寻租论”萌芽的历史土壤。

新税制的根本原则是“统一税制，统一税率，公平税负”，由此建立公平竞争的国内统一市场，所有地区都要按照税制改革的有关规定和步骤实施新税制，经济特区也不能例外。因此，胡鞍钢此刻将经济特区“利用优惠政策寻租”的问题以迅雷不及掩耳之势抛出，迅速激起了全国各地对经济特区的不满情绪。另外，当中国经济改革从经济特区的局部试验阶段向普遍改革阶段推进的时候，原有几个经济特区还享有不同于其他地区的特殊优惠政策，就引发其他地区的普遍不满了。

1994年6月，时任总书记江泽民考察深圳经济特区后明确表态：“中央对发展经济特区的决心不变；中央对经济特区的基本政策不变；经济特区在全国改革开放和现代化建设中的地位和作用不变。”①中央主要领导人的表态最后终结了这场“风波”。新税制执行后，深圳还是经济特区，仍然保留了不少特殊政策。

### 我的观点：“取消经济特区优惠政策”是个伪命题

我在此处无意与胡鞍钢进行理论上的争论，我只想指出以下几点。

第一，正如我在前面已经指出的，所谓的“经济特区寻租论”，就是第二次大争论中陈文鸿所谓深圳是靠经济特区优惠政策、利用当时的双重汇率制的价格差套利、赚内地人的钱发展起来的这一观点的翻版。本章第二节已经对这个观点进行了反驳。令我感到奇怪的是，针对深圳的第二次大争论在1986年后就平息了，因为经济特区发展的实践已经证明第二次大争论中对深圳提出的批评基本上都是错误的，是不符合事实的。而且1992年邓小平南方谈话已经高度肯定了深圳在中国改革开放中的巨大功绩和标杆地位，但是胡鞍钢到了1994年竟然依旧抛出“深圳经济特区是靠寻租发展起来的”这样的观点，确实令人感到愕然。

① 《东风唤得大地春——党中央关心经济特区纪实》，http://www.ce.cn/xwzx/gnsz/szyw/201009/08/t20100908_21799328.shtml，2010年9月8日。

第二，所谓“经济特区不应该享受特殊政策，各地发展的政策都应该公平和一致，因此应该取消经济特区”的观点又是一种没有搞明白现代经济发展的“奇谈怪论”。正如前面已经写到过的，在现代经济时代中，几乎每个国家都会在本国境内设立实行特殊政策的特别地区——无论是叫“出口加工区”“自由贸易区”还是叫“经济特区”，在这些特别地区里都会实施不同于国内其他地区的优惠政策。因而是否应该实施优惠政策或保留优惠政策，是一个国家的特殊发展战略，与国内公平的市场竞争无关。

第三，深圳发展40多年的实践已经证明，中国最早建立深圳经济特区，是要在一个一穷二白的边陲小镇赤手空拳地建设能够与国外经济相连接的桥梁和窗口，而这样一个宏大的目标还是要在缺乏资金、单凭自己“杀出一条血路来”的情况下实现，如果没有经济特区特殊的优惠政策而是采用当时国内计划经济体制色彩极浓的那种政策是根本不可行的。换言之，初期的深圳经济特区，几乎完全就是凭着经济特区的优惠政策，才能够吸引国内外资金、国内外优秀企业、国内外技术、国内外各方面人才以及国内外各种发展资源汇聚到深圳来。没有当年的优惠政策，就不可能有今天深圳成功的一切。因此，完全否定早期深圳经济特区采取优惠政策的观点是完全错误的。深圳经济特区发展起来后，当然完全可以不再采用当初的那套优惠政策。这是两个不同的问题，不能用现在的情况来否定当初的政策。

第四，无论是在1994年实行分税制的时候还是2001年中国加入世界贸易组织（那次又掀起过一次是否应保留经济特区优惠政策的大争论）后，中国在一部分地区实行特殊优惠政策的方针从来没有停止过。经济特区的核心内容是对于投资的一系列优惠政策，包括税收优惠、财产保护和扩大土地使用权。这些优惠政策实际上现在都已经推广至全国其他地区，也就是说曾经饱受争议的经济特区之“特”，已经成为全国各城市吸引外商投资的标准做法。20世纪90年代至21世纪初，以赋予特殊优惠为核心内容的经济开发区作为一种发展模式在中国遍地开花。截止到2021年6月，中国已经有230个国家级经济技术开发区。

对于深圳经济特区的三次大争论，第一次大争论是彻底地平息了，今天不会再有人提说深圳是 “变相的租界”，是“搞资本主义而不是搞社会主义”了。但是第二次和第三次大争论的阴影（主要是第二次大争论）却如本章第二节所说，实际上已长期存在于理论界和相当一部分人的脑海中。这就是第十一章开头所讲的，至今仍然有不少人认为，深圳早期发展是“走错路”，没有好好发展工业，而主要是利用特殊优惠政策和不正当的贸易手段，通过套利和寻租等方式，赚内地人的钱发展起来的。

所以，为深圳经济特区的早期发展正名，还其伟大、光荣、正确（当然难免会发生因没有经验或条件所限而出现的失误或错误）发展历程的清白，就显得格外重要了。

# 解码三

# 深圳腾飞的创新发展之路

# 第十三章

# 从初加工生产走向高新技术产业

正如许多理论著述都已经讲到的那样，深圳是最经典的产业转型案例之一。本章的内容将讲述深圳是如何从国际分工的最低端——来料加工装配起步，发展成为一个高新技术产业中心城市的。

## 第一节 1979—1985年深圳的初加工时代

深圳发展的第一阶段是1979—1985年。

1979年建立经济特区伊始，深圳凭借着中央所给予的经济特区优惠政策，吸引了大批“三来一补”企业发展工业。到了1985年，初级加工业和贸易成为深圳发展初期的两大支柱产业，工业占比迅速提升，深圳生产总值年均增长速度达53%，1979—1985年的工业平均增速更是高达86.9%。另外，深圳的进出口总额由1979年的不足2000万美元飞速上升至1985年的13亿美元，年均增速达136.9%。而且当时深圳已经逐步在西部形成了以制造业为主的蛇口工业区和沙河工业区，在东部华强北、上步、皇岗片区形成了以电子、轻纺、建材工业为主导的工业园区。其中，1982年开工建设的上步工业区是中国内地最早成立的电子产品加工生产基地。

初期的“三来一补”企业后来逐步发展成以自产产品为主的三资企业，其中较大型的有康佳、中华自行车、家乐家私等。到1985年底，深圳经济特区已与外商签订协议4696项，协议投资额33.5亿美元，占全国直接利用外资的约五分之一。到1985年底，深圳工业总产值从1979年的6061万元迅速增长到24.12亿元。

1980—1985年，深圳依靠引进外资和设备技术，在一定程度上弥补了资本和技术相对稀缺形成的短板，但基础设施薄弱的问题亟待解决。于是政府对社会固定资产投资力度持续加大，并吸引港资参与深圳的大型基础设施建设，进一步吸引内地企业和外商来深圳投资建厂。因此，这个时期以基础设施建设为主导的第二产业，尤其是建筑业的发展突飞猛进，深圳的产业结构也初步形成，极大地改善了深圳的基础设施条件。

尽管当时的深圳缺乏获利能力比较高的企业，但在企业承包外资生产的过程中，深圳学到了比较丰富的企业发展经验与管理技术，形成了较大的出口加工制造业规模，出现了一批优秀电子产品代工企业。这些企业利用外商投资资金、先进技术和全球完善的销售网络，不断探索出新的发展模式。

## 第二节　1985—1993年深圳的科技兴市阶段

深圳发展的第二阶段是1985—1993年，这是科技兴市阶段。

深圳在初期阶段发展中的问题凸显，以港台为主的三资企业和“三来一补”企业的不断涌入，虽然带来了加工贸易的红利，但都是劳动密集型的夕阳产业，污染多、能耗大、产业结构低端。而且在20世纪80年代中后期，国民生产总值的增速开始快速下滑，环比增长率不足7%，第二和第三产业的发展由于模式单一，开始出现衰退迹象，初期迅猛的发展势头不再。

在此情况下，从1986年起深圳主要做了两方面产业升级变动：一方面是停止登记注册新的“三来一补”企业，并将经济特区内已办的污染环境的“三来一补”加工业坚决迁走；另一方面则前瞻性地提出“科技兴市”战略，把高新技术产业作为深圳的第一经济增长点，制定了一系列发展科技产业的战略和计划，有针对性地布局了电子信息、新材料和生物工程技术等战略性新兴产业。凭借着深圳的地缘优势和国际产业的梯度转移，以电子和计算机为龙头的高新技术企业及配套产业集群开始迅速发展起来。

这一阶段，工业制造的方向发生改变，主要工业产品的位置开始被微型计算机、电子元件、集成电路、程控交换机等电子信息产品所占据。以轻工业代加工为主的福田中心区开始发展成为电子信息产业聚集区和专业交易市场，华强北得到了业界“中国电子第一街”的称号。

## 第三节　1993—2003年深圳高新技术产业突飞猛进阶段

### 1992年后深圳市政府将发展高新技术产业作为主要突破口

1992年邓小平南方谈话后，深圳逐步建立社会主义市场经济体制，调整优化产业结构，特别是把发展高新技术产业作为经济发展新的突破口。深圳以计算机和通信、电子、生物技术产业为重点，大力发展高新技术产业；以金融、信息和新兴商贸业为支柱，积极发展现代服务业；以集装箱、航空和口岸过境运输为主题，加速发展现代物流业。这一阶段，高新技术发展成为深圳产业发展的重点，高新技术产业园区在政府的强力主导下快速发展扩大。

1995年《中共深圳市委、深圳市人民政府关于推动科学技术进步的决定》出台，提出科学规划高新技术产业布局，加速发展高新技术产业开发区。在南山区整合了原有的深圳科技工业园、中国科技开发院、高新技术工业村等，在此基础上设立了高新技术产业园区。

1997年深圳市政府又出台了《深圳市高新技术产业园区发展规划》，提出对既有低档次产业进行改造清退，初步形成具有研发区、工业区、生活配套区等严格功能分区的高新技术产业园区（深圳市高新区）。

2000年后深圳重点确立并大力发展高新技术、金融、物流、文化四大支柱产业。深圳高新技术产业实现了快速发展。

深圳的高新技术产业是在“三来一补”工业基础上崛起的，在其发展过程中几届市领导班子都扮演了十分重要的角色。从1995年11月出台《深圳经济特区企业技术秘密保护条例》直至1999年9月出台《关于进一步扶持高新技术产业发展的若干规定》，短短几年时间里深圳市委、市政府先后推出了十余个关于发展高新技术产业的地方性法规和条例。

对于像深圳这个既缺少科研机构又无雄厚技术力量的经济特区，能在短短的几年内打造出这样一个领先的高科技产业，归功于深圳比较健全的市场经济体制及其运行机制和为深圳量身定做的发展高新技术产业的“三驾马车”——政府育苗、企业种树、银行浇水。

### 1997—2003年深圳高新技术产业迅猛发展

1997—2003年是深圳高新技术产业迅猛发展的阶段，主要表现在以下六个方面。

第一，深圳的高新技术产品产值占工业总产值的比重居全国大中城市第一。

深圳的高新技术产业是从20世纪90年代初起步的，1991年全市高新技术产品产值仅22.9亿元，1998年已达到655.8亿元，8年里增长了将近28倍，年均增长速度达到61.46%；占工业总产值的比重由8.1%提高到35.5%。这一比例位居全国大中城市第一。

1998年，深圳首次参加由科技部主办的“全国科教兴市先进城市”评比，在72个参评城市中一枝独秀，获总分第一名；深圳高新技术产品产值占国民生产总值的比重、高新技术成果产业化、科技投入等几项指标均居全国前列。2000年，全市高新技术产品产值1064.5亿元。从1991年开始，高新技术产品产值连续10年平均每年递增53.2%。高新技术产业已经成为深圳的第一经济增长点，深圳已成为中国高新技术产业发展最为集中、最具影响力的城市之一。

第二，深圳的高新技术产品出口高速增长。

1992年深圳的高新技术产品出口额仅有1.92亿美元，1998年在亚洲金融危机给中国出口带来严重影响的情况下，深圳的高新技术产品出口额仍高达44.31亿美元，保持着19%的高增长速度。

第三，外商投资加速深圳的高新技术产业成长。

深圳通过大力引进外资，特别是高起点地引进国际商业机器公司（IBM）、康柏、希捷、杜邦、爱普森、富士施乐、大众等国际知名大公司的投资和技术、设备，兴办外商独资或中外合资企业，加速了高新技术产业的发展。1997年，深圳高新技术产品产值占工业总产值的比重达35%，在已认定的113家高新技术企业中，有70家为外商投资企业。外商投资已成为推动深圳高新技术产业迅速发展的重要因素。

1998年1～2月，深圳新批技术含量较高的外商投资项目74个，占新批外商投资工业项目数的40%，所涉及的行业和产品包括网络系统、不间断电源（UPS）等计算机软硬件开发生产、通信设备技术开发、电子芯片、信息存储产品、工业自动化仪器仪表、液晶显示背光电源、光纤传感器和光电技术产品、医疗器械、新材料、生物技术产品等。如IBM投资2000万美元兴办深圳国际商业机器技术产品有限公司，生产经营高技术含量的信息存储产品；希捷、杜邦、理光、三洋电机4家知名大公司申请增资达2.5亿美元，其中希捷增资1亿美元扩大生产经营规模。

第四，深圳开始形成高新技术企业群。

20世纪90年代初，深圳还没有一家产值超亿元的高新技术企业，到1997年，深圳年产值超亿元的高新技术企业达到72家，其中超10亿元的企业有12家，形成了电子信息、生物技术、新材料、机电一体化、激光等五大产业群体，涌现出华为、长城等一批高新技术企业，开发出一批像程控交换机、伽马刀等拥有自主知识产权的科技名牌产品。

到1998年底，深圳市共认定高新技术企业125家，其中高新技术产品产值超10亿元的有14家，超亿元的有51家。随着高新技术企业的成长，进入国际市场竞争力逐步增强。其中比亚迪的无绳电话充电电池占全球市场份额的25%、碱性充电电池产量居世界第六；奥活的伽马刀通过美国食品药品监督管理局（FDA）认证，奥活成为进入美国市场的第一家国产高档医疗设备企业；中兴通讯在1998年与刚果民主共和国签署议定书，议定在刚果民主共和国首都金沙萨设立电信合资公司，这是中国通信企业首次涉足海外电信运营业务。

第五，深圳的自主知识产权产品在全市高新技术产品中占比将近一半。

1998年全市有自主知识产权的高新技术产品产值达286亿元，占全市高新技术产品产值的43.7%，已形成电子信息、生物技术、新材料、机电一体化、激光和医疗器械等主导产业群，拥有华为、中兴通讯、长城、科兴、安科等一批具有自主知识产权产品的骨干企业。

1999年全市有自主知识产权的高新技术产品产值383.36亿元，比1998年增长34.04%。

2001年，深圳具有自主知识产权的高新技术产品产值达697.96亿元，比上年增长30.57%，占全部高新技术产品产值的比重达52.82%。万门程控交换机、伽马刀、硬盘磁头等一批土生土长的“深圳牌”高新技术产品，已在国际市场颇具竞争力。2002年，高新技术企业吸纳了全市80%的专业技术人员，使得深圳科研成果转化率在90%以上。

第六，高新技术产业成为深圳经济增长的最大亮点。

在深圳市统计局1997年的统计公报中，增长最快的工业产品全部是高新技术产品：液晶显示器件增长454.0%，程控交换机增长95.1%，硬盘机增长76.1%，磁头增长67.5%，光纤电缆增长63.4%，微型计算机增长53.1%。如此高速的发展，使高新技术产业成为深圳经济增长的最大亮点。

1999年，中国30%以上的大容量局用数字交换机、20%以上的计算机是在深圳研制与生产的；全世界7.8%以上的硬盘、10%以上的计算机磁头也是在深圳生产的；深圳的磁共振系统的产品产量占全国的80%；高分子硅橡胶的产量占全国的70%；α-1b干扰素注射液和乙肝疫苗的产量分别占全国的60%和70%。

2000年，深圳IT产业产值约占全国的15%，主要IT产品在全国处于领先地位，其中微机产量107万台，占全国的20%；程控交换机3535万线，占全国的53%。深圳市内形成了年产值345亿元的全国最大的计算机制造基地和年产值484亿元的全国最大的通信设备制造基地。

### 1998年后深圳电子信息产业群聚效应显现

经过1985年科技兴市后的10余年的发展，在深圳高新技术已形成的计算机硬件及软件、通信、微电子及基础元器件、生物技术、新材料及新能源、机电一体化、激光的七大产业群中，作为龙头的电子信息产业（包括计算机硬件及软件、通信、微电子及基础元器件）群聚效应更是突出。

1998年电子信息产品产值达到602.12亿元，是1992年的15.48倍，年均增长57.87%，占全市高新技术产品产值的91.9%。

1992—1998年，计算机硬件及软件产品产值年均增长53.88%，通信产品产值年均增长68.26%，微电子及基础元器件产品产值年均增长32.68%。1998年上述三类产品产值分别达到324.46亿元、211.04亿元和27.06亿元。

此外，深圳已成为我国计算机开发和生产的重要基地之一，拥有计算机及相关企业1500多家。1998年，深圳共生产高档微型计算机45.5万台、硬盘驱动器784万台、硬盘磁头5342万台、激光拾音头2647万台、打印机594万台、程控交换机905万线以及无线与综合接入网设备450万线。

同时，微型计算机和程控交换机产值分别占全国市场的25%和36%，打印机、计算机硬盘、电脑显示器等产值均居全国首位。以深圳为龙头，珠江三角洲一带已成为亚洲最大的计算机生产基地[①]。

### 2002年深圳已成为典型的“世界工厂”

我国著名经济学家林凌2004年在《开放导报》上发表文章，总结了2002年深圳的工业的主要特点。

> “三来一补”为主的劳动密集型工业结构已为高新技术产业为主的技术密集、资本密集、知识密集的工业结构所取代。在2002年深圳规模以上的工业总产值中，高新技术产品产值占47.9%，其中，电子信息产业又占到高新技术产业产值的90.1%，生物工程、新材料约占10%。这些数字表明，电子信息产业已在深圳工业中居于主导地位，成为拉动深圳经济增长的火车头。
>
> 以劳动密集型工业为基础的传统产业，经过先进技术的改造和企业的兼并重组，形成纺织服装、家具、钟表、玩具、珠宝首饰、机械、皮革、印刷8大优势传统产业，在深圳工业总产值中占到54.1%的比重，在国际国内具有很强的竞争力，钟表、集装箱、玩具等产量均居世界前列。
>
> 深圳的一批重要工业产品已成为全国乃至世界的生产基地、供应基地和配套基地。在不断提高出口产品技术档次的同时，深圳的企业组织结构也在不断升级。生产这些产品的企业逐步由无独立法人地位的“来料加工”企业，转变为

① 张思民、刘占军：《深圳IT产业发展启示录》，《经济与管理研究》2000年第3期。

有独立法人地位的“进料加工”企业；由单一的外资企业发展为“落地生根”的本土民营企业；出现了单一的港台小资本企业与跨国公司大资本企业并存的新格局。深圳企业组织形式的这种变化，与产品结构的升级具有同样重要的意义。

伴随工业的发展，深圳的生产性服务业和社会服务业得到蓬勃发展。海陆空交通运输业、现代物流业、零部件配套业、金融业、贸易业、各种中介服务业对工业的高速发展起了重要作用。

他在文章的最后说：“从以上特点看出，深圳已经是我国重要的新兴工业基地，是一个典型的世界工厂，是世界制造业链条上的一个重要环节。”①

## 第四节　2003年后深圳产业集聚促进专业化分工和产业升级

深圳高新技术产业在2003年后迅猛发展，而这种迅猛发展的结果，就是高新技术企业群体的崛起和集聚。这种产业集聚则必然会促进专业化分工，从而逐步形成大规模的产业链。

### 以深圳IT产业转型为例

2003年第2—3期《开放导报》上的一篇文章，以深圳IT产业转型为例，说明了深圳是如何走向专业化分工和产业升级的。

深圳科技开发公司是一家以磁头组配件为主的加工贸易型企业，如果它生产的不是磁头而是一般的劳动密集型产品，那么这家企业的特征就与深圳乃至珠三角成千上万的一般劳动密集型加工企业没有丝毫差别。但是，它所生产的是用于计算机硬盘上的磁头，这就改变了企业的生产和贸易条件，其磁头产量

① 林凌：《深圳的工业发展与产业结构调整》，《开放导报》2004年第1期。

居世界第三位，经营业绩居于中国上市公司前列。随着企业经营规模的扩大和贸易加工过程中技术信息的积累，它的自主性技术开发能力正在逐步提高，企业对外加工生产的产品中自主创新的技术比重也正在逐步提高。

与产品细分化过程同步的是深圳IT产业发展的网络化过程。专业化的生产加工模式，决定了深圳IT产业发展必须依托在广泛的协作基础之上。在起步阶段，大多数IT企业的协作网在国外，在深圳的是一个个面向国际市场的加工点或面向国内市场的国外器件组装厂，这是与初期投资的试探性和配套能力有限直接联系在一起的。

初期投资的成功，一方面，带动更高层次技术设备的引进和相关配套企业的投资向深圳及周边地区集中；另一方面，从外资企业或国内相关类型企业中分离出来的技术与市场营销人员创办新的或竞争或配套的企业，使得企业集聚程度越来越高。这种集聚，使得同一产业在增加竞争对手的同时，也增强了相互间的信息、技术、人才在该地区的汇聚和交流。

高度市场化的资源配置机制，使得深圳的IT企业在细分化发展过程中更像是一个开放式的组织。一方面，融入了大量国内和国际一流的专业技术开发、市场营销和生产管理人才，国内外的信息传递非常迅速，人们通过“干中学”迅速积累新知识；另一方面，无论是技术人员还是装配线上的工人，流动性都比较大，许多相关配套的公司就是由主干企业中分离出去的人员创办或支持发展起来的，在不断的技术“外溢”过程中使得专业化分工日益细化。同时，相互配套网络的形成，使得知识型企业的扁平组织结构有可能实现，尽管雇员特别是技术开发和经营人员收入水平高于国内其他地区，但由于生产和经营的效率提高，相对成本降低，其产品的市场竞争优势明显，市场份额不断扩大。

由此可见，集中在制造业领域的电子信息企业能够获得巨大成功，一方面是因为它充分利用了我国的资源优势，与20世纪80年代发展起来的劳动密集型产业不但具有时间上的继承性，而且在性质上还具有递延性；另一方面是因为它以高起点融入了细分化的国际体系之中，在劳动密集的形式下融入了技术密集型的实质性内容，并通过“干中学”的方式，一步步地走向自主创新，说明劳动密集型高科技企业在中国的发展前景(较好)[①]。

### 深圳的电子产业是个“群”

深圳的电子产业是个“群”，而这个群的最大特点就是专业化分工以及由此催生的产业集群优势。虽然中兴通讯、华为等电子企业是中国电子产业的翘楚，但深圳的电子产业从来都不是寡头独大，而是由数以万计的中小企业构成了产业链的主体。

深圳的电子产业集群具有五大特点：一是产业内部企业之间具有某个或某几个显著的产业特征作为连接，产业内部企业之间实行专业分工；二是通过集群成员之间供需关系的连接，实现采购本地化，形成整个集群的成本优势；三是产业内部的单个企业绝大部分属于中小企业，规模不大，但是整个集群却具有显著的规模优势和很高的市场占有率；四是集群产品销售具有极强的后场渗透力，部分集群在发展过程中形成了产业集群和地区专业市场互动发展的局面；五是发展过程基本从自发起步，依靠当地一批精英带动，逐渐形成产业雏形，政府部门再适当扶持，培育和发展成为中小企业集群。

2014年，深圳的科技型小微企业近3万家，占广东科技企业半数以上；在深圳的4700多家国家级高新技术企业中，中小企业占了80%。到2016年底，深圳的国家级高新技术企业达到8037家，其中中小企业占比超过80%；进入创新型中小微企业培育梯队的企业达到2670家，同比增长64.8%；中小企业授权专利数65230件，占深圳授权专利总数的68.4%。深圳中小板和创业板上市企业增至156家，首发募集资金1113亿元，连续10年位居全国大中城市首位。2017年，粤港澳大湾区电子产业集群的规模已超过4万亿元，深圳也形成了以通信、计算机、微电子为代表的较为完整的电子信息产业配套体系。

降低生产成本是产业集群出现的主要原因。同性能的电子产品，深圳企业的销售价格往往会低于国外产品的成本价，原因除了中国的要素成本(主要是劳动力、土地成本)较低之外，还与深圳存在数量众多的专业化电子元器件配套生产企业

① 综合开发研究院(中国·深圳)课题组：《深圳：最具活力城市的工业化路径》，《开放导报》2003年第2—3期。

有关[①]。

唐杰在他的文章中也讲到相同的观点："时至今日，深圳并不以大企业众多而著称，这是北京、上海的特征，深圳的特征是小型企业众多，年销售收入千亿级企业是两位数，百亿级企业是三位数，十亿级的企业是四位数，亿级的企业是五位数。在这样一个丰富多彩的金字塔体系中，大中小企业间存在复杂的网络型供应链关系。以华为为代表的深圳大企业在全球竞争中的创新地位不断提高，进入一流大企业供应链的中小企业不仅仅是分享大企业的创新成果，更加重要的是，获得并保持供应商资格是一个竞争生存的过程，多家企业参与竞争，只有一家可以脱颖而出。每一家参与竞争的企业都要提出尽可能好的解决方案来击败对手获得供应商资格。因此，这不是一个单向的创新分享或是传统的大企业依赖垄断地位剥夺中小企业的过程，而是水涨船高式的协同创新过程。分工与创新，创新深化分工，推动了新的持续不断创新。"[②]

## 第五节　产业集聚形成上下游配套产业链

### 深圳的信息产业最早形成了成熟的企业群和产业链

2003年第12期《深圳特区科技》发表的一篇文章指出：

> 深圳的产业配套成本比国内其他很多城市更有优势。以深圳的信息产业为例，已经形成了较为成熟的企业群和产业链。在信息设备制造业上，深圳的电子及通信设备制造业配套齐全，已经形成了完整的产业链条，深圳是国内移动通信设备、计算机及其外设产品、光电子产品、数字视听产品的主要生产基地。全市电子及通信设备制造业从业人员达33万人，占全市就业人员的

① 张军主编《深圳奇迹》，东方出版社，2019，第251—252页。
② 唐杰、王东：《深圳创新转型的理论意义》，《深圳社会科学》2018年第1期。

30.1%。深圳软件业也得到了迅猛的发展，目前全市从事软件开发及服务的企业有3000多家。与此同时，深圳的信息服务业也在向纵深发展。目前，全市从事信息服务的企业已有3000多家，其中包括经营数据库、网络服务业的企业近600家，其他信息服务（咨询、顾问、社会调查、查询检索服务、声讯服务）机构2400家，从业人员达20万人。这种产业配套环境，不仅顺应了现在的产业分工要求，而且极大地降低了企业的时间成本。

IBM中国公司的首席代表曾谈到，该公司选择投资地点的首要条件是，以100公里为半径的范围内，就能及时、便捷地采购到他们所想要的绝大部分配套电子元器件，就是该地要有完整的采购配套。因此IBM选择深圳最主要的原因之一就是深圳企业群和产业带已经形成成熟的工业系统，配套容易。

而全球最大的连锁零售商沃尔玛也表示，它们能继续将总部留在深圳的主要原因，也是深圳的区位优势明显，还有周边完备的制造业生产链，且物流业在海陆空方面均潜力巨大[①]。

2005年8月22日第33期《经济导报》发表的一篇文章也讲到了这一点：

高新区，不足12平方公里却创造出数以千亿的产值，除了企业个体的创新能量，要想将产品迅速推向市场，还需要完善的配套体系。对于深圳企业发展的产业链条，IBM一位副总裁有句感慨：“广深高速公路如果塞车，全球PC就会缺货。”深圳当地媒体形象地将产业链条称为“莲藕模式”和“章鱼触角”。以城区为中心50公里半径范围内，深圳形成了计算机、通信、视听产品等产业圈，其蕴藏的强大产业配套能力，为企业技术创新、提升竞争能力搭建了温床。配套企业在物理空间上的汇聚，犹如一节节莲藕紧紧相连，形成集研发、制造、销售于一体的产品通路，同时把人才、创意、信息、开模、加工、包装等环节连成一条线[②]。

① 潘小飞、王薇：《深圳有多贵？——深圳营商成本分析》，《深圳特区科技》2003年第12期。
② 范卫国、胡爱民、钟黎敏：《自主创新深圳再寻新出路》，《经济导报》2005年第33期。

### 健全的产业链不但能大大提升效率而且能推动自主创新

健全的产业链非常有利于企业的创业。

对于一个想创业且有了想法、技术和资金的人来说，只要有了健全的产业链，他就既能找到上游的设备和原材料供应商，又能找到下游的运输和销售渠道。因此对他来说，只要保证自己的产品有优势和拥有一定的资金，那么基本可以保证创业成功。

产业链的存在还可以大大提升市场的效率。

对于一个新的产品设想，健全的产业链会产生更快的反应速度。有企业家讲，由于深圳的产业链健全，当他在深圳的企业有了新点子之后，只需一个星期就可以拿到样品；而他在其他地方有一个新的点子，生产厂商要找齐所需设备和材料，半年左右才可能拿到新产品的样品。

产业链的精细化分工也让更多的创新成为可能。

由于生产的每个部分都是被分包给各个不同的厂商，所以当一个新的需求出现时，各厂商都有动机去创新，去满足这个需求。例如一个手机品牌希望能做出某个功能的创新，如果没有产业链，就需要自己投入资金、时间和人力去进行研发和创新。但是如果有产业链，就可以将这些需求下放给市场中的供应商，让各个厂商努力创新去满足这些需求。这样创新的个体数量就大大增加，创新的质量和数量也会大大增加。

这也是深圳的PCT国际专利申请量连续14年稳居全国首位和5G技术、超材料、基因测序、3D显示、新能源汽车等领域创新能力处于世界前沿的根本原因。

## 第六节　位居全国第一的深圳供应链产业

### 我国的供应链企业80%成立于深圳

可能很多人还不知道，作为电子产业中心的深圳，也是中国供应链企业的“摇篮”。这里不但在1997年就出现了我国最早的供应链商业模式，而且我国的供应链企业80%成立于深圳。

深圳的供应链企业不但数量众多、增速快，而且强手如云。

在2016年我国一般贸易企业出口百强榜上，深圳有15家企业上榜，其中供应链企业就有9家；而来自全国其他地区的上榜供应链企业，加在一起只有5家。

再看2016年我国一般贸易企业进口百强榜，12家深圳上榜企业中9家是供应链企业，而其他地区的供应链企业则无一上榜。

### 超过九成的深圳供应链企业是从事电子产业供应链起家的

中国八成供应链企业成立于深圳，而且其中超过九成的深圳供应链企业是从事电子产业供应链起家的。是什么促使深圳的电子产业必须衍生出供应链产业？“快”“外”“群”“态”是回答这个问题的四个切入点。“快”是当今深圳电子产业的一个特征，“外”是深圳毗邻香港所形成的外向型经济环境，“群”是深圳电子产业以中小企业为主的集群化发展模式，“态”是生产不断精细化分工所推动的产能组织形态的演化规律。正是解决了“快”“外”“群”所带来的问题，为数以万计的生产企业减少了成本，供应链企业才得以作为新业态独立出来，并且做大做强。

当电子产品更新越来越快时，缩减成本就成了电子企业盈利乃至生存的唯一出路。因此，将非核心业务环节外包给供应链企业，可以实现原材料供应链集中采购，有效降低企业人工、材料和运输成本，从而实现提升产品利润率的目标。因为“快”，所以电子企业的采购零散化、频繁化的趋势越来越普遍，多品种、小批量采购正成为主流，这导致生产企业的采购库存风险越来越高。传统采购管理模式因反应速度、订单精确性和运作效率上的缺点，已难以适应电子产业的发展。通过供应链外包，整合需求管理、采购管理、计划管理、生产管理、物流管理、信息管理等环节，构建一个系统化的供应链体系，无疑可以最大限度地解决采购零散化、频繁化问题。

深圳电子产业的另一个重要特征是“两头在外”。高端电子元器件大部分均来自进口，相当大一部分加工后的电子成品也出口国际市场。“一进一出”，企业就要与海关频繁地打交道，这意味着交易成本的增加。虽然最近几年国家和深圳市政府逐渐放开对进出口贸易的管制，但在电子产业兴起之初，企业报关、报税、报检等环节依然需要办理大量烦琐手续。当电子产品更新周期越来越短时，原有的通关速度、采销效率就难以满足生产和市场的需求了。基于电子产业“更新加速，通关减慢”这一普遍痛点，最早在2000年初，深圳供应链产业的鼻祖怡亚通就已经开始做这方面的事，并逐步摸索出一套商业模式，创造了“垫资付汇+集中收货+通关交货”的代理进口模式，以及“通关交货+结汇退税”的出口分销模式，基本可以保证深圳乃至珠三角企业实现进口24小时交货，出口3天垫付退税。这极大地降低了企业通关成本，迎合了电子产业越来越快的发展趋势。

深圳电子产业的又一个特征是产业集群发展模式。这一模式为供应链企业做大做强提供了庞大扎实的业务源。针对大量中小企业集群所带来的业链长、分工细、运营难的问题，供应链管理和服务终于从生产组织环节分离出来，成为一个独立的商业模式。其中，供应链管理通过加强对企业产品流、资金流、信息流的整合管理，优化企业运作，从而降低企业成本、提升服务水平、缩短现金周转时间、减小企业风险。另外，供应链服务提供服务外包和相关管理功能共享化服务，将供应链环节上的相关服务交由专业的供应链公司进行管理，从而帮助企业以较低的运作成本得到较高的服务水平，让企业将更多的精力放在核心竞争力的提升上，从而提高企业的利润率及客户满意度，创造更高的收益。

### 供应链产业是在产品生产高度分工的情况下出现的新产能组织形态

供应链产业是在产品生产高度分工的情况下出现的一种新的产能组织形态。最终产品越是复杂，批量化的生产流程就越被近乎无限地细分，而在面向全球市场的巨大产业链面前，再强势的企业也只不过是一道工序而已，这使得产业组织从企业内走向企业间，同时出现了专注生产的企业和专注组织的企业的大分工。特别是随着信息技术的发展，企业间的信息能够进行实时无障碍的流动，这使得全产业的供应链精确管理成为可能。

由于生产分工可以无限细分，产业链已经全球配置，再加上日新月异的信息技术，供应链已发展到与互联网、物联网深度融合的智慧供应链新阶段，成为以客户需求为导向，以提高质量和效率为目标，以整合资源为手段，实现产品设计、采购、生产、销售、服务等全过程高效协同的全新组织形态[①]。

### 中国供应链的明星企业——怡亚通

前面已经讲到，深圳超过九成的供应链企业是从事电子产业的供应链起家的，其中一个很重要的原因是当年深圳电子产业“两头在外”——原材料和中间产品要进口，成品要出口。这样就给这些电子企业在报关、报税、报检等环节带来了大量需要办理的烦琐手续。于是最早在2000年初，深圳供应链产业的鼻祖深圳市怡亚通供应链股份有限公司（简称“怡亚通”），就已经开始摸索出一套商业模式，创造了代理进口和出口分销模式，极大地降低了企业通关成本，迎合了电子产业越来越快的发展趋势。

所以我在这里就专门讲讲怡亚通。之所以如此，还有一个特殊的原因，那就是我到现在仍然是怡亚通的独立董事。

怡亚通成立于1997年，是深圳最早成立的供应链企业，也是中国第一家上市供应链企业。成立后公司的主营业务就是为企业提供除核心业务以外的其他供应链环节的服务，包括代理采购、产品营销支持、进出口通关、供应商管理库存、国际国内物流、物流加工、供应链结算配套服务、信息服务等全方位供应链管理服务。

目前，怡亚通在职员工已近万人，在全球共拥有36家分、子公司，并在全国各大中城市设有物流分拨中心和物流节点，建立了遍布中国主要经济区域的全方位的保税物流平台，形成了覆盖全国、辐射全球的供应链服务网络。2021年怡亚通的业务量超过1000亿元，并居2021年《财富》中国500强的第168位。

目前，怡亚通已拥有六大核心竞争力：

第一，卓越的品牌运营能力。

怡亚通拥有丰富的品牌运营经验、强劲的市场开拓能力、超凡的营销模式和创新能力较强的管理团队，能为标的产品从品牌定位、产品设计、品牌传播、分销覆盖、营销策划等方面提供量身定制的一站式品牌营销服务、线上线下一体化运营服务。

① 张军主编《深圳奇迹》，东方出版社，2019，第253页。

第二，优质的客户资源。

怡亚通与100余家世界500强企业及2600多家国内外知名企业达成战略合作关系，服务行业涵盖快速消费品（母婴、日化、食品、酒饮）、家电、通信、信息技术、医疗、终端零售等多个领域，形成了强大的资源整合能力和竞争优势，能有效地帮助合作伙伴提高核心竞争力。

第三，全球化的服务网络。

怡亚通加速服务网络全球化布局，建立遍布中国、辐射全球的服务网络，打破地域、资源、环境的限制，使全球优势资源在最大范围里实现共享，帮助合作伙伴满足全球化发展的需要。

第四，高效的深度分销服务平台。

怡亚通建立覆盖全国各级城市乃至东南亚等地区的深度分销服务平台，用现代互联网技术和深度供应链维度实现从品牌商到终端的网络扁平，颠覆过去粗放原始分散的经销商模式，构建一体化运营快捷、高效的直供渠道，帮助合作伙伴突破瓶颈、拓展渠道，深入低线市场，提高市场竞争力。

第五，健全的物流体系。

怡亚通拥有六大区域集散中心，覆盖全国30多个省级行政区的300多个城市的物流网络，具备深入一线到六线城市的B2B（指电子商务中企业对企业的交易方式）、B2C（指电子商务中企业对消费者的交易方式）深度配送运作能力，24小时内快速响应客户需求，提供最优质的客户体验。

第六，领先的信息系统。

怡亚通以20多年来自身供应链信息化发展经验为基础，结合国内外领先技术，自主研发出契合供应链行业特点、满足各类业务模式需求的信息系统。该系统能实现全程移动互联化，提升运营管理能力及效率，为公司内部员工及外部客户提供高效完善的操作体验，保证业务往来及运作过程中的信息数据安全。系统服务范围覆盖客户关系管理、业务运营、物流仓储及运输、财务管理、人力资源、智能办公等业务管理模块。

正是凭借着强大的服务能力和品牌影响力，怡亚通先后获得“全国商贸物流标准化专项行动重点推进企业”“国家首批服务型制造示范平台”“国家智能化仓储物流示范基地”“国家AAAAA物流企业”“首批全国供应链创新与应用示范企业”“企业信用评价AAA级信用企业”“2020全球最有价值的50大商业服务品牌”等荣誉。

然而怡亚通没有停止前进的脚步，正在“更上一层楼”。

2021年，公司以供应链为载体，逐步推进大消费生态平台建设，创新融合“供应链+品牌运营+互联网+物流+产业服务”，以数据反向驱动C2M（从消费者到生产者）品牌创新，不断提升品牌运营能力，打造公司核心竞争力，提升利润率。公司正在继续深耕大消费领域，布局地方产业供应链，搭建数智化供应链平台。

作为中国供应链服务的先行者，怡亚通将坚持不懈地致力于纵向打造专业核心竞争力，聚焦各行业应用场景需求与特性做大做强，横向多维发展成为整合型运营服务商，构建万亿规模的跨界融合、共享共赢的供应链商业生态圈。为推动深圳乃至全国的产业转型升级、提升深圳乃至全国城市的竞争力、实现深圳乃至全国的经济高质量增长，履行自己应尽的责任和做出自己应有的贡献。

# 第十四章

# 从“世界工厂”走向世界创新中心

## 第一节　深圳高新技术产业成就赫然[1]

2018年，深圳高新技术企业新增3185家，总量14415家，居广东第一、全国大中城市第二。初步测算，2018年深圳高新技术产业产值23871.71亿元，同比增长11.66%；高新技术产业增加值8296.63亿元，同比增长12.73%。

电子信息产业是深圳高新技术产业的第一大产业。深圳电子信息产业主要由以下细分行业（产业）组成，包括电子计算机、通信设备、电子元件、家用电子电器设备、电子器件、电子信息机电产品、电子工业专用设备、电子测量、广播电视设备和电子信息产品专用材料等。除此之外，深圳还形成了极具规模的发光二极管（LED）产业、汽车电子产业、安防电子产业，以及具有一定规模的新兴的物联网产业、云计算产业、平板显示产业等。

多年来，深圳电子信息产业在产业规模、门类结构、出口贸易、自主创新、配套能力等方面，一直在中国大中城市中位居前列。如在电子计算机领域，深圳早在2013年就在全球台式机、笔记本电脑和平板电脑生产领域具有重要地位，拥有长

① 本节中的主要数据资料参见钟若愚、阮萌：《21世纪海上丝绸之路与深圳科技产业创新》，中山大学出版社，2020。

城、联想、神舟等众多个人电脑的重要生产基地。国内外著名电脑企业也在深圳设立研发中心，进行贴牌、联合开发或集成生产。以长城、开发科技、研祥智能、富士康、海量存储、联想、神舟、多彩、康冠为代表，深圳从事计算机产业研发及生产的厂商已超过1500家，形成了一个庞大的计算机产业链和集群效应，使深圳成了全球计算机产业的重镇。在电子元件、家用电子电器设备、电子器件、电子信息机电产品等领域，深圳更是几乎占据全产业链优势。在深圳久负盛名的华强北市场，国内外厂商几乎可以采购到所有的电子元器件。

在光机电一体化领域，由电能与电工测量仪表、电子测量仪器、工业自动化仪表、试验机、传感器与仪器仪表元器件等主要光机电一体化门类组成的仪器仪表行业在2013年共有企业297家，占全国同行业企业数量的7%，实现生产总值830亿元，占全国本行业生产总值的10%左右（全国本行业生产总值为8256亿元）。在LED光电领域，深圳LED产值规模位居全国前列，深圳从上游衬底材料、外延芯片、装备制造，到中游封装行业，再到下游应用，各产业链环节一应俱全，产业集聚现象突出。从2008年到2014年，深圳LED产业生产总值从180亿元一举增长到1335.66亿元，增长近7倍，年均增长率39.66%，发展速度远超深圳经济平均增速，成为拉动深圳经济增长的强力引擎。在平板显示产业，深圳是内地平板显示产业发展最早、产业规模最大的地区之一，产业基础雄厚，产业规模全球领先。近年来，随着华星光电、旭硝子、深超光电、盛波光电、华映显示、日东光学等项目的建设，深圳平板显示产业加快转型，进一步增强了珠三角平板显示器（FPD）产业的实力。

在生物产业领域，2009年，深圳市人民政府发布《深圳生物产业振兴发展规划（2009—2015年）》，重点突出了生物医疗、生物医药、生物农业、生物环保这四个优势领域，同时也明确了在坪山新区重点布局大型生物产业项目，建设集总部、研发、生产、产业配套和生活配套于一体的现代化产业基地核心集聚区。2013年，深圳市发改委发布了《深圳国际生物谷总体发展规划（2013—2020年）》，为深圳国际生物谷的发展做出了以坝光为核心启动区，地域范围覆盖东部沿海大鹏、盐田及坪山地区，同时发挥盐田区的基因组研究优势，建立生物科技加速器的整体规划。2018年，深圳生物医药产业增加值298.58亿元，增长22.3%。

在新材料产业领域，2011年，为了推动新材料产业的快速健康发展，深圳市人民政府发布了《深圳新材料产业振兴发展规划（2011—2015）》《深圳新材料产业振兴发展政策》，通过科学规划、合理布局，力争将深圳建设成为技术创新能力强、产业结构合理的新材料产业先导城市。近年来，深圳新材料产业蓬勃发展，产业发展初具规模，涌现出以光启、比亚迪、中金岭南等为代表的新材料研发机构和龙头企业；杜邦、住友、日东电工等跨国企业在深圳建设大型生产基地或研发中心。与此同时，随着日东电工偏光片、沃尔热缩材料等项目建成投产，深圳新材料产业发展后劲十足。2018年，深圳新材料产业增加值365.61亿元，增长8.6%。

在新能源产业领域，2009年，深圳市人民政府出台《深圳新能源产业振兴发展政策》，设立规模达35亿元的新能源产业发展专项资金，并启动龙岗核电产业基地、坪山新能源汽车产业基地、光明太阳能产业集聚区、南山智能电网产业集聚区等基地建设。2008年，新能源产业总产值约300亿元，其中新能源开发利用产值超过140亿元，新能源服务业产值超过50亿元，太阳能薄膜电池生产规模全国领先。2017年，新能源产业增加值676.40亿元，增长15.4%。

除了上述主导高新技术产业以外，深圳在汽车电子、节能环保等产业方面也取得显著的成就。如在汽车电子产业方面，2014年，深圳已有汽车电子企业1000余家，约占全国汽车电子企业总数的1/3。同时，还有一批企业如航盛、比亚迪、赛格导航、元征科技、路畅科技、众鸿、大冷王、特尔佳等已经在不同的细分领域成为龙头企业。整体上看，深圳汽车电子产业已形成一定的经济规模，并且增长势头强劲。再如在节能环保产业方面，我国建筑物能耗占全部能耗的27%以上，而且还以每年1.2%的速度增加，发展绿色建筑节能产业刻不容缓。早在2006年，深圳经济特区就为提高经济特区建筑节能管理水平，提高能源利用效率，促进节能减排，完成节约型社会建设，颁布了《深圳经济特区建筑节能条例》，对建筑物技术、工艺、设备、材料和产品做出了严格的绿色节能规定。经过数年的发展，深圳依托自身太阳能产业和新材料产业的不断发展壮大，在建筑节能技术利用和绿色再生建材产业上有了长足的进步。在建筑废弃物综合利用方面，深圳也领先全国。通过大力推动建筑废弃物综合利用项目建设，深圳目前已建成6个建筑废弃物综合利用项目，年处理能力达620万吨，2015年实际综合处理建筑废弃物超过500万吨。推广移动式建筑废弃物现场处理模式，以鹿丹村和红岭南苑等城市更新项目为试点，实现建筑废弃物综合利用率达95%以上。

## 第二节　高科技和创新型企业成为深圳自主创新的主力军

由于深圳40多年来已经积累了比较强大的经济基础，同时因为毗邻港澳所以更直接面对国际市场，更容易承接全球高科技产业和新兴产业发展最新变化，加之政府对高科技产业和新兴产业的政策引领，因而深圳高素质的民营企业特别热衷于产业升级和自主创新，特别愿意接受市场变化的最新信号，也特别容易将产业升级换代转变为自己企业发展的内生驱动力。目前，已有相当一批深圳企业结合未来产业发展的趋势，并依托科技创新实力的提升和商业模式的创新，快速从产业链的中低端向高端发展，同时也有很多企业通过引入高新精密技术不断提升自己的制造能力。这些从事高科技产业和发展新兴产业的企业，就成了深圳经济转型和自主创新的主力军。

### 深圳诞生众多引领行业发展的世界级企业

不仅是电子信息产业，位处改革开放“桥头堡”的许多深圳上市公司都纷纷抢占产业发展的制高点，走到了产业转型的前列。2014年，在深圳185家上市公司中有89家企业隶属于国家七大战略性新兴产业，并形成了电子信息、新能源、新材料、生物制药四大新兴产业板块。而在这些深圳上市公司中，有近七成的企业在外地投资新设子公司，它们不但实现了覆盖全国、走向海外的产业布局，而且全国辐射带动效应非常显著。深圳这种向新兴产业规模化发展的模式在国内颇具代表性。

特别值得关注的是，通过产业整合，深圳上市公司中还涌现出了一批引领产业发展的世界级企业。除了众所周知的华为和中兴通讯外，中集集团在集装箱、道路运输车辆、能源化工装备等领域造就了多个“世界冠军”，近年公司大手笔布局海工装备业务，向产业链的高端领域延伸。比亚迪作为国内唯一拥有全链条生产能力的创新型公司，引领了我国新能源汽车产业的发展。此外，在多个新兴产业的细分领域中，海普瑞、信立泰、欧菲光、立讯精密、金证科技、德赛电池等一大批中小企业迅速崛起，成为深圳新一轮产业升级的先锋。越来越多的企业开始在世界高端产业链中占据一席之地，突破了一批核心技术，掌握了多项自主知识产权，形成了较强的核心竞争力。与此同时，这批标杆企业还带动了更大规模的中小企业集群，未来深圳将有更多的上市公司通过实施产业升级战略推动公司价值持续提升[①]。

### 向产业链高端发展

2014年，深圳已有相当一批企业结合未来产业发展的趋势，并依托科技创新实力的提升和商业模式的创新，围绕主业向产业链的两端延伸，快速从产业链的中低端向高端发展。同时，也有部分企业通过引入高新精密技术不断提升制造能力。

大家所熟知的中兴通讯，依托自主创新，推动产业从制造业向服务领域延伸，实现了向综合通信服务商的战略转型。目前公司除传统的通信设备外，还大力发展终端和政企网业务，明确新的业务规划——向新能源发电系统领域拓展。

创建于2002年8月，主要从事计算机及相关设备制造业，主要经营键盘、鼠标等电脑外围设备，产品销售网络遍及世界各地，并连续两年在中国无线键鼠市场占有率居首位的深圳雷柏科技股份有限公司（简称“雷柏科技”），寻求产业突破的模式也颇具特点。公司积极实施产业转型，通过大手笔的并购和深度合作的方式，布局手机游戏和互联网电视领域，并快速推出了自己的智能家具品牌。这样，公司从原来单一的硬件制造升级为“终端+软件+服务”全产业链的业务体系，抢占了产业链的高端领域。与此同时，为解决人工成本不断上升的问题，2011年雷柏科技引入了75台ABB机器人，并自主研发，完成软件和控制器设计，完成对整条机器人生产线的改造。

此外，深圳公司在转型升级的过程中，通过产业上下游进行垂直整合，形成全产业链竞争优势的案例也很多，例如比亚迪、长城开发等。对此，中航证券研究员赵涛表示：“市场的竞争正从产品竞争转向产业链竞争，因此更多的企业从产业链的角度思考转型之路，以求打破产业发展的瓶颈。”

深圳市发改委相关人士说：“尽管目前深圳上市公司的产业转型升级尚处于初

① 黄丽：《积极转型抢占制高点　深圳上市公司示范全国》，《证券时报》2014年6月23日。

级阶段，不少公司还面临着发展资金短缺、核心技术欠缺、‘走出去’战略遭遇国际化门槛等问题，但这批先行者必将在业界起到带头示范作用，深圳公司整体产业转型升级的格局很有可能由星星之火转向燎原之势。随着深圳产业转型升级浪潮不断深入化和扩大化，相信未来将涌现更多像中兴、华为、腾讯这样的世界级企业。”①

### 深圳新兴产业群英荟萃

深圳有“纯电动汽车之都”之称。一方面是因为深圳的纯电动汽车数量多，另一方面是因为深圳有着像比亚迪这样的电动汽车研发和制造企业。从2008年推出第一款新能源汽车产品插电混合动力车F3DM后，比亚迪就开始了对新能源汽车市场化模式的摸索。随后，比亚迪相继推出了纯电动汽车E6和纯电动大巴K9。2013年底，比亚迪推出了第二代双模混合动力汽车——秦。比亚迪也由此成为国内新能源汽车产业发展的主力军。

在动力电池领域，深圳同样也集聚了一批在行业内堪称龙头的上市公司，涉及动力锂电池的四大关键部件正、负极材料，电解液，隔膜等细分领域。中国宝安子公司贝特瑞是国内最大锂电池负极材料生产商，该公司还拥有当前被认为很有前景的石墨烯技术专利；新宙邦是国内三大电解液生产商之一，该公司产品已经进入三星供应链体系；拟上市公司星源材质是国内锂电池隔膜龙头企业，还主导起草锂电池隔膜国家标准。

在新材料领域，长园集团、沃尔核材两家上市公司分了国内辐射功能材料的大部分市场份额。深圳惠程则在国内率先实现了聚酰亚胺应用领域的突破。此外，通产丽星、美盈森、格林美等上市公司均在各自的细分领域有所建树。

与其他深圳优势产业不同，生物医药领域的深圳上市公司几乎没有同质化竞争的现象。深圳生物医药上市公司均规模较小，民营企业居多，各自深耕细分市场，较少出现两家公司业务重合的情况。信立泰主要从事心血管类产品研发生产，处于国内龙头地位，该公司早年抗癫痫药已获批，进一步丰富了公司产品线。翰宇药业每年都将营业收入的10%左右投入到研发中，正因为如此，主营化学合成多肽药物

① 黄丽：《积极转型抢占制高点　深圳上市公司示范全国》，《证券时报》2014年6月23日。

的翰宇药业销售额常年保持国内第一名。海普瑞目前已成为全球最大的肝素钠原料药供应商，该公司专门成立了一个子公司从事新药研发，公司还将择机进入心脑血管相关产业和服务领域[①]。

### 传统产业也在转型升级

在深圳十年磨一剑的转型过程中，不仅高科技和创新型企业发挥了骨干的作用，传统企业和产业的成功转型也发挥了重要的作用。

事实上，转型升级不限于高科技产业，传统产业升级换代的空间也非常大。因此，在产业转型升级的过程中，最重要的并不是简单地淘汰和赶走那些劳动密集型的传统企业。除了那些高耗能高污染以及没有发展前途的落后企业以外，对于一般的传统产业来说，更重要的是通过技术改造、品牌建设，促进优势传统产业的集约化、品牌化和国际化发展，推动大多数传统企业转型升级。

以深圳的内衣产业为例。众所周知，20世纪包括深圳在内的珠三角内衣产业是最典型的以出口加工为特点的劳动密集型产业。然而，十年磨一剑，在产业升级过程中，深圳内衣产业也融入了这座城市的创新基因，一批原来从事加工贸易的内衣企业逐步从代工转型升级为设计加工，再到自创品牌，走上了自主研发设计和创建品牌的道路。如今，作为深圳九大优势时尚产业之一的内衣产业，已经成为传统产业转型升级的一个典范。统计显示，深圳年产各类内衣6亿件，一线品牌国内市场占有率在50%以上。

目前，深圳规模以上内衣企业近400家，年产值近400亿元，约占全国的15%、广东的1/3，形成了较完善的产业体系，涌现出一批国内外知名优秀骨干企业，成为全国乃至世界内衣时尚的重要基地。据不完全统计，深圳内衣企业在全国开店数万家，各大城市的主要商场都能看到深圳内衣品牌。一批行业“小巨人”相继诞生。拥有员工超万人的维珍妮国际、新兴工业集团，全国内衣销量靠前的安莉芳、曼妮芬，世界著名的ODM企业黛丽斯，世界最大的泳衣企业福华、销售额全国第一的渠道品牌都市丽人等，都为深圳内衣产业增添底气。受益于产业的高成长性和聚集性，深圳内衣产业引领时尚风向，吸引全球知名企业在此布局。目

① 周少杰：《四大新兴产业跑出深圳上市公司“领头羊”》，《证券时报》2014年6月23日。

前，深圳聚集了大批全球顶尖的内衣设计师，他们不仅为本土企业设计创新内衣产品，还为国际知名内衣品牌提供解决方案。正因如此，欧美等地的内衣企业纷纷在深圳设立内衣生产厂、原料厂及研发基地，利用深圳人才资源、产业优势，降低研发和生产成本。不仅如此，深圳产业聚集"磁力"，还吸引了传统内衣产业基地的南海盐步、中山小榄、汕头等地的企业，逐渐把总部迁至深圳，在深圳创立研发设计中心和品牌。

目前，深圳内衣与珠宝、钟表等产业一起，成为全国首批22家产业集群区域品牌试点的产业之一，是国家重点扶持的时尚产业[①]。

### 深圳已形成以企业为主体的创新格局

2018年深圳高新技术企业新增3185家，总量14415家，居全省第一、全国大中城市第二。2018年深圳高新技术产业产值23871.71亿元，同比增长11.66%；高新技术产业增加值8296.63亿元，同比增长12.73%。

2017年，全市规模以上工业企业新产品开发27544项，年均增长14.4%，是2012年的2倍；新产品开发费用1340.29亿元，年均增长21.4%，是2012年的2.6倍；新产品产值12801.79亿元，年均增长15.5%，是2012年的2.1倍；新产品销售收入12138.71亿元，年均增长14.4%，是2012年的2倍。新产品销售收入占主营业务收入的比重为39.4%，比2012年提高了9.8个百分点；新产品产值占工业总产值的比重为39.9%，比2012年提高了10.8个百分点。

同时，企业研发机构建设的跨越式增长，夯实了企业乃至全市自主创新能力进一步提升的基础。截至2017年底，深圳规模以上工业企业拥有研发机构4296个，比2012年增长7.1倍，年均增长47.9%；机构人员35.65万人，是2012年的2.3倍，年均增长17.7%；机构经费支出1398.34亿元，是2012年的3.4倍，年均增长28.1%；机构科研仪器设备原价657.94亿元，是2012年的9.2倍，年均增长55.8%。

总之，目前深圳已经基本形成以企业为主体、以市场为导向、产学研相结合的技术创新体系，形成了"6个90%"：90%的创新型企业为本地企业、90%的研发

① 《深圳引领内衣产业发展 成就中国版维多利亚的秘密》，https://www.sjfzxm.com/hangye/201505-18-448427.html，2015年5月18日。

人员在企业、90%的研发投入源自企业、90%的专利产生于企业、90%的研发机构建在企业、90%的重大科技项目由龙头企业承担[①]。

## 第三节　从经济高速增长走向经济高质量发展

### 2006年：率先从“速度深圳”向“效益深圳”跨越

2006年深圳市委三届八次全会上，深圳第一次明确提出：要以科学发展观为标准，积极探索一条以质量和效益为核心的新型发展道路，实现从“速度深圳”向“效益深圳”的历史性跨越。

为求得又好又快的发展，深圳强调利用好改革创新、制度环境、高效服务等无形资源，提高市场准入门槛，引导劣势产业有序退出，“种高产田”、发展“绿色经济”、“引凤筑巢”等行政新思维不断出现。在科学发展观的指引下，深圳高举“效益深圳”这根指挥棒，率先弹奏出总量与质量、速度与效益的协奏曲。

2006年深圳在经济持续快速增长的同时，工业效益不断提升，2007年全市工业用地增加值达到每平方公里12.1亿元，比2005年累计提高28.3%；万元工业增加值水耗为18.97万吨，比2005年累计下降10.39%；主要污染物（二氧化硫和化学需氧量）排放量分别比2005年下降12%和12.7%[②]。

### 2012年：深圳全要素生产率显著提高

2011年，深圳生产总值在首次突破万亿元大关的同时，全要素生产率显著提高，每平方公里产出地区生产总值5.88亿元、税收2.05亿元；在经济增长实现从要素驱动向创新驱动转变、经济结构向高级化跃升的同时，资源能源消耗实现了“三

① 钟若愚、阮萌：《21世纪海上丝绸之路与深圳科技产业创新》，中山大学出版社，2020。

② 《深圳市推进产业转型升级　建设现代产业体系情况》，https://www.docin.com/p-246426859.html，2013年2月6日。

个下降”：万元地区生产总值能耗下降至0.47吨标准煤，仅为全国平均水平的1/2；万元地区生产总值水耗下降到18.7立方米，相当于全国平均水平的1/10；万元地区生产总值建设用地下降11.9%。深圳经济增长已初步突破资源能源约束[①]。

随着知识经济、网络经济和服务经济快速发展，深圳经济对土地资源的依赖不断降低，第三产业占整体经济比重达到53.5%，现代服务业占服务业比重达到67.5%，税收增速高于一般服务业11.7个百分点。文化产业增加值771亿元，增长20%。软件业务收入2250亿元，占全国的1/8[②]。

### 2015年：深圳经济发展模式进一步从外延式向内涵式转变

2015年各项重要数据表明，深圳的经济发展模式已经开始明显从外延式向内涵式转变。

第一，2015年上半年，深圳三次产业结构为0：42.1：57.9，第三产业比重同比提高0.6个百分点。这充分表明深圳的经济结构正在迅速地日趋优化。

第二，在工业结构中，先进制造业增长11.5%，占规模以上工业增加值的比重达76.3%，同比提高4个百分点；工业百强企业增加值增长14.3%，高于规模以上工业平均增速6.7个百分点。生物、互联网、新能源、新材料、新一代信息技术、文化创意和节能环保七大战略性新兴产业增加值增长11.5%，占地区生产总值的比重提高到35.9%。这充分表明，深圳的制造业已经走出了劳动密集型的粗放式低端发展阶段，开始迈向高技术含量引领的中高端发展阶段。

第三，在服务业结构中，金融业、物流业增加值分别增长16.5%和9.5%，分别比服务业整体增速高8.1个百分点和1.1个百分点；集装箱吞吐量、机场货邮吞吐量分别增长10%、14.6%，分别同比提高11.7个百分点和9.6个百分点；在外贸结构中，一般贸易占比达43.9%，同比提高3.2个百分点；服务贸易、技术贸易、服务外包分别增长33%、200%和23.8%。这些数据都充分表明现代服务业已成为深圳经济发展的亮点，也成为深圳经济发生重要转型的突出标志。

① 《许勤代表：增量培育促转型升级 实现质量深圳的跨越》，http://finance.sina.com.cn/roll/20120307/143511535543.shtml，2012年3月7日。

② 《深圳：自主创新推动产业转型升级》，《深圳商报》2012年11月6日。

第四，深圳的固定资产投资结构出现重大变化，2015年上半年的投资结构中，社会投资占比达80.5%，同比提高0.4个百分点；其中服务业投资增长16.5%，同比提高8.2个百分点。投资结构的优化，表明在深圳经济发展中，市场已经成为主要的驱动因素，成为资源配置的决定性基础。

第五，2010年至2014年，深圳在地区生产总值翻了近一番的情况下，万元地区生产总值能耗、水耗分别累计下降19.5%、44.7%，达到全国最低水平。2015年上半年深圳在取得经济快速增长的情况下，万元地区生产总值能耗和水耗继续显著下降。

第六，化学需氧量、氨氮、二氧化硫排放量在2014年提前完成“十二五”目标的基础上，2015年第一季度又分别下降0.43%、0.08%和0.76%。深圳这个人口密度、产业密度、机动车密度、火电厂装机密度几乎都是全国之最的城市，在创造出单位面积产出地区生产总值全国第一的同时，空气质量还能在74个重点城市中排名第四。深圳2014年的年均$PM_{2.5}$达到了33.6微克/米$^3$。这也许是深圳经济发展模式从外延式向内涵式转变的重要标志，充分说明深圳已经发展到可以用更少的资源能源消耗以及更小的生态破坏来实现更有质量、更可持续发展的新阶段。

第七，2015年第一季度深圳PCT国际专利申请量2676件，增长39.4%，占全国的50.2%。2014年，深圳PCT国际专利申请量达到11646件，同比增长15.9%，连续11年居全国各大中城市之首。

第八，新登记商事主体7.32万户，增长15.7%，累计达到181.5万户，居全国大中城市首位。这既是注重“大众创业、万众创新”的深圳的鲜明特点，同时也是商事登记制度改革红利持续释放的结果，代表着经济的活力和后劲。

第九，教育、医疗和住房等九大民生类支出424亿元，增长61.9%；最低生活保障标准和最低工资标准分别提高至每人每月800元和2030元，均为全国最高；12项重大民生工程加速推进，安排年度投资247亿元，118项年度民生实事和一批民生微实事有序推进[①]。

### 2015年：深圳优势传统产业附加值不断提升

深圳优势传统产业附加值也在不断提升。

① 李罗力：《深圳：再成经济转型窗口排头兵》，《特区实践与理论》2015年第4期。

深圳时尚创意产业联盟挂牌成立，涵盖家具、黄金珠宝、眼镜、服装、内衣、皮革、钟表、工业设计等行业，致力打造全球时尚创意之都，内衣、服装、钟表和黄金珠宝入选国家首批产业集群区域品牌建设试点示范项目。

工业设计引领全国。2014年，深圳工业设计产业增速是工业增速的4倍；拥有各类工业设计机构近6000家，数量占全国的50%以上，获德国iF设计大奖数占全国的1/3；工业设计应用范围覆盖工业全领域，企业内设设计部门近4000个[①]。

深圳鼓励优势传统产业加大技术改造力度，技术中心和公共技术平台成为企业创新发展的主要推动力。2015年，深圳市级企业技术中心、国家级企业技术中心、行业公共技术服务平台分别达162家、20家和26个。

在技术创新的推动下，优势传统产业的附加值持续提升。与此同时，创新驱动也给深圳大批传统产业注入新内涵[②]。

### 2018年：深圳达到的经济高度超过北京、上海、广州

2018年，深圳人均单位土地的生产总值是广州的4倍、上海的2.5倍、北京的5倍。人均单位土地密度深圳最高，和东京、香港是一样的。到2018年为止这是深圳的一个特征，单位地区生产总值的水耗到2018年为止是广州的一半，单位地区生产总值的能耗接近发达国家。

上海、北京、广州、深圳的国际专利注册量合计占全国的比例为3/4，另外三个城市合计占深圳的一半。上海和广州各占深圳的5%。深圳去掉前十名，国际专利注册量还有1万件，是上海国际专利注册量的10倍。不是说深圳的科技能力超越了上海，而是深圳中小企业的活跃程度及参与全球化竞争的能力超越了上海[③]。

### 2021年：深圳要争当高质量发展的先行示范者

深圳要争当服务国家培育完整内需体系的先行示范者，争当配置全球高端要素资源的先行示范者，争当构建现代流通体系的先行示范者。深圳要打造一流

① 吴德群：《深圳产业转型升级成效凸显》，《深圳特区报》2015年1月31日。

② 同上。

③ 《唐杰：深圳创新增长的案例意义》，http://qs.jrj.com.cn/qs/2018/07/26104324865725.shtml，2018年7月26日。

"深圳质量"，构建先进"深圳标准"，塑造时尚"深圳设计"，提供优质"深圳服务"，树立响亮"深圳品牌"，以深圳的新产品、新技术、新供给引领和创造新需求。

为此，要做到：一是实施全产业链发展战略，健全重点产业链"链长制"，发展若干产业生态主导型企业，做大做强总部经济，培育一批"链主"企业和"专精特新"中小企业；二是实施先进制造业集群培育行动，大力发展新一代信息通信、新材料、智能装备、高端医疗器械、生物医药、新能源汽车等先进制造业集群，保持制造业比重基本稳定；三是提升服务业发展能级和竞争力，大力发展现代服务业，创新"设计+研发+服务"设计体系，赋能提升服装、钟表、黄金珠宝等优势传统产业；四是培育战略性新兴产业增长新动能，实施"未来产业引领"计划，前瞻布局人工智能、6G、量子科技、深海深空、无人驾驶、智能网联汽车等前沿领域；五是实施工业互联网发展战略，建设国家级工业互联网平台；六是大力推进产业数字化、数字产业化，实施"5G+8K+AI+云"新引擎战略，深入推进"5G +千行百业"应用，推动平台经济规范健康持续发展；七是2025年数字经济核心产业增加值占地区生产总值比重31%以上①。

美国《时代》周刊曾经刊载《深圳的诞生与再度辉煌》一文。文章称：深圳今天面对的转型问题，整个中国经济也将遇到；深圳的转型或许"将再次给整个中国提供答案"。如果说40年前"速度深圳"为中国"杀开一条血路"，让深圳领跑改革开放进程；那么40年后，"效益深圳"则树立新标杆，让深圳再当科学发展的标兵。

① 《关键时刻！深圳市委书记重磅报告：未来5年深圳全面部署曝光！全新规划来了》，https://mp.weixin.qq.com/s/-zO1uZJJD9BuDmCoJfbLwg，2021年4月27日。

## 第四节 深圳走向世界创新中心

### 深圳已成为国家乃至世界的创新资源集聚中心

2015年，我曾在一篇文章中写道，已经成为“创新之城”和“创客之都”的深圳，近年来在吸引创新载体上也获得突破性发展。

2011—2014年，深圳新增重点实验室、工程实验室、工程研究中心、企业技术中心等各类创新载体680家。截至2014年底，创新载体总数累计达1100家，这一数据超过了前30年总和，成为深圳科技创新体系强有力的支撑。值得注意的是，这些创新载体虽然有很多是出自大专院校或科研院所，但是到深圳这里，它们就变成了民营研究机构，实行企业化的管理，与市场直接对接。只有真正“接了地气”，这些创新载体才能真正有所作为。

不仅如此，现在越来越多的国际创新资源也开始涌入深圳。世界500强企业IBM、甲骨文、三星、西门子等在深圳设立了国际或区域研发中心。在深圳已有的强大的企业研发基础上，再加上这些国内和国际顶尖的创新载体研发力量，深圳必将会在创新发展方向发挥更加出色的引领作用。

2009—2014年，深圳创新载体建设实现跨越式发展。据初步统计，全市新建700多个重点实验室、工程实验室、工程研究中心、企业技术中心等创新载体，覆盖国民经济社会发展各领域，并且相继建成了国家超算中心、国家基因库等重大科技基础设施，为深圳创新提供原动力。深圳尤其鼓励民企创办科研机构，从而释放巨大的科研能量，并更好地对接国际产业巨头。例如深圳光启高等理工研究院，仅仅4年多就累计申请超材料领域核心专利逾2600件，占这一领域全球专利总量的86%以上。

还有一个数据也非常重要，那就是深圳新登记商事主体7.32万户，与过去5年相比增长15.7%，累计达到181.5万户，居全国大中城市首位。这呈现出深圳“大众创业、万众创新”的鲜明特点，代表着深圳创新经济的重要活力及其可持续发展的强劲潜力。

再一方面，深圳正不断涌现出新的产业带、新的增长极。以云谷创新产业园为例：现在的云谷创新产业园集聚了90家高新技术产业企业，大都从事云计算、互联网和新一代通信技术。2011年云谷创新产业园产值约8亿元，2014年达到了45亿元，3年时间里产值翻了5倍多。再以大沙河创新走廊为例：2014年，大沙河创新走廊已建成56个新兴产业园，新增29个新兴产业园，总面积超过150万平方米。2015年高交会期间，大沙河创新走廊推出的深圳湾超级总部基地等11个重大项目，释放1322万平方米的产业空间，深圳正全力将其建为国家自主创新示范区的核心区。

同样，位于光明新区的国际平板显示园区，聚集了数十家规模以上企业，华星光电、旭硝子、日东电工、莱宝高科等产业集群形成了完整的垂直产业链，带动整个园区成为"高产田"。此外，大鹏海洋生物产业园正在积极创建国家级海洋经济科学发展示范园区；深圳市海洋新兴产业基地已启动围填海工程；航空电子产业园落户南山，航电适航审定支持中心、航空航天精密零部件复合3D打印等5个重大项目已经开始启动建设。2019年以来，深圳正在加快布局生命健康、海洋经济、航空航天、机器人、可穿戴设备和智能装备等未来产业，期望通过新的产业带、产业园区培育出更多的"产业巨人"，打造更多的新增长极[①]。

### 2020年深圳的高科技实力令人惊叹

2020年，深圳拥有创新载体2693家，其中国家级129家。PCT国际专利申请量保持17年全国第一。深圳先后获批建设国家可持续发展议程创新示范区和国家综合性科学中心。新型显示器件、智能制造装备、人工智能3个产业集群入选首批国家级战略性产业集群发展工程。深圳拥有世界500强企业8家，科技企业5万余家，国家级高新技术企业18650家，其中产值超千亿元7家，超百亿元44家。2020年，深圳新一代信息技术产业增加值4893亿元。医疗仪器设备及器械、3D打印设备、民用无人机、化学药品原药、金属切削机床、工业机器人分别增长200%、144%、111%、82%、65%、44%。深圳力争到2025年，电子信息制造业产值突破3万亿元，高端

① 李罗力：《深圳：再成经济转型窗口排头兵》，《特区实践与理论》2015年第4期。

装备制造业产值近1万亿元，在生物医药、新材料、人工智能等领域培育千亿元产业集群[①]。

### 深圳正在进入科学引领的创新复合型精密高迭代产品时代

作为中国创新复杂性排名第一的城市，深圳逐步演化成一个复杂的城市结构。从最初劳动密集型生产大批量简单产品的制造业，到资本密集型中高级产业，深圳正在进入科学引领的创新复合型精密高迭代产品时代。更多企业家从科学切入，以科学设计开发产品，以周边地区大规模制造作为支撑发展产业。政府则将重心转移到推动新产品、新技术、新理念的不断产生，带动这个城市在科学创新的道路上进一步提高[②]。

### 美媒：深圳跃升为世界创新高科技中心

美国《福布斯》双周刊2016年7月14日发文指出：

> 深圳已跃升为世界上最主要的高科技设计及制造业中心，被冠以“世界工厂”“新硅谷”和“城市梦工厂”等多种名号。深圳有一套完整的生态系统，囊括了在一地完成电子产品各阶段生产所需的所有要素。深圳市由此成为希望实现最高效生产的全球大型高科技公司、新兴初创企业和独立创新者的集结地。华为、中兴和腾讯等中国科技巨头都是从深圳起步的，当地似乎还有更多的企业正在逐渐壮大。
>
> 深圳是中国最初实行改革开放的地方，这场试验激发了中国特色社会主义发展模式。如今，深圳已是拥有约1200万人口的大都市，在几乎每个方面都可与邻近的香港媲美。历史上还没有哪座城市发展规模如此之大、发展速度如此之快！
>
> 据说，全世界90％的电子产品都是在深圳生产的。深圳有数万家工厂、约

① 乐正：《关于深圳率先推进“双链融合”发展的建议》，载涂成林、田丰、李罗力主编《中国粤港澳大湾区改革创新报告（2022）》，社会科学文献出版社，2022，第198页。

② 唐杰：《深圳正进入创新复合型精密高迭代产品时代》，《南方日报》2021年12月6日。

5000家产品集成商以及数千家设计事务所，该市俨然已成为芯片、发光二极管和触摸式显示屏等几乎所有电子部件的一站式商店。深圳的自营企业占比在全国名列前茅，亿万富豪的数量也是如此。《经济学人》周刊2014年称，深圳是全球硬件创新者的最佳落户地。从深圳生态系统中走出了一些世界上最具创新能力、最卓越的品牌。就在五年前，人们还认为中国的电子产品制造商与廉价的冒牌产品制造商没什么两样，其唯一优势就是产品更便宜。当时在华销售的智能手机有70％都出自三个外国品牌。如今，情况已完全不同了。中国境内十大智能手机品牌中有八个是国产品牌，世界六大智能手机品牌中有三个是中国品牌。质量的改善和更有效的市场营销催生了新的社会认同，“中国制造”的不良名声正在迅速消散，中国品牌已脱颖而出[①]。

《福布斯》发表的这篇文章，就是深圳创新发展的最佳写照。

① 《美媒：深圳跃升为世界创新高科技中心 发展速度空前》，http://www.sinhuanet.com/world/2016-07-18/c_129155326.htm，2016年7月18日。

# 第十五章

# 结语：深圳——迎接新的挑战

## 第一节　深圳必须从应用型创新走向基础创新

深圳作为一个从小渔村发展起来的新兴城市，尽管几十年来已经成为中国的特大城市之一，但是在培育顶级科研机构和创建顶级科研大学方面，还只是刚刚起步。深圳这些年所取得的创新型高科技研发成果，主要是通过企业创新研发完成的，特别是通过民营高科技企业的创新研发完成的。因此，虽然近年来深圳全社会研发投入占地区生产总值的比重居全球前列、PCT国际专利申请量居全国首位、国家高新技术企业总量居全国第二、财政科技支出年均增长50%，但深圳在基础研究领域长期处在薄弱的局面，特别是深圳基础研究经费占研发经费的比重低于全国平均水平，国家级创新载体数量、获国家资助的基础科研项目都较少。为此，深圳必须加快推进综合性国家科学中心建设，布局多层次重大科技基础设施。

此外，大家都知道，中国现在的科技研发乃至创新，主要还是加持型和应用型的创新。现在全世界基础科研的领先者，仍然是以美国为首的西方发达国家。特别是美国，在基础科学领域的科研力量和科研成果在世界遥遥领先。可以说目前全世界顶尖的基础科研成果百分之六十以上都掌握在美国顶尖的大学和科研机构手中，中国和其他许多国家一样，大部分研发成果都还是在顶尖的原创科研成果的基础上，先模仿、学习，然后做应用型的创新和边界上的拓展。

今天，我们应该认识到，尤其是从中美贸易摩擦中更应该认识到，中国要想真正崛起和强大，必须在基础科研领域赶上和超过美国等发达国家，否则永远会被别人卡住发展的要害和咽喉，让我们在经济和科技发展上“永世不得翻身”。

毫无疑问，中国现在已经具备大力发展基础科研的条件和能力。在经济上，中国是世界第二大经济体，经济实力和财力足以支撑我们开展各项最尖端的基础科研工作；在科技上，中国科研设备和科研基础设施的生产能力、应用型产业科技的发展水平、企业和产业的研发创新能力、科研人才和科研队伍，都已经处在世界前列。因此，中国在新时代的当务之急，就是要从过去的只注重应用型科技的研发，走向新的更高阶段，要在世界尖端的基础科学领域发力，要在这个领域真正成为赶超美国和引领世界的佼佼者。只有如此，中国才能真正强大起来。

因此，深圳应该在新时代肩负起引导国家基础科研创新的责任，在这方面也要做全国的示范地和排头兵。也就是说，深圳应该在现有强大的科研创新特别是企业研发创新的基础上，成为中国最重要的基础科研基地，甚至要成为世界级的最重要的基础科研基地。

而在这方面，近年来深圳市政府和社会各界都在纷纷大力引进中国科学院院士和诺贝尔奖获得者等顶尖的科学家，大力建设各种科研人才高地，大力建设各种各样的研究室、实验室，同时着力引进全国乃至全球顶尖的高校资源，建设各类大学。而且深圳本身的经济发展、产业发展、创新发展都走在全国前列，这些都为重大基础科研成果提供了中试基地、产业配套和量产能力，以及应用市场和需求市场。

为此，深圳市政府和社会各界都应该下更大的功夫，花更大的力气，进一步更多更好地引进最先进的科学家和科技人才队伍，更多更好地建设世界尖端基础科研研究室、实验室，吸引更多更好的海内外名校到深圳来办学，培养更多更好的高科技和专业技术人才。与此同时，深圳市政府和社会各界也必须在深圳这样市场机制相对发达的环境中，打造我们国家的与市场经济发展和产业创新发展高度融合的新型基础科研机制，不能再走国内已有的基本上是行政化的科研机制老路。

## 第二节　深圳正在做大布局迎接新的挑战

### 深圳加大经费投入，提升基础和源头创新能力

2019年4月中旬，深圳市主要领导在第十七届中国国际人才交流大会上致辞时表示，从2018年起，深圳每年安排不少于30%的财政科技专项经费用于基础研究和应用基础研究，同时积极争取和布局国家实验室、国家重点实验室、大科学装置，为一流人才的科研攻关和技术创新搭建更好的平台。

### 深圳布局9项重大科技基础设施

2019年3月29日，深圳网络空间科学与技术广东省实验室（又称“鹏城实验室”）宣布与国家超级计算深圳中心开展合作，已经初步建成“云脑”“靶场”“云网”三大科学装置。其中，“云脑”面向全国提供分布式人工智能基础设施，未来的计算能力预计可以达到1E ops，存储容量预计达到200PB，有望成为软硬件一体化的人工智能开源开放平台。鹏城实验室初步建成的三大科学装置是深圳聚集具有全球影响力的科研机构，集中力量争取国家大科学装置布局的一个缩影。近年来，围绕建设更具国际竞争力的“创新之都”的目标，深圳重大科技基础设施、大装置的建设步伐不断加快。

目前深圳建成、在建和规划中的重大科技基础设施共有9项，分别是未来网络基础设施、深圳国家基因库、国家超级计算深圳中心、空间环境地面模拟装置深圳拓展设施、空间引力波探测地面模拟装置、脑模拟与脑解析设施、合成生物研究设施、多模态跨尺度生物医学成像装置，以及材料基因组平台。其中，未来网络基础设施、深圳国家基因库、国家超级计算深圳中心已经建成。在未建成的项目中，脑模拟与脑解析设施、合成生物研究设施由中国科学院深圳先进技术研究院牵头建设，落户光明科学城，目前已经开工建设。

从所涉产业方向来看，这9项重大科技基础设施涉及工业互联网、智能制造、

物联网、增强现实（AR）/虚拟现实（VR）、航空航天、先进制造、电子信息、新能源、生物医药等多个产业领域，与深圳重点发展的七大战略性新兴产业基本契合。

### 深圳实施主要市领导负责的重点产业链“链长制”

为了攻克关键核心技术，深圳市委主要领导表示，要实施重点产业链“链长制”，由市委书记担任集成电路的链长，其他相关市领导担任5G、智能网联汽车、生物医药、人工智能等产业的链长，全面梳理各重点产业链在共性核心技术和关键零部件上的卡点，聚焦底层基础技术、基础材料、基础软件、工业母机、高端芯片、医疗器械、生物育种等重点领域，系统实施重点技术攻关项目，确保产业链供应链安全。深圳坚持集中攻关，创新技术攻关组织模式，整合科研院所、龙头企业、政府资源等力量，开展政产学研协同攻关，构建“大兵团、长战线”的作战模式。同时，深圳还将积极参与构建中央和地方协同的关键核心技术攻关新型举国体制，支持头部企业和战略科研平台组建创新联合体，推动大中小企业融通创新，建立“需求方出题、科技界答题”新机制，不断增强自主创新“硬核”能力。

### 深圳进一步完善知识产权保护体系

2020年4月29日《深圳特区报》报道，《深圳经济特区知识产权保护条例修正案（草案）》于4月28日提请深圳市人大常委会会议，进一步完善知识产权保护体系。一是明确侵犯知识产权赔偿数额由权利人的损失、侵权人获得的利益或者参照该知识产权许可使用费的倍数依序确定，体现知识产权的市场价值。二是规定权利人的损失、侵权人获得的利益和该知识产权许可使用费均难以确定的，依照相关法律法规确定法定赔偿数额。三是对于故意侵犯知识产权情节严重的，明确可以实行惩罚性赔偿制度，处以一倍以上五倍以下惩罚性赔偿，加大故意侵权的惩戒力度。

### 2021年深圳实施基础研究夯基行动，提升创新引领力

2021年，深圳市委、市政府提出实施基础研究夯基行动，要从以下方面提升创新引领力：以主阵地作为加快粤港澳大湾区综合性国家科学中心建设，实施大科学装置群带动战略，高标准建设光明科学城、河套深港科技创新合作区、西丽湖国际科教城、大运深港国际科教城、坪山-大鹏粤港澳大湾区生命健康创新示范区；加

快鹏城实验室建设，积极组建国家重点实验室集群，勇当国家战略科技力量第一方阵；制定实施基础研究十年行动计划，完善长期稳定持续投入机制，引导企业及社会力量加大投入，形成“政府+企业+社会”多元投向基础研究的合力，打造重要的原始创新策源地。

### 实施成果产业化加速行动，提升创新驱动力

充分发挥政产学研资深度融合优势，推动创新链和产业链融合发展。高质量推进深圳市高新区建设。完善高校、科研机构成果产业化机制，支持建设概念验证中心、中小试基地，推动更多科技成果沿途转化。加大新技术、新产品研发与应用示范支持力度，实施“三首”工程。做实做优“科创中国”建设试点，加快国家技术转移南方中心建设，打造科技成果产业化最佳地。

### 实施科技金融深度融合行动，提升创新支撑力

建设全球金融创新中心，创建国家科创金融改革创新试验区。支持深圳证券交易所建设优质创新资本中心和世界一流交易所，优化深市主板、创业板服务企业能力，高质量建设国家知识产权和科技成果产权交易中心，加快建设保护知识产权标杆城市。引导天使投资加快发展，建设国际风投创投之都。建设全球金融科技标杆城市，推进金融创新监管试验区建设，构建金融服务生态圈，打造科技金融深度融合地。

### 实施创新人才汇聚行动，提升创新原动力

聚天下英才而用之，实施更加开放的人才政策。建立健全“一把手抓人才第一资源”机制、市场化专业化国际化人才评价机制，高标准制定新一轮中长期人才发展规划，清单式引进“高精尖缺”人才，探索设立具有全球影响力的科技创新大奖。建立一流人才服务保障体系，让人才竞相成长、实现梦想，打造全球一流科技创新人才向往集聚地。

## 第三节 结束语

我的这本书就要结束了。在这本书中，我尽力要给读者展示一幅深圳如何从一个边陲小镇成长为全球创新中心的全景图，尽力要让读者明白深圳是如何一步一步地达到这个高度的。

综合我所写的所有内容，我要告诉读者的是，深圳是一座最富有解放思想和改革开放创新基因的城市，是改革开放让深圳焕发出前所未有的生命力。回顾经济特区建设发展的各个时期，在各种艰难困苦和严峻挑战面前，深圳人都敢闯敢试、敢为天下先，把一个个不可能变成了可能，深圳因而变成今天的深圳。

深圳最成功的原因，还在于它在40多年的发展历程中始终坚持市场经济的方向不动摇，始终坚持政府体制改革和发挥政府“有形之手”作用不动摇，始终坚持发展民营经济的立场不动摇，始终坚持大力开展企业科技研发不动摇，始终坚持将金融投资与科技创新相融合不动摇，始终坚持人才和科技是第一生产力不动摇，始终坚持打造最好的法治诚信的营商环境不动摇，始终坚持建设创新环境和充分发挥创新服务精神不动摇。

40多年里，深圳克服一切困难，以坚韧不拔的努力和持之以恒的决心，超前布局高科技产业，打造产业集群和产业链，推进产业分工协作，促使各类创新要素高度集聚，推进产业不断转型升级，以“效益深圳”统领不断提升经济质量，从而从“三来一补”走向高端制造，从“深圳制造”走向“深圳创造”，从自主创新走向全球创新中心，最终从一个边陲小镇转变为“创新之城”。

深圳用自己的奇迹，有力地证明了中国共产党领导下的改革开放是人类历史发展进程中伟大的里程碑；有力地证明了中国特色社会主义市场经济的道路是正确的，而且一定会越走越宽广；有力地证明了中国的发展模式具有强大的生命力和创造力，完全可以摆脱原有体制和生产方式的束缚，以石破天惊的中国速度实现对世界发达经济体的赶超；有力地证明了未来整个中国都一定会走到世界创新的前列！

40多年来，在深圳这块神奇的土地上，多少人实现了创造价值的梦想，多少企业实现了不断做大做强的梦想，整个城市都实现了为中国的改革开放建功立业、创造奇迹的梦想。

我们为深圳这座“造梦之城”喝彩、礼赞！

祝愿这座“造梦之城”，能够在新的征程上为中国的改革开放和创新发展建立更多更大的功勋，创造更多更大的奇迹！

# 附　录
# 深圳与其他城市的比较

在我为撰写本书收集的资料中，有不少是关于深圳与其他城市比较的内容，我认为这些内容更有启发性，因此想作为这本书的一个附录奉献给读者。至于这些内容是否客观、真实、准确，则由读者自己来判断，我只是作为一个引录者提供这些内容给感兴趣的读者参考。所摘录的内容都经过压缩和整理。

## 附录1 李子彬：四个经济特区哪个大

我们还是让曾任深圳市市长的李子彬同志来开这个头。他在《我在深圳当市长》一书中讲了一段很有意思的内容，摘录给读者，与大家共享。

1997年7月1日，香港回归祖国，普天同庆。6月29日下午中央主要领导入住深圳迎宾馆，并于6月30日下午前往香港，出席中英两国政府香港政权交接仪式和香港特别行政区成立庆典。

### “数”说深圳，回答中央领导提问

6月29日晚上9点，中央领导的秘书通知我去领导房间汇报工作。在我简要汇报了深圳的主要情况之后，中央领导突然问我：“四个经济特区哪个大？”我当即回答了三个主要的数据：“简单地说，珠海、厦门、汕头三个城市加在一起的地区生产总值是深圳的87％，加在一起的地方预算内财政收入是深圳的41％，加在一起的外贸进出口总额是深圳的46％。”中央领导听后，也马上对这组数据做了个概括：“那就是说，另外三个经济特区加起来才等于半个深圳。”

我汇报时，中央领导拿着一个黑色塑料皮的笔记本，边听边记。但是，我说得快，中央领导又听又记，笔记速度有点赶不上。听了一会儿，他就合上了笔记本，叫我写一个书面材料，寄给他的秘书，等他们回到北京后再详细看。

中央领导随后又问我深圳发展这么快的主要原因是什么，我又做了简要的汇报。中央领导还对深圳建立经济特区以来的投资情况很关切，我也较为详细地汇报了这些数据。

我向中央领导汇报了一个小时，时间到了晚上10点。我起身告辞时说："过几天，我把书面汇报材料寄给您的秘书。"

## 两页纸讲清楚三个问题

我很快就写了一封信作为书面材料寄给中央领导秘书，用两页纸讲清楚了三个问题。

第一个问题是深圳与珠海、厦门、汕头三个经济特区的主要经济指标对比。

1996年，深圳的地区生产总值为950.04亿元，珠海为207.2亿元，厦门为306.35亿元，汕头为313.66亿元。珠海、厦门、汕头三个经济特区的国内生产总值合计为827.21亿元，是深圳的87%。

1996年，深圳地方预算内财政收入为131.75亿元，珠海为14.09亿元，厦门为27.18亿元，汕头为13.15亿元，三个经济特区合计为54.42亿元，相当于深圳的41％。

1996年，深圳外贸进出口总额为390.53亿美元，珠海为55.88亿美元，厦门为74.54亿美元，汕头为47.77亿美元，三个地方的总和为178.19亿美元，是深圳的46％。

第二个问题是深圳建立经济特区以来的投资情况。

1980年至1996年深圳经济特区建立16年间，国内资金和境外资金累计投资2800亿元，形成了深圳市现在的城市规模和经济规模。其中经济特区内建成区投资2100亿元，经济特区外建成区投资700亿元。按当时人民币对美元的汇率计算，经济特区内建成区投资密度，每平方公里2亿美元；经济特区外建成区198平方公里，投资密度约每平方公里3亿元人民币。

第三个问题是深圳发展这么快的主要原因。

我分析了深圳高速发展的四个主要原因：

第一，邓小平理论的指导和党中央的正确领导。没有改革开放，没有邓小平理论，就不会产生经济特区。深圳前几届党委、政府坚定地执行党中央的决策，努力发挥改革的试验场作用，发扬敢闯敢试、敢为人先的精神，冲破计划经济体制束缚，大胆探索建立社会主义市场经济体制，率先建立起社会主义市场经济体制基本框架，建立起劳动力市场、经理人才市场、技术市场、金融市场、土地市场、信息市场、产权交易市场等生产要素市场，以及律师事务所、会计师事务所等社会中介体系。社会主义市场经济体制的初步建立，极大地解放和发展了社会生产力。

第二，深圳市几届领导班子坚持把发展工业制造业作为经济发展的基础。经济特区成立初期，深圳市以“三来一补”和加工贸易为主，市委、市政府不失时机地进行升级换代，1994年以来，加快调整产业结构，大力发展以信息技术产业、生物技术产业、新材料产业为重点的高新技术产业，提高了深圳的经济质量、经济效益和经济竞争力。至1996年底，深圳市地区生产总值排在上海、北京、广州、天津、苏州之后，位列第六；地方预算内财政收入排在上海、北京之后，位列第三；进出口贸易总额连续多年位列全国各城市之首。城市建设方面，20世纪80年代后期，坚持“两港（海港、空港）起飞战略”，大力加强城市基础设施建设。在此基础上，大力发展以金融业为重点的第三产业。至1996年底，三次产业比率为1.87：49.13：49.0。

第三，深圳得到了全国人才的支持。自成立经济特区以来，深圳市委、市政府多次到内地招聘党政机关中层骨干、专业技术人员及企业管理干部。深圳是一座移民城市，广大市民来自五湖四海，每个人都怀着梦想来到深圳打拼，他们拼命工作，非常富有创造力，效率非常高。深圳的城市文化是崇尚艰苦创业、创新不止、相互融合、共建共享的精神。

第四，中央给予经济特区15年的优惠政策的扶持，以及深圳毗邻香港的地理位置优势。深圳的政策优势和体制优势，吸引了电子工业部等国务院有关部门以及一些省、市政府到深圳投资，技术和人才也随之进入深圳。香港是世界金融中心和转口贸易中心，改革开放以来，香港投资（包括部分台湾投资）率先进入深圳，随着大批“三来一补”加工贸易工业企业的进入，工业和社会就业迅速发展。1980—1996年，深圳市累计实际利用外资118亿美元，其中港资（包括少量台资）近57％，约67亿美元，按当时汇率折合人民币556亿元，占深圳市总投资的20％左右。

汇报材料寄出后没几天，中央领导的秘书专门打来电话告知我，寄给他们的材料已经收到。我用两页纸讲清楚了三个问题[①]。

# 附录2　赵达：深圳vs其余三个经济特区

众所周知，20世纪70年代末，中央设了深圳、珠海、厦门、汕头四个经济特区，但是只有深圳经济特区获得了很大的成功，另外三个经济特区则与深圳经济特区拉开了很大的差距。有很多人对此感到不解，不明白为何会如此。为此，我特将张军主编的《深圳奇迹》一书中的有关内容摘录下来，以供参考。

## 失落的珠海特区

先看珠海，如果不是对比分析，鲜有人会意识到与深圳隔江相望的邻居，也是改革开放初期设立的4个经济特区之一。虽然毗邻澳门，珠海却长期如“小脚女人”一般发展，时至2016年，其地区生产总值依然低于临近的佛山、东莞和中山。在广东21市中排第10位。究其原因，澳门和香港的差距、珠海颇为尴尬的地理位置、早期环境导向型的发展方向或许能够提供一些解释。

首先，澳门的支柱产业是被内地严格禁止的博彩业，因此在香港将大部分轻工业向以深圳为代表的珠江东岸转移时，珠海却很难获得类似的发展机会。

其次，珠海距离广州约130公里，并且在2011年以前不通铁路，驱车往来便需一天，大大限制了人员交流。根据媒体披露，在20世纪70年代末到90年代后期，从香港到珠海的物流成本是香港到深圳的3倍，导致外商认为在珠海投资办厂并不划算。

最后，或许是起点较高的缘故，在珠海发展早期，当地政府便确立了抵制“三来一补”、抵制高污染低端制造业等原则，从而与“无问西东”，只有“苍蝇、蚊子、沙井蚝”三件宝，“十屋九空逃香港，家里只剩老和小”的

① 李子彬：《我在深圳当市长》，中信出版集团，2020。

深圳形成鲜明对比。在这种思想指导下，绿色宜居逐渐成为珠海的核心竞争力，由珠海市委原书记梁广大设计修建的、环绕整个珠海东部的情侣路便是鲜明事例。

### 受困“人和”的汕头

类似于深圳，在汕头经济特区创建的早期，“政策洼地”形成的虹吸效应大大地促进了当地经济发展。比如，经济特区生产的产品出口以及设备、原材料、日用生活品进口等均享受零关税政策。所得税方面，当地企业所适用的税率仅为15%，而其他地区则为25%。与此同时，外资企业自首次获利年度起，可以享受“两免三减半”的政策。然而，随着改革开放的深入，中国经济发展开始从局部试验阶段向普遍改革阶段推进。搞市场经济、对外开放、与国际市场接轨，已经成为全中国的需求，不再把优惠局限于几个特殊的区域。自此，汕头基本上沦为普通城市。与此同时，由于自然资源匮乏，距离香港、广州及其他珠三角经济发达地区较远，后续发展乏善可陈。

真正败坏潮汕声誉的，是中华人民共和国历史上最严重的“骗税案”，2000年8月起，人称“807工作组”的国务院打击骗取出口退税工作组进驻汕头潮阳、揭阳普宁。随后的事实让人震惊：在过去几年里，潮阳、普宁1000多户出口企业，98%以上存在违法犯罪行为。据不完全统计，两地共虚开增值税发票17.2万本，虚开税额323亿元，19人被处以死刑。据新华社报道，2001年汕头“骗税案”案发后，全国共18个省宣称，不与潮汕人做生意。湖北的一条街区甚至打出“此地无潮货”。即使是当地一家较有名气的化妆品公司，宁可每年花数千万元做广告，也不愿把具体厂址“潮阳”打出来。

在此环境下，汕头市委原书记林木声曾说：“潮商是具有全球性影响的商业群体，和已经在历史上风光尽显的内陆徽商、晋商比，潮商踏迹天涯，在海外有着重大影响。”但是，能够回乡投资的企业却寥寥无几。比如在“万科股权”争夺战中搅动投资界风云的潮汕商人姚振华、腾讯帝国马化腾、前首富黄光裕等，均将集团总部设在深圳或北京，且几乎没有在潮汕地区的投资。中山大学一位从事港珠澳研究的教授曾表示，如果非要投资，很多侨商也只愿出钱建学校。潮商大佬李嘉诚愿意为汕头大学捐钱，几乎每年都会参加该校毕业典礼，但几乎没有其他投资。总之，在“天时”降临时，“地利”及“人和”的牵绊，使得汕头错失了作为经济特区的大好机遇。

### 厦门的“痛苦”

政治因素或许是厦门案例的特别之处。1979年初，全国人大常委会发表了《告台湾同胞书》，意图在经济上吸引台商来大陆投资。但是台湾当局对此态度僵硬，长期坚持“不接触、不谈判、不妥协”的“三不”立场阻碍政策实施。所以一些台商选择了比较隐秘的投资方式。比如，第一，在岛内申请去港澳投资并设立办事处，再从港澳转投珠三角；第二，在岛内申请去大陆周边的国家投资设厂，间接与大陆产生贸易往来和进行投资；第三，在蒋经国允许台胞大陆探亲之后，以探亲为由委托大陆亲人挂名，进行投资；第四，以合资形式，通过由中国香港、美国、日本企业组成的控股公司向大陆直接投资。可以看到，在这些形式中，大多数台商都选择通过香港这个中转点进行投资，导致与台湾距离最近的厦门，在吸引力方面反而不如与香港更为接近的深圳。

这段往事的一个缩影便是轰动一时但功败垂成的“海沧计划”。1986年，台湾石化大王王永庆曾提出建立第六轻油裂解厂，但是由于环保、土地、劳工三个问题，化工企业在台湾岛内落地无望之际，王永庆只好将目光投向岛外。大陆有关单位将这一信息转告中央，并从中牵线搭桥。1989年12月，王永庆在人民大会堂台湾厅获邓小平接见。1990年1月，王永庆再次飞抵北京，确认将在厦门海沧投资70亿美元建立一座石化工厂，代号为 “901工程”。

由于70亿美元在当时是一个天文数字，该计划引起台湾地区原领导人李登辉等人的极大恐慌。他们唯恐王永庆的行动产生多米诺骨牌效应，于是用尽浑身解数，最终迫使王永庆对外宣布放弃“海沧计划”。在此后的十余年中，王永庆多次感慨：“所谓失之毫厘，差以千里。当时一步之差，海沧计划未能推动实施，所造成的差异极为可观。……于今思之，真是悔恨莫及！”

总而言之，深圳和香港之间，有陆路相连，可以保证人流、物流畅通无阻。而厦门和台湾地区之间，政治上的“海峡”使得两岸长期以来无法直接通邮、通商、通航，必须绕道香港，厦门的地缘优势荡然无存。随着时间流逝，当台资真正大举登陆的时候，它们却直奔长三角、珠三角而去。可以说，厦门经济特区从设立之日起，从来就没有真正实现过对台优势。

最后，厦门地处福建，其经济辐射范围仅限于本省的闽南、闽西，勉强可延伸到市场有限的江西省。而珠海和汕头则镶嵌于富庶的珠三角地区，因此从经济腹地角度看，厦门存在先天不足，难以形成完整的产业链。一个基本事实是，直到21世纪初，福建仅有鹰厦一条出省铁路，竞争力可想而知。或许恰如当地人所说，以厦门的区位条件，充其量只能成为地区性经济中心。在以上条件制约下，厦门发展速度波澜不惊，或许实属无奈[①]。

## 附录3 深圳vs上海

拿深圳这个最新崛起的“明星城市”与上海这个中国百年来的“优等生”城市做比较，也许是人们最感兴趣、最关注的内容了。

对此，我在这里摘录两段有关深圳与上海对比的内容，以供参考。

### 张慧慧：如何当好企业的“保姆”

上海市委前书记俞正声曾说，阿里巴巴给过他一个刺激。他说马云曾告诉他，阿里巴巴一开始是在上海，但是后来回到了杭州。俞正声为上海错失了这样一个企业而扼腕叹息。他曾提出：“为什么像马云这样的人没有在上海成长？”错失阿里巴巴直接导致上海相比于北京和深圳在互联网企业上面没有可以抗衡的实力。毕竟北京有百度，而深圳有腾讯。马云曾经解释过为何最终没有留在上海。他在上海体验过之后发现在上海根本待不下来，一方面是因为淮海路办公室的租金太过昂贵，初创企业无力支付；另一方面是因为在上海，年轻人在就业时更倾向于去500强企业，而对民营企业没有太大的兴趣，即使是去民营企业也很在意老板是不是“海归”。而马云本人的学历太一般了，在上海这样一个地方难以组建自己的团队。在G20杭州峰会上，马云坦言，他把

① 张军主编《深圳奇迹》，东方出版社，2019。

阿里巴巴的总部设在杭州“是因为这座城市不仅是我的家乡，它还拥有创业精神，包容民营企业的发展，更加聚集了大量的优秀人才。而彼时的北京，人们更愿意追逐国有企业，在上海，跨国公司更受青睐。而我们所在的这个城市喜欢创业精神，尊重白手起家的人。我们有优秀的人才，良好的环境，更有为未来拼搏的伟大文化”。而上海出于种种原因，国有企业和跨国公司占据了大量的资源，给民营企业留下的发展空间极小，所以错失阿里巴巴并不是偶然，而是必然。

相比于上海，深圳则对民营企业给予了大量的支持和帮助。卫邦科技董事长刘葆春曾表示，他认为深圳管理部门的创新敏感度非常高。2002年他在深圳成立卫邦科技，专注于对智能静脉用药配置机器人行业的研究时，卫邦科技只是一家民营研发型企业，几乎不可能从政府手中拿到资助，但是在当时的深圳，深圳市科创委的一位干部听说了卫邦科技所从事的研究之后，直觉上感到这是未来高科技发展的趋势之一，便主动到卫邦科技进行考察，又助卫邦科技与深圳市科创委主任牵线，帮助他们获得深圳市政府对科创项目的资金支持。

华大基因是目前全世界最大的基因组学研究机构，在1999年成立之初，华大基因的总部在中科院，到了2007年，华大基因从中科院的体系当中脱离出来，成为一家民营企业。之所以从中科院脱离，创始人汪建表示，一方面是华大基因的人手不够，但中科院的编制不允许，华大基因无法扩招；另一方面是中科院不批准华大基因购买新的机器设备。在华大基因四处寻找落户地时，时任深圳市副秘书长的高国辉了解到华大基因的情况，认为华大基因具有远大的发展前景，仅仅用了一周的时间就决定要引进华大基因，并给华大基因提供了大力的支持，由此华大基因正式落户深圳。

深圳的政商关系十分和谐健康，是真正的政不扰企、企不媚政。在企业的发展过程当中，政府只在企业需要帮助的时候为企业提供立体式的支撑，而不会对企业的产出和成果做任何苛求。深圳市前市长许勤曾表示：“深圳政府从来不干预企业做的事，我们做好‘保姆’。”[①]

① 张军主编《深圳奇迹》，东方出版社，2019。

### ✐ 魏达志：上海不如深圳，创新发展遭遇四大瓶颈

我的老朋友、深圳大学知名经济学教授魏达志于2016年7月19日在深圳参加一场论坛时发表了题为《上海不如深圳，浦东也干不过前海》的演讲，立刻引发了很大的轰动，在网上引起极大的关注和热议。现摘录如下，以供参考。

面对科技强国的伟大目标，上海到底遭遇哪些重大问题与症结？上海到底要经历什么样的结构性阵痛，才有可能走出当前的迷局，或许是我们必须面对、必须进行的更加深刻的反思与检讨。

**第一大症结：历史性盘根错节的所有制痼疾**

上海面临的第一大症结是结构性问题。我在2016年5月的调研中发现上海最大的问题就是所有制结构问题。深圳当前有230万家注册的企业与个体户，他们都是法人，其中一半是个体户，另外一半当中90%以上是非公有制企业，深圳的所有制结构在全国是最优的。

上海的所有制结构中，中央企业25%，地方国有企业25%，外资企业25%，民营企业25%。我在调研中清晰感觉到上海把创新寄望在中央企业和国有企业身上，中央企业和国有企业基本上不具备强大的创新功能，把创新寄望于它们难道不是寄望错了吗？而且国有企业正是当前的改革对象，将改革对象定位为依赖对象不是有问题吗?上海的所有制结构是新中国成立后长期计划经济体制形成的，是根深蒂固的，而且改革开放之初，至少是前十年，中央并没有动上海，因为上海对中央的财政贡献非常大，动了上海就动了中央财政的钱袋子，所以上海一直保持着非常传统的所有制结构，也保持了相对传统的产业结构，但就发展而言这两条都是要命的。

2016年6月我在北京与北京大学的相关领导交流，我想建议上海的领导采取两种办法。一是对上海的地方国有企业，政府要下大力气把它卖掉，至少卖掉20%，通过出售国有企业优化所有制结构。只要创新企业来买上海的国有企业，我就卖给你，优惠卖给你都可以。但是可不可行呢？我估计会很困难，因为这涉及国有企业的员工安排、民生福利、社会稳定等等。二是对中央企业的改革，也

有一个办法，就是动员上海民间资本参股中央企业，构建新的资本组合，既公平利用资源，又改变中央企业纯粹的国有体制，变成混合所有制，但是这一点上海说了不算。所以面对这个死结，上海很难调整过来，看得到问题但就是没有办法解决。如果一定要解决，上海必须动员全市，分析形势，伤筋动骨地大干一场。

与此同时，上海民企只占25%，什么类型的企业都有，并不是以创新为主体的所有制结构；加上一般的外资企业在上海是不具备创新功能的，即便有创新作用也与上海关系不大。

我是从复旦大学调到深圳的，可以说在人才总量、人才质量、学科建设、高校数量、科研比重这些方面，深圳根本没办法和上海比较，我常常说复旦大学那些最好的老师，就是民族的脊梁，上海人民是我的老师，但是上海再聪明的人，面对这样的死结依然解不开，即便想解开也需要漫长的历史过程，这是第一个问题，也是我经常强调的结构优于数据、结构优于规模的学术理念。

### 第二大症结：文明选择错位将导致行为错位

上海面临的第二大症结是发展方向问题。关于这个问题，我已经听到过上海学者发出的智慧呼声，他很头痛上海目前尚看不到拥有一定规模的创新主体。因为上海的主导结构还停留在工业文明时代，比如，过去上海主要有轿车、电子和通信、电站设备、钢铁、石化和精细化工、家用电器六大产业，基本上属于工业文明的范畴。工业文明的特征是动能革命，工业产品的特征是人类体能的放大。而科技文明是智能文明，科技产品的特征是人类智能的放大。当然在工业文明向科技文明的过渡阶段，将大量存在人类体能与智能相结合的产品。

上海的四个战略定位是国际经济、国际金融、国际贸易与国际航运中心。其中，把国际航运中心作为战略定位就非常不妥，因为大家知道全球的国际航运中心就是大规模的集装箱运输，这种东西是伴随着加工制造业的强大而强大的，20世纪50年代全球集装箱最大的港口在美国的纽约，在日本的横滨，在荷兰的鹿特丹。这些一流的港口，到了20世纪六七十年代，随着加工制造业的转移就转到了“亚洲四小龙”——新加坡、中国香港、中国台湾、韩国；到20世纪80年代就转到了中国的深圳、上海和其他的沿海城市。深圳连续23年进出口贸易总额位列全国大中城市第一，深圳在2013年上半年集装箱运输就超过了香港，但深圳并没有把国际航运中心作为战略定位。上海把一个即将要让渡的文明当作一个前瞻性的定位，这是明显的失误。与此同时，逻辑演绎下的问题是上海的金融与贸易，同属现代服务业，问题是，这种服务业到底是为工业文明服务还是为科技文明服务呢？如果总体打包为工业文明服务，那么上海的国际经济中心也成了工业文明的中心，难道不怕与科技文明失之交臂、擦肩而过吗?不同文明有着不同的未来空间，也有着本质的发展差异，那么这种认知与观念上的错误，必然伴随着许多重大的决策与行为上的失误。在中国崛起的过程中，在不同文明交织的过程之中，是不能允许一线城市在文明选择上出错的，上海是否在错误的边缘上徘徊呢?

### 第三大症结：上海在战略定位上的迷茫

上海面临的第三大症结是战略定位问题。这是因为上海作为中国经济总量最大的工商业城市，其战略定位至少应该考虑三点:一是与全球最发达城市的竞争和参照关系，二是自身城市与城市群未来创新引领的关系，三是与国家重大战略性目标的支撑与贡献关系。

上海四个战略定位当中，唯独缺了一个最重要的定位，而这个定位被习近平总书记发现了，2014年5月习近平总书记到上海点题建设“具有全球影响力的科技创新中心”，给了上海一个非常棒的定位，即要求上海做一个在全世界都具有影响力的科创中心。但是上海反应之迟钝，让我这个上海人的学生都感到惊讶。上海为了支撑这个科创中心出台了5个文件，包括科创22条、金融20条、知识产权12条、成果转化19条、人才20条。根据调查，这5个文件是散落在各个方面以全面支撑上海发展的，支撑它原来的4个中心的，这样的定位不但是战略上的糊涂、经济上的糊涂，更是定位上的糊涂。

深圳历来在新闻舆论上保持很高敏感性。如果是在深圳，在习近平总书记定位的第二天，所有的主流媒体一定会出现通栏大标题，就是习近平总书记将我们定位为具有全球影响力的科创中心，大家努力奋斗吧!这个中心对于全国而言，高于所有城市在科创方面的定位；对上海而言，这个中心应该是唯一的、独揽的、顶尖的、统揽全局的、纲举目张的最高定位，而其他的定位都是支撑的，都是从属的。但是非常遗憾，上海搞反了，它把一个最大的战略性、全局性、长远性战略定位变成了与其他定位平起平坐的定位。我问过相关人士：上海没有人提出要把习近平总书记对你们的定位变成统揽性的定位吗？他们说没有。如果上海不能倾其所有、举全市之力、将最优质资源的绝大部分配置在这个最重要的战略定位上，那就是上海在战略方向与文明选择上的糊涂与短视。

可喜的是上海在"十三五"时期要突破新一代信息技术、生物医药、高端能源装备、民用航空和空间信息等重点行业、重大装备、关键领域的核心技术，加快发展战略性新兴产业，重点发展绿色制造的新能源汽车、新材料产业、再制造产业和高端高效节能装备产品、先进适用环保装备产品，大力推广清洁生产，等等，我们欣喜地期待着。

**第四大症结：上海创新资源存在严重的错配**

上海创新资源是否存在严重错配，是涉及上海未来创新发展的又一个致命的重大问题。

根据2016年8月17日各大媒体的报道，上海市政府在16日举行的新闻发布会上宣布，2016年上半年新认定跨国公司研发中心6家，累计达到402家，其中，世界500强企业在沪设立的研发中心占1/3，全球研发中心达到40余家。我分析，如果每家研发中心拥有100位中国科技人员，总数就在4万人左右，几乎相当于拥有2700位专任教师的复旦大学的15倍，规模非常庞大，且研发的对象几乎都是战略性新兴产业及其产品，大大优于上海本地的产业结构与产品结构。

我们难以计算上海402家跨国公司研发中心到底聚集了多少中国本土一流的创新人才，但我们却知道上海创新人力资源的配置与深圳自主创新的人才配置完全不一样——那到底哪种模式更有利于打造科技强国呢？答案是显而易见的。当商务部骄傲地宣称上海外资研发中心数量已经占中国内地总数的1/4，集聚有资金、人才等创新要素，通过"知识溢出"效应，带动了上海本土人才和本土企业的创新，成为上海产业转型升级的有力"推手"的时候，当大批风度翩翩、满腹经纶、从事研发的高薪金领春风满面地进出跨国公司总部大厦的时候，我们却看到了事物的另外一面，那就是高端研发人员价值的个人满足与国民创新资源的大量流失形成鲜明的对比，国家大规模的创新资源在不知不觉地悄然流失而国民却浑然不知。我们甚至可以下结论，在中国科技强国目标下，跨国公司研发中心的聚集地，就是中国自主创新流失的重灾区！

有关研究表明，我国曾经出现大量的高端人才流向三资企业的情况，特别是科研人员的流失。我们不仅没有拿到跨国公司的国际技术，甚至导致本土技术的流失，结果只能说明跨国公司研发中心的聚集已经导致上海创新资源严重错配。跨国公司研发中心已经成为抢夺上海创新人才的重要载体。即便落户上海的外资研发中心数量占中国内地总数的1/4，但这绝对不是上海自主创新的主体，也绝对不会成为上海产业转型升级的有力“推手”。上海有多少生动事例能够说明其“推手”作用呢?

跨国公司仅仅是利用了上海本土的创新资源，其技术保密规则使得这些创新成果与上海的关系不大，因为它既不能实施本土产业化给上海带来多样性效应，也不能通过技术扩散改造提升上海庞大的传统产业，更不能成为上海城市创新体系的有机构成部分和依赖支撑条件。

换言之，如果聚集在上海的跨国公司研发中心越多，上海本地企业与机构获得高端研发人员的机遇就越少。还因为我们过去曾经提出的“以市场换技术”的口号，市场送出去了但是技术却没有换到的深刻教训，我们的民族正在教训中觉醒，所以我们才特别需要自主的创新。

看来上海已经进入发达国家创新战略的包围圈了，我们正在愉快地为发达国家新的竞争优势提供我们创新的有生力量。我们的国家已经经历了崇拜跨国公司、引进跨国公司、培育跨国公司、审视跨国公司的全部阶段。当我们盲目夸大跨国公司研发中心在中国的效用时，我们同时处在跨国公司战略性的包围之中。

我在《深圳特区报》2016年6月21日《理论周刊》头版《中国崛起与特区担当》的署名文章中说，应当说中国任何一个城市能够成为顶尖的全球性金融中心、全球性的创新中心，都是国家崛起的需要，都是国家之幸、民族之幸。特别是上海与深圳，都是祖国崛起中的增长极核，我的观点仅仅是用来促进未来城市的良性竞争，通过城市的强大来支撑国家的强大是我们讨论问题的出发点和本质内涵，否则将偏离我们探索的正道[①]。

① 《魏达志：上海干不过深圳！中间还差了四条“大街”！》，https://mp.weixin.qq.com/s/h_xkMT0lbHoHJsUm7JqWmA，2016年8月31日。

# 附录4　郑磊：深圳vs苏州

本节内容摘录自郑磊主编的《潮起大鹏湾：大学生眼中的深圳》一书中有关深圳和苏州这两座新崛起的“明星城市”的比较。这两座城市一座是珠三角的代表，一座是长三角的代表；这两座城市近年来都取得了突飞猛进的发展，引起了国内的广泛关注。因此，将这两座城市进行比较，也会是一件十分有意思的事情。

## 苏州做错了什么

与深圳起先的一穷二白不同，苏州早已拥有良好的城市基础设施，并长期处于商业稳定发展繁荣阶段。改革开放以来，苏州经济从早期的“苏南模式”，转向20世纪90年代的开放型经济，21世纪以来也一直在寻求增长方式的转型。在改革开放初期，计划经济逐步向市场经济转轨，集体所有制的苏州乡镇企业抓住改革开放的机会大力发展，在短时间内创造了惊人的经济成就，推动了农村经济发展和城镇化的进程。20世纪90年代初，苏州开始主动招商引资，吸引大量外资企业，着手建立高新区和工业园区，特别是与新加坡共建的工业园区，这一开创性举动带动了苏州经济的快速增长和新一轮转型。

但是，苏州有将近79％的高新技术产业由外资企业构成，2013年苏州大型工业企业用于引进国外技术经费达17.1亿元，其中实际用于技术活动吸收的只有28％，这说明真正核心的技术仍然掌握在外资企业手里，苏州不过是他们的一个加工厂。这在现代社会显得十分普遍，尤其在专利性强的产业里，跨国企业对外直接投资，往往只是用于简单生产而非技术研发。

苏州模式是一种典型的以外资带动出口加工、发展外向型经济的模式，在这个过程中，苏州实际扮演的角色是一个精密机器“小螺丝”。不可否认，大量的外资投入极大地带动了苏州地区生产总值的增长和进出口总额的增长，但是在其507.74亿美元的出口总额中，外商投资企业出口额占比高达89％，外资出口基本囊括出口总额。正因如此，近十年来随着外商投资减少，苏州地区生产总值增长速度近乎同步减慢，连续下降到7%的水平。此外，当地居民也并没有从高速增长的经济中获益，他们的人均收入远不及人均地区生产总值的增长。这主要还是因为大部分利润被负责产品设计和产品销售的外资企业拿走了。苏州的高经济增长并没有显著提高当地居民的生活水平。

另外，在工业园区和高新区的建立和政府优惠政策的支持下，苏州吸引了一大批国外技术领先企业，如西门子、松下、索尼、飞利浦、三菱、杜邦等，逐渐形成了较大规模的产业群，但是苏州的第三产业迟迟没有发展起来，金融业和服务业人才与企业十分匮乏，这使得外资退出时，苏州的经济状况曾一度紧张。

外资将苏州带入全球化下的国际产业分工体系，在苏州制造的产品进入国际市场，产品的国际竞争力提高。然而，苏州却面临着一个严峻的问题：自主创新能力不足，导致对外资技术的过于依赖。苏州出现了本土企业和外资企业在技术水平上的两极化差异。

不仅苏州自身的自主创新和研发能力不强，政府也不重视引导企业进行研发投入和专利申请。苏州的大中型工业企业科技活动内部支出占制造业产值比例为2.1%，远低于全国平均水平。研发投入完全跟不上地区生产总值的增长，使外资企业的技术外溢没有发生明显作用，苏州本地企业的技术水平仍然与外资企业有很大差距。在高新技术产业上，苏州缺乏自己的核心技术，出口加工产业的关键技术主要还是依靠外资企业，高新技术人才均来自国外。这样一来，在政府大力支持和招商引资的政策下，外资企业享有丰厚的优惠政策、广大的国际市场和有竞争力的产品，苏州本土企业只能在夹缝中苦苦生存。

### 深圳做对了什么

深圳一直在转型升级的路上进行探索，积极调整和优化产业结构，将闻名全国的“深圳速度”转变成闻名全球的“深圳质量”。深圳的发展从早期的“三来一补”加工业转向发展高新技术产业，建设高技术密集型产业基地。从2002年到2014年，深圳和苏州的经济总量从不相上下到高达2241.1亿元的差距。

## 差距拉大的原因

首先看苏州，作为全国经济实力最强大的地级市之一，苏州并不缺乏优秀的本土企业，如沙钢集团、恒力集团，都位居2018年《财富》杂志发布的世界500强企业之列。沙钢集团作为老牌民营企业，已经连续十年上榜；而作为新生力量，恒力集团也已经连续两年排名在世界第200多位。此外，还有波司登、隆力奇、莱克电气等一系列优质本土品牌，在苏州这片土地上获得了成功。但是苏州的本土企业是否足够强大呢？很难讲，苏州这片开放包容的土地如今坐拥超过100家A股上市的企业，这在全国来说已接近了一线城市的水平。然而，在这份名单里有大量的外资企业与中外合资企业，这也正是苏州这片土地的一个缩影。

以苏州为代表的“苏南模式”，是政府出面主动招商引资、用廉价的土地和优质的劳动力吸引外商的一种发展模式。以优惠的税收和宽松的政策为外商投资清出一条道路，用投资驱动发展。在厂商选址上，苏州相对于其他发达国家和地区，有较强的比较优势，吸引着千千万万外商在苏州投资建厂，众多企业的制造部门聚集于此，形成了一体化程度高的工业园区。外商把自己产业链中的制造装配模块搬到苏州，形成一条完整的生产线，降低了改革开放初期经济发展所需的研发成本，获得了改革开放初期发展所需的技术，使苏州迅速开始大规模工业化生产，形成规模效益，促进经济发展，在改革开放初期成为发展的领头羊。依靠外商投资，苏州经济一路高歌，直到2012年，苏州对外资依赖度达到顶峰，地区生产总值增速达到了10%。

随着经济的发展，人们对美好生活的追求越来越高，苏州的工资水平也随之飞速上涨。仅从2005年到2015年，苏州的城镇就业人员平均工资便从年薪2.5万元左右上升到了7.2万元，涨幅几近3倍。自2012年以后，外资开始逐渐撤离苏州，外资工厂相继关停，苏州地区生产总值增速逐年下降，经济面临停滞不前的困境。原本对深圳形成追赶效应的苏州，不但没能赶超深圳，如今还被深圳甩在身后，两地差距逐渐拉大。从2017年数据来看，苏州全市地区生产总值总量1.7万亿元，同比增长7%。虽然苏州经济总量仍排在江苏省第一的位置，但地区生产总值增速已垫底。南京市地区生产总值仅次于苏州，并以8%的增速直追苏州，有可能在未来实现赶超，苏州的发展确实不容乐观。

再看深圳，深圳近十年正处在产业转型升级的重要阶段，面对人口红利的流失，深圳和苏州一样面临着制造业外迁的情况。深圳的经济也确实受到了一定程度的波及，但是深圳及时做出调整，淘汰和迁出落后产业，用先进高端制造业和优势传统产业填补了制造业迁出的空缺，这为深圳后续的发展起到了奠基作用。深圳的定位是创新型城市，创新一定要有制造业的支撑，否则创新容易成为无本之木。在深圳这座创新之城，制造业流出的同时也在不断流入高端产业，新鲜血液的注入使深圳保持了充足的活力。外资在深圳的投资模式也不再是简单的开工厂，利用当地廉价劳动力，而是结合深圳当地的高新技术产业和技术优势，开展深圳中外合作的新模式。2000年以后，互联网和信息技术快速发展，深圳紧抓这次机会，跟上了互联网发展的步伐，实现了数字技术和制造业的对接，使第二产业得以升级，成为支撑经济发展的新型制造业，也为近年发展新一代信息技术打下坚实基础。深圳已不再是那个只会装配加工出口的“世界工厂”，也不是那个只会模仿山寨的制造基地。深圳从一无所有到模仿创新，不断成长。企业也走出了自己的路。这些企业成功摆脱了单纯的模仿抄袭形象，建立了自己的研究部门和自主研发体系，如比亚迪、华为等企业，今天已然是家喻户晓的名角。随着近几年大数据、人工智能技术的发展，新一代产业革命到来，新能源和新一代信息技术将成为未来发展的大方向。深圳也没有错过这次机会，在培育前沿产业上不遗余力，到今天亦卓有成效。

苏州和深圳在相似的初始条件下，深圳抓住机会进行了产业转型，而苏州却错失了转型的时机。两者的发展在21世纪开始出现差距，而微小差距随着产业的持续集中而扩大，不断累积直至形成质变，结果便出现了城市加速发展和发展相对停滞的差距。

### 企业培育与品牌创造

尽管苏州工业园区可称为我国政府对外经济技术合作的一个成功典范，但是苏州的企业聚集能力不足，缺少能够代表苏州名片的企业。苏州不乏本土企业，但这些本土企业以传统产业为主，新生成长性企业少，尤其1995年起我国开始进入大规模消费升级阶段，苏州鲜有本土诞生与消费升级与时俱进的新生企业。这些非新兴制造业企业能带来的集聚效应并不强，对产业链上下游的供需也无法达到接近垄断的实力。合理的经济发展模式需要有少数大型企业提供引领和主导，大量小型企业提供服务和创新，并由此组成产业链生产流程。而苏州很显然没有做到。

苏州在长三角的定位就是工业基地，而缺乏品牌效应对于一个工业基地来说会造成一定的可替代性，事实上苏州这些年由于飞速上升的土地成本和人力成本，已经有大量产业外迁至南通和常州。即便产业链是完整的，缺少了品牌也无法维系。举个例子，虽然苏州曾经拥有完整的笔记本电脑产业链，但本土企业没有一个响亮的笔记本电脑品牌。于是在希捷、普光电子和苏州联建等外资企业一个个关闭、转让以后，苏州也只能看着自己的IT产业链裂痕不断扩大。苏州本土的企业只是停留在生产制造层面，而将研发等命脉交于外资之手。

而说起深圳，人们自然能联想到互联网巨头腾讯、信息通信领域的华为和中兴、金融领域的平安、在基因测序走在前列的华大基因等知名企业。这些新兴制造业与服务业企业有强大的聚集能力和品牌效应，能从全国各地不断吸纳人才。城市越发展，就越需要人才的投入，大企业响亮的名片能为一个城市吸引大量人才，为城市发展注入源源不断的活力。显然，苏州缺乏能为它聚集人才的大型企业。同时，大企业也使企业家精神在城市生根发芽，企业家精神鼓励创新创业，在中小企业发展中发挥着至关重要的带动作用，是城市创新企业增长的关键。在过去的发展中，深圳早已注意到并着重培养企业家精神，放宽制度限制，在转型中积极吸纳来自各地各产业的中小企业，并为它们提供良好的发展环境。在苏州还执着于外资的低端企业时，深圳已经着手于培育自己的企业，差距就此悄然扩大。

### 政府行为的界限

深圳市政府在市场经济中的作用主要体现在两方面：一是提高效率，二是促进公平。深圳市政府不会直接干预企业的生产活动，但却会切切实实地帮助企业的生产。就促进公平而言，政府出台了大量经济政策用于维护市场秩序，制定市场规则，不遗余力地去营造一个让企业安心经营的环境。另外，政府做的不是拼命拉住大企业，用所有的好处来挽留企业，也不是揠苗助长，而是杜绝这种不可持续的做法。

苏州在处理政企关系时，仍然采用内地政府的典型做法，即深度介入企业经营。苏州后来又建设了苏州高新园区，是全国首批国家级高新区之一。苏州高新园区与苏州工业园区定位相近。苏州依据园区个体的情况，对苏州工业园区采用“政企分离”的治理方法，对苏州高新园区采用“政企合一”的方式。这固然是因为苏州高新园区起先开发资金不充裕，在一定程度上需要政府更深地介入，从而也部分导致了初期的管委会和开发公司合二为一；但是，苏州政府的这一主动举措存在先天不足，苏州和新加坡的合作并没有引导苏州本土企业在学习新加坡先进企业经营管理的“软件”方面取得长足进步。而本地企业在自立门户之后，又因投资方面的原因，受到政府过多干预。在引进外资之后，市场和企业都还未能达到市场经济的要求，为日后发展留下了缺憾。

说到产业规划，其实许多人对于深圳的产业规划不太了解，深圳产业规划向来都是“因势利导”，总在合适的时候给予企业大环境的支持，才有了今天飞速更迭但朝气蓬勃的产业结构。我们考察深圳市政府职能的时候往往用“湿地效应”来描述，也就是政府不用管这块湿地中的“大鱼吃小鱼、小鱼吃虾米”的竞争行为，政府只要保证这块“湿地”的水质是清澈的就好。政府不干涉企业之间的竞争，也并不特意去创造一个新的产业。这在我国已经有大量的前车之鉴，例如前几年江苏常州大力补贴光伏产业，想要把自身打造成“LED之都”。常州大量补贴行业领头企业，而轻视中小企业的发展，最后培育的“行业龙头”垮了台，可谓“竹篮打水一场空”。政府反而倒是需要避免一家独大，避免垄断导致竞争的消亡。政府真正的职能就是保证一个公平公正的市场环境，而非干预或者计划某个产业的进程，这也正是深圳近年成功转型并稳定发展的秘诀之一。

或许有人会认为深圳发展到今天，完全是依赖于经济特区政策，可事实是2001年12月中国正式成为WTO成员后，经济特区政策便几乎失去了作用，深圳的发展完全是基于自身合理政企关系下的良好市场环境而跟进。深圳市政府在扶植小微企业的过程中采用不强硬但有效的举措，在营造宽松的工商、税收及产权等环境上花了大工夫。

而对苏州来说，它在产业发展上的主要教训就是强势政府替代了市场，尤其在产业选择方面。前文我们根据深圳的经验，谈到苏州调整产业结构任务艰巨：一是传统产业需要优化，要发挥市场对资源配置的决定作用，通过市场出清机制，实现“去产能、去库存、去杠杆”；二是强化政府监管作用，对水土不服的产业和昙花一现的产业，通过提高环保门槛和市场监管实施“关停并转”；三是政府要营造公平环境、创新环境，引导与扶持本土新兴产业，力图新兴产业根植化；四是构建有限有为政府，分清政府、企业和市场边界，真正建立“三张清单”（权力清单、负面清单、责任清单）制度，对政府权力做到“法无授权不可为”，对企业经营做到“法无禁止皆可为”，对政府责任做到“法定职责必须为”。

至此我们已经探讨了苏州与深圳在政府管理市场经济中的优劣与差异，对两地政府的治理模式也都有了一定的认知。我们需要明确，当企业进入新市场时，最重要的是需学会遵守规则。政府在这一过程中扮演的是规则制定者的角色，政府制定了相关法律，并按照法律制定的规则去管理和服务企业，为市场经济发展扫除障碍。规则制定者同样也在市场中，因此政府和企业可以建立良好的游戏机制，双方可以在制度框架内有效交流沟通，这才是高效政府，这才是高收益企业应该探寻的道路。从全国来看，苏州政府已经做得很好了，但显然他们在某些方面还可以做得更好[①]。

① 郑磊主编《潮起大鹏湾：大学生眼中的深圳》，中国经济出版社，2020。

# 后　记

从1988年初我满怀理想、信念、热情和干劲踏足深圳经济特区这片热土始，距今已经过去了34年。在这34年里，我亲眼看到，也亲身体验到，这座城市是如何从植根于中国改革开放沃土中的“一颗小树苗”成长为傲立中国、世界瞩目的“参天大树”的。所以，我特别想写一本有关深圳发展的书，这是我多年的夙愿。

感谢广东经济出版社给了我这样的机会。

在我动笔写这本书时，我不但查阅了大量有关深圳经济发展的资料，还仔细研究了不少最新出版的有关深圳经济发展特别是高科技产业发展和创新的书籍，对我来说，这实在也是一次难得的学习机会，使得我的思想和理论都有了很大的提高。

当然，正如我在绪论中所讲到的，我不想将自己的这本书写成学术性研究著作，而是想用大量客观的事实资料将深圳的发展过程如实地反映出来，并尽量加以认真深刻的分析，让读者能够明白深圳是怎样发展起来的，为什么能够取得今天这样辉煌的成就，尽量从各个主要的方面把深圳为何可以这样成长和发展起来的关键秘诀和要害揭示出来。所以，我写的这本书叫《筑梦辉煌：解码深圳腾飞的奇迹》，换言之，我这本书就是要破解深圳发展奇迹之谜。

其实，用这样的标准来写一本关于深圳发展历程并解码深圳腾飞的奇迹的书是很难的。我在写这本书时通过各种努力查找相关的书籍资料，惊奇地发现，虽然深圳已经经历了40多年的发展且成为中国乃至世界瞩目的“明星城市”，但迄今为止，全面深刻剖析深圳发展历程的书尤其是专著几乎没有。即使是从某个方面来写深圳发展创新历程和经验的著作，数量有限，与深圳现在所具有的影响和所处的地位相比，我认为也相当少。

从这个意义上讲，我的这本书也许能够在这方面成为首创。不仅如此，我还真心希望这本书能真正让读者从深圳的发展历程中获得启迪和收获，能够增添一些有益的经验和智慧。

我在完成此书的第一稿时，我的夫人、妹妹和弟弟成了本书的第一读者，他们给我提出了非常宝贵的修改意见。最难得的是，我104岁的老母亲居然也捧着厚厚的打印稿本，从头到尾地看了一遍，而且给我提出了非常中肯甚至是尖锐的修改意见。我衷心地感谢我的革命老母亲，并且为能够有这样健康、睿智、了不起的老母亲而深深地感到自豪。

我也感谢所有在我写作过程中提供资料的朋友和同事，感谢所有关心和支持我写这本书的朋友。

在这里，我还要特别感谢我的老同事、老朋友邹旭东同志。他是深圳市委原书记梁湘同志的秘书，1988年我调入深圳时与他一同做政府办公厅的副主任。最近他写了一本有关深圳经济特区早期建设历史的很重要的书，虽然仅以深圳创新发展研究院改革论丛形式发表，但是其中所包含的历史资料却极为真实和珍贵。正如他自己所说，他写这本书的所有资料，除了根据他从1982年2月至1986年底任书记秘书时所保存的工作笔记、公务活动记录、一些重要会议和重大事件的记录与文件以及他从深圳市档案馆一笔一画抄回的几大本相关史馆资料外，他还走访了多位健在的当时领导班子成员和很多亲历者及当事人，认真、仔细和全面地核实了许多有关的史实资料。在此基础上，他用了近十年时间进行酝酿、准备和写作，耗费了大量的心血和精力，付出了十分艰苦的劳作，从而十分全面和系统地回顾和记录了1981—1986年那段时间深圳经济特区体制改革、城市建设和社会经济发展的全过程，同时对1981年和1985年的两次大争论的来龙去脉也做了详尽的记述。我写此书的有关内容时，就详细地参考了这份弥足珍贵的重要材料，摘录了其中许多重要的史料。对此，我特向邹旭东同志表示衷心的感谢，并对邹旭东同志和他所代表的特区第一代主要领导者和建设者们表达崇高的敬意！

是为记！

李罗力